교육과 행정

Education and Administration

머·리·말

　지금까지 교육행정(Educational Administration)은 장차 교사가 되고자 하는 예비교사 뿐만 아니라 학생교육을 직접적으로 담당하고 있는 현직교사와 학교경영자가 갖추어야 할 기본적인 소양을 길러주는 과목으로서 핵심적인 역할을 담당해왔다. 특히 교육행정은 교육이 목표한 바를 잘 달성하기 위해 필요한 여러 가지 이론뿐만 아니라 이론을 실제에 적용하고 개선하는 실천응용학문의 성격이 강하여 모든 교원양성을 위한 교육과정에서 핵심적인 교과로서의 기능을 하였다.

　하지만 최근 교원선발을 위한 임용고사 제도의 변경, 시대변화에 따른 새로운 필수 교직과목의 추가 등으로 인해 기존의 교직과목 교육과정에 변화가 생기게 되었고, 이에 따라 해당 교직과목에서 가르쳐야 할 내용과 범위뿐만 아니라 교수방식에 있어서도 변화의 요구가 커지고 있다.

　이 책은 특히 교육행정 과목이 타 교직과목보다 이론과 실제의 연계가 많이 요구되는 학문분야인 만큼 좀 더 교육현장에서 필요한 실제적인 수업이 될 필요가 있다는 요구에 부응하기 위한 목적으로 집필되었다. 즉, 이 책의 저자들은 수년간 대학에서 예비교사와 현직교사들을 대상으로 교육행정 교과목을 가르친 경험과 시행착오를 바탕으로 기존의 교육행정 교재와 차별화되는 교재를 발간하기 위해 노력하였다.

이 책은 대부분의 교육행정의 기초, 교육 거버넌스, 교육정책과 기획, 교육법과 제도, 교육조직, 조직행위, 교육인사, 교육행정 평가, 장학과 컨설팅, 교육재정, 교육경영, 교육행정의 변화 전망 등 12개의 장으로 구성하였다. 그리고 각 장의 주제에 가장 적합한 전공자와 전문가를 섭외하며 총 6개 대학교의 7명의 교수들이 집필에 참여하였다.

　마지막으로 이 책이 나오기까지 2년이라는 시간을 묵묵히 참고 기다려 주신 가람문화사에게 감사드리며, 여러 차례에 걸쳐 꼼꼼하게 교정을 봐 주신 편집부와 디자인실에도 감사를 드린다. 쿠디 이 책이 교사의 꿈을 가지고 열심히 공부하고 있는 예비교사뿐만 아니라 현직교사들과 학교경영자들에게도 도움이 되었으면 한다.

2014년 8월
저자 일동

Contents

1 교육행정의 기초 _8

- 교육행정의 개념 _10
- 교육행정의 이론 발달 _21
- 교육행정의 성격과 원리 _37

2 교육 거버넌스 _58

- 교육거버넌스의 배경과 개념 _60
- 국가 교육거버넌스 _64
- 지방 교육거버넌스 _72
- 학교 교육거버넌스 _83

3 교육정책과 기획 _100

- 교육정책 _102
- 교육기획 _115
- 교육정책과 기획의 실제 _126

4 교육법과 제도 _134

- 교육법 _136
- 교육제도 _156

5 교육조직 _168

- 조직이론 _170
- 학교조직 _180
- 학교조직의 외부 환경 _184

6 조직행위 _192

- 교육지도성 _194
- 조직관리 _217

7 교육인사 _238

- 교원 양성 및 임용 _240
- 교원 능력개발 및 사기 _254

8 교육행정 평가 _268

- 교육기관평가 _270
- 교육인사평가 _280
- 교육정책평가 _291

9 장학과 컨설팅 _308

- 장학 _310
- 학교컨설팅 _324

10 교육재정 _338

- 교육재정 기초 _340
- 지방교육재정 _349
- 단위학교재정 _360

11 교육경영 _376

- 학교경영 _378
- 학급경영 _404

12 교육행정의 변화 전망 _416

- 논의의 배경 _418
- 교육행정의 자율성과 책무성 _422
- 교육행정의 변화 전망 _441

CHAPTER 1
교육행정의 기초

교육행정이 무엇이냐? 라는 질문에 상당수의 학생들은 "행정실"이라고 대답한다. 과연 교육행정은 "행정실"로 설명될 수 있을까?

이 장에서는 교육행정이 무엇인지 알아보기 위해 먼저 교육과 행정의 의미를 살펴본 후에, 교육행정을 바라보는 시각에 따라 개념 정의가 어떻게 조금씩 다른지, 유사한 개념들과는 어떤 차이점이 있는지 살펴보고자 한다. 그리고 교육행정의 이론 발달, 교육행정의 성격, 영역과 범위 및 운영원리를 살펴봄으로써 교육행정에 대한 이해를 돕고자 한다.

- 교육행정의 개념
- 교육행정의 이론 발달
- 교육행정의 성격과 원리

1. 교육행정의 개념

교육행정이란 개념적으로 교육과 행정의 합성어이다. 따라서, 교육행정의 개념을 이해하기 위해서는 먼저 교육이 무엇인지와 행정이 무엇인지, 행정과 경영은 어떻게 다른지를 살펴보는 것이 필요하다. 나아가 유사개념으로 사용되고 있는 교육경영, 교육정책, 교육제도의 개념을 살펴봄으로써 교육행정의 개념을 좀 더 명확히 이해할 필요가 있다.

가. 교육

교육의 동양적 어원에는 윗사람이 아랫사람에게 무엇인가를 가르치고, 아랫사람은 윗사람의 가르침을 받아들이는 것이라는 상식적인 교육관이 들어 있다. 즉, 우리나라를 비롯한 동양의 교육은 대체로 '가르치고 배우는 것' 보다는 '가르치는 것' 이라는 생각이 강한 편이다(박철홍, 2010). 한편, 교육의 서양적 어원에는 미성숙한 학습자를 외적인 가치에로 이끈다는 의미(pedagogy)와 미성숙자의 내적인 가능성이 발현되도록 도와준다는 의미(education)가 함께 혼재되어 있다고 할 수 있다.

교육의 정의를 좀 더 구체적으로 알아보기 위해 먼저 중국의 교육 어원을 살펴보면, 교육(教育)이라는 단어가 처음 나오는 곳은 『맹자(孟子)』의 진심장(盡心章) 상편(上篇)이다. 여기에 '군자의 세가지 즐거움(君子有三樂)' 이 나온다. 교육이라는 한자어는 군자의 세 가지 즐거움 중에서 세 번째 즐거움, 즉 천하의 영재를 얻어 '교육' 하는 것에 처음으로 등장하였다.

교육은 '가르칠 교(敎)'와 '기를 육(育)'으로 구성되어 있다. 한자어의 뜻을 명확하게 풀이해 주는 중국의 자전(字典) 『설문해자(說文解字)』에 따르면, 가르칠 교(敎)는 "상소시 하소효야(上所施, 下所效也)"다. 이 말은 가르치는 행위에 초점을 둘 때는 "윗사람이 베푸는 바와 아랫사람이 본받는 바"를 일컫는다. 기를 육(育)은 "자녀를 길러 착하게 만든다", 혹은 "자녀를 착하게 살도록 기른다"는 의미를 가지고 있다. 이와 같은 뜻풀이에 따르면 교육은 성숙한 부모나 교사가 미성숙한 자녀나 학생에게 착하게 살도록 모종의 가치 있는 것을 솔선수범하여 가르치고, 자녀나 학생들은 그것들을 본받고 배우는 것으로 이해할 수 있다.

중국의 교육 어원에 따르면 윗사람으로 표현되는 교사, 부모, 어른은 교육의 주체로서 교육의 주도적 역할을 한다. 이에 비해 아랫사람으로 표현되는 학생, 자녀, 아동은 윗사람의 가르침을 적극적으로 수용하여 양육되어야 할 존재다. 즉, 교사와 아동 사이에 수직적 인간관계가 전제되어 있다. 교사는 무언가 학생에게 가르쳐 주어야 하는 능동적 존재, 학생은 그러한 가르침을 받아야 할 수동적 존재다. 이 점은 한국의 교육 어원에서도 별 차이가 없다.

영어에서 교육을 뜻하는 대표적인 단어는 pedagogy와 education이다. pedagogy는 그리스어의 paidos(어린이)와 agogos(이끈다)의 합성어로서 이미 형성되어 있는 외적인 문화유산들을 학습자가 습득하도록 이끌어 간다는 뜻이 들어 있다. 그래서 pedagogy는 과거 귀족 가정의 자녀들을 학교나 체육관 등의 장소에 데리고 다니며 가르치는 사람을 지칭하는 의미로 사용되기도 하였다. education은 라틴어의 educare와 educo에서 유래되었는데, e(밖으로)와 ducare, duco(꺼내다, 이끌어 내다)의 합성어로서 밖으로 이끌어 낸다는 의미를 담고 있다. 이런 점에서 education은 학습자가 지니고 있는 잠재 가능성이 발현되거나 발달하도록 한다는 의미를 지닌다(박철홍, 2010).

우리말에서 교육을 뜻하는 가장 대표적인 말은 '가르치다'의 명사형인 '가르침'이다. '가르치다'는 '가르다'와 '치다'라는 말의 합성어이다. '가르다'는 말은 '가라사대'라는 말에서 보듯이 '말하다' 혹은 '이르다'는 뜻과 무엇을 '가리키다' 혹은 '지시하다'는 뜻을 가지고 있다. 결국 교육을 의미하는 우리말 '가르침'은 어른이 말을 통해서건 지시를 통해서건 아이들을 분별이 없는 상태에서 사리분별이 있는 상태로 만드는 것을 의미한다. 이러한 '가르침'이라는 말에는 역시 교사(어른)와 학생(아동)간의 수직적 인간관계가 전제되어 있다고 볼 수 있다. 즉, 교육이란 교사가 학생에게 말이나 지시를 통해서 사물이나 현상을 분별할 수 있도록 하는 것이다.

나. 행정

행정(行政, public administration)에 대한 정의는 동서양을 막론하고 정의하는 학자들마다 그 강조점을 어디에 두느냐에 따라 다르며, 또한 매우 다양한 관점이 존재하여 공통의 합의된 정의를 내리기가 매우 어렵다. 행정학의 고전적 관점을 반영하는 정의[1], 이를 수정·보완하는 정의[2], 최근의 종합적·통합적 관점에서의 정의 등 매우 다양하다. 여기에서는 행정

---

1) 고전적 관점을 반영하는 행정의 정의는 그 강조점을 어디에 두느냐에 따라 다양한 정의가 존재한다. 대표적인 정의를 살펴보면 다음과 같다.
   - 집행기능 및 수단성의 강조 : 정치·행정 이원론에 기초를 두고, 행정을 법과 정책을 집행하는 수단으로 정의함.
   - 관리작용의 강조 : 행정체제 내부의 관리작용에 초점을 둔 정의로서, 행정을 국가목표를 성취하기 위해 사람과 물자를 관리하는 것으로 정의함.
   - 협동적 행위의 합리성·능률성 강조 : 행정은 인간의 협동적 행동이며 비교적 높은 수준의 합리성과 능률성을 달성하거나 이를 추구하는 것으로 정의함.
   - 관료제에 의한 행정의 강조 : 행정은 관료제적 조직에 의해 수행된다는 점을 강조한 것으로서, 행정은 정책집행이며 또한 정책형성이고, 관료제에 의해 수행되고, 대체로 규모가 크고 공공적인 것으로 정의함.
2) 고전적 관점에 대한 행정의 정의를 수정·보완하려는 차원에서의 정의 역시 그 강조점을 어디에 두느냐에 따라 매우 다양한 정의가 존재한다. 대표적인 정의를 살펴보면 다음과 같다.
   - 행정의 정치적·정책적 역할 강조 : 정치·행정 일원론에 기초를 두고, 행정이란 정치권력을 배경으로 공공정책형성 및 구체화를 이룩하는 행정조직의 집단행동으로 정의함.

의 개념을 현대의 민주적 정치체제라는 상황적 조건 하에서 운영되는 것으로 보고자 한다. 즉, 우리는 3권 분립의 원리를 수용하고 국민의 기본권을 보장하려는 현대·민주국가에 살고 있으므로, 행정을 "국민 의지의 표출로 형성되는 국가목표의 성취를 위해, 수임받은 권력을 바탕으로 봉사·이익배분·조정·규제 등에 관한 정책의 형성에 참여하고 이를 집행하는 **활동**"으로 정의하고자 한다(오석홍, 2013).

다. 경영 및 교육경영

행정과 경영을 엄격하게 구분하지 않고 유사한 개념으로 사용하기도 하지만 일반적으로 행정은 공공기관의 운영에 많이 붙여졌고, 경영은 기업에서 많이 사용되어 왔다. 또한, 행정이 공공성이나 복지 같은 철학적 가치적 측면을 강조하여 왔다면, 경영은 기술적이고 방법적인 측면을 더 중시하여 왔다고 볼 수 있다(주삼환 외, 2009). 행정과 경영의 차이를 살펴보면 다음과 같다.

- 환경과의 연계 강조 : 생태론적 또는 개방체제론적인 관점에 기초를 둔 것으로서, 행정을 환경, 투입, 과정, 산출 그리고 환류가 서로 연관되고 상호작용하는 것으로 정의함.
- 행정인의 행태 강조 : 행정의 기본요소가 인간의 협동적 노력이라는 정의, 행동지향성을 강조하는 정의, 행정이 실제로 체현(體現)되는 중간관리층 이하의 재량행위를 강조하는 정의, 일반적인 행태적 요인을 강조하는 정의 등 다양함.

<표 1-1> 행정과 경영의 차이

기준	행정	경영
목적	공익 추구	사익 및 이윤 극대화
원리	정치적	경제적
권력수단	강제성	공리성
측정	곤란	가능
법적 규제	객관적 합법성	주관적 융통성
평등원칙	적용	배제
독점성	독점	경쟁
규모, 영향력	전국	지역
공개성	공개	미공개
기술변화	둔감	민감
윤리성	강함	약함

하지만, 오늘날 경영학의 여러 기법을 공공기관에 적용하여 조직체의 효율성을 극대화하려는 시도가 있으면서 경영의 개념이 공공기관에서도 사용되고 있다. 즉, 교육경영은 교육목적 달성의 극대화를 위한 관리과정이라 정의할 수 있다. 미국의 경우 최근 차터스쿨(charter school)을 맡아 경영하는 전문적인 교육경영 업체가 생겨나기도 했고, 학교운영의 자율성이 주어진 사립학교는 경영의 측면이 많이 개입되고 있다. 하지만 우리나라는 사립학교까지 국가의 통제하에서 운영되고 있기 때문에 교육경영이 교육행정과 크게 다르다고 보기는 다소 어려운 측면이 많다(박세훈, 2014).

라. 교육정책

교육정책은 교육활동에 관한 국가와 정부의 기본 방침을 의미한다(이종재 외, 2012). 행정을 좁게 해석하면 정해진 정책을 집행하는 것으로 이해되어 정책의 하위 개념이 되지만, 행정을 넓게 해석하면 교육정책의 결정과 집행이 모두 행정 활동에 속하게 된다. 교육부 장관은 정해진 정책을 집행하는 위치에 있으면서 동시에 새로운 정책을 만들기도 하는 위치에 있는 사실에서도 이를 알 수 있다(주삼환 외, 2009).

마. 교육제도

교육제도란 국가와 사회가 의도적으로 수행하는 교육활동의 형식, 조직, 과정을 규정한 것을 의미한다. 관습에 의한 제도를 제외하고도 대개 제도는 법제화 과정을 거쳐 법규의 형식으로 정리된다. 중요한 교육제도로서 학교제도, 교육행정조직, 교육인사제도, 교육재정 제도 등을 생각할 수 있다. 교육행정은 교육제도를 만들기도 하고 또 그 틀안에서 운영되기도 한다(이종재 외, 2012).

바. 교육행정

행정의 개념 정의와 마찬가지로 교육행정의 개념 정의도 학자들마다 그 강조점을 어디에 두느냐에 따라 매우 다양하다. 특히 교육은 그 현상 자체가 매우 복잡하며 다양한 이해관계로 인해 더욱 그렇다. 따라서, 여기에서는 대부분의 교육행정학 교재에서 소개되고 있는 몇 가지의 대표적인 정의를 소개하고자 한다.

1) 국가통치권론

교육행정을 국가통치권의 작용으로 설명하며, 학자에 따라서 국가공권설 또는 법규해석적 정의라고도 한다. 이 입장에서는 입법, 사법, 행정의 삼권분립적 체제를 전제로 하는 현대 국가에서 입법과 사법을 제외한 국가의 모든 통치작용을 행정이라고 보고 있으며 교육행정을 일반행정의 한 부분으로 보는 견해이다. 따라서 교육행정을 국가의 행정 작용 중 '교육에 관한 행정'으로 파악하며, 교육보다는 행정을 좀 더 우위에 두는 입장이다. 주로 후진국이나 개발도상국에서 국가가 강력한 공권력을 바탕으로 행정을 집행하는 경우에 해당한다. 우리나라도 지방자치가 발전되기는 했지만 여전히 많은 권한이 중앙에 집중되어 있는데, 이는 우리가 아직도 국가통치권론적인 입장에서 교육행정에 접근하고 있음을 보여주는 것이기도 하다.

국가통치권론적 정의는 교육행정을 '교육을 대상으로 하는 법적·행정적 작용'이라고 보기 때문에 교육행정의 특수성과 전문성을 무시하고 행정의 관료성과 획일성을 강조하며, 교육의 정치적 중립성과 자주성을 간과하고 있다는 비판을 받고 있다. 교육행정을 일반행정으로부터 분리·독립시키고 지방의 교육행정을 중앙의 교육행정으로부터 분리·독립시켜야 한다는 교육자치제의 관점에서 보면 이와 같은 국가통치권론적인 입장에서의 정의는 다소 타당성이 부족하다고 할 수 있다(윤정일 외, 2009).

2) 조건정비론

교육행정을 교육목표를 효율적으로 달성하기 위해서 필요한 인적·물적 제반 조건을 정비하고 확립하는 수단적·봉사적 활동이라고 본다. 즉, 교육행정을 교육목적 달성을 위한 수단적 봉사활동으로 보고 있기 때문에 '교육을 위한 행정'으로 보며, 행정보다는 교육을 좀 더 우위에 두는 입장이다. 이 같은 조건정비론적인 입장에서의 정의는 민주적 교육행정을 설명하는데 가장 많이 인용되는 정의이며, 교육행정의 기능주의적 입장을 대표하기 때문에 기능주의설이라고도 한다.

대표적인 학자로는 Moehlman이 있다. Moehlman(1941)은 학교의 가장 근본적이고 중요한 활동은 수업이므로 학교의 행정(조직)은 수업이 원활하게 진행되도록 지원하는 수단이라고 하였다. 우리나라의 대표적인 학자로는 김종철(1985)이 있는데, 그는 교육행정을 사회적·공공적·조직적 활동에서 교육을 대상으로 하고 교육목표의 설정, 그 달성을 위한 인적·물적 조건의 정비·확립, 목표 달성을 위한 계획과 결정, 집행과 지도, 통제와 평가 등을 포함하는 일련의 봉사활동이라고 정의하였다.

앞에서 살펴본 국가통치권론적인 입장이 주로 교육에 대한 통제나 감독을 중시한다면 조건정비론적인 입장에서는 수단적, 봉사적 활동을 강조한다고 할 수 있다.

3) 행정과정론

행정과정(administrational process)은 계획수립에서 실천·평가에 이르는 행정의 전체 경로를 가리킴과 동시에 이 경로 속에서 이루어지는 행정 작용의 제 구성요소를 의미한다. 즉, 어떤 기관이나 조직에서 행정이 이루어지는 단계나 순서를 중심으로 행정을 정의하는 관점이다(주삼환 외, 2009). 따라서 이 정의는 행정의 일반적 기능이 무엇이며, 행정이 어떠한 순환적 경로를 밟아 이루어지고 있는가에 초점을 두고 교육행정을 정의한다(윤정일 외, 2009).

대표적인 학자로는 Fayol(1916), Gulick(1937), Sears(1950), Gregg(1957), Campbell(1958) 등이 있다. 프랑스의 Fayol이 행정과정을 기획(planning), 조직(organizing), 지휘(ccmmanding), 조정(coordinationg), 통제(controlling)의 5가지로 제시한 이래, Gulick은 'POSDCoRB'라는 합성어를 제시하면서 행정과정을 7가지 즉, 기획(planning), 조직(organizing), 인사(staffing), 지시(directing), 조정(coordinating), 보고(reporting), 예산(budgeting)으로 설명하였고, Sears는 기획(planning), 조직(organizing), 지시(directing), 조정(coordinating), 통제(controlling)의 5가지로 행정과정을 제시하였다(진동섭 외, 2008)[3]. 한편, Gregg는 교육행정과정을 의사결정-기획-조직-

의사소통-영향-조정-평가 등의 7가지[4]로 제시하였고, Campbell은 이를 다시 의사결정-프로그램 짜기-자극-조정-평가 등 5가지[5]로 제시하였다. 초기의 학자들이 주로 명령, 지시, 통제 등을 행정의 주요한 요소로 제시하였다면, 후기의 교육행정학자들은 의사결정(decision-making), 자극(stimulating), 영향(influencing), 평가(evaluating) 등을 주요한 요소로 제시하고 있음을 알 수 있다.

---

3) • 기획(planning) : 기획은 조직의 목표를 정립하고 과업을 수행할 수 있도록 준비하는 과정이다. 행정과정의 첫 단계로서 행정과정에서 분리, 독립된 것이 아니라 전체 행정과정의 일부로서 기능한다. 기획은 후속되는 행정의 과정에 영향을 미치기도 하고 조직, 지시, 조정, 통제 등 뒤에 따르는 과정이 기획에 환류되어 영향을 미치기도 한다. 따라서 기획은 조직의 장래를 결정하는 데 매우 중요하며, 기획의 결과를 심사숙고하여 신중하게 할 필요가 있다.
• 조직(organizing) : 조직은 인적자원, 물적자원, 아이디어 등을 확보하여 구조화하는 작업이다. 학교의 경우, 인적자원은 교사회, 학년, 학급, 각종 위원회 등으로 조직화되고, 물적자원은 교사(校舍), 도서관, 교수-학습 매체, 서류정리함 등으로 조직화된다. 규칙과 원칙 등과 같은 아이디어는 교칙, 경영방침, 연간행사표, 학습지도안, 성적처리기준, 시간표 등으로 조직화된다.
• 지시(directing) : 지시는 의사결정을 통해 확정된 사항을 조직구성원들이 숙지할 수 있도록 전달하는 일이다. 지시는 본질적으로 상급자가 하위자의 행동을 통제하는 기능을 수행한다. 지시를 받은 조직구성원은 언제 일을 시작하여 어떻게 수행하며 언제 끝낼 것이지 알아서 행동해야 한다. 그래서 지시는 행정과정 가운데 가장 눈에 잘 띄는 단계이기도 하다.
• 조정(coordinating) : 조정은 행정의 대상이 되고 있는 조직, 인사, 재정, 시설, 사무, 수업 등의 여러 측면이 학교라는 조직의 목표를 달성하는데 있어 최적의 상태가 되도록 조화시키는 것이다.
• 통제(controlling) : 통제는 조직구성원들이 조직목표를 달성하는데 얼마나 열심히 참여하고 있는지 확인하고 점검하는 일이다. 통제에는 교직원의 활동을 직접 감독하거나 성과는 얻기 위해 강요하는 등과 같은 직접통제와 일정기간 동안의 활동 결과를 분석하거나 특정 행위를 제한하는 규정을 제정하는 일 등과 같은 간접통제가 있다.

4) • 의사결정(decision-making) : 의사결정은 모든 행정과정에 선행하는 요소로서 행정과정의 핵심이라고 할 수 있다. 개인의사결정과 조직의사결정으로 나누어 볼때, 교육행정에서 중요한 것은 조직의사결정으로서 조직 책임자의 가치, 조직여건, 조직구성원의 참여 등을 고려하여 합리적으로 이루어지는 것이 바람직하다. 최종 의사결정은 조직의 최고책임자에 의해 이루어지며, 그 결과에 대한 궁극적인 책임도 그에게 있다.
• 기획(planning) : 기획은 미래의 합리적인 행동을 위한 지혜로운 준비과정을 의미한다. 기획은 목표의 확인, 목표달성을 위한 조건의 탐색, 사전결과의 분석, 미래 진로의 결정 등의 일련의 과정을 포함하는 것으로서 일회적인 활동이라기보다는 장기적인 안목에서 계속적으로 이루어지는 활동이다.
• 조직(organizing) : 조직은 공동 목표를 달성하기 위하여 목적, 과업, 지위, 사람 등을 대상으로 하여 책임을 분담하는 일이다. 조직에는 공식 조직과 비공식 조직이 있는데 후자의 중요성을 간과해서는 안된다. 비공식 조직이 공동의 목표 달성에 도움이 되는 방향으로 운영되도록 하는 것이 중요하다.
• 의사소통(communicating) : 의사소통은 개인 간 또는 부서 간 정보, 의견, 아이디어를 교환하는 것이다. 조직의 목표 달성과 문제해결을 위한 원활한 의사소통의 중요성은 아무리 강조해도 지나치지 않으며, 조직의 원만한 운영을 위해서는 공식적 의사소통 이외에 비공식적 의사소통에도 관심을 기울여야 한다. 또한 학교조직은 개방적 유기체이므로 학교 안 의사소통 뿐만 아니라 외부와의 의사소통도 중요하다.
• 영향(influencing) : 영향은 조직의 공동 목표 달성을 위해 공식적 권위를 사용할 뿐만 아니라 설득, 협의, 참여를 통한 협동적 관계를 구축하는 것을 의미한다. 지도성과 인간관계의 문제라고 할 수 있는 영향은 경영이나 행정에서 '지시'로 불리는 것인데 인간관계론의 영향을 받아 다소 부드러운 용어로 바뀐 것이다.

4) 협동행위론

협동행위론은 행정활동을 조직의 목적 달성을 위해 구성원의 협력적 행위를 자극, 유도하고 조정하는 것이라는 관점에서 교육행정을 바라본다. 즉, 교육행정을 교육의 목적을 효과적으로 달성하기 위한 여러 사람의 협동적 행위라고 보는 견해이다.

협동행위론의 대표적인 학자는 Waldo이다. Waldo(1967)는 행정을 고도의 합리성을 바탕으로 한 집단적인 협동행위로 정의하였다(윤정일 외, 2009).

협동행위론의 관점에서 보면, 학교의 지도자들은 교직원들이 서로 의사소통을 원활하게 하고 갈등이 없는 가운데 직무동기를 극대화하여 직무를 수행하고, 일하는 과정에서 만족을 느끼도록 리더십을 발휘하는데 요구되는 철학, 이론, 실무적 능력을 갖고 있어야 한다(주삼환 외, 2009). 교육행정학에서 동기, 리더십, 의사소통, 의사결정, 갈등, 풍토, 문화 등을 다루는 이유가 여기에 있다고도 할 수 있다.

- 조정(coordinating) : 조정은 조직의 목표를 효율적으로 달성하기 위하여 조직 내의 인적 · 물적 자원을 통합 · 조절하는 것이다.
- 평가(evaluation) : 평가는 행정활동의 과정과 성과를 검토하여 그 합리성, 효과성, 효율성 등을 측정하는 과정이다. 평가는 특히 공익성을 띠고 있는 조직의 경우 책무성의 차원에서도 반드시 필요한 중요한 요소이며, 평가의 결과는 행정과정의 모든 단계로 환류되어 보다 나은 행정활동을 하는데 기여하게 된다.

5) 의사결정(decision-making) : 의사결정은 심사숙고한 후에 도달한 결론 또는 이에 도달하기까지의 계속적이고 역동적인 과정을 말한다.
- 프로그램 짜기(programming) : 프로그래밍은 어떤 주요 결정이 이루어진 후에, 집행에 필요한 수많은 방법을 강구하는 활동으로서, 구체적인 과업 수행을 위하여 자격을 갖춘 조직 구성원의 선발과 임용, 시설과 장비의 배치, 예산편성 등을 포함한다. Campbell 등은 종전에 사용된 조직(organizing)이라는 용어를 프로그래밍으로 바꾸어 사용하였다.
- 자극(stimulating) : 자극은 조직의 결정을 효과적이고 효율적으로 수행하기 위하여 조직구성원의 자발적인 노력과 참여를 유도해 내는 교육행정가의 활동을 말한다. 즉, 자극은 작성된 프로그램이 잘 실천될 수 있도록 프로그램의 작성과 집행 시에 구성원들이 적극적으로 참여하도록 하고, 활발한 의사소통을 하는 등을 통하여 구성원들의 행동에 동기를 부여하는 것이다.
- 조정(coordinating) : 조정은 조직의 목적을 달성하는데 필요한 인적 자원과 물적 자원의 구조와 과정을 적절하게 조절하는 것이다.
- 평가(appraising) : 평가는 행정의 최종 단계로서, 조직의 목적이 어느 정도 성취되고 있으며, 조직이 잘 유지되고 있는가를 파악하는 것으로서 일회성 평가보다는 장기적이고 계속적인 평가가 중요하다.

지금까지 교육행정의 개념을 크게 4가지 관점에서 살펴보았다.

이 외에도 교육행정을 정의하는 관점은 교육지도성론 등으로 다양하다. 하지만 어느 하나의 입장만으로는 교육행정을 충분히 만족스럽게 정의내리기가 힘들다(남정걸, 2012).

국가 권력의 분립을 전제로 한 국가통치권론적 입장에서의 정의는 이미 제정된 법규나 결정된 정책의 집행을 주장하고 있다. 그러나 엄격한 삼권분립은 불가능하다. 오늘날 행정권의 확대 강화로 법규의 입안이나 정책결정도 행정의 주요한 권한에 속하기 때문이다.

조건정비론은 교육행정의 과업을 기능적으로 파악하고 민주적 교육풍토의 조성에 크게 기여하였다. 그러나 오늘날 모든 국가는 국가의 발전과 국민복지의 향상에 대한 교육의 중요성을 재인식하고 교육에 대한 국가의 강력한 영향력을 행사하고 있는데, 조건정비론은 이점을 지나치게 소홀히 하고 있다. 교수와 학습의 효율화를 위해 제한된 자원을 효과적으로 정비·확충하려면 국가의 정책적 배려와 법령의 한계를 절대 무시해서는 안된다.

협동적 집단행위에 초점을 두고 교육행정을 파악한 협동행위론은 타 분야의 행정과의 공통점을 강조하고 행동과학적 입장에서 보편적 특수성을 강조한 나머지, 교육행정의 특수성을 무시하고 지나치게 추상적이고 일반적이라는 단점을 가지고 있다.

이와 같이 교육행정에 대한 정의는 각각의 강조점과 아울러 미비한 측면도 있기 때문에 교육행정을 올바르게 이해하려면 이들 각 관점의 장단점을 서로 보완하여 포괄적으로 이해할 필요가 있다. 즉, 교육행정을 하나의 입장이나 하나의 간결한 문장으로 정의하기에는 한계가 있으며, 교육행정의 본질을 좀 더 정확히 파악할 수 있는 포괄적인 정의도 필요해 보인다(남정걸, 2012).

2. 교육행정의 이론 발달

　교육행정학은 1950년대에 이르러서야 비로소 자생적인 이론과 방법론을 갖춘 학문 수준으로 발전되었다. 즉, 그 이전은 타학문의 수용단계였다고 할 수 있으며 1950년대 이후에 비로소 타학문과 보조를 맞추어 이론을 개발해 왔다고 할 수 있다.

　본 절에서는 교육행정에 도입된 일반 행정이론의 핵심을 간단히 기술한 후 교육행정이론의 발달 과정을 살펴보고자 한다. 행정이론의 발달과정은 ① 효율성과 합리성을 강조하는 고전적 행정이론(1900~1930), ② 인간에 관심을 두는 인간관계론(1930~1950), ③ 두 접근의 결합인 행동과학론(1950~1960), ④ 환경과 다양한 하위요소를 강조하는 체제론(1960년 이후), ⑤ 다원론(1970년 이후)으로 구분해 볼 수 있다. 이를 도식화하면 다음과 같다.

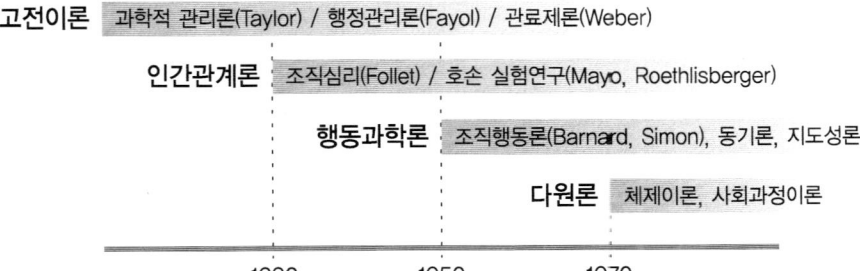

[그림 1-1] 교육행정학의 이론 발달

가. 고전이론

고전이론은 20세기 초 사회적 요구와 시대적 여망에 부응하여 대두되었다. 이 이론에서는 인간을 공장에서 물건을 만드는 기계적 도구 또는 부속품 정도로 생각한다. 고전이론에서는 효율적인 조직체제와 절차, 과학화, 효율화, 합리적 관리기술에 주된 관심을 두고 있으며 인간은 부차적인 존재로 취급하였다. 그 대표적인 이론들은 과학적 관리론, 행정관리론 및 관료제론 등이다.

1) 과학적 관리론

조직과 인간 관리의 과학화를 주장함으로써 효율을 극대화하는데 기여한 과학적 관리론을 처음으로 주장한 사람은 Taylor이다. 그는 작업 과정을 분석하여 과학화하면 능률과 생산성을 극대화할 수 있다고 믿고 시간 연구와 동작 연구를 통해 체계적인 공장관리론을 발전시킴으로써 과학적 관리론의 기초를 세우고, 이어 자신의 과학적 관리의 원리를 체계화하였다. 과학적 관리의 5가지 원리는 다음과 같다(Taylor, 1911).

① 1일 최대작업량 설정 : 모든 노동자에게 명확하게 규정한 최대의 1일 작업량을 정해 주어야 한다.
② 표준화된 조건 : 노동자들이 과업을 성공적으로 수행할 수 있도록 작업 표준과 도구를 표준화해 주어야 한다.
③ 과업의 전문화 : 노동자에게 주어지는 과업은 일류 노동자만이 달성할 수 있을 만큼 어려운 것이어야 한다.
④ 성공에 대한 높은 보상 : 노동자들은 과업을 성공적으로 완수한 경우 높은 보상을 해 주어야 한다.
⑤ 실패에 대한 책임 : 노동자가 과업을 달성하지 못한 경우에는 그 실패

에 대한 책임으로 손해를 감수하도록 해야 한다.

교육행정의 과학화는 행정의 과학적 관리에 크게 영향을 받아 학교의 비효율화와 낭비를 없애고 관리의 효율화를 극대화하기 위하여 Taylor의 과학적 관리를 도입·적용해야 한다고 주장되었다. Spaulding과 Bobbitt는 과학적 관리를 교육에 적용해야 한다고 주장한 대표적인 학자이다. Spaulding(1913)은 교육행정의 비능률이 교육사업의 큰 취약점이라고 비판하고 교육행정가의 양성은 단순하면서도 건전한 기업경영의 원리에 입각하여 교육행정의 실제적인 직무를 강조하여야 한다고 주장하였다.

한편 Bobbitt(1912)도 가능한 모든 시간에 모든 교육시설을 활용하고, 교직원의 작업능률을 최대로 유지하며 교직원의 수를 최소로 감축하고, 교육에서 낭비를 최대한 제거하도록 주장하였다. 이들의 주장은 능률의 시대를 대변하는 것으로 교장은 새로운 학급경영 방법과 시험제도를 도입하고, 새로운 교수방법을 적용하며, 학교조직형태도 바꾸었으며, 학교예산의 낭비를 없애기 위하여 새로운 회계법도 도입되었다.

2) 행정관리론

과학적 관리론이 노동자의 개인적인 직무에 주된 관심을 둔 반면에 행정관리론에서는 조직의 전체적인 관리에 초점을 두고 행정의 과정을 보다 과학적으로 체계화하여 생산성을 높이려고 하였다. Fayol은 모든 관리자가 본질적으로 같은 과업을 수행한다고 보고, 조직을 관리하는 행정요소로 기획, 조직, 명령, 조정, 통제를 제시하였다.

① 기획 : 미래를 예측하고 운영을 계획하는 것
② 조직 : 사업의 인적·물적 자원을 체계화하는 것
③ 명령 : 직원간의 업무 활동을 정하고 유지하는 것

④ 조정 : 모든 활동을 통합하고 상호 관련시키는 것
⑤ 통제 : 모든 일이 정해진 규칙과 주어진 지시에 따라 수행되고 있는지를 확인하는 것

뒤이어 Gulick과 Urwick은 Fayol이 제시한 5가지 행정과정을 보다 구체화하여 POSDCoRB라는 새로운 용어를 창안하였다. 즉, 기획(Planning), 조직(Organizing), 인사(Staffing), 지시(Directing), 조정(Coordinating), 보고(Reporting), 예산편성(Budgeting)의 7가지 행정과정에 대한 단어의 머리글자를 따서 POSDCoRB를 만든 것이다. 이들은 공공 행정에 초점을 두고 행정 전반에 폭넓게 접근하였다.

행정관리론을 교육행정에 처음으로 적용한 학자는 Sears로 Fayol의 행정과정 5요소를 그대로 받아들여 교육행정의 과정을 기획, 조직, 명령, 조정, 통제로 제시하였다. 한편, 1955년에 미국 교육행정가 협회(American Association of School Administrators: AASA)는 기획, 배분, 자극, 조정, 평가의 5가지로 구분하였다.

3) 관료제론

Taylor와 Fayol이 활동하던 서구 유럽사회는 산업혁명의 영향으로 산업사회가 발달하여 점차 도시화 되어가고 있었다. 1900년대 초에 산업조직체들이 성장하여 정치적 경제적 힘을 발휘하게 되었으며, 산업사회에서 인간과 조직간의 갈등이 증가하게 되었다. 이런 상황에서 독일의 Weber는 인간과 조직이 권위주의적 산업가들과 기존의 정치체제에 의해 지배된 조직과 비교되는 이상적인 조직으로 관료제를 제시하였다.

Weber는 조직체의 권위가 정당화되는 방법에 따라 권위 유형을 전통적 권위, 카리스마적 권위, 합리적 · 합법적 권위로 구분하였다. 첫째, 전통적 권위는 하위자가 상위자의 명령을 전통에 따른 것이라는 근거에서 정당한

권위로 받아들일 때 나타난다. 둘째, 카리스마적 권위는 상위자의 비범한 능력에 달려있는 경우에 나타난다. 셋째, 합리적·합법적 권위는 법에 근거하여 권위가 발생되는 경우이다. 개인은 그가 지닌 법적 지위에 의해 권위를 다른 사람으로 부여받고 그 권위를 행사하며 법적 지위를 상실하면 자동적으로 권위가 상실되는 것으로 간주된다. Weber는 이러한 합리적·합법적 권위가 관료제를 이루어야 한다고 주장한다. Weber가 구상했던 관료제는 다음과 같은 특징을 가지고 있다.

① 분업과 전문화 : 조직의 목적달성을 위한 과업이 구성원의 책무로서 공식적으로 배분
② 몰인정성 : 조직의 분위기가 감정과 정서에 지배되지 않고 엄정한 공적 정신에 의해 규제
③ 권위의 위계 : 종업원의 권리와 의무를 포함하는 역할체제
④ 규정과 규칙 : 의도적으로 확립된 규정과 규칙체계를 통해 활동이 일관성 있게 규제
⑤ 경력 지향성 : 연공이나 업적 혹은 양자를 조합한 승진제도를 갖추고 있으며 경력이 많은 자를 우대

또한 이러한 특징에 따른 관료제의 순기능과 역기능은 다음 〈표 1-2〉와 같이 제시할 수 있다. Weber의 관료제는 역기능도 있지만 대규모 복합조직에 알맞게 적용될 수 있는 유용한 행정체제로 조직발전에 크게 공헌하였다.

〈표 1-2〉 Weber의 관료제의 순기능과 역기능

관료제의 특징	순기능	역기능
분업과 전문화	전문지향성	권태감의 누적
몰인정성	합리성 증진	사기 저하
권위의 위계	순응과 원활한 조정	의사소통 장애
규정과 규칙	계속성과 통일성의 확보	경직과 목표전도
경력지향성	동기의 유발	실적과 연공의 갈등

* 출처: Hoy, W. K., & C. G. Miskel (1996). *Educational Administration : Theory, Research,* and Practice, 5th ed. New York: McGraw-Hill. p. 51

나. 인간관계론

고전이론은 행정관리를 체계화하고 효율화하는데 많은 기여를 하였으나 1930년대 경제공황이 심화되면서 고전적 조직이론으로는 조직 관리에 한계를 느끼게 되었다. 기계적 효율성만을 강조하여 인간의 사회 심리적 측면을 무시하였기 때문이다. 그래서 새로운 인간관계적 접근이 대두되었다.

1) Mayo와 Roethlisberger의 호손 실험

하바드 대학 경영학 교수인 Mayo와 Roethlisberger 중심의 연구팀은 8년간(1924~1932)에 걸쳐 미국 시카고에 위치한 서부전기회사의 호손공장에서 실험연구를 수행하였다.

호손 실험의 목적은 조직내 인간적 요인에 의해 생산성이 어떻게 달라지는가를 밝히는 데 있고 실험은 조명실험, 전화계전기 조립실험, 면접 프로그램 조립실험, 건반배선 조립 관찰 실험 등이었다. 첫째, 조명실험은 작업현장의 조명도와 노동자의 작업능률과 능률을 분석하기 위한 실험으로서 생산량은 작업장의 조명도와는 아무런 상관이 없으며 조명도 이외의 어떤 다른 요인에 의해 좌우되고 있음이 분석되었다. 둘째, 전화계전기 조립실험은 작업능률에 큰 영향을 미치는 것은 휴식이나 간식의 제공, 봉급인상 등과 같은 물리적 작업조건보다는 심리적 만족도, 집단에의 소속감과 참여 등 인간적·사회적 측면이라는 사실이 밝혀졌다. 셋째, 면접프로그램은 호손 공장의 종업원을 대상으로 신변상의 문제와 근무조건에 대한 불평불만 등을 면접을 통해 조사하였다. 그 결과 생산성 향상을 위한 물리적 조건의 개선보다는 개인적이고 사회적인 감정과 태도 등 인간의 심리적 요인이 중시되었음이 밝혀졌다. 넷째, 건반배선조립 관찰 실험결과 구성원의 행동이 경제적 유인체제보다 비공식적 집단규범에 의해 이루어지고 있었다.

호손 실험은 사회적·심리적 요건이 생산에 영향을 미친다는 사실을 발견하였고 비공식집단의 영향을 강조하게 된 계기가 되었다. 비판점으로는 인간적 측면에만 지나치게 집착하여 조직의 구조적 측면을 등한시하였다.

2) 교육행정과 인간관계론

인간관계론은 교육행정의 민주적 원리를 제시하면서 의사결정의 책임을 재분배하고 행정가와 교사가 협력하여 더 효과적으로 업무를 수행하는 방법을 제시함으로써 교육행정의 민주화에 기여하였다.

Koopman 등은 1943년에 『학교행정의 민주화』라는 저서를 통해 학교장은 인간관계론을 적용하여 학교행정을 민주화 한다고 주장하면서 그 과제로서 교육에 대한 사회적 책임 규명, 민주적 지도성의 개념 발전, 민주적인 조직 형태, 모든 구성원의 적극적 참여 유도, 교원의 역할 규명 등에 대하여 확인하고 실천할 것을 강조하였다.

Yauch(1949)는 교장은 교사들과 개인적 또는 집단적으로 좋은 관계를 유지하여야 하고, 단일학교 교사들은 가장 자연스럽고 능률적인 민주적 활동의 구성단위이며, 교장은 교사들이 민주적 경험을 쌓도록 지도성을 발휘하는 데 가장 유리한 위치에 있는 사람이며, 교사들에게 최대의 이익이 돌

아갈 수 있도록 교사집단 간의 상호작용을 촉진하여야 하고, 어떤 결정의 집행으로 영향을 받게 되는 모든 구성원은 결정과정에 참여하여야 한다고 주장하였다. 이와 같은 인간관계중심 학교경영은 민주적·참여적 학교경영에 크게 영향을 미쳤으나 교직원의 무능을 방관하거나 학급방문을 통한 장학활동을 소홀히 하는 폐단을 낳았다.

Moehlman(1951)은 『학교행정』이라는 저서에서 교육행정은 수업의 필요에 의해 발생하는 것이기 때문에 수업목표 달성을 위한 수단이 되며, 행정은 본질적으로 교육의 과정을 통해 목표를 효과적으로 실현하기 위한 봉사활동이라고 강조하였다.

그리고 Griffiths(1956)는 인간관계론을 발전시켰는데 교장과 상호작용하는 교사는 인간적 욕구에 민감한 사회적 인간이라고 주장하고, 좋은 인간관계는 상호존중, 호의, 인간의 권위와 가치에 대한 굳은 신념을 바탕으로 성립되는 것이라고 하면서 동기유발, 상황인식, 의사소통, 권력구조, 권위, 사기, 집단역학, 의사결정, 지도성과 같은 9가지 측면에 관심을 가져야 한다고 주장하였다.

다. 행동과학론

고전 이론은 인간관계를, 인간관계론은 공식적 구조의 영향을 무시했기 때문에 행동과학론은 두 학파의 이론을 다 활용하고 심리학, 사회학, 정치학, 경제학 등에서 도출해 낸 명제를 첨가하였다.

1) Barnard와 Simon

Barnard와 Simon은 고전이론과 인간관계론을 통합하여 행동과학론의 토대를 형성하였다. Barnard는 『행정가의 기능』에서 조직을 사회적 협동체로 보고 조직의 구성요소로서 의사소통, 협동, 공동의 목적 등을 제시하였으며 조직내 비공식적 조직의 중요성과 공식적 조직과의 불가피한 상호작용을 설명하였다.

또한 조직관리를 구조적 개념과 동태적 개념으로 구분하여 설명하였다. 구조적 개념은 개인, 협동체제, 공식조직, 복합적 공식조직, 비공식조직이며, 동태적 개념은 자유의지, 협동, 의사소통, 권위, 의사결정, 동태적 균형 등인데, 특히 의사결정의 중요성을 강조하여 행동과학의 기초를 정립하였다. 또한 그는 조직 중심적이고 조직목표달성에 우선을 두는 효과성과 구성원 중심적이고 구성원의 만족과 사기를 강조하는 입장을 능률성이라고 구분하면서 조직이 최대한의 목표 달성을 하기 위하여 양자 간의 균형이 이루어져야 한다고 하였다. 그가 말하는 효과성과 능률성은 각각 고전이론과 인간관계론의 이념이며 양자의 조화가 행동과학론의 이념으로 볼 수 있으므로 행동과학론의 효시로 볼 수 있다.

Simon은 『행정행위론』에서 Barnard의 이론을 확대하여 조직의 유인과 구성원의 기여가 조화를 이루는 조직 균형에 관한 개념을 사용하였다. 그는 조직을 작업에 대한 유인이 교환되는 교환체제로 보았다. 또한 인간형을 경제적 인간과 행정적 인간으로 구분하고 의사결정과정에서 최적의 합리성만을 추구하는 경제적 인간보다 만족스러운 범의 내에서 제한된 합리성만을 추구하는 행정적 인간이 보다 객관적이고 효과적인 의사결정을 위해 필요하다고 하였다.

2) 교육행정과 행동과학론

Barnard와 Simon 이후 많은 사회과학자와 행동과학자들이 행정에 관심을 가지고 이론화 운동을 전개하였다. 교육행정학의 세 번째 발전의 계기도 행동과학의 발전이다. 신운동(new movement)이라고도 불리는 이론화운동(theory movement)은 1950년대부터 본격화되어 1960년대에 걸쳐 교육행정에 대한 연구와 이론 개발을 촉발시켰다. 이 이론화운동은 철학과 과학, 가치와 사실을 엄격히 구분하는 논리실증주의에 입각한 교육행정의 이론화 작업을 활발히 전개하였으며 이론에 근거한 가설 연역적 연구방법을 통해 교육행정을 연구하는데 기여하여 교육행정학을 학문 수준으로 전환시키는데 결정적인 공헌을 하였다. 이 운동에서는 학교행정가유형의 과학적 분석이라든가, 조직풍토의 측정, 사회과정으로서의 행정 분석 모형, 조직개발 등 여러 가지 이론적 운동이 일어나게 되었다. 1950년대부터 일어난 교육행정에 관한 행동과학적 접근방법이 가장 큰 효과가 있었다. 대표적인 학자로는 Getzels, Campbell, Halpin, Griffiths 등이 있다.

라. 체제론

1) 체제의 속성

1960년대부터 기존의 이론들이 조직의 복잡 미묘한 동태를 설명하는데 한계가 나타나 종합적 접근 방법으로 체제론이 대두되었다. 체제의 개념은 1950년에 생물 체제에 관심을 둔 Bertalanffy(1968)의 일반체제이론에서 처음으로 제안되었다.

체제(system)란 여러 부분들로 이루어진 전체 혹은 여러 요소들의 총체를 말한다. 체제란 상호관련 되어 작용하는 각 부분 또는 하위 체제로 구성되는 하나의 통합체를 총칭하며 어떠한 유기체나 조직체를 막론하고 그것은 하나의 체제를 이루고 있다고 볼 수 있다. 또한 하위체제의 개념과 이에 따른 복수원인의 개념이 유용하게 이용될 수 있다. 또한 Lwoff(1966)는 유기체를 조직으로, 세포를 집단으로, 분자를 개인으로 대치시키면, 조직을 체제로 기술할 수 있다고 하였다. 체제 모형은 [그림 1-2]와 같이 기본적으로 투입, 전환과정, 산출, 환경, 환류 등으로 이루어진다.

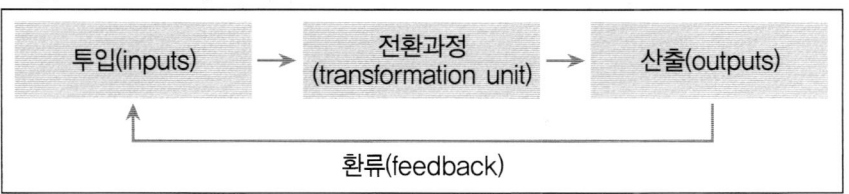

[그림 1-2] 체제의 기본 모형

　여기서 투입은 체제의 목적을 달성할 수 있도록 체제의 밖에서 안으로 들어가는 모든 요소를 말한다. 전환과정은 체제가 목적 달성을 위해 여러 가지 자원과 정보를 활용하여 산출을 만들고 가치를 창조하는 과정이다. 산출은 체제가 환경이나 인접한 체제로 내보내는 자원과 정보로서 체제가 의도적이나 무의도적으로 생산해 내는 모든 것을 말한다. 환경은 체제와 일정한 접촉을 유지하고 그것에 일정한 영향을 주는 경계 밖의 주변 조건이나 상태를 말한다.

　이러한 체제의 속성은 다음과 같다(박종렬·신상명, 2004 재인용).

① 목적지향성 : 체제는 목표지향적이다. 체제는 여러 가지 목적을 가지고 있어 일련의 가치기준을 근거로 하여 우선순위를 결정해야 한다.
② 전체성 : 전체는 체제 각 부분의 총화보다 더 크다는 생각에 기초를 둔 개념이다.
③ 개방성 : 체제는 보다 큰 체제인 환경과 상호 작용한다.
④ 전환 : 체제는 목적 달성을 위하여 여러 자원을 활용하여 산출로 전환시킴으로써 가치를 창조한다. 전환과정은 보통 투입-산출이라는 모형의 틀로서 표시된다.
⑤ 상호관련성 : 체제의 각 부분은 내적으로 상호작용과 상호의존성을 지니며, 체제와 체제의 환경은 상호 작용한다.

⑥ 통제기제 : 체제는 그 환경과 내부의 요구에 부응해야 하며, 그 자체를 유지하는 자율적인 힘이 있다. 체제는 그 내부와 외부 환경의 변화가 일어났을 때 체제의 내적 상태와 체제목표에 관련된 환경상태에 관한 환류정보를 활용하여 각 부분들 간의 균형을 유지한다.

2) 교육행정과 체제론

교육행정학의 네 번째 발전의 계기도 체제론의 발전이다. 먼저, 교육체제를 하나의 사회체제로 파악하고 체제론적 관점에서 연구하여 사회과정 모형을 제시한 Getzels-Guba(1957)는 인간의 사회적 행동이 유발되는 경로를 규범적 차원과 개인적 차원으로 제시하였다. 이 두 차원의 구성요소인 조직내 역할과 개인의 인성이 상호 결합되어 인간의 행동이 발생된다.

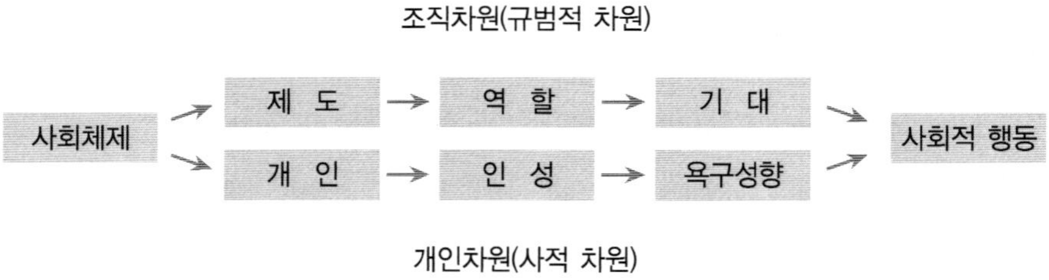

조직차원(규범적 차원)

사회체제 → 제도 → 역할 → 기대 → 사회적 행동
사회체제 → 개인 → 인성 → 욕구성향 → 사회적 행동

개인차원(사적 차원)

[그림 1-3] 체제의 기본 모형

Getzels(1958)는 $B = f(R \times P)$라는 함수식을 제시하고 인성과 역할이 개인의 사회적 행동을 규제하는 정도는 조직의 종류에 따라 다르다. 예를 들어 군인 조직은 제한된 범위의 인성을 요구하나, 예술인 조직은 아주 많은 범위의 인성을, 교사들에게는 인성과 역할 모두 중간 수준을 요구하고 있다. 체제적 사고의 발전은 교육행정에도 체제론적 분석을 통한 기획·운영·평가 과정을 강조하고 있다. Hoy와 Miskel(2001)의 학교사회체제 모

형의 발전은 학교경영의 과정을 투입-과정-산출-환류라는 기본 틀 속에서 기획하고 운영하며 평가하도록 하였으며 학교경영 체제를 이루고 있는 형태적 하위체제의 관계를 중요시하고 있다.

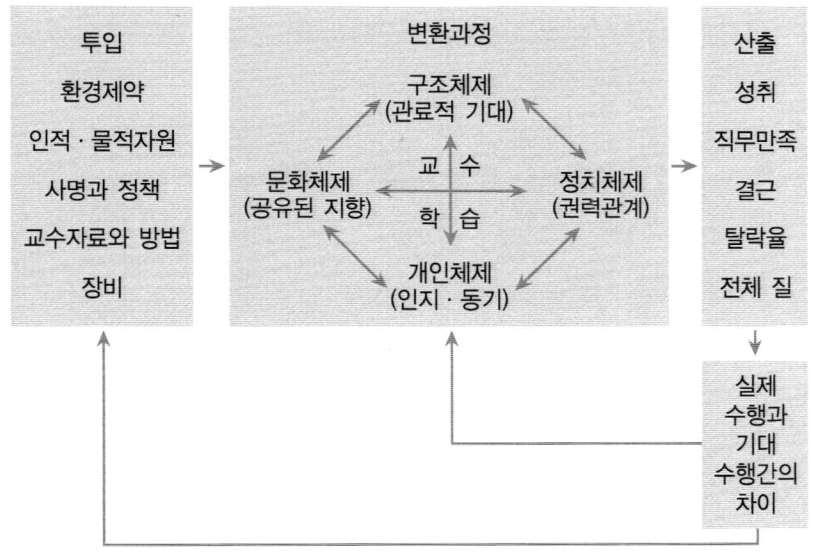

[그림 1-4] Hoy & Miskel의 학교사회체제 모형

마. 다원론

교육행정학의 이론 발달 중 다섯 번째에 대하여 학자들에 따라서 관점을 달리하고 있다. 이러한 관점은 주로 해석론, 비판이론, 포스트모더니즘, 페미니즘 등으로 다원화 된 이론으로 소개되었다(윤정일 외, 2009). 이러한 이론들은 공통적으로 현대 조직 사상에 대하여 의문을 제기하며 사회분석의 과학적인 측면에 비판적이다. 현대 조직 문제에 대한 새로운 도전과

반론은 오늘날 조직연구의 일부가 되었으며 전통적 조직이론을 보완해 주는 역할을 하기도 한다. 이들 새로운 이론들은 전통적 조직론이 주장하는 객관성, 인과관계, 합리성, 보편성을 부정하고 주관성, 불확정성, 비합리성으로 이들을 대체한다.

1970년대에 발전한 해석론은 현상학과 해석학을 철학적 기반으로 하여 인문과학과 사회과학 연구에서 유용한 접근방법의 하나로 인정받고 있다. 해석론은 특정한 상황에서 특정한 개인의 행동방식을 지배하는 주관적 의미구조를 체계적으로 구체화하는데 중점을 둔다. 특히 해석론에서는 교육행정학을 현상학적으로 설명하려고 하기 때문에 교육현상을 인위적 체계 혹은 의미현상으로 보고 개별성과 특수성에 의하여 이해하고 파악하려고 한다. 해석론 관점에서 중요한 것은 외부로 표현된 행동의 일반성과 변인 간의 탈맥락적 경향성의 추구보다는 행동이 담고 있는 배후의 의미를 맥락과 상황 속에서 간주관성(full name)으로 해석하는데 주된 관심을 두고 있다. 이는 행정연구에 있어서 자연과학적 방법이 갖고 있는 현상인식의 패러다임을 비판하면서 새로운 학문 연구의 방식을 제시했다는데서 의의를 찾을 수 있다.

교육행정학 분야에서 해석론에 대한 논의가 시작된 것은 1974년 Greenfield가 '학교조직이론에 있어 논리실증주의 연구의 비판'이라는 논문을 발표하면서부터이다. 그는 종래의 교육행정학 이론의 논리 실증주의적 연구 경향은 변인을 인위적으로 조작하여 조작적으로 정의된 변인들 간의 관계를 토대로 교육현상의 외형적인 측면이나 객관적·일반적인 측면만을 설명하고 예측하려 한다고 비판하였다. 반면에 Greenfield가 주장하는 현상학적 접근 방법은 개별성과 특수성에 의해서 교육행정을 이해하고 파악해야 한다고 주장하였다. 이러한 공박은 Griffiths를 중심으로 하는 미국의 논리실증주의적 교육행정 이론가들과 Greenfield를 대표로 하는 영연방국가 중심의 해석론적 관점에 의한 교육행정 이론가들 사이에 논쟁을 야기하였다. 이것이 소위 말하는 Griffiths-Greenfield논쟁이다. 이 논쟁이 갖는 교육행정학적 의의는 그간 교육행정학 분야에서 무비판적으로 수용되어 왔던 의사적 객관화의 논리(the logic of psuedo-objectivity)를 정면으로 반박하고, 그 철학적 배경에 대한 회의와 개선 가능성을 제시한 점 그리고 연구영역의 확대와 (교육)현상의 실제에 코다 상보적으로 접근할 수 있는 계기를 마련해 주었다는 데 있다(조남두 외, 2006).

비판론은 구조 기능적 패러다임, 해석적 패러다임과 함께 오늘날 사회과학 연구의 주요한 패러다임으로 자리 잡고 있다. 비판론은 현재 조직들이 지배계급의 이익을 위해 어떠한 기능을 수행하는지를 밝혀냄으로써 사회적 실재를 해체하려는데 중점을 두고 있다. 비판론은 갈등론의 효시인 Marxism을 배경으로 하여 형성된 독일의 Frankfurt 학파를 중심으로 한 사회비판이론을 시초로 하여 오늘에 이르기까지 발전되어 왔다. 교육학 분야에서는 교육사회학과 교육과정 분야에서 비판론적 접근이 학문으로서의 명맥을 이어오다 1980년대에 들어와서 기능론, 해석론과 동등한 연구 패러다임으로 인정받게 되었다.

교육행정학 분야에서 Greeenfield와 Griffiths 간의 논쟁으로 해석론이 하나의 교육행정학 연구경향으로 자리를 잡아 갈 무렵인 1970년대 말에 일반 행정학 및 조직론 분야에서 비판이론이 소개되면서 몇몇 연구자들은 교육행정 현상을 비판론적 관점으로 보려고 하였다. 비판론은 기본적으로 과거와 현재의 실제, 사회정의, 권력현상, 인간의 속박과 해방 등에 관심을 두고 있다. 따라서 비판론적 관점의 교육행정가는 과거부터 당연시 되어왔던 학교교육의 상황과 기본적 가정에 대해 비판적으로 검토하고 행정 실제가 진리, 자유 혹은 정의로 표현되는 조직구성원의 삶의 질을 얼마나 개선할 수 있고 이를 위해 어떤 변화를 기할 수 있는 지에 초점을 두고 있다.

포스트모더니즘이 논의 된 것은 1980년대 후반으로 주로 문화비평에서 시작되었다. 포스트모더니즘은 자아가 이성적 주체라는 생각을 부인하며,

삶의 다양성과 우연성을 그대로 받아들이고 탈정형화를 추구함으로써 변화를 위한 새로운 사상으로 받아들여지고 있다. 포스트모더니즘은 모더니즘 사상의 근간을 이루고 있는 이성과 진리, 합리성과 절대성을 비판하고 기존의 것들은 해체와 상대성, 다양성의 관점에서 이해하는데 중점을 둔다. 포스트모더니즘은 이제 단순한 문화적 개념을 넘어 20세기 후반에 나타난 새로운 인간의 생활양식을 설명하고 정당화 하기 위한 문화논리가 되었다. 또한 각 사회가 추구하고자 하는 보편적이고 일반적인 가치에 의문을 제기하거나 부정 또는 해체하여 다양한 생활양식과 다양한 가치, 다양한 도덕규범을 인정하는 다원주의적 사회를 만드는데 기여하였다.

포스트모더니즘이 교육행정 영역에 등장한 것은 1980년대 후반으로 주로 학교행정과 지도성 분야에서 논의되었다. 오늘날 포스트모더니즘은 교육행정 연구가들 사이에서 인식의 폭을 점차 넓혀가고 있으나 교육행정학적 적용에 대해서도 아직도 의견이 분분하다. 따라서 포스트모더니즘의 기본가정, 논리의 적용 가능성, 한계는 무엇인지 좀 더 깊이 있는 논의가 필요하다.

3. 교육행정의 성격과 원리

가. 교육행정의 성격

교육행정의 성격은 교육행정을 보는 관점에 따라 달라질 수 있다. 앞에서 살펴본 교육행정의 정의에서 크게 4가지 관점을 제시하였는데, 예를 들어 교육행정을 교육정책 실현을 위한 권력적 작용이라고 보면 감독적 성격이 강해지고, 조건 정비를 위한 봉사적 활동이라고 보면 조장적, 수단적 성격이 강해지며, 목표 달성을 위한 제반조건과 과정의 관리라고 보면 조정적 성격이 강해진다(배종근, 1986; 윤정일 외, 2009 재인용).

일반적으로 교육행정은 조장적, 수단적, 민주적 성격을 띤다. 왜냐하면 교육행정이 교육에 관한 법규나 정책을 입안하고 집행한다고 하더라도 그 본질은 어디까지나 교육이 잘 되도록 조장하고 지원하는데 있기 때문이다. 하지만 이러한 성격은 교육행정만이 가지는 성격이라기 보다는 어느 분야의 행정이라도 갖추고 있는 공통적인 성격이라고 할 수 있다. 교육행정의 일반적 성격과 교육행정만의 독자적이고 특수한 성격에 대해서 살펴보면 다음과 같다(남정걸, 2012; 윤정일 외, 2009; 주삼환 외, 2009).

1) 일반적 성격

(가) 봉사적 성격

모든 행정은 기본적으로 봉사적 성격을 가진다. 경영과 달리 '봉사'는 행정이 갖추어야 할 가장 기본적인 속성이다. 교육행정의 봉사적 성격은 앞에서 살펴본 학자들의 교육행정의 정의(교육목표 달성을 위한 인적, 물적 제반조건을 정비하고 확립하는 수단적, 봉사적 활동 등)에서도 잘 나타난다.

교육행정이 봉사적 성격을 가진다는 말의 의미를 우리나라가 가진 고질적 병폐 중 하나인 관(官) 주도의 행정 우위적 풍토에서 음미해 볼 필요가 있다. 우리나라는 전통적으로 중앙집권적인 교육행정을 운영해 왔고, 교육행정가들은 법규와 관행에만 얽매여 관료적인 접근을 취해왔던 것이 사실이다. 즉, 교육을 위한 행정이 아니라 행정을 위한 교육이 이루어져 옴으로써 교육행정의 봉사적 성격이 무시되었다고 할 수 있다. 우리나라의 교육이 창조경제시대에 부합하는 창의적이고 우수한 인재를 길러내어 국가 경쟁력을 확보하기 위해서는 교육행정의 봉사적 성격에 대해 좀 더 진지하게 고민해야 한다.

(나) 정치적 성격

교육행정이 정치적 성격을 갖고 있다는 점은 교육정책의 결정과 집행, 교육문제의 해결에 있어 다양한 집단의 이해관계를 조정하고, 협력을 이끌어 내는 등과 같은 역동적 성격을 띠고 있다는 것을 말한다(박세훈 외, 2009). 예를 들어, 어떤 교육정책에 반대하는 집단과 찬성하는 집단이 있을 때 교육정책을 입안하고 집행하는 교육행정가의 입장에서는 반대하는 집단을 설득하고 홍보하는 일을 통해서 해당 교육정책이 안정적으로 집행될 수 있도록 하는 노력을 해야 하는데, 이와 같은 과정은 매우 정치적인 과정이라고 할 수 있다. 또한, 한정된 국가예산에서 조금이라도 많은 교육예산을 확보하기 위해 교육부 장관이 국회나 예산담당부처 관계자들에게 필요성을 설득시키는 노력이나 과정도 매우 정치적인 것이다.

흔히 교육의 정치적 중립성을 논하면서 정치로부터 분리·독립되어야 한다고 주장하는데 이때의 정치는 특정한 정당이나 당파의 이데올로기를 말하는 것으로서 정치적 성격과는 구분되는 것이다. 예로부터 교육은 정치와 아주 밀접한 관계를 유지해왔다. '교육은 정치의 산물'(Kimbrough, 1964)이라는 주장이나 '교육은 정치체제의 안정과 변화에 중요한 공헌을 한다'(Thompson, 1976)와 같은 말을 굳이 인용하지 않더라도 교육과 정치는 불가분의 관계를 맺고 있으며, 교육은 가장 강력한 정치기관의 하나로서 그리고 정치체제와 사회질서를 유지하고 보존하는 중요한 도구로서 그 역할을 수행하고 있다. 따라서, 교육행정가들은 그들의 과업을 수행함에 있어서 교육행정의 정치적 성격을 인식하고, 또 정치적 과정에 있어서 효과적으로 활용할 수 있는 아이디어와 지식 및 기술을 개발하기 위하여 노력할 필요가 있다(윤정일 외, 2009).

(다) 민주적 성격

우리나라는 자유민주주의 국가이다. 따라서 교육뿐만 아니라 정치, 경제, 사회, 문화 등 모든 분야에서 민주적 성격은 필수적으로 요구된다. 특히, 교육행정은 그 과정에서 학생, 학부모, 지역사회의 의사와 요구를 적극적으로 반영하려고 노력하여야 하며, 교육의 중요성을 감안할 때, 의사결정 과정에서 반드시 전문가의 견해를 반영하려는 노력이 필요하고 나아가 이해관련당사자들을 적절한 방식으로 참여시키는 것이 중요하다.

단위학교책임경영제(SBM : School Based Management)나 학교운영위원회 등은 교육행정의 민주적 성격을 잘 보여주는 사례라고 할 수 있다.

2) 독자적 성격(특수성)

교육행정의 독자적 성격 또는 특수성은 교육행정만이 가지고 있는 성격이라고 이해하기보다는 교육이 가진 특수한 성격으로 인해 타 부문의 행정에 비해 교육행정에서 상대적으로 강하게 나타나는 성격이라고 이해하는 것이 바람직하다.

교육행정의 독자적 성격은 조직이 제공하는 서비스 측면에서는 중요성과 공개성을 가지며, 조직이 수행하는 **활동**의 특성 측면에서는 복잡성과 친밀성을 가지며, 조직에서 일하는 사람들의 특성 측면에서는 전문성을 가지고, 조직활동에 대한 평가 측면에서는 평가의 난이성을 가진다. 한편, 교육행정은 미래지향적이고 장기적인 **활동**이므로 그 지향하는 목표와 성과도 장기적이라는 특수성을 가진다.

(가) 중요성과 공개성

교육의 중요성은 두말할 필요가 없다. 따라서, 교육의 목표 달성을 위한 교육행정의 중요성도 마찬가지이다.

교육조직은 여타의 조직에 비해 사회를 유지하고 발전시키는데 있어서 매우 중요한 역할을 수행한다. 즉, 교육조직은 우리 사회 구성원(학생)을 사회화시키는 가장 핵심적인 기관이며, 이로 인해 교육조직에는 항상 수많은 요구들이 존재한다. 따라서, 교육행정은 공공의 요구에 매우 민감하게 반응해야 하며 그들의 요구에 귀 기울여야 한다.

교육행정이 제공하는 서비스는 매우 중요하며, 중요한 공적**활동**이기 때문에 국민의 요구가 있을 때는 언제든지 정보를 공개할 수 있어야 한다. 나아가 수요자가 요구하기 전에 더 적극적으로 정보를 공개함으로써 책무성을 확보하는 노력을 기울여야 한다. 「교육관련기관의 정보공개에 관한 법률」은 이를 잘 보여주는 사례이다.

(나) 복잡성과 친밀성

교육은 그 기능상 매우 복잡한 **활동**을 수행하며, 목표 달성을 위해 조직 구성원들간의 관계가 친밀하다는 특성이 있다. 교수-학습을 주된 기능으로 하는 학교의 예를 들어보면, 동일한 수업목표를 달성하기 위한 수업이라고 하더라도 학생들의 반응에 따라 1반과 2반의 수업이 전혀 달라질 수도 있으며, 1반에서는 전혀 발생하지 않았던 일이 2반 수업에서는 발생할 수도 있다. 교사는 수업 외에도 학생, 학부모들과의 상담활동 등 매우 다양한 활동을 해야 한다. 이처럼 한 차시 수업에 대해서도 교사가 모든 것을 완벽하게 통제하지 못할 만큼 교육은 어렵고 복잡한 활동이다. 하물며 교육행정의 복잡성은 말할 필요가 없을 것이다.

한편, 학교조직 내외의 다양한 인간관계(교사와 학생, 교사와 학부모, 교사와 교사, 학생과 학생 등)는 기본적으로 강한 친밀성을 가진다. 학교라는 조직은 타 조직에 비해 이해관계가 복잡하거나 단기간에 가시적인 이익이나 성과를 창출하는 조직이 아니기 때문에 갈등의 발생 소지가 상대적으로 적다.

(다) 전문성

교육행정은 매우 복잡하고 어렵기 때문에 전문성을 필요로 한다. 교사는 학부모나 일반인보다 학생에 대해 더 잘 알아야 하고, 일반 행정가와 달리 교육행정가는 교육에 대한 경험이나 전문적 식견이 없이는 직무를 수행할 수가 없다.

교사들의 전문성을 보장하기 위해 교원자격제도를 운영하고 있으며, 3년 이상의 교육 또는 교육행정경력을 갖춘 사람만이 교육감에 출마할 수 있는 자격 요건을 법적으로 명시해 놓은 것도 교육행정은 교육에 대한 경험과 식견 등 전문성을 갖춘 사람들에 의해 이루어져야 함을 말해주는 것이다.

(라) 효과의 장기성[6] 및 평가의 곤란성

교육은 국가의 백년지대계(百年之大計)라는 말이 있듯이 교육의 목적과 성과는 단시일에 이루어지는 것도 아니고, 하루 이틀 그 기능을 정지한다

---

6) 교육효과의 장기성은 학자에 따라 '비긴급성'으로 불리우기도 함. 하지만 비긴급성이라는 말이 긴급하지 않거나 당장은 중요하지 않다는 의미로 받아들여질 수 있기 때문에 가급적 사용하지 않는 것이 좋겠음.

고 해서 국민생활이나 국가에 당장 영향을 미치는 긴급한 것도 아니다. 한편, 교육의 효과는 당장 나타날 수도 있지만 일년 후에 나타날지, 십년 후에 나타날지 누구도 장담할 수가 없다. 교육행정도 마찬가지이다. 예를 들어, 의료사업이나 소방사업 등과 같이 그 효과가 단시일 내에 드러나고 또 효과를 측정하기가 상대적으로 쉬운 행정과 달리 교육행정은 효과가 바로 드러나지 않기 때문에 조그만 실수나 도덕적 해이가 당장에는 크게 문제가 되지 않을 수 있으며, 교육행정의 평가도 그 시기와 방법을 결정하기가 상당히 까다롭다. 가령, 교육목표 달성에 교육행정이 얼마나 기여했는가를 평가한다고 생각해 본다면 얼마나 어려운 작업일지 알 수 있다.

효과가 오랜 기간에 걸쳐 서서히 나타난다는 교육의 특성을 가리켜 교육효과의 장기성이라고 하며, 이와 같은 교육효과의 장기성으로 인해 그 평가도 매우 어려운 것이 사실이다. 하지만 교육효과의 장기성이라는 특성으로 인해 그 중요성을 간과한다거나 우선순위에서 밀려야 한다는 것으로 받아들여져서는 안된다. 만약 국가가 교육을 포기했을 경우 그 결과가 어떠할지는 자명하다.

나. 교육행정의 영역

교육행정의 영역은 교육행정 활동의 범위를 말한다. 즉, 교육행정에서 어떤 내용을 어디까지 취급할 것인가에 대한 범위를 말한다. 학자에 따라 교육행정의 영역은 법규의 측면과 업무 내용의 측면으로의 구분(김종철, 1982)[7], 구조면, 기능면, 대상면, 업무내용면으로의 구분(남정걸, 1986)[8], 이론영역, 교육대상영역, 행정기능영역으로 구분(강영삼, 1985) 등으로 다양하다. 한편, 윤정일 외(2009)는 이들의 영역 구분을 참고로 교육행정의 영역을 행정단위, 행정기능, 교육대상의 3가지 차원으로 나누어 제시하였는데 이들이 제시한 교육행정의 영역을 도식화하면 다음의 그림과 같다.

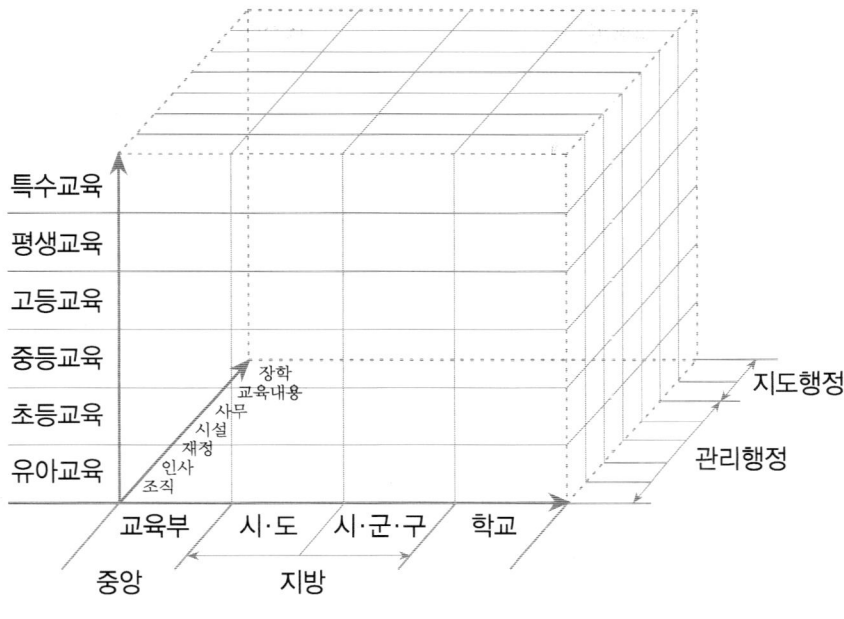

[그림 1-5] 교육행정 영역 구분

위 그림에서 보듯이 우선 행정단위별로는 중앙교육행정, 지방교육행정(광역자치단체와 기초자치단체), 학교교육행정의 3단계로 구분하고 있으며, 행정기능별로는 기획, 조직, 교육내용·장학, 학생, 인사, 재정, 시설, 사무관리, 연구·평가의 9가지로 구분하고 있으며, 교육대상별로는 유아

---

7) 법규적 측면에서 볼 때, 교육행정의 영역은 중앙정부의 행정기관 중 교육부 장관의 관할하에 있는 행정활동의 영역을 말하는 것으로, 학교교육행정은 물론 사회교육행정도 포함한다. 학교교육행정은 다시 그 기능에 따라 관리행정과 지도행정으로 구분할 수 있으며, 학교급별에 따라 초등, 중등, 고등교육행정으로 나눌 수도 있다. 한편, 업무내용의 측면에서 볼 때, 교육행정의 영역은 기획행정, 조직행정, 교육내용행정, 장학행정, 학생행정, 교직원 인사행정, 재무행정, 시설행정, 사무관리 행정과 연구평가 및 홍보에 관한 행정 등으로 구분된다(김종철, 1982).

8) 구조적 측면에서 볼 때, 교육행정은 중앙교육행정, 지방교육행정, 학교단위 교육행정의 3단계로 나눌 수 있고, 기능면에서 보면 학무행정(유아교육, 초등교육, 중등교육, 사회교육에 대한 전문적 지도와 관리)과 관리행정(교육시설·설비의 정비 확충과 재정 등의 관리)의 두 영역으로 나눌 수 있다. 대상면에서는 교육기관별로 초등, 중등, 고등, 사회교육행정으로 나누고 이외에도 유아교육행정, 재외국민 교육행정, 직업기술 교육행정, 사학행정, 특수교육행정 등으로 구분할 수 있다. 업무 내용면에서는 기획, 장학, 인사, 재무 등으로 구분할 수 있다(남정걸, 1986).

교육, 초등교육, 중등교육, 고등교육, 사회교육, 사학교육, 특수교육의 일곱가지로 구분하고 있다.

다. 교육행정의 원리

교육행정의 원리는 학자들에 따라 다양하게 제시되고 있다. 백현기(1964)는 교육행정의 원리를 법규상의 원리(기회균등의 원리, 민주주의의 원리, 지방분권의 원리, 자주성 존중의 원리)와 실천상의 원리(타당성의 원리, 능률성의 원리, 적응성의 원리, 안정성의 원리)로 제시하고 있다. 비슷한 맥락에서 김종철(1982)은 교육행정의 원리를 크게 법제 면에서 본 기본원리와 운영 면에서의 기본원리로 구분하여 제시하였다. 법제면에서의 원리로 법치행정의 원리, 기회균등의 원리, 적도집권의 원리, 자주성 존중의 원리를 제시하고 있으며, 운영면에서의 원리로는 타당성의 원리, 민주성의 원리, 능률성의 원리, 적응성의 원리, 안정성의 원리, 균형성의 원리를 제시하고 있다. 주삼환 외(2009)는 행정원리의 토대가 되는 법률적 원리(「헌법」 31조[9] 등)와 운영상의 원리로 구분하여 제시하고 있는데, 법률적 원리로 기회균등의 원리, 자주성의 원리, 지방분권의 원리, 합법성의 원리, 전문성 보장의 원리를 제시하고 있으며, 운영상의 원리로 민주성의 원리, 효율성의 원리, 안정성의 원리, 적응성의 원리를 제시하고 있다.

한편, 윤정일 외(2009)는 민주성의 원리, 효율성의 원리, 합법성의 원리 등과 같이 크게 일반행정의 원리에도 적용되는 공통적인 기본 원리와 기회

---

9) 헌법 제31조
　① 모든 국민은 능력에 따라 균등하게 교육을 받을 권리를 가진다.
　② 모든 국민은 그 보호하는 자녀에게 적어도 초등교육과 법률이 정하는 교육을 받게 할 의무를 진다.
　③ 의무교육은 무상으로 한다.
　④ 교육의 자주성·전문성·정치적 중립성 및 대학의 자율성은 법률이 정하는 바에 의하여 보장된다.
　⑤ 국가는 평생교육을 진흥하여야 한다.
　⑥ 학교교육 및 평생교육을 포함한 교육제도와 그 운영, 교육재정 및 교원의 지위에 관한 기본적인 사항은 법률로 정한다.

균등의 원리, 지방분권의 원리, 자주성의 원리, 안정성의 원리, 전문성 보장의 원리 등 교육의 특수성으로 인해 상대적으로 교육행정에 더 강하게 적용되는 원리로 나누어 제시하고 있다.

이종재 외(2012)는 학자들이 제시한 교육행정의 원리들을 살펴본 후 1) 민주성의 원칙, 2) 법치의 원칙, 3) 합법성의 원칙, 4) 공공성과 정치적 합리성의 원칙, 5) 효율성의 원칙, 6) 존중되어야 할 교육적 원칙[10] 등 크게 6개의 교육행정 원리를 도출하여 제시하고 있으며, 탁세훈 외(2009)도 기존 학자들이 제시한 원리를 살펴본 후 공통적으로 제시하고 있는 8가지 원리로 민주성의 원리, 효율성의 원리, 기회균등의 원리, 타당성의 원리, 자주성의 원리, 안정성의 원리, 적응성의 원리, 전문성의 원리를 설명하고 있다.

교육행정의 원리에서 중요한 것은 어느 학자가 어떤 측면에서 교육행정의 원리를 구분하여 설명하고 있는가, 교육행정의 원리에 어떤 원리가 포함되고 어떤 원리가 포함되지 않는가와 같은 일종의 하향식(top-down) 접근보다는 어떠한 원리들이 교육행정의 실제에 적용되고 있는지, 그 원리가 의미하는 것이 무엇인지, 각각의 원리들이 구체적으로 어떻게 실제 정책이나 제도로 구현되고 있는지와 같은 상향식(bottom-up) 접근이다. 따라서, 여기에서는 학자들이 제시한 교육행정의 원리들을 모두 망라하고 비슷한 개념들은 통합한 후 최대한 제시하고자 한다. 나아가 각 원리들의 개념과 의미를 살펴보고, 각 원리들이 교육행정의 실제에서 어떻게 구현되고 있는지를 살펴보고자 한다.

---

10) '존중되어야 할 교육적 원칙'으로 ① 교육의 자주성 보장의 원칙, ② 교육의 기회균등의 원칙, ③ 지방분권과 지방교육자치의 원칙, ④ 교육제도 운영의 안정성 원칙, ⑤ 교육기관 운영의 자율성 존중의 원칙, ⑥ 교육프로그램의 다양성 조장 원칙, ⑦ 학생의 교육적 보호와 배려 원칙, ⑧ 교직의 전문성과 민주적 통제간의 균형의 원칙 등 8가지를 제시하고 있다.

1) 합법성의 원리(법치행정의 원리, 법정주의의 원리)

법치행정의 원리 또는 법정주의의 원리라고도 불리는 합법성의 원리는 교육행정의 모든 활동이 합법적으로 제정된 법령·규칙·조례 등을 따르면서 법률 적합성을 가져야 한다는 원리로서 모든 교육행정은 법률에 위배되어서는 안되고 법률에 근거를 두어야 하며 실정법에 맞는 집행을 해야 한다는 것이다(남정걸, 2012; 윤정일 외, 2009; 주삼환 외, 2009). 즉, 교육행정은 법령에 의거해서 실시되어야 하므로 교육행정의 모든 활동은 합법적으로 제정된 법률, 명령, 조례, 규칙 등에 따라야 함을 말한다(진동섭 외, 2008). 합법성의 원리에 따라 교육행정은 가장 상위법인 「헌법」 제31조의 6개 항을 비롯하여 「교육기본법」, 「유아교육법」, 「초·중등교육법」, 「고등교육법」, 「지방교육자치에 관한 법률」, 「교육공무원법」, 「사립학교법」, 「지방교육재정교부금법」 등과 관련 대통령령, 교육부령 및 훈령 등에 근거를 두고 집행되고 있는데 이것이 바로 교육행정이 합법성의 원리에 의해 운영되고 있다는 증거이다. 특히, 「헌법」 31조 ⑥항은 '학교교육 및 평생교육을 포함한 교육제도와 그 운영, 교육재정 및 교원의 지위에 관한 기본적인 사항은 법률로 정한다'라고 명시되어 있어 직접적으로 교육행정의 법률주의 즉, 합법성의 원리를 말하고 있다.

합법성의 원리에 의해 교육행정이 운영된다는 것은 모든 교육행정의 실제가 관련 법에 근거를 두고 운영된다는 것으로, 국민의 안정적인 교육권 보장뿐만 아니라 인사나 재정이 합리적이고 공정하게 이루어질 수 있는 장점이 있다. 하지만 교육행정을 담당하는 사람은 너무 법규에만 얽매여서 창의적이고 융통성있는 사고를 하지 못하는 오류를 범하지 않도록 노력할 필요가 있다. 지나치게 법규에만 얽매여 비현실적이고 비창의적인 교육행정을 펼친다면 탁상공론이라는 비판을 피할 수 없을 것이다.

2) 지방분권의 원리(지방교육자치의 원리)

지방분권의 원리는 교육행정이 외부의 부당한 지배를 받지 않고 주민의 적극적인 참여와 그 지역주민의 공정한 통제에 의해 실시되어야 한다는 것으로써, 이 원리를 가장 잘 구현하고 있는 것이 지방교육자치제도이다. 따라서, 이 원리는 교육 및 교육행정에 대한 책임이 정부나 관료들에게 있는 것이 아니라 주민에게 있으므로 지역사회와 주민의 요구를 반영한 교육행정을 운영해야 한다는 것이다. 따라서, 지방분권의 원리는 지역의 특수성과 다양성을 반영하여 교육이 이루어져야 함을 강조하는 동시에 중앙집권적 교육행정이 낳는 폐단인 획일성과 정치권력의 개입을 방지하는 것에 주요한 목적이 있다.

이와 같은 지방분권의 원리는 '국가 및 지방자치단체는 교육의 자주성 및 전문성을 보장하며, 지역의 실정에 맞는 교육의 실시를 위한 시책을 수립·실시하여야 한다. 학교운영의 자율성은 존중되며, 교직원·학생·학부모 및 지역주민들은 법령이 정하는 바에 의하여 학교운영에 참여할 수 있다'고 명시한 「교육기본법」제5조에서 잘 드러난다.

3) 안정성의 원리

안정성의 원리는 교육이 본질적으로 수십 년 또는 수백 년을 내다보는 장기적인 성격을 띠고 있기 때문에 국가의 교육정책이나 교육행정은 안정적인 기조를 유지하고 일관성 있는 집행과정을 통해 지속적으로 유지·발전되어야 한다는 것이다(윤정일 외, 2009). 반드시 절대불변의 원칙을 가정하고 그것을 고정하자는 것이 아니라 끊임없이 변하는 가운데도 변치 않고 이어져 나가는 그 무엇이 있어야 한다는 것을 의미한다(남정걸, 2012). 사실, 교육행정의 변화 속도가 다소 느리고 외부의 개혁 요구에 다소 둔감하여 혁신적 변화가 잘 이루어지지 않는 이유도 안정성의 원리와 전혀 무관하지는 않다. 특히, 교육에서는 개혁이나 혁신이 반드시 좋은 것만은 아니다. 교육활동은 여타 부문과 달리 관련 요인이 대단히 많고 모든 국민의 지대한 관심사이기 때문에 한 가지 정책의 변화도 그 파급효과가 매우 크다.

4) 적응성의 원리

적응성의 원리는 교육행정이 새로운 환경변화에 신축적으로 대응하고 능동적으로 대처함으로써 변화를 주도해 나가야 한다는 것을 의미(박세훈 외, 2009)하는 것으로 안정성의 원리와 함께 상보적으로 적용될 필요가 있는 원리이다. 교육은 그 성격상 보수적인 의미를 가지고 있으며, 교육행정도 이러한 이유로 변화에 순응하는 소극적인 행정으로 일관되어 왔다는 지적을 받고 있다. 안정성의 원리도 중요하지만 변화의 가속도가 빠른 지식정보사회에서 교육행정이 변화를 예견하고 이에 능동적으로 대처해 나가는 능력이 더욱 요청되는 것이 사실이다. 하지만 지나치게 적응성을 강조하는 것은 교육의 안정성을 해칠 우려가 있음을 알아야 한다. 변화에 적응하는 것 못지않게 교육의 본질적인 측면을 유지하는 것도 중요하다. 따라서, 교육행정을 담당하는 사람들은 교육의 본질적인 것을 훼손하지 않으면서도 사회변화에 빠르게 적응하고, 이를 선도하는 혁신적 마인드를 가질 필요가 있다.

5) 기회균등의 원리

기회균등의 원리는 민주주의 사회에서 가장 기본이 되는 원리이며, 교육정책이나 교육개혁안을 입안할 때 주요한 지침이 된다는 점에서 교육행정에서 아주 강력하게 요청되는 원리이기도 하다(윤정일 외, 2009; 박세훈 외, 2009). 「헌법」 제31조 1항의 '모든 국민은 능력에 따라 균등하게 교육을 받을 권리를 가진다.' 「교육기본법」 제3조 '모든 국민은 평생에 걸쳐 학습하고, 능력과 적성에 따라 교육받을 권리를 가진다.', 「교육기본법」제4조 '모든 국민은 성별, 종교, 신념, 사회적 신분, 경제적 지위 또는 신체적 조건 등을 이유로 교육에 있어서 차별을 받지 아니 한다.' 등은 기회균등의 원리를 규정하고 있는 것이라고 할 수 있다.

기회균등의 원리는 두 가지 측면에서 큰 의미를 가진다. 첫째, 모든 국민에게 균등한 교육기회를 보장하는 의무교육을 실시한다는 것이며, 둘째, 능력주의에 입각하여 학업을 계속할 능력이 있는 자에게 능력을 발휘할 수 있는 기회를 부여하는 것으로서 장학금제도나 사회보장제도의 확립을 전제로 운영된다는 것이다(윤정일 외, 2009). 이와 같은 차원에서 볼 때, 「헌법」제31조 2항 '모든 국민은 그 보호하는 자녀에게 적어도 초등교육과 법률이 정하는 교육을 받게 할 의무를 진다.', 「헌법」제31조 3항 '의무교육은 무상으로 한다.', 「헌법」제31조 5항 '국가는 평생교육을 진흥하여야 한다.' 등도 기회균등의 원리가 보장되도록 강제하고 있는 법 조항이라고 할 수 있다.

6) 자주성의 원리

자주성의 원리는 교육행정이 그 본질을 추구하기 위해서 첫째, 일반행정으로부터 분리·독립되어야 하고 둘째, 정치와 종교로부터 중립성을 유지해야 한다는 것이다. 이와 같은 자주성의 원리는 「헌법」제31조 4항 '교육의 자주성·전문성·정치적 중립성 및 대학의 자율성은 법률이 정하는 바에 의하여 보장된다', 「교육기본법」제5조 '국가 및 지방자치단체는 교육의 자주성 및 전문성을 보장하며, 지역의 실정에 맞는 교육의 실시를 위한 시책을 수립·실시하여야 한다', 「교육기본법」제6조 '교육은 교육 본래의 목적에 따라 그 기능을 다하도록 운영되어야 하며, 어떠한 정치적·파당적 또는 개인의 편견의 전파를 위한 방편으로 이용되어서는 아니 된다' 등과 국·공립학교에서 특정 종교를 위한 종교교육을 금지하고 있는 것에 잘 나타나 있다(윤정일 외, 2009; 주삼환 외, 2009; 박세훈 외, 2009).

교육행정에서 자주성이 존중되어야 하는 이유는 교육이 장기적이고 범국민적인 사업이며, 개인의 능력을 최대로 계발하고 국가 사회의 이상을 구현하려는 공적인 활동이기 때문이다. 따라서 교육은 특정 당파의 이익을 위하거나 특정 종교의 수단으로 활용할 수 없는 보편타당한 중립성을 가져야 한다. 따라서, 교육의 자주성과 교육의 중립성을 위해서는 교육행정을 일반행정으로부터 분리·독립하여야 하며[11] 교육은 정치와 종교로부터 자유로워야 한다.

한편, 이종재 외(2012)는 지금까지 교육행정학계에서는 법적 조항으로만 자주성의 근거를 제시하면서 일반행정으로부터의 교육자치를 주장하고 있는데 이것은 그 근거가 부족하고 논란의 여지가 있다는 교육자치 부정론자들의 의견을 제시하면서 교육의 자주성에 대한 해석이 상당히 어려움을 지적하였다. 이들은 자주성의 의미를 종래보다 넓게 해석할 필요성을 제기하고 있다. 덧붙여 분리형 자치인가 통합형 자치인가는 헌법상의 교육의 자주성에 대한 해석과 직결된 것이 아니므로, 어떤 형태의 자치 기구를 운영하건 그 운영 과정에서 교육의 자주성을 지켜야 한다는 의미로 해석하는 것이 타당하다고 말하고 있다.

7) 전문성 보장의 원리

전문성 보장의 원리는 교육행정은 교육활동의 본질을 이해하고, 교육의 특수성을 체험적으로 인식하고, 교육행정에 관한 이론과 기술을 습득한,

---

[11] 교육행정과 일반행정의 관계 설정에 있어서, 대체적으로 교육행정학계에서는 일반행정으로부터의 완전한 분리·독립을 주장하고 있고, 일반행정학계에서는 교육행정이 일반행정 속으로 통합되어야 한다고 주장(이기우, 2006)하고 있다. 그러나 교육행정학계에서도 일부 학자들은 "교육행정의 중요성은 아무리 강조해도 지나치지 않지만, 행정의 통일성과 효율성을 위하여 일반행정의 체제와 틀 속에서 교육행정이 이루어지는 것이 좋으므로 완전한 분리·독립 주장에 대한 재검토가 필요하다"라고 주장하기도 한다(이종재 외, 2012). 그러나 재검토를 주장하고 있는 이들 역시 교육행정과 일반행정의 통합론을 주장하는 것이 아니라 교육행정과 일반행정 사이의 기능적 분업과 대승적 협력의 필요성을 강조하고 있다는 점을 이해할 필요가 있다.

충분한 훈련을 쌓은 전문가가 담당하여야 한다는 원리이다(윤정일 외, 2009). 즉, 교육은 독자성과 특수성을 가지고 있어 전문적인 지식과 기술을 필요로 하며, 장기간의 교육 훈련을 쌓아야만 그 업무를 제대로 수행할 수 있다는 것이다. 교육활동은 전문적 활동이기 때문에 그러한 전문적 활동인 교육을 관리하는 교육행정가는 반드시 교육에 대한 전문적 지식과 기술을 구비하고 있어야 한다. 전문성 보장의 원리가 반영된 구체적인 예를 보면, 교육감의 자격 요건으로 3년 이상의 교육 또는 교육행정경력을 요구하는 것, 교사자격증을 갖춘 사람만이 교사가 될 수 있도록 한 교원자격제도 등이 있다.

8) 민주성의 원리

민주성의 원리는 국민의 의사를 교육행정에 반영하고 국민을 위한 교육행정을 해야 한다는 원리로서 교육정책을 수립하거나 집행함에 있어서 민주주의 원리를 따라야 한다는 것이다. 즉, 교육행정기관은 국민에 대한 책무성 확보를 위해 행정권력의 남용을 방지하여야 하고, 구성원들의 참여를 통해 민의를 수렴하고 이를 정책 수립에 반영해야 하며, 수립된 정책을 집행하는 과정에서도 행정가의 독단이나 전제를 막고 국민이나 하위기관이 그 권한을 행사하도록 해야 한다는 것이다.

교육행정에의 시민 참여, 교육행정의 공개성과 공익성, 교육행정 과정의 민주화, 공평한 대우 등이 민주성의 원리가 추구하는 핵심적인 가치이다. 따라서, 교육 및 교육행정기관의 운영에 대해서는 기본적으로 기관의 장(長)에게 궁극적인 책임이 있음에도 불구하고 다양한 하부조직의 형태로 위원회, 협의회, 심의회, 연구회 등을 통한 최선의 민주적 의사결정 과정을 거치고 있는 것이다. 이와 같은 각종 위원회 외에도 단위학교에 설치되어 있는 학교운영위원회, 학교폭력대책자치위원회 등은 민주성의 원리를 잘 보여주는 대표적인 사례라고 할 수 있다.

9) 효율성의 원리

효율성의 원리는 효과성(effectiveness)과 능률성(efficiency)을 모두 포함하는 것으로 가장 능률적인 방법으로 최대의 목표를 달성하는 것을 말한다(윤정일 외, 2009). 즉, 효율성의 원리는 원하는 목표를 달성했는지의 여부만을 따지는 효과성의 개념과 동일한 결과를 달성함에 있어서 어느 정도의 비용과 노력이 들어갔는지를 따지는 능률성의 개념을 동시에 달성해야 한다는 것으로서 교육행정 활동에서 최소한의 인적·물적 자원, 시간, 노력, 비용을 들여서 최대한의 성과를 거둬야 한다는 원리이다. 하지만 일반행정과 달리 교육행정에 있어서는 효율성의 원리를 지나치게 강조할 때 교육의 본질이 훼손될 수도 있음을 알아야 한다. 왜냐하면 교육의 성과는 그 성격상 장기적일뿐만 아니라 측정이 불가능한 무형의 산출이 더 중요할 수 있는데, 행정의 효율성만 강조하거나 눈 앞의 이익만 따지다보면 정작 중요한 교육의 본래적 기능과 목표를 등한시하게 될 수도 있다는 것이다.

10) 적도집권의 원리

조직의 운영원리로 많이 언급되는 적도집권의 원리는 중앙집권과 지방분권 사이에 적정한 균형을 도모하는 것을 말한다. 즉, 중앙부서에 권한을 집중시킴으로써 능률을 가져오는 중앙집권과 지방부서나 하부기관에 권한을 위임·분산하는 분권 사이에서 적정한 균형을 도모해야 한다는 의미이다. 이 균형점은 조직의 목적과 기능은 물론 구성원의 성격, 사회문화적 환경, 역사적 배경 등 여러 가지 요인에 의해 달라질 수 있으므로 교육행정가에게는 적절한 균형점을 찾는 능력이 필요하다.

11) 타당성의 원리(합목적성의 원리)

타당성의 원리는 교육행정활동이 교육목표 달성에 이바지하는 타당하고 올바른 보조 활동이어야 한다는 것으로 합목적성의 원리라고도 한다(남정걸, 2012; 박세훈 외, 2009). 즉, 교육행정은 그 자체가 목적이 아니라 교육목표 달성을 위한 수단적·봉사적 활동이어야 한다는 것이다. 그러므로 교육행정 활동을 수행함에 있어서 목적과 수단 사이에 괴리가 존재하지는 않는지를 살펴보는 것이 필요하다. 특히, 단위학교의 교육행정은 목표 달성에 필요한 조건을 갖추어 주어 그것이 교육목표 달성에 이바지할 때 의미를 가지게 된다. 간혹 교육행정 그 자체가 목적이 되어 교육활동보다 우선시됨으로써 목표전도 현상이 나타나기도 하는데 이와 같은 목표전도 현상은 타당성의 원리에 위배되는 것이다.

12) 균형성의 원리(균형적 판단의 원리)

균형적 판단의 원리라고도 하는 균형성의 원리는 교육행정에 있어서 중요한 것은 정책의 수립과 그 집행의 과정에 있어서 사물의 본말과 경중을 분별하여 우선순위를 밝히고, 노력과 경비의 공정한 분배를 기하여야 한다는 것이다(남정걸, 2012). 교육행정의 실제에 있어서는 동일한 상황에 양립하기 힘든 원리들이 동시에 적용되는 경우가 많다. 교육행정을 담당하는 사람은 이런 경우에 여러 원리간의 충돌을 조정하고 양극화를 배제함으로써 조화와 균형의 적정선을 유지할 필요가 있다. 효율성을 강조하는 바람에 민주성을 희생시키거나 적응성을 강조하는 바람에 안정성을 해치는 경우가 발생할 수 있기 때문이다. 따라서 건전한 상식과 경험에 입각한 판단으로 전체 원리들간의 조화를 도모하는 균형성을 갖추어야 한다.

지금까지 학자들이 제시한 교육행정의 원리들을 살펴보았다. 이와 같은 원리들을 서로 상호배타적이거나 별개의 독립적인 원리들로 받아들이기보다는 시대와 상황에 따라, 학자에 따라서 달라질 수도 있다고 이해하는 것이 바람직하다. 즉, 교육행정의 실제에 있어서 이 원리들 중에 어느 한 가지 원리를 채택하면 다른 원리는 고려하지 않아도 된다고 생각하거나 모든 원리를 만족시키려는 것은 잘못된 생각이다. 나아가 각 원리가 의미하는 바에 대해서도 무조건적으로 받아들이기 보다는 시대와 상황에 따라 달라질 수 있음을 알고 비판적 시각에서 재해석하려는 노력도 반드시 필요하다.

중요한 것은 이러한 원리들이 단순히 하나의 원리로 작용하기 보다는 전체적으로 작용하여 교육행정 활동의 실천과 평가의 방향을 제시해주는 역할을 수행한다는 것이다. 즉, 이러한 원리들은 실제 교육행정 활동의 과정에서 때때로 상호간 배치되거나 양립하기 어려운 경우도 있음을 이해하고, 실제에서는 사안의 경중과 우선순위를 고려하여 어떠한 원리를 더 고려할지를 판단할 수 있는 균형적인 판단과 조정 능력을 갖추는 것이 중요(윤정일 외, 2009)하므로 이러한 능력을 키우는 노력을 해야 한다.

생각해 볼 문제

◆ 본서에 소개된 4가지 관점의 교육행정의 정의가 가진 한계를 극복하는 포괄적인 입장에서 교육행정의 정의를 기술해 보시오.

◆ 일반적으로 교육의 자주성은 교육에 부당하게 개입하는 관권이나 정치권력 등과 같은 외부 세력으로부터 교육이 침해받지 않고 자유로워야 함을 의미하는 것으로 본다. 그렇다면 기업이 대학에 연구비를 지원하여 자신들의 요구에 맞는 분야의 연구를 장려하는 것은 교육의 자주성을 침해한 것인지 아닌지 자신의 주장을 말해보시오.

◆ 교육행정활동에서 안정성의 원리와 적응성의 원리가 충돌하는 구체적인 사례가 있으면 제시해 보고, 그 사례의 경우 어떤 원리가 우선되는 것이 좋은지에 대한 견해를 밝혀 보시오.

 참고문헌

강영삼(1985). 교육행정학의 연구범위와 대상. 한국교육행정학연구회, 교육행정의 연구와 과제. 서울: 대한교과서주식회사.

김종철(1985). **교육행정학신강**. 서울: 세영사.

남정걸(2012). **교육행정 및 교육경영**. 제6판. 교육과학사.

박세훈(2014). 교육행정, 교육경영, 교육지도성의 개념. 한국교육행정학회 소식지. 제119호.

박세훈 외(2009). **교육행정 및 교육경영**. 서울: 학지사.

박종렬·신상명(2004). **신교육행정학개론**. 형성출판사.

박철홍(2010). 교육의 개념적 기초. 윤정일(편). **신교육의 이해**. 서울: 학지사.

오석홍(2013). **행정학**. 6판. 서울: 박영사.

윤정일 외(2009). **교육행정학원론**. 5판. 서울: 학지사.

이종재 외(2012). **한국교육행정론**. 서울: 교육과학사.

조남두 외(2006). **교육행정론**. 원미사.

주삼환 외(2009). **교육행정 및 교육경영**. 4판. 서울: 학지사.

진동섭·이윤식·김재웅(2008). **교육행정 및 학교경영의 이해**. 교육과학사.

최미리 · 강봉규(2013). *새로운 교육행정 및 교육경영*. 태영출판사.

Gregg, R. T. (1957). The Administrative Process, In R. F. Campbell, & R. T. Gregg(Eds.). *Administrative Behavior in Education*. New York: Harper & Brothers.

Bertalanffy, L. V. (1968). *General System Theory: Foundation, Development, Applications*. New York : George Braziller, Inc.

Bobbit, J. F. (1992). "The Elimination of Waste in Education," *The Elimentary School Teacher*, Vol. XII N. 6.

Boyan, N. J. (1988). Handbook of Research on Educational Administration: A Project of the American Educational Research Association, New York : Longman.

Foster, W. (1997) "Administration of Education: Critical Approaches" Lawrence J. Saha, edit., *International* Encyclopedia of the Sociology of Education, Pergamon.

Getzels, J. W. & Guba, E. G. (1957). "Social Behavior and Administrative Process," *The Social Review, 65(winter)*.

Griffiths, D. E. (1956). *Human Relations in School Administration*. N.Y.. Appleton-Century-Crofts.

Hodgkinson, C. (1983). *The Philosophy of Leadership*. New York: St. Martion's Press.

Hoy, W. K. & Miskel, C. G. (1996). *Educational Administration: Theory, Research, and Practice*, 5th ed. New York: McGraw-Hill.

Hoy, W. K. & Miskel, C. G. (2001). *Educational Administration: Theory, Research, and Practice*, 6th ed. New York: McGraw-Hill.

Hoy, W. K. & Miskel, C. G. (2005). *Educational Administration: Theory, Research, and Practice*, 7th ed. New York: McGraw-Hill.

Hoy, W. K. & Miskel, C. G. (2008). *Educational Administration: Theory, Research, and Practice*, 8th ed. New York: McGraw-Hill.

Leithwood, K. & Steibach, R. (1995). *Expert Problem Solving*. State University of New York Press.

Lwoff, A. (1966). Interaction Among Virus, Cell and Organization. *Science,*

152.

Rawls, I. (1971). *A Theory of Justice Cambrige Mass.* Harvard Univ. Press., 황경식 역(1977). 사회정의론. 서울: 서광사.

Spaulding, F. E. (1913). *Improving School Systems through Scientific Management.* Washington D.C.: NEA.

Strayer, G. D. and Thorndike, E. L. (1913). *Educational Administration: Quantitative Studies.* New York: The McMillan Co.

Taylor, F. W. (1911). *The Principles of Scientific Management.* New York: Harper & Brothers.

Yauch, W. A. (1949). *Improving Human Relations in School Administration.* New York: Harper & Brothers.

2 CHAPTER 교육 거버넌스

최근 전통적인 하향식(Top-down) 교육운영방식에서 탈피하여 점차 단위학교의 특성에 맞는 자율적 역량이 중요하다는 인식이 확산·보편화되고, 이해관련당사자들의 학교교육에의 관심과 참여가 증대됨에 따라 교육행정학계에서도 거버넌스에 대한 논의가 활발히 이루어지고 있다. 나아가, 우수한 인적자원이 국가경쟁력을 담보하는 지식기반사회에서 교육은 더 이상 한 국가만의 문제가 아니라 다른 나라와의 상호관계 속에서 유지되고 발전함을 볼 때 거버넌스에 대한 논의의 범위는 더욱 넓어지고 있다고 할 수 있다.

이 장에서는 지금까지 무수한 교육개혁과 정책들의 실패 이유, 학교교육을 포함한 교육전반의 운영과 발전에 이해관련당사자들이 미칠 영향, 다른 나라의 교육이 우리나라 교육에 미치는 영향, 해외 선진국과의 교육경쟁에서 앞서나가기 위한 노력 등을 교육거버넌스라는 개념을 통해 살펴보고자 한다.

- 교육거버넌스의 배경과 개념
- 국가 교육거버넌스
- 지방 교육거버넌스
- 학교 교육거버넌스

1. 교육거버넌스의 배경과 개념

가. 배경

1980년대 이후 본격적으로 시작된 거버넌스(governance)에 관한 논의는 여전히 정리되지 않은 채 논란이 계속되고 있다. 국내에서도 1990년대부터 정치학, 행정학, 경영학분야 등에서 상당한 논의가 진행되어왔지만 아직 그 개념과 실체에 대한 합의를 이루지는 못하고 있다(이재광, 2010)[1]. 즉, 거버넌스의 개념 및 이론은 시대와 상황에 따라 조금씩 달리 해석되어지고 있어 아직 그 개념이 명확하게 합의되거나 정립되어 있지 않고 매우 다양하고 다차원적으로 사용되고 있다[2].

거버넌스와 관련된 개념이 이토록 혼란스러운 이유를 살펴보면 다음과 같다.

첫째, 여러분야에서 동시에 다른 맥락으로 논의가 진행되어 그 개념이 매우 다양하게 파생되었다. 둘째, '거버넌스'라는 개념이 무엇 또는 어떤 현상을 지칭하는지 불분명하여, 동일 또는 유사현상에 대해 각각 다른 거버넌스 개념을 사용한다. 셋째, 국정관리, 국가경영, 협치, 통치, 지배구조, 네트워크 통치 등 번역어가 너무 많다(이재광, 2010).

---

[1] 이재광(2010)은 거버넌스를 "정부조직의 환경변화(경쟁의 심화, 시민의 고객화, 정부의 권력 약화)와 이 환경변화에 대한 정부조직의 대응양식(고객지향행정, 탈관료제, 정책네트워크)"으로 정의하고 있음.
[2] 통상적으로 거버넌스는 수직적 위계에 의해 정부가 일방적으로 통치하는 것에 대비되는 개념이며, 정부만이 아닌 여러 사회적 행위자가 긴밀한 상호작용을 하면서 공동의 문제를 해결하는 새로운 관리방식(Meuleman, 2006), 혹은 고정된 규칙 체계나 행정적 위계를 벗어나 다양한 주체의 참여와 그들 사이의 상호의존적 관계망 속에서 조정이 이루어지는 양식(Slaughter, 2004) 등으로 정의된다(이종재 외, 2012).

이와 같은 여러 가지 문제점과 어려움에도 불구하고 거버넌스에 대한 논의는 매우 중요한 이슈이며, 최근 교육학계(특히 교육행정학계)에서도 거버넌스에 대한 논의가 활발히 이루어지고 있다[3].

교육행정학계에서도 거버넌스는 통치(구조), 지배구조, 협치, 국정운영, 운영체제, 의사결정체제, 네트워크 체제, 정책결정구조 등 다양한 용어로 번역되어 사용되고 있다. 그러나 일반적으로 정부(government)의 한계점을 극복하는 개념(김병찬, 2013; 반상진, 2013), 다양한 이해관계 당사자들이 조직의 공동 목표를 달성하기 위해 상호작용하면서 조직을 다스려가는 체제 혹은 방식, 또는 정부의 공공적 업무를 포함한 일반적인 사회문제 전체에 대한 다양한 행위자의 상호작용(이종재 외, 2012)으로 사용되고 있다.

최근 정부의 통치체계에 대응하는 비정부기구(NGO), 시장(market), 시민단체 등이 통치체계에 참여하거나 통치체계의 한 축을 담당하면서 새로운 거버넌스 체제가 구축되고 있으며 많은 학자들은 거버넌스의 핵심을 시민이나 이해관계자의 정책 참여로 꼽는다(박재창 외, 2009). 이러한 차원에서 최근에는 거버넌스라는 용어를 번역하지 않고 원어 그대로 사용하려는 경향이 강하다. 따라서, 기존의 정부주도의 지배체제에서 다양한 구성원들이 참여하는 협력적 지배체제로 전환된 통치체제로 이해하는 것이 다소 편하게 이해할 수 있는 개념이다. 하지만 중요한 것은 거버넌스의 속성은 크게 변하고 있지 않다는 것인데, 일반적으로 거버넌스의 속성은 중앙집권이 아닌 분권화, 독점이 아닌 협력, 지시 및 통제가 아닌 자율 등으로 요약할 수 있다(안기성, 1999; 오승은, 2006; 김병찬, 2013).

이 장에서는 거버넌스와 관련된 다양한 개념과 이론이 혼재하고 있음을 먼저 인정하고, 교육거버넌스의 개념과 의미에 대해 살펴보고자 한다. 나

---

3) 이종재 외(2012)가 펴낸 '한국교육행정론'이라는 저서는 기존의 교육행정학 저서와 달리 교육 거버넌스를 3개의 챕터(교육행정과 거버넌스 개념의 등장, 국제 및 국가수준의 교육거버넌스, 지방 및 학교수준의 교육거버넌스)에 걸쳐서 자세하게 논의하고 있음.

아가, 실제 교육현장에서 나타나는 교육거버넌스의 모습을 국가수준, 지방수준, 단위학교 수준에서 논의해 보고자 한다.

나. 교육거버넌스의 개념

교육거버넌스는 교육분야 정책 형성 및 운영 과정에서 다양한 주체들의 권력 관계 및 의사결정 구조나 틀(김병찬, 2013), 교육에 대한 국정운영(안기성, 1997), 조직 공동의 문제해결을 위한 다양한 참여 주체의 사회적 조정방식(이종재 외, 2012) 등과 같이 다양하게 정의된다. 그러나 거버넌스 이론들은 정책참여자들 간의 관계에 관한 이론이라고 할 수 있듯이(정정길 외, 2010), 교육거버넌스의 개념도 학자들마다 강조하는 바와 지향점이 조금씩 다를 뿐 핵심 개념은 큰 차이가 없다고 할 수 있다.

즉, 교육거버넌스는 교육문제를 해결하기 위해 이해관련당사자들이 의사결정에 참여하고 궁극적으로 최선의 의사결정을 이끌어내는 상호작용 과정과 방식이라고 할 수 있다.

교육거버넌스에서는 중앙정부, 지방정부, 단위학교 수준에서 교원단체, 학부모단체, 시민단체 등과 같은 다양한 구성원들과의 네트워크(반상진, 2013)가 매우 중요하다. 왜냐하면, 교육거버넌스의 과정은 중앙정부, 지방정부, 단위학교 수준에서 수많은 교육이해관련당사자들 간의 관계망 속에서 통치와 권력 작용의 형태로 전개되기 때문이다(신현석, 2010). 따라서, 교육거버넌스는 정부권력과 다양한 교육이해관계자가 교육문제 해결을 위한 정책 혹은 행정조치 결정 과정에서 다양한 참여방식 혹은 권력관계 등이 역동적으로 작용하는 과정이나 구조를 의미(반상진, 2013)하며, 중앙 및 지방정부 그리고 단위학교 차원에서 종적 혹은 횡적으로 이루어지는 교육 전반에 관한 통치구조와 그것의 활동과정(신현석, 2010)이라고 정의내릴 수 있다.

교육거버넌스에 대한 이와 같은 개념을 이해한다면, 중앙정부와 지방정부 그리고 단위학교로 이어지는 구조적 차원에서 이르어지는 수많은 의사결정에 얼마나 다양한 이해관련당사자들이 어떠한 영향을 미치는지를 이해하는 것이 중요하다.

이하에서는 교육거버넌스를 국가수준에서의 교육거버넌스, 지방정부 수준에서의 교육거버넌스, 단위학교 수준에서의 교육거버넌스로 구분해서 살펴보고자 한다.

2. 국가 교육거버넌스

국가 교육거버넌스는 크게 국제 수준(국가 간 수준)의 교육거버넌스[4]와 우리나라 국가 내에서의 교육거버넌스로 나누어 살펴볼 수 있다.

가. 국제 교육거버넌스

국제 수준에서의 교육거버넌스는 크게 해외 선진국들의 교육정책이나 제도가 우리나라의 교육에 미치는 경우, 각종 국제기구나 비정부기구(NGO)에서 발표하는 각종 교육경쟁력 지표나 국제학업성취도 평가 결과 등이 우리나라 교육에 미치는 경우 등으로 나누어 볼 수 있을 것이다.

우선, 해외 선진국의 교육정책이나 제도가 미치는 영향은 최근 정치, 경제, 사회, 문화 전반의 국제화로 인해 교육부문의 세계화와 관련이 있다. 한국에서 외국으로의 조기유학생 수나 석·박사 학위 과정을 위한 유학생 수의 증가와 같은 양적인 측면뿐만 아니라 반대로 한국교육의 성공 요인을 배우려는 선진국과 개발도상국들의 관심 등은 이러한 경향을 잘 보여주고 있다. 급변하는 사회의 요구에 부응하기 위한 새로운 교육패러다임을 구축하고 교육발전을 꾀하기 위해서는 그 나라뿐만 아니라 다른 나라의 교육에 대한 올바른 인식과 이해가 반드시 필요하며 다른 나라의 좋은 교육정책이

---

4) 국제수준 또는 국가 간 수준의 교육거버넌스를 글로벌 거버넌스라고도 한다(이종재 외, 2012; 신현석·주영효, 2013). 즉, 글로벌 교육거버넌스는 타 국가나 국제기구 등과 개별 국가간의 관계 속에서 형성되어 교육분야의 의사결정 과정과 구조에 영향을 미치는 상호작용 과정과 방식이라고 할 수 있다.

나 제도 등을 그 나라의 여건에 맞게 변화시켜 적용하고 시도하는 노력이 매우 중요하다. 이와 같은 관점에서 비교교육학의 학문적 발달이 매우 급속하게 이루어지고 있으며, 국제적 시야에서 교육문제를 이해하고 교육법칙을 발견하기 위한 능력이 매우 중요해졌다. 우리나라에서 이루어지는 대부분의 교육관련 연구에서 외국의 사례에 대한 조사와 그 사례가 주는 시사점에 대한 논의가 빠지지 않는 이유가 바로 여기에 있다고 하겠다.

한편, 세계화와 국제화 추세는 교육정책 형성과 결정과정에서부터 국제기구의 영향력과 중요성을 증가시키고 있다(신현석·주영효, 2013). 즉, 세계화 추세의 발전에 따라 거버넌스에 영향을 미치는 국제적 기구가 다양하게 등장하고 그 역할이 증대되면서 거버넌스를 국제적 시각에서 다루려는 연구와 노력이 크게 늘어나고 있다(이종재 외, 2012).

우리나라 교육 거버넌스에 영향을 미치는 국제기구는 OECD(경제협력개발기구), UN(국제연합) 산하 각종 기구(UNESCO, UNICEF, ILO 등), EU(유럽연합), IMF(국제통화기금), World Bank(세계은행), WTO(세계무역기구), IMD(국제경영개발원), APEC(아시아태평양경제협력체) 등으로 매우 다양하다.

국제기구들의 영향력은 우리나라가 IMF 구제금융을 제공받은 후, 그리고 이들 기구와의 교류를 활발히 하면서부터 본격화 되었다고 할 수 있다. 즉, 경제위기로 인한 국가위기를 극복하기 위해 국제기구들과의 교류와 협력이 시작되었고, 국가경쟁력을 확보하기 위해 IMD(International Institute for Management Development, 국제경영개발원)나 WEF(World Economic Forum, 세계경제포럼) 등이 발표하는 국가경쟁력 지표와 순위에 큰 관심을 가지게 되었으며, 이러한 관심은 자연스럽게 각종 국제기구들이 발표하는 데이터와 보고서를 통한 우리나라와 세계 각국의 교육경쟁력 비교로 이어지게 되었다(신현석·주영효, 2013). 특히, OECD(Organization for Economic Cooperation and Development)는 각국 학생들의 학업성취도를 비교하는 PISA(Programme for International Student Assessment)[5] 프로그램과 함께 각국의 교육현황을 보여주는 EAG(Education at a Glance)를 매년 발간함으로써 우리나라뿐만 아니라 세계 각국 교육정책의 방향과 연구개발에 중요한 영향을 미치고 있으며(이종재 외, 2012), IEA(International Association for the Evaluation of Educational Achievement, 국제교육성취도평가협회)에서 주관하는 국제 수학·과학성취도 평가인 TIMSS(Trends in International Mathematics and Science Study)[6]도 마찬가지다.

〈표 2-1〉 우리나라 학생들의 PISA 순위 결과표

구 분	2000	2003	2006	2009
읽 기	6	2	1	2
수 학	2	3	1	3
과 학	1	4	7	4

〈표 2-2〉 우리나라 학생들의 TIMSS 순위 결과표

구 분	1995	1999	2003	2007	2011
수 학	3	2	2	2	1
과 학	4	5	3	4	3

* 출처 : 나라지표(www.index.go.kr)

---

5) 각국 교육정책 수립의 기초자료를 제공하기 위해 만 15세 학생을 대상으로 읽기(글 이해력), 수학, 과학 능력을 평가하는 프로그램으로서 3년 주기로 진행됨.
6) 만13세(중2)와 만9세(초4) 학생들의 수학과 과학 성취도의 추이변화를 파악하고, 성취도에 영향을 주는 교육 관련 정보를 분석하여 참여국에 제공하는 평가임. 1995년에 시작되었으며, 총 50개국 중 우리나라 학생은 2011년도에 초4(4,335명), 중2(5,167명)가 참여하였으며, 4년 주기로 시행됨.

이처럼 개별 국가의 영향력을 받지 않지만 전 세계적으로 영향력을 행사하는 국제기구뿐만 아니라 초국가적 비정부단체인 NGO의 영향력도 점점 커지고 있다. 이 외에도 세계의 대학들을 평가하여 순위를 공개하는 기관(영국의 The Times, 미국의 Newsweek 등), 국가별로 정치·경제·교육 분야 등의 경쟁력 순위를 발표하는 기관(IMD의 World Competitiveness Yearbook 등), 교육관련 비영리 재단인 바키 젬스 재단(Varkey GEMS Foundation)[7]에서 2013년에 발표한 '교사 위상 지수(Teacher Status Index 2013)' 등은 글로벌 거버넌스에 상당한 영향을 미치고 있다.

〈표 2-3〉 교사 위상 지수[8] 순위(2013)

순위	국가	교사 위상 지수	교사 평균연봉(달러)	PISA 순위*
1	중국	100	17,730	3
2	그리스	73.7	23,341	17
3	터키	68.0	25,378	19
4	한국**	62.0	43,874	4
5	뉴질랜드	54.0	28,438	6
6	이집트	49.3	10.604	–
7	싱가포르	46.3	45,755	1
8	네덜란드	40.3	37,218	7
9	미국	38.4	44,917	12
10	영국	36.7	33,377	10

---

7) Varkey GEMS 재단은 전 세계적으로 13만 명의 학생들에게 고품질 교육을 제공하는 수상 경력이 있는 학교들로 구성된 국제 네트워크를 보유한 GEMS Education의 자선 단체다. Varkey GEMS 재단은 전 세계 불우 아동들을 위해 교육 기준을 높이고자 설립된 비영리 단체임.
8) 교사위상지수란 다른 직업 대비 교사의 사회적 지위의 정도, 교사에 대한 학생들의 존경도, 부모의 자녀에 대한 교사 직업 권유 정도 등을 기준으로 상대평가해서 1점에서 100점까지의 점수로 환산한 것으로, 국제학업성취도평가(PISA)와 수학/과학성취도비교연구(TIMSS) 결과에서 주요대륙을 대표하는 국가 21개국의 16세 이상 70세 이하 1,000명을 대상으로 온라인으로 실시한 결과임.

2. 교육거버넌스

순위	국가	교사 위상 지수	교사 평균연봉(달러)	PISA 순위*
11	프랑스	32.3	28,828	11
12	스페인	30.7	29,475	16
13	핀란드	28.9	28,780	2
14	포르투갈	26.0	23,614	14
15	스위스	23.8	39,326	8
16	독일	21.6	42,254	9
17	일본	16.2	43,775	5
18	이탈리아	13.0	28,603	15
19	체코	12.1	19,953	13
20	브라질	2.4	18,550	20
21	이스라엘	2.0	32,447	18

* 읽기, 수학, 과학 점수의 평균점수의 순위임.
** 한국의 경우, 교사 평균 연봉은 21개국 중 3위, 자녀에게 교사권유 정도는 2위였으나 학생의 교사존경 정도는 21위, 교육시스템에 대한 신뢰도는 19위였음.
*** 출처 : 바키 젬스(Varkey GEMs) 재단

이들 기관의 발표가 있을 때마다 우리나라 언론에서는 이를 대서특필하여 국민들에게 발표하고 있으며 교육분야도 이 결과발표를 토대로 그 원인을 분석하고 대처방안을 모색하느라 분주한 것을 볼 때, 국제 및 비국제기구들이 우리나라 교육 거버넌스에 미치는 영향력이 어느 정도인가를 짐작해 볼 수 있다.

나. 국내 교육거버넌스

국제 수준의 교육거버넌스와 마찬가지로 우리나라 내의 교육거버넌스도 크게 보면 정부기관과 비정부기관으로 행위주체와 이들 간의 상호작용을

살펴볼 수 있다.

　국가기관으로서 교육거버넌스에 영향을 미치는 행위주체는 입법부, 사법부, 행정부 등으로 나누어 볼 수 있고, 비국가기관으로서 교육거버넌스에 영향을 미치는 행위주체는 언론매체기관, 시민단체, 정당 및 이익단체 등이 있다(이종재 외, 2012). 나아가 교육의 직접적인 이해관련당사자라고 할 수 있는 학생, 학부모, 교사 등도 중요한 비국가기관의 성격을 가지면서 교육거버넌스의 다른 행위주체들과 함께 상호작용을 하면서 우리나라 교육거버넌스의 중요한 한 축을 담당하고 있다. 이를 간략히 도식화하면 다음과 같다.

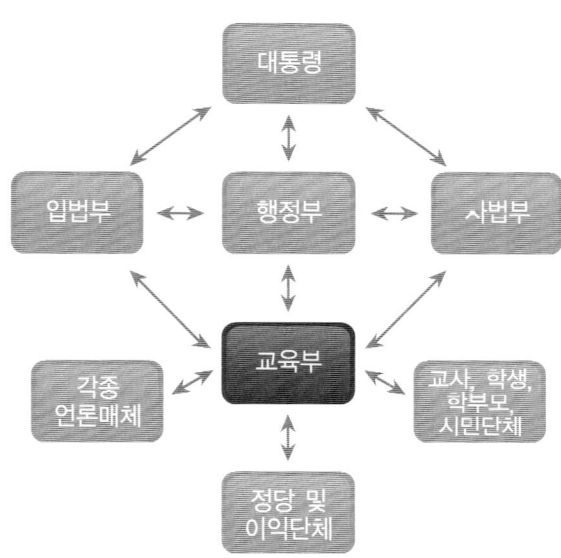

[그림 2-1] 우리나라의 국가수준 교육거버넌스

국회로 대변되는 입법부는 우리나라의 헌법뿐만 아니라 기타 모든 법률의 제정과 개정권을 가진다. 즉, 교육에 관련된 법률을 제정하거나 개정하는 권한을 가질뿐만 아니라 국가 재정에 관한 권한(교육예산안의 심의, 확정권 등) 및 국정전반에 대한 권한 등을 통해서 교육거버넌스에 영향을 미친다. 단적인 예로 국정감사에서 국회 교육위원회 소속 국회의원들이 교육부장관 등을 상대로 우리나라 교육정책에 질의나 비판을 함으로써 교육정책의 방향을 수정 또는 변경시키는 것을 보면 입법부가 교육거버넌스에서 얼마나 큰 영향을 미치는 주체가 될 수 있는지를 알 수 있다.

법원, 헌법재판소 등과 같은 사법부는 각종 심판 혹은 재판권을 통해 입법부와 행정부를 견제한다(이종재 외, 2012). 특히, 교육부 등과 같은 행정기관을 통해 이루어지는 명령이나 규칙 또는 처분이 헌법이나 법률에 위반되는지의 여부를 심사할 권한을 행사함으로써 교육거버넌스에 영향력을 행사한다. 국·공립 사대 출신자의 교사 우선 임용의 위헌 결정(1990.10.8), 지역소재 사대 출신자에 대한 가산점 부여의 위헌 결정(2004.3.25) 등이 그 좋은 예라고 할 수 있다.

대통령으로 대표되는 행정부는 국민의 대표기관인 의회에서 정한 법의 테두리 내에서 그 법의 정신을 구현하는 행정, 즉 법치행정을 하는 것이다(이종재 외, 2012). 이러한 차원에서 정부조직법이라는 법률에 근거하여 우리나라의 교육 및 학술에 관한 중요한 정책을 수립하고 집행을 담당하는 부서로서 교육부를 두는 것이다. 이 외에도 행정부의 수반인 대통령은 입법부가 결정한 법률에 대한 재의 요구나 법률안 공포 거부권 행사, 사법부의 결정에 대해 사면권 행사 등을 통해 그 내용을 변경하거나 대법원장이나 헌법재판소장, 대법관 등과 같은 사법부의 주요 인사권 행사 등을 통해 영향력을 미친다. 한편, 행정부에서는 행정심판을 통해 일부 사법부의 기능을 수행하기도 하는데 교원이 자신에게 내려진 불이익 처분에 대해 불복이 있을 경우에 교원소청심사위원회에 소청을 제기하는 것이 좋은 예이다.

　언론기관, 각종 시민단체나 이익집단 등과 같은 비극가기관들은 주로 여론을 형성하거나 주도함으로써 교육관련 문제에 대허 자신들의 영향력을 행사한다. 특히 언론기관들은 신문, 방송 등 각종 매체를 보유함으로써 여론 형성에 매우 유리한 위치에 있다고 할 수 있다. 최근 교육계에 가장 큰 이슈가 된 학교폭력 문제의 경우 언론기관들이 끊임없이 학생자살 문제를 기사화 함으로써 교육부로 하여금 더 이상 학교폭력 문제를 방치할 수 없도록 만들었는데 이는 언론기관이 교육거버넌스의 중요한 행위주체임을 단적으로 보여주는 사례이다.

3. 지방 교육거버넌스

지방교육 거버넌스란 지방교육의 지배구조와 절차의 운영과정에서 종래 지방교육행정 주체[9]의 위계적 독점을 탈피하여 시장(market)과 시민사회의 참여와 공유를 바탕으로 조정과 협력을 통해 통치해나가는 것(신현석, 2010)으로서 한마디로 지방교육의 운영과 관련된 지배구조와 그 과정을 의미한다. 따라서, 지방교육 거버넌스는 기본적으로 지방교육을 담당하는 집행기관(교육청)과 의결기관(의회)을 포함하되, 종적으로는 중앙과의 관계뿐만 아니라 단위학교와의 관계도 포함되고, 횡적으로는 행정기관 뿐만 아니라 정치조직과 민간단체와의 관계도 포함하는 통치의 구조와 과정을 말한다.

지방교육 거버넌스에 영향을 미치는 행위 주체들로는 중앙정부(교육부), 지방자치단체장(시·도지사), 시도의회 및 교육위원회, 교육감, 교직단체, 학부모단체, 시민단체 등 매우 다양하고 광범위하다. 공교육 체제 확립 시기 이후로부터, 지방의 교육체제는 국가 전체 교육체제의 일부로서 중앙정부 차원의 법규와 정책 테두리를 벗어날 수 없다. 이점에서 중앙정부는 지방교육 거버넌스의 주요한 행위주체가 된다(이종재 외, 2012). 정부의 교육정책에 대해 지방교육행정의 책임자인 교육감이 이를 수용하는 경우에는 교육정책집행에 별 문제가 없지만 만약 수용하지 않는 경우에는 상호간의 권한과 의무에 대한 다툼과 분쟁이 발생하게 된다. 최근 학생인권조례

---

9) 지금까지 우리나라의 지방교육행정은 시·도교육청(17개)과 교육지원청(약 180개)에 의해 전적으로 주도되어 왔음.

제정, 학교폭력 조치사항의 학생부 기재 등과 관련해서 정부와 진보교육감 간에 발생한 갈등은 좋은 예이다. 한편, 2005년도에 의무교육 경비 부담 주체에 대해 서울시와 정부사이의 갈등은 서울시의 권한쟁의심판 청구로 인해 헌법재판소까지 갔으나 결국 서울시의 청구가 기각되었는데, 이 사건은 중앙정부가 지방교육 거버넌스에 있어서 얼마나 중요한 행위주체가 될 수 있는지를 잘 보여주는 것이다.

사실, 해방 이후 지금까지 우리나라의 교육은 전통적으로 중앙집권적이고 관료적인 형태로 이루어져왔기 때문에 지방교육 거버넌스라는 말 대신에 주로 지방교육행정이라는 용어를 사용하였다. 하지만 최근 본격적인 지방교육자치와 학교자율화의 시대를 맞이하여 중앙정부와 지방정부 간, 일반행정과 교육행정 간 및 교육부와 시도교육청 간의 갈등과 대립의 심화, 지방교육을 대표하는 교육감의 권한과 역할 증대, 교육감 선출방식의 변화, 교육위원회의 위상 변화, 교직단체와 학부모 및 학생들의 학교교육 참여 증대 등과 같은 일련의 변화들은 지방교육 거버넌스에 대한 관심과 논의를 획기적으로 증가시키고 있다. 이하에서는 지방교육자치제도 및 이와 관련된 일련의 쟁점들에 대해 논의함으로써 지방교육 거버넌스에 대한 이해를 돕고자 한다.

가. 지방교육자치제의 개념

지방교육자치제는 교육행정의 지방분권을 통하여 주민의 참여의식을 높이고, 각 지방의 실정에 맞는 교육정책을 강구하고 실시토록 함으로써 교육의 자주성, 전문성, 정치적 중립성을 확보할 수 있도록 하는 교육제도이다. 즉, 지방교육자치제는 지방자치와 교육자치가 결합된 개념으로써 지방분권과 주민자치를 통한 중앙으로부터의 자치와 교육행정의 자주성을 보장하기 위한 일반행정으로부터의 분리·독립이라는 두 개념을 합한 것이다(서울대학교 교육연구소, 2007). 일반적으로 지방교육자치제도를 교육자치제도라 부르기도 하는데 그 이유는 지방자치가 선행되지 않고서는 교육자치가 이루어질 수 없기 때문인데, 교육자치를 실현하려면 지방자치가 선결조건이기 때문이다. 지방교육자치제의 개념을 도식화하면 아래의 그림과 같다.

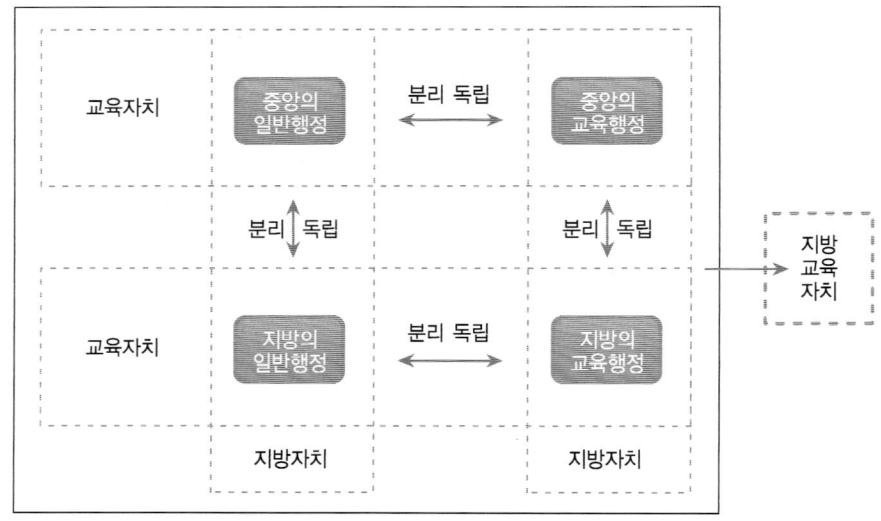

[그림 2-2] 지방교육자치제의 개념

현행 지방교육자치제는 시·도 단위의 광역 지방교육자치제로서, 시·도의회에 교육·학예에 관한 의안과 청원 등을 심사·의결하기 위하여 상임위원회로서 교육위원회를 설치·운영하고 있으며, 시·도의 교육·학예에 관한 사무의 집행기관으로 교육감을 두고 있다(지방교육자치에 관한 법률 참조). 교육위원회의 구성은 2014년 6월 30일까지는 시·도의회 의원과 별도로 선출된 교육의원으로 구성하되, 교육의원이 과반수가 되도록 구성하여 운영하였다. 즉, 교육위원회를 구성함에 있어서 교육의원을 과반수 이상 되도록 함으로써 교육의 전문성, 자주성, 특수성을 보장하기 위한 최소한의 노력을 하였다. 하지만 과거 교육위원회가 시·도의회 소속의 상임위원회가 아닌 별도의 독립기구로 존재하면서 위원회의 구성도 교육의원으로만 구성되던 때와 비교하면 지방교육자치제의 근본 취지가 상당히 퇴색한 형태로 운영되었다고 할 수 있으며, 2014년 7월부터는 그나마 주민직선에 의한 교육의원이 아닌 시·도의회 의원들로 구성된 교육위원회가 운영됨으로써 교육자치의 의미를 상실했다고 볼 수 있다.

지금까지 이루어진 교육감 및 교육위원회에 대해서 구체적으로 살펴보면, 최초 교육자치 실시기의 교육감 및 교육위원 선출(1952.6-1961.5), 교육자치 폐지기의 교육위원 선출(1962.1-1963.12), 형식적 교육자치기의 교육감 및 교육위원 선출(1964.1-1991.5), 지방의회·교육위원회에 의한 교육감 및 교육위원 선출(1991.6-1997.12), 학교운영위원회에 의한 교육감 및 교육위원 선출(1997.12-2006.12), 주민직접선거에 의한 교육감 및 교육의원 선출(2007.1-2014.6), 주민직접선거에 의한 교육감 선출(2014.7-현재)이 이루어지고 있다(송기창, 2014).

2. 교육거버넌스

1) 교육감

2014년 2월에 개정된 「지방교육자치에 관한 법률」을 근거로 살펴보면 다음과 같다.

- 임기 : 교육감의 임기는 4년으로 하며, 교육감의 계속 재임은 3기에 한한다.
- 자격 : 교육감후보자가 되려는 사람은 당해 시·도지사의 피선거권이 있는 사람으로서 후보자등록신청개시일부터 과거 1년 동안 정당의 당원이 아닌 사람이어야 하며, 후보자 등록 신청 개시일을 기준으로 교육경력 또는 교육행정경력이 3년 이상 있거나 양 경력을 합한 경력이 3년 이상 있는 사람이어야 한다.
- 역할과 권한 : 교육감은 시·도의 교육·학예에 관한 사무의 집행기관으로서 교육·학예에 관한 소관 사무로 인한 소송이나 재산의 등기 등에 대하여 당해 시·도를 대표한다. 따라서, 국가행정사무 중 시·도에 위임하여 시행하는 사무로서 교육·학예에 관한 사무는 교육감에게 위임하여 행한다. 다만, 법령에 다른 규정이 있는 경우에는 그러하지 아니하다. 교육감은 다음의 사항에 관한 사무를 관장한다.

---

1. 조례안의 작성 및 제출에 관한 사항
2. 예산안의 편성 및 제출에 관한 사항
3. 결산서의 작성 및 제출에 관한 사항
4. 교육규칙의 제정에 관한 사항
5. 학교, 그 밖의 교육기관의 설치·이전 및 폐지에 관한 사항
6. 교육과정의 운영에 관한 사항
7. 과학·기술교육의 진흥에 관한 사항
8. 평생교육, 그 밖의 교육·학예진흥에 관한 사항
9. 학교체육·보건 및 학교환경정화에 관한 사항
10. 학생통학구역에 관한 사항

> 11. 교육·학예의 시설·설비 및 교구(教具)에 관한 사항
> 12. 재산의 취득·처분에 관한 사항
> 13. 특별부과금·사용료·수수료·분담금 및 가입금에 관한 사항
> 14. 기채(起債)·차입금 또는 예산 외의 의무부담에 관한 사항
> 15. 기금의 설치·운용에 관한 사항
> 16. 소속 국가공무원 및 지방공무원의 인사관리에 관한 사항
> 17. 그 밖에 당해 시·도의 교육·학예에 관한 사항과 위임된 사항

한편, 교육감은 법령 또는 조례의 범위 안에서 그 권한에 속하는 사무에 관하여 교육규칙을 제정할 수 있는데, 대통령령이 정하는 절차와 방식에 따라 교육규칙을 공포하여야 하며, 교육규칙은 특별한 규정이 없는 한 공포한 날부터 20일이 경과함으로써 효력을 발생한다.

교육감은 교육규칙이 정하는 바에 따라 그 권한에 속하는 사무의 일부를 당해지방자치단체의 장과 협의하여 구·출장소 또는 읍·면·동(특별시·광역시 및 시의 동을 말한다. 이하 이 조에서 같다)의 장에게 위임할 수 있으며, 이 경우 교육감은 당해사무의 집행에 관하여 구·출장소 또는 읍·면·동의 장을 지휘·감독할 수 있다. 또한, 교육감은 소속 공무원을 지휘·감독하고 법령과 조례·교육규칙이 정하는 바에 따라 그 임용·교육훈련·복무·징계 등에 관한 사항을 처리한다.

2013년부터는 교육감이 당해 시·도 교육전문직원에 대한 인사권을 가지게 됨으로써 그 권한과 역할이 더욱 커지고 있다.

- 겸직의 제한 : 교육감은 다음 각 호의 어느 하나에 해당하는 직을 겸할 수 없으며, 겸직이 금지된 직을 가진 경우에는 임기개시일 전일에 그 직에서 당연 퇴직된다.

2. 교육거버넌스

> 1. 국회의원 · 지방의회의원 · 교육의원
> 2. 「국가공무원법」 제2조에 규정된 국가공무원과 「지방공무원법」 제2조에 규정된 지방공무원 및 「사립학교법」 제2조의 규정에 따른 사립학교의 교원
> 3. 사립학교경영자 또는 사립학교를 설치 · 경영하는 법인의 임 · 직원

- 퇴직 : 교육감이 다음의 어느 하나에 해당된 때에는 그 직에서 퇴직된다.

> 1. 겸임할 수 없는 직에 취임한 때
> 2. 피선거권이 없게 된 때(지방자치단체의 구역이 변경되거나, 지방자치단체가 없어지거나 합쳐진 경우 외의 다른 사유로 교육감이 그 지방자치단체의 구역 밖으로 주민등록을 이전함으로써 피선거권이 없게 된 때를 포함한다)
> 3. 정당의 당원이 된 때
> 4. 교육감의 직을 상실할 때

2) 교육위원회[10]

교육위원회는 독립형 의결기관(1950년대의 구교육위원회), 합의제 집행기관으로서의 교육위원회(1950년대의 특별시 · 시교육위원회, 1964년 이후의 시 · 도교육위원회), 위임형 의결기관으로서의 교육위원회(1991년 이후의 시 · 도교육위원회)를 거쳐, 2006년말 개정된 「지방교육자치에 관한 법률」에 의해 2010년 7월부터 교육위원회가 시 · 도의회의 상임위원회로서의 교육위원회로 개편되었으나 2010년 2월 개정된 「지방교육자치에 관한 법률」에서는 교육의원 주민직선제를 2014년 6월까지 유지하는 이른바

---

10) 이하 교육위원회에 대한 내용은 2014년 6월 30일까지만 효력을 가짐.

교육의원 일몰제를 규정함에 따라 교육자치기관으로서의 교육위원회는 2014년 7월부터 폐지되었다.

다만, 제주특별자치도의 경우 「제주특별자치도 설치 및 국제자유도시 조성을 위한 특별법」에 규정된 교육자치 관련 규정이 바뀌지 않아 2014년 6월 지방선거 이후에도 일반의원과 주민직선으로 선출된 교육의원에 의해 구성되는 교육상임위원회가 유지되고 있다(송기창, 2014).

2014년 6월 30일까지 효력을 가진 교육위원회에 대해 간략히 소개하면 다음과 같다.

- 설치 및 구성 : 시·도의회에 교육·학예에 관한 의안과 청원 등을 심사·의결하기 위하여 상임위원회(이하 "교육위원회"라 한다)를 둔다. 교육위원회는 시·도의회의원과 별도로 선출된 의원(교육의원)으로 구성하되, 교육의원이 과반수가 되도록 구성한다(교육의원이 결원되어 과반수에 미달하게 된 경우는 제외한다). 이 경우 교육위원회 위원 및 교육의원 정수는 다음과 같다.

〈표 2-4〉 각 시·도별 교육위원회 위원 및 교육의원 정수 (개정 2010.2.26)

시·도	교육위원회 위원 정수	교육의원 정수
서울특별시	15인	8인
부산광역시	11인	6인
대구광역시	9인	5인
인천광역시	9인	5인
광주광역시	7인	4인
대전광역시	7인	4인
울산광역시	7인	4인
경기도	13인	7인
강원도	9인	5인

시·도	교육위원회 위원 정수	교육의원 정수
충청북도	7인	4인
충청남도	9인	5인
전라북도	9인	5인
전라남도	9인	5인
경상북도	9인	5인
경상남도	9인	5인
계	139인	77인

- 임기 및 자격[11] : 교육의원의 임기는 4년으로 한다. 교육의원후보자가 되려는 사람은 시·도의회의원의 피선거권이 있는 사람으로서 후보자등록신청개시일부터 과거 1년 동안 정당의 당원이 아닌 사람이어야 하며, 후보자등록신청개시일을 기준으로 교육경력[12] 및 교육행정 경력[13]을 합한 경력이 5년 이상 있는 사람이어야 한다.
- 역할과 권한 : 교육의원은 시·도의회의원의 지위와 권한을 가지며, 지방교육자치에 관한 법률에 규정된 것을 제외하고는 「지방자치법」의 시·도의회의원에관한 규정을 적용한다. 한편, 교육위원회는 당해 시·도의 교육·학예에 관한 다음의 사항을 심사·의결한다.

---

11) 교육위원회의 폐지에 따라 2014년 6월 30일 임기만료에 의한 교육의원선거는 실시하지 아니함.
12) 교육경력 : 「유아교육법」의 규정에 따른 유치원, 「초·중등교육법」및 「고등교육법」의 규정에 따른 학교(이와 동등한 학력이 인정되는 교육기관 또는 평생교육시설로서 다른 법률에 따라 설치된 교육기관 또는 평생교육시설을 포함한다)에서 교원으로 근무한 경력
13) 교육행정경력 : 국가 또는 지방자치단체의 교육기관에서 국가공무원 또는 지방공무원으로 교육·학예에 관한 사무에 종사한 경력과 「교육공무원법」의 규정에 따른 교육공무원으로 근무한 경력

> 1. 조례안
> 2. 예산안 및 결산
> 3. 특별부과금·사용료·수수료·분담금 및 가입금의 부과와 징수에 관한 사항
> 4. 기채안(起債案)
> 5. 기금의 설치·운용에 관한 사항
> 6. 대통령령으로 정하는 중요재산의 취득·처분에 관한 사항
> 7. 대통령령으로 정하는 공공시설의 설치·관리 및 처분에 관한 사항
> 8. 법령과 조례에 규정된 것을 제외한 예산 외의 의무부담이나 권리의 포기에 관한 사항
> 9. 청원의 수리와 처리
> 10. 외국 지방자치단체와의 교류·협력에 관한 사항
> 11. 그 밖에 법령과 시·도 조례에 따라 그 권한에 속하는 사항

- 겸직의 제한 : 교육의원은 다음의 어느 하나에 해당하는 직을 겸할 수 없다.

> 1. 「지방자치법」 제35조[14]에 규정된 직
> 2. 「사립학교법」 제2조의 규정에 따른 사립학교(이와 동등한 학력이 인정되는 교육기관 또는 평생교육시설로서 다른 법령에 따라 설립된 교육기관 또는 평생교육시설을 포함한다. 이하 같다)의 교원. 다만, 「고등교육법」 제2조에 따른 학교(이와 동등 이상의 학력이 인정되는 교육기관 또는 평생교육시설로서 다른 법령에 따라 설립된 교육기관 또는 평생교육시설을 포함한다. 이하 같다)에 소

---

[14] 1. 국회의원, 다른 지방의회의 의원
2. 헌법재판소재판관, 각급 선거관리위원회 위원
3. 「국가공무원법」에 규정된 국가공무원과 「지방공무원법」에 규정된 지방공무원(「정당법」에 따라 정당의 당원이 될 수 있는 교원은 제외한다)
4. 「공공기관의 운영에 관한 법률」에 따른 공공기관(한국방송공사, 한국교육방송공사 및 한국은행을 포함한다)의 임직원
5. 「지방공기업법」에 규정된 지방공사와 지방공단의 임직원
6. 농업협동조합, 수산업협동조합, 산림조합, 엽연초생산협동조합, 신용협동조합, 새마을금고(이들 조합·금고의 중앙회와 연합회를 포함한다)의 임직원과 이들 조합·금고의 중앙회장이나 연합회장
7. 「정당법」에 따라 정당의 당원이 될 수 없는 교원
8. 다른 법령에 따라 공무원의 신분을 가지는 직
9. 그 밖에 다른 법률에서 겸임할 수 없도록 정하는 직 등

2. 교육거버넌스

> 속된 같은 법 제14조제1항·제2항에 따른 교원은 제외한다.
> 3. 사립학교경영자 또는 사립학교를 설치·경영하는 법인(이와 동등한 학력이 인정되는 교육기관 또는 평생교육시설로서 다른 법령에 따라 설립된 교육기관 또는 평생교육시설을 설치·경영하는 자를 포함한다. 이하 같다)의 임·직원

- 퇴직 : 교육의원이 다음의 어느 하나에 해당된 때에는 그 직에서 퇴직한다.

> 1. 교육의원이 겸임할 수 없는 직에 취임한 때
> 2. 피선거권이 없게 된 때(지방자치단체의 구역이 변경되거나, 지방자치단체가 없어지거나 합쳐진 경우 외의 다른 사유로 교육의원이 그 지방자치단체의 구역 밖으로 주민등록을 이전함으로써 피선거권이 없게 된 때를 포함한다)
> 3. 정당의 당원이 된 때
> 4. 징계에 따라 제명된 때

4. 학교 교육거버넌스

단위학교의 교육거버넌스는 단위학교의 운영체제, 의사결정 체제 등의 의미로 다양하게 해석(Murphy & Beck, 1995)되고 있는데[15], 교육분야 거버넌스의 속성과 원리가 단위학교에서 구현되어 나타나는 것이라고 할 수 있다. 즉, 단위학교 운영과정에서 분권화, 구성원들의 참여, 자율, 다양화 등을 추구하는 체계이다(김병찬, 2013). 학교는 내·외부적으로 수많은 행위 주체와 영향집단의 상호작용 속에 놓여 있다고 할 수 있는데 앞으로 더욱더 다양해질 행위 주체와 더욱더 복잡해질 영향집단들간의 상호작용에 대해 이해하는 것이 학교수준의 교육거버넌스 논의에서는 필수적이다.

최근 학교수준의 교육거버넌스는 중앙집권에서 분권화로의 변화, 독점적 운영에서 관련 주체의 참여를 강조하는 변화, 국가 통제중심에서 학교자율화로의 변화, 규격화에서 다양화로의 변화 등 크게 네 가지 정도의 흐름으로 논의가 되고 있다(김병찬, 2013). 중앙정부 및 교육부에 집중되었던 각종 권한들을 시·도교육청, 교육지원청, 단위학교로 이양함으로써 궁극적으로 단위학교의 자율적 역량과 권한을 높여 학교단위책임경영제를 실현하기 위한 노력들, 교육청이 주도권을 가지고 있던 교장임용체제를 학교운영위원회를 중심으로 한 교장공모제, 초빙교장제 등을 통해 변화시키려는 노력들, 교장 중심의 학교경영에 학생, 학부모, 지역사회의 참여를

---

[15] 단위학교 거버넌스에 대한 국내의 논의는 크게 교육공동체로서의 거버넌스 관점(신현석, 2009, 고전, 2008, 김명주, 2009, 진동섭·김병찬, 2005), 학교자율경영제 측면에서의 거버넌스 관점(신상명 외, 2009; 박종필, 2010), 의사결정체로서의 거버넌스 관점(김성열·조석훈, 1997; 김재웅, 2004; 정유성, 2000) 등 3가지 차원에서 이루어지고 있음(김병찬, 2013).

2. 교육거버넌스

보장하려는 각종 노력들, 학교평가나 교원평가를 중심으로 한 책무성 기반 정책들, 고교다양화 등은 이와 같은 변화를 잘 보여주는 사례라고 할 수 있다.

〈표 2-5〉 단위학교의 교육거버넌스 변화 흐름

구 분	과 거	현 재	사 례
운영체제	중앙집권	분권화	교육청 및 학교로의 권한 이양, 교장공모제
참여주체	전문가 독점	관련 주체의 참여	학교운영위원회, 교직단체, 학생회의 학교교육 참여
운영방식	국가통제 중심	자율화	학교자율화 정책
체제기반	규격화	다양화	고교다양화 300, 특성화학교, 새교육과정 적용

＊출처 : 김병찬(2013)을 참고하여 재작성함.

사실 우리나라 단위학교 수준에서 이루어지고 있는 이러한 거버넌스 변화 흐름은 교육분야의 하위 영역에 따라 속도나 내용이 다를 뿐, 교육분야 전반에서 나타나고 있는 특징이다. 단위학교 거버넌스 역시 이러한 교육분야 거버넌스의 변화 흐름과 맥을 같이 한다고 할 수 있다. 이러한 변화들을 종합하면, 우리나라 교육분야 및 단위학교 거버넌스의 큰 흐름은 '통제구조'에서 '참여구조'로의 변화라고 할 수 있다(조영달, 2000; 김병찬, 2013).

이하에서는 앞에서 살펴본 학교수준 거버넌스 논의와 관련된 주요 정책과 제도를 살펴보고 학교수준 거버넌스의 주요한 당사자들을 살펴봄으로써 단위학교 교육거버넌스에 대한 이해를 돕고자 한다.

가. 학교단위책임경영제(SBM : School-based Management)[16]

학교단위책임경영제는 종전의 중앙집권적이고 획일화된 관료주의적 학교체제에서 탈피하여 학교개혁의 방향을 단위학교의 자율성 신장에 두기 위한 것으로서, 단위학교의 자율성과 책무성을 통하여 단위학교 스스로 경영의 합리적인 개선을 도모할 수 있는 자율적 역량을 증대시키기 위한 제도이다.

이를 위해 기존에는 단위학교가 자율권을 가지지 못했던 인사, 재정, 교육과정 등의 영역에서 자율권을 가지고 학교를 운영하며, 그 결과에 대해 스스로 책임을 지도록 하고 있다. 즉, 학교단위책임경영은 학교구성원들이 주체가 되어 학교경영의 핵심영역인 교육과정 및 교수관리, 학생 및 직원 인사관리, 학교와 지역사회의 관계, 직원 능력개발, 행정·재정·시설관리, 학교와 교원의 질 관리, 학교정보 관리 등에 관한 실천행위를 외부의 지시나 압력, 간섭을 배제하여 의사결정하고, 자율적으로 운영·통제한 후 그 결과에 대해 책무성을 다하는 것을 의미한다(신상명 외, 2009).

나. 학교자율화 정책

학교단위책임경영제를 실현하기 위한 구체적인 방안으로 시행된 것이 바로 학교자율화 정책(2008년 4월 15일)이라고 할 수 있다. 현재까지 학교

---

16) 학자에 따라서 학교자율경영, 학교단위자율경영제, 학교 재구조화 등의 용거로도 사용되고 있음.

자율화 추진계획은 크게 학교운영의 자율성을 저해하는 불합리한 29개 지침의 즉각 폐지, 규제성 법령의 정비와 행정절차의 간소화, 법령·지침의 개선방안 마련 등의 3단계로 추진되어 왔는데, 교육과정·교직원 인사의 자율권 확대 등 학교현장의 자율권 확대를 목적으로 한 학교자율화 방안의 주요 내용과 목표는 다음과 같다(오세희·장덕호·정성수, 2010).

첫째, 교육과정의 자율화이다. 학교 여건에 따른 특색 있는 교육과정이 운영될 수 있도록 단위학교 교육과정 편성·운영상 자율권을 대폭 확대한다는 것이다. 따라서, 국가수준에서 교육과정의 기준과 내용을 세부적으로 규정하고 학교는 이를 엄격히 적용하고 있으나, 교육과정 자율화로 학교별 여건에 따른 특색 있는 교육과정 운영을 할 수 있게 되었다. 이를 위해 국민공통기본교육과정 교과별 수업시수 20% 증감 허용, 고교 1학년 교과 이수시기 전 학년 확대, 고2, 3학년 전 교과 대상 선택과목 신설 허용, 일반선택 과목과 심화선택과목 구분 폐지, 재량활동과 특별활동의 통합 운영, 교과별 학년·학기 단위 집중이수 확대를 세부과제별 추진계획으로 제시하였다.

둘째, 교직원 인사의 자율화이다. 탄력적인 학교 교육과정 운영 및 학교장의 책임경영을 뒷받침할 수 있도록 단위학교의 인사권을 강화하고, 관련 제도 개선을 추진하기로 하였다. 구체적으로, 인사운영상 권한강화를 위해 교사 초빙권을 확대하고, 학교장의 교원 전보상의 권한을 강화하며, 학교장의 일반 행정·기능직 인사권 강화가 추진 중에 있다. 신규채용 제도 개선을 위해서는 학교, 지역단위 교원 임용제도 도입과 특정분야 박사학위 소지자 등 외부전문가에게 교사자격증 취득경로를 마련 중에 있으며, 기간제 교원 제도를 개선하고, 강사료 현실화 및 자율성 확대를 추진한다는 것으로 그 개요를 나타내면 다음과 같다.

〈표 2-6〉 교원인사 분야 자율화 과제 개요

구분	자율권 확대 및 제도개선 내용
인사운영상 권한강화	① 모든 학교에 정원의 20%까지 교사초빙권 부여 ② 시·도교육청 지침상의 전입요청권, 전보유예청권을 학교장의 법령상 권한으로 강화 ③ 부적응 교원 등에 대한 학교장의 비정기 전보요청권 법제화 ④ 소속 학교 행정직원의 전입 및 전보유예 요청권, 기능직원 임용권 부여 추진
신규채용 제도개선	⑤ 농어촌 등 비선호 지역을 대상으로 근무예정 학교·지역을 미리 정하여 선발하는 학교·지역단위 교원임용 제도 도입 ⑥ 특정분야 박사학위 소지자 등 외부전문가에게 교사자격증 취득경로 마련
기간제교원·강사 등 임용권 확대	⑦ 반일 또는 격일제 근무형태의 정원외 기간제교원 임용 활성화 ⑧ 강사료를 예산의 범위 내에서 자율적으로 책정·지급할 수 있도록 개선하여 우수한 강사 임용가능

셋째, 자율학교 확대 및 자율권 강화이다. 교육격차를 해소하기 위하여 새로운 학습방법 등을 적용하는 자율학교를 학력향상중점학교, 교육과정 혁신학교, 사교육 없는 학교, 기숙형고, 마이스터고, 전원학교 등 교육부 재정지원학교를 중심으로 2010년까지 2,500여개로 확대하고, 지정된 자율학교는 교장공모제의 시행이 가능하게 된다. 자율학교는 교과별 수업시수의 35% 증감 편성, 교원 정원의 50%까지 초빙교사를 임용할 수 있도록 하는 등 자율권을 강화하고, 중간 및 최종평가(5년 단위)를 통해 획일화된 입시위주 교육 등 자율학교 지정 취지에 벗어나는 학교에 대해서는 지정취소 및 행·재정적 불이익 조치로 책무성을 확보하고자 한다.

넷째, 학교현장 지원체제 구축이다. 학교단위책임경영을 지원하기 위하여 시·도 교육청의 기능을 효율화하고, 학교장의 책무성을 강화할 계획이다. 지역의 교육행정수요에 효과적으로 대응할 수 있도록 시·도교육청에 정원 운용의 자율권을 부여하는 한편, 학교정보공시제의 신뢰도를 제고하고, 학교장에 대한 중임심사를 강화하는 등의 조치를 취해 나갈 계획이다.

그리고 학교자율화를 통한 학교단위 책임경영 체제가 구축되면, 학생·학부모 등 교육수요자의 요구가 반영된 다양하고 질 높은 공교육 서비스 제공으로 사교육 부담의 경감을 기대할 수 있으며, 아울러 자율학교 확대로, 농산어촌이나 학업성취도가 미흡한 지역 등의 교육경쟁력이 강화될 것으로 교육부는 기대하고 있다. 학교자율화의 전·후의 학교모습을 비교하면 다음과 같다.

〈표 2-7〉 학교자율화 전·후의 학교모습

구 분	현재의 학교모습	학교단위 자율운영 체제
학 생 학부모	▶ 학생·학부모가 요구하는 교육과정 반영 불가 ▶ 학교교육에 불만족, 사교육을 통해 보충	▶ 수요자 중심의 교육과정 편성·운영으로 학교교육 만족도 제고 ▶ 다양하고 질높은 공교육으로 사교육 부담 경감 및 교육격차 해소
학교장 교 원	▶ 3~5년 주기의 정기인사에 따라 배치된 교원들과 국가가 편성한 교육과정의 틀안에서 획일적 학교운영	▶ 희망하는 학교를 선택한 열정 있는 교원들과 함께 학교장이 책임경영을 실현할 수 있게 되어 특색있는 학교운영 가능
교육청	▶ 법령에 규정된 조직과 정원으로 지도·감독 위주의 업무 수행	▶ 학생·학부모 및 학교현장의 요구를 반영하고 지원하는 조직 및 정원 운영 가능

다. 학교운영위원회

개별 단위학교의 교육거버넌스 기구라고 할 수 있는 학교운영위원회는 학교의 규모에 따라 5~15명[17]의 교원대표, 학부모대표, 지역사회 인사[18]가 학교운영의 자율성을 높이고 지역의 실정과 특성에 맞는 다양하고도 창의적인 교육을 할 수 있도록 1996년부터 초·중·고 및 특수학교에서 구성·운영하고 있는 제도이다.

학교운영위원회는 초·중등학교 교육의 효과를 극대화하기 위해 교직원, 학부모, 지역사회 인사 등이 자율적이면서도 책임있게 학교를 운영하기 위한 제도적 장치로서, 학교교육에 영향을 미치려는 다양한 집단과 그들의 서로 다른 교육관과 신념을 학교가 자율적으로 조정하면서 교육활동을 영위할 수 있도록 하기 위한 것이다(이종재 외, 2012). 즉, 학교교육에 대한 교육수요자들의 요구가 점차 다양화되고 복잡해지고, 이들의 요구를 충족시키기 위해 학교에 더 많은 자율권이 주어지고 있는 상황을 감안할 때, 기존의 교장 중심 학교운영 체제는 많은 어려움과 문제점을 드러낼 가능성이 크므로 다양한 학교교육 이해관련당사자들이 상호 협의하면서 학교운영과 관련된 중요한 의사결정을 할 수 있도록 한 것이다.

국·공립학교의 학교운영위원회는 다음의 사항을 심의한다. 다만, 학교발전기금의 조성과 운용 및 그 사용에 관한 사항에 대해서는 심의·의결까

---

17) 국·공립학교의 경우, 학생수가 200명 미만인 학교는 5인 이상 8인 이내, 학생수가 200명이상 1천명미만인 학교는 9인 이상 12인 이내, 학생수가 1천명이상인 학교는 13인 이상 15인 이내로 구성함.

18) 학부모위원의 비율은 100분의 40 내지 100분의 50, 교원위원의 비율은 100분의 30 내지 100분의 40, 지역위원(당해 학교가 소재하는 지역을 생활근거지로 하는 자로서 예산·회계·감사·법률 등에 관한 전문가 또는 교육행정에 관한 업무를 수행하는 공무원, 당해 학교가 소재하는 지역을 사업활동의 근거지로하는 사업자, 당해 학교를 졸업한 자 기타 학교운영에 이바지하고자 하는 자를 갈한다)의 비율은 100분의 10 내지 100분의 30으로 함. 단, 산업수요 맞춤형 고등학교 및 특성화고등학교에서는 학부모위원이 100분의 30 내지 100분의 40, 교원위원은 100분의 20 내지 100분의 30, 지역위원은 100분의 30 내지 100분의 50으로 구성해야 함. 한편, 학생 수가 100명 미만인 국·공립학교에 두는 운영위원회 위원의 구성비율은 국립학교의 경우에는 학칙으로, 공립학교의 경우에는 시·도의 조례로 정하는 범위에서 위원회규정으로 달리 정할 수 있다(이 경우 학부모위원, 교원위원 및 지역위원은 반드시 각 1명 이상은 포함되어야 한다).

2. 교육거버넌스

지 할 수 있다. 한편, 사립학교의 장은 아래 사항에 대하여 학교운영위원회에 자문하여야 한다(단, 제7호와 제8호는 해당사항이 없으며, 제1호의 사항에 대하여는 학교법인이 요청하는 경우에만 자문한다).

1. 학교헌장과 학칙의 제정 또는 개정
2. 학교의 예산안과 결산
3. 학교교육과정의 운영방법
4. 교과용 도서와 교육 자료의 선정
5. 교복·체육복·졸업앨범 등 학부모 경비 부담 사항
6. 정규학습시간 종료 후 또는 방학기간 중의 교육활동 및 수련활동
7. 「교육공무원법」에 따른 공모 교장의 공모 방법, 임용, 평가 등
8. 「교육공무원법」에 따른 초빙교사의 추천
9. 학교운영지원비의 조성·운용 및 사용
10. 학교급식
11. 대학입학 특별전형 중 학교장 추천
12. 학교운동부의 구성·운영
13. 학교운영에 대한 제안 및 건의 사항
14. 그 밖에 대통령령이나 시·도의 조례로 정하는 사항

라. 기타 학교교육 거버넌스의 다양한 행위주체[19]

앞에서 살펴본 학교운영위원회를 통해 교사, 학생, 학부모 등은 그들의 의견을 학교교육에 반영할 수 있는 통로가 마련되어 있다고 할 수 있지만, 최근 학교교육에의 관심과 참여가 더욱 중요해짐에 따라 이들 외에도 학교 내·외부의 다양한 행위주체들이 학교교육에 영향을 미치고 있다. 여기에서는 교원단체, 학생회, 학부모단체 및 시민단체를 중심으로 논의하고자 한다. 사실 이들은 학교교육에만 영향을 미치는 것이 아니라 지역수준, 나아가 국가수준의 교육 거버넌스에도 영향을 미치는 집단이다.

1) 교원단체

우리나라는 1개의 교원단체와 3개의 교원노조가 활동하고 있다. 한국교원단체총연합회(이하 한국교총)는 우리나라의 유일한 교원단체로서 「교육기본법」 제15조(교원단체)와 「민법」 제32조(비영리법인의 설립과 허가)에 법적인 근거를 두고 있다. 한국교총의 회원은 유·초등·중등·대학교원을 대상으로 하고 있으며, 설립 목적은 회원 상호간의 강력한 단결을 통하여 교원의 사회적·경제적 지위 향상과 교직의 전문성 확립을 기함으로써 교육의 진흥과 문화의 창달에 기여하는 것이다. 한국교총은 우리나라 교직단체 중에서 가장 오랜 역사를 가지고 있으며, 회원의 규모도 가장 크다.

교원노조는 전국교직원노동조합(이하 전교조), 한국교원노동조합(이하 한교조), 자유교원조합(이하 자유교조) 등 3개가 활동하고 있다. 교원노조의 가입 대상은 유·초등·중등교원으로 제한되어 있어서 대학의 교원이 제외된다는 점이 한국교총과 차이가 있다. 교원노조는 「교원의 노동조합 설립 및 운영 등에 관한 법률」(이하 교원노조법)에 근거하여 운영되고 있

---

[19] 교원단체와 학부모단체에 대해서는 교재 5장(교육조직)에도 일부 소개되어 있으므로 참조바람.

다. 교원노조들은 각자 고유한 설립 목적을 갖고 있는데, 전교조의 설립 목적은 교육 노동자로서의 기본 권익을 적극 옹호하고 민주교육 발전에 기여하는 것이다. 특히 교사를 노동자로 규정하고, 민주 교육을 강조한다는 특징이 있다. 한교조의 설립 목적은 푸른 교육을 구현하고 교원으로서 존엄성을 유지하며 교직의 전문성 확립을 기함으로써 창조적이고 민주적인 교육문화 창달에 기여하는 것으로 푸른 교육을 모토로 하고 있다. 자유교조의 설립 목적은 부모의 마음으로 학생들을 교육시키려는 자유주의 교육을 구현하는 것인데, 자유주의 교육이 이념적인 목표라고 할 수 있다.

〈표 2-8〉 교원단체와 교원노조의 비교

구 분		교원단체(한국교총)	교원노조(전교조, 한교조, 자유교조)
교직관		• 전문직관에 가까움	• 노동직관에 가까움
설립근거		•「교육기본법」	•「교원노조법」
가입대상		• 유·초·중·고등학교 및 대학교의 전체 교원(교장, 교감포함)	• 초·중·고등학교 교원 (교장·교감 제외)
설립단위		• 전국 및 시·도	• 전국 및 시·도
단체교섭	교섭·협의 당사자	• 교육부장관 및 교육감	• 교육부장관 및 교육감 • 사립학교를 설립·경영하는 자
	교섭·협의 구조	• 중앙단위 : 교육부장관 • 시·도단위 : 교육감	• 국·공립의 경우 - 전국단위 : 교육부장관 - 시·도단위 : 교육감 • 사립의 경우 - 설립·경영자가 전국 또는 시·도 단위로 연합하여 교섭
	교섭·협의 범위	• 처우개선, 근무조건 및 복지후생과 전문성 신장에 관한 사항	• 임금·근무조건·후생복지 등 경제적·사회적 지위향상에 관련된 사항

한국교총은 1947년에 설립되었고, 전교조와 한교조는 1999년 7월「교원노조법」의 시행으로 설립되었으며, 자유교조는 상대적으로 최근인 2006년 4월에 출범하였다.

〈표 2-9〉 교직단체별 현황 비교

구분	한국교총	전교조	한교조	자유교조
설립일	1947.11.23	1999.7.1	1999.7.1	2006.4.22
모토	• 좋은 교육, 좋은 선생님	• 참교육	• 푸른 교육	• 부모마음 교육
조직	• 16개 지역 교총 • 직능조직 : 초등교사회, 중등교사회, 초등교장(감)회, 중등교장(감)회, 대학교수회 • 25개 산하단체	• 16개 시·도 지부 • 8개의 상설위원회와 7개의 특별위원회 • 전문산하기구로(참교육연구소), 전문산하단체(전국교과모임연합)	• 16개 시·도 본부 • 10개의 상집위원회와 3개의 특별위원회 • 전문산하기구로 (푸른교육연구소)	• 6개의 지역조합
회원수	157,736명(39.1%)	73,319명(18.2%)	432명(0.1%)	561명(0.1%)

2) 학생회

학생회는 학교 내에서 학생이 주체가 되어 자치적으로 어떤 일을 의논하여 결정하고 실행하는 조직이나 모임을 말하는 것으로 최근 사회적 문제로까지 확대되고 있는 학교폭력, 학생인권, 학교규칙 및 학급규칙의 제·개정, 인성교육의 활성화 등이 강조됨에 따라 학생회의 법제화 논의가 상당히 진전되고 있다.

학생의 학교교육에의 참여는 현행 교육법령에도 그 권리가 보장 되어 있다. 「교육기본법」[20]에서 학생은 법령에 정하는 바에 따라 학교운영에 참여

---

20) 「교육기본법」
    제5조 (교육의 자주성 등) ② 학교운영의 자율성은 존중되며, 교직원·학생·학부모 및 지역주민 등은 법령으로 정하는 바에 따라 학교운영에 참여할 수 있다.
    제12조 (학습자) ① 학생을 포함한 학습자의 기본적 인권은 학교교육 또는 사회교육의 과정에서 존중되고 보호된다. ② 교육내용·교육방법·교재 및 교육시설은 학습자의 인격을 존중하고 개성을 중시하여 학습자의 능력이 최대한으로 발휘될 수 있도록 마련되어야 한다. ③ 학생은 학습자로서의 윤리의식을 확립하고, 학교의 규칙을 준수하여야 하며, 교원의 교육·연구활동을 방해하거나 학내의 질서를 문란하게 하여서는 아니 된다.

할 수 있음을 천명하고 있다. 「초·중등교육법」[21]에서는 학생자치활동을 보장하고 있으며, 그 조직과 운영에 대해서는 학칙으로 정하도록 하고 있다. 아울러 학생의 기본적 인권이 학교교육의 과정에서 존중되며 학교가 「헌법」과 국제인권조약에 명시된 학생의 인권을 보장하도록 하고 있다. 따라서 학생은 헌법에 보장된 결사의 자유부터 표현의 자유에 이르기까지 포괄적으로 기본적 인권을 행사할 수 있는 것이다.

「초·중등교육법 시행령」은 교장이 학생상벌이나 생활지도, 학생자치활동, 학칙개정절차 등에 대해서 학칙을 제정하거나 개정할 때는 학칙으로 정하는 바에 따라 학생의 의견을 듣도록 강제규정을 두고 있다. 물론 학칙이 정하는 바에 따라 그 참여수준은 학교마다 다를 수 있지만 학생이 이러한 의사결정 과정에 참여하여야 함을 천명하고 있다. 또한 이러한 학생자치활동을 위한 조직의 원활한 운영을 위하여 학교장이 이 조직운영을 지원하도록 강제규정을 두고 있으며, 학생은 학교운영에 의견을 반영할 수 있는 공식적인 통로로서 학교운영위원회에 참여할 수 있음도 규정하고 있다.

따라서, 학생회가 아직까지 법정 기구는 아니지만 단위학교에서부터 학생회와 같은 기구를 설치하고 지원하도록 학칙으로 규정할 필요가 있다. 학생회를 공식적인 학생대표기구로 규정하고, 학교운영위원회나 학칙 또는 학생회 관련규정을 제·개정함에 있어 학생회의 참여를 보장해야 하며, 그 운영에 있어서는 자율성을 보장하고 학교 측에서는 학생회의 활동과정과 결정을 존중해야 한다. 한편, 학생회의 활동을 실질적으로 보장하기 위해서는 학교 내에 공간을 마련해 주어야 하는데 특히, 학생회실 확보가 시급하다. 학령인구 감소에 따라 유휴교실이 발생하고 있으므로 이러한 교실

---

21) 「초·중등교육법」
　　제17조 (학생자치활동) 학생의 자치활동은 권장·보호되며, 그 조직과 운영에 관한 기본적인 사항은 학칙으로 정한다.
　　제18조의4 (학생의 인권보장) 학교의 설립자·경영자와 학교의 장은 「헌법」과 국제인권조약에 명시된 학생의 인권을 보장하여야 한다.

을 활용하여 학생회실을 마련하도록 해야 할 것이다. 학생회실이 있는 경우라도 책장과 서류함, 작업용 컴퓨터 등 기본시설이 부족하다. 학교에서는 예산편성 시부터 학생회의 의견을 수렴하여 반영하고 예결산에 대해 공개함으로써 학생회에 대한 재정 지원이 합리적으로 이루어질 수 있도록 해야 한다.

학교는 사회의 축소판으로 사회의 모든 요소가 그대로 투영되고 있고, 사회적 원리가 통용되도록 하여 졸업 후에도 적응할 수 있도록 해야 한다. 학교에서 배운 것과 사회에서 생활하는 것이 다르다면 학생들은 혼란을 느끼게 될 것이다. 사회에서 성적 등에 의해 선거입후보 자격을 제한하지 않듯이 학교에서도 그러한 규정을 두어서는 안 된다. 학교에서는 학생회장이나 학급회장을 선출함에 있어 교사의 추천, 성적, 징계 경력, 품행, 종교 등이 자격기준으로 설정되지 않도록 해야 한다. 어떤 학생이 대표로서 적절한지는 유권자인 학생들이 판단할 일이다. 또한 후보자들의 공약에 대해 학교당국이 부당하게 개입하지 않도록 하고 선거관리도 학생들이 선거관리위원회를 조직하여 진행할 수 있도록 해야 한다.

학생회 활동을 적극적으로 지원하기 위해서는 우선 학생들이 무엇을 원하는지 들을 필요가 있다. 따라서 학교장과 학생회 운영위원(임원)들과의 간담회 형식의 모임을 주기적으로 개최하는 것이 바람직하다. 이러한 모임은 학교장과 학생회의 의사소통 부재로 발생할 수 있는 분쟁을 사전에 예방하는 효과도 가진다.

3) 학부모단체[22] 및 교육시민단체[23]

학부모단체는 단체별로 설립목적과 주요한 활동이 조금씩 다르지만 대체적으로 학부모가 학교교육에 참여할 수 있는 권리를 바탕으로 공교육에 대한 학생과 학부모의 불신을 없애고, 교육환경을 개선하여 공교육의 질을 향상시킴으로써 궁극적으로 좋은 학교를 만들기 위한 활동들을 하고 있다. 사실 자녀교육에 대한 가장 1차적인 책임은 학부모에게 있기 때문에 자녀들에게 제공되는 교육의 종류를 선택할 자유와 권리, 학생들에 대한 비인격적인 처우를 개선할 것을 요구할 권리, 학생의 이익과 권리를 최우선적으로 고려할 것을 요구할 권리, 자녀가 학교폭력으로부터 안전할 권리, 사교육비 경감 등을 주장하면서 학교교육에의 참여 폭을 점차 넓혀가고 있다.

단위학교에서는 학교운영위원회라는 공식 기구를 통해 학부모 대표들이 학교운영에 참여하고 있으나 소수의 특정 학부모에 국한되어 있고, 개별 단위학교의 운영에만 영향을 미친다고 볼 때, 전국적·지역적 차원으로 설립되어 운영되는 학부모 단체의 역할은 우리나라 전체 교육정책에도 영향을 미칠 만큼 중요하다고 볼 수 있다. 예를 들면, 박근혜 정부에서 발표한 일반고 교육역량 강화방안(2013. 10)의 경우 원래의 시안은 자율형사립고가 가졌던 학생선발 방식에서의 혜택을 폐지하고 중학교 내신성적 제한없이 무조건 선지원 후추첨으로 바꾸는 것이었으나 자사고 측의 반발, 특히 자사고 학부모들의 대규모 집회와 공청회장 점거를 통한 공청회 무산 시도 등으로 인해 결국 일정부분 학생선발권을 주는 쪽으로 확정안을 변경한 것

---

22) 대표적인 학부모단체로 참교육을 위한 전국학부모회(www.hakbumo.or.kr), 좋은학교 만들기 학부모 모임(www.goodschool.kr), 학부모 정보감시단(www.cyberparents.or.kr), 공교육 살리기 학부모연합(www.studentfirst.co.kr) 등이 있음.
23) 대표적인 교육관련 시민단체로는 사교육걱정없는세상(www.moworry.kr), 교육을 바꾸는 사람들(www.21erick.org), 정의교육시민연합(www.edjust.org), 희망교육(www.himang21.net), 아름다운배움(www.beautifullearning.org) 등이 있음.

은 학부모가 교육거버넌스에서 얼마나 중요한 행위주체가 될 수 있는지를 잘 보여주는 사례라고 할 수 있다. 한편, 교육부 장관이 단위학교에 영향을 미칠 수 있는 새로운 교육정책을 본격적으로 시행하기 전에 반드시 학부모 단체들과의 간담회 등을 통해 이해를 구하고 협조를 요청하는 것도 좋은 예라고 할 수 있다.

교육시민단체도 학부모 단체와 마찬가지로 교육거버넌스에서 점차 중요한 행위주체로서의 역할과 영역을 구축해 나가고 있다. 교육시민단체는 일반적으로 보다 나은 교육환경이 이루어질 수 있도록 하기 위한 목적으로 운영되며, 학부모들이 학교운영에 올바르고 건강하게 참여할 수 있도록 도움을 주기 위한 활동을 주로 하고 있다.

2. 교육거버넌스

 생각해볼 문제

- ◆ 정부의 노력에도 불구하고, 좀처럼 해결되지 않고 반복되고 있는 우리나라의 교육문제들 중 하나를 선정하여 그 이유를 거버넌스의 측면에서 설명해 봅시다.
- ◆ 우리나라 교육에 큰 영향을 미치고 있는 해외의 교육정책이나 제도를 조사하고 그 이유를 말해 봅시다.
- ◆ 2014년 7월 이후 변경된 교육위원회에 대해 설명해 봅시다.
- ◆ 단위학교 운영에 영향을 미치고 있는 이해관련당사자(교원단체, 학생, 학부모, 시민단체 등)의 실제에 대해서 조사하고 한국교육발전에 미치는 긍정적인 측면과 부정적인 측면을 각각 제시해 봅시다.

 **참고문헌**

김병주(2009). 학교자율화의 영역별 실태에 대한 교원의 인식 분석. **교육정치학연구**, 16(3). 103-123.
김병찬(2013). "학교자율화 이후 단위학교의 교육행정 거버넌스". 교육정책 리더십과 교육행정 거버넌스. 한국교육정치학회 2013 춘계학술대회. 한국교육정치학회.
김성열·조석훈(1997). 단위학교에서 'Governance'의 문제와 교육: 학교운영위원회를 중심으로. **교육정치학연구**, 4(1). 73-91.
김재웅(2004). 한국 교육정치학의 반성과 발전 과제. 교육정치학연구, 11. 62-88.
박붕수(2011). 지방교육거버넌스의 구조와 과정에 관한 연구: 경기도와 경기도교육청 간 교육협력을 중심으로. 성균관대학교 박사학위논문.
박수정(2013). "지방의 교육정책 리더십과 교육행정 거버넌스". 교육정책 리더십과 교육행정 거버넌스. 한국교육정치학회 2013 춘계학술대회. 한국교육정치학회.
박재창 외(2009). **시민참여와 거버넌스**. 서울: 오름.
박종필(2010). 학교 자율경영제에 비춰본 현 정부의 학교자율화 정책. **교육정치학연구**, 8(3). 173-198.
반상진(2013). "중앙의 교육정책 리더십과 교육행정 거버넌스". 교육정책 리더십과 교육행정 거버넌스. 한국교육정치학회 2013 춘계학술대회. 한국교육정치학회.
서울대학교 교육연구소(2007). **교육학 용어사전**. 도서출판 하우동설.

서정화(2007). 한국교육 거버넌스와 권한 배분. 한국교육행정학회 제143차 학술대회 자료집. 11-16.
송기창(2014). 한국 교육자치제에 대한 성찰과 미래 방향. 2014년 한국교육행정학회 제170차 춘계학술대회 기조강연. 한국교육행정학회.
신상명 외(2009). **학교 자율 경영**. 도서출판 원미사.
신현석(2010). 교육거버넌스 갈등의 쟁점과 과제. **교육행정학연구**, 28(4). 351-380.
신현석(2011). 지방교육의 협력적 거버넌스 구축을 위한 쟁점 분석과 설계 방향 탐색. **교육행정학연구**, 29(4). 99-124.
신현석·주영효(2013). 글로벌 거버넌스와 한국의 교육정책: OECD와 PISA를 중심으로. 교육학연구, 한국교육학회, 51(3). 한국교육학회.
안기성(1997). 교육에서의 거버넌스의 문제와 그의 장래. **교육정치학연구**, 4(1). 1-20.
오세희·장덕호·정성수(2010). 학교자율화 정책의 학교현장 영향 조사. 2010년 교육과학기술부 정책연구개발사업. 교육과학기술부.
오승은(2006). 거버넌스론에 관한 제 접근. **연세행정논총**, 29. 47-75.
이일용(1997). 중앙수준에서의 Governance' 문제와 교육. **교육정치학연구**, 4(1). 21-41.
이재광(2010). **과잉생산, 불황, 그리고 거버넌스**. SERI 연구에세이 105. 삼성경제연구소.
이종재·이차영·김용·송경오(2012). **한국교육행정론**. 교육과학사.
정유성(2000). 밑에서 작게, 그리고 천천히. 교육 시민운동과 교육정치학. **사회과학연구**, 9. 서강대학교 사회과학연구소. 118-141.
정일환·김병주 외(2012). **비교교육학 이론과 실제**. 교육과학사.
조동섭(2007). 교육 거버넌스: 지방정부의 권한과 역할. 한국교육행정학회 제143차 학술대회 자료집. 157-173.
조영달(2000). 교육과정의 정치학: 7차 사회과 교육과정 결정의 참여구조. **시민교육연구**, 31. 한국사회과교육학회. 295-317.
주삼환(2007). 교육 거버넌스: 중앙정부의 권한과 역할. 한국교육행정학회 제143차 학술대회 자료집. 17-45.
진동섭·김병찬(2004). 단위학교 자율경영체제 연구. 한국교육개발원. CR2004-9-17.

교원소청심사위원회 홈페이지 http://www.act.go.kr
헌법재판소 홈페이지 http://www.ccourt.go.kr

Mark Bevir et al.(2011). *The SAGE Handbook of Governance*. SAGE publications.

CHAPTER 3 교육정책과 기획

> 교육정책이란 교육에 관한 정책을 의미하는데, 교육의 문제를 해결하기 위해 다양한 대안 중에서 상황에 맞는 최적의 대안을 의미한다. 우리나라는 다양한 교육문제가 발생하고 있어서 교육정책에 대한 관심이 세계적으로 높은 수준이라고 할 수 있다. 교육정책이 제대로 이루어지기 위해서는 교육정책의 과정이 민주적이면서 국민들에게 신뢰를 주어야 한다.
>
> 교육기획은 교육과 관련한 계획을 수립하는 과정을 의미하는데 단기, 중기, 장기 계획으로 나누어 볼 수 있다. 국가 수준에서 거시적이고 종합적인 교육기획을 수행할 때에는 사회적 수요에 의한 접근 방법, 인력수요에 의한 접근 방법, 수익률에 의한 접근 방법, 국제 비교에 의한 접근 방법 등을 활용하고 있다.

- 교육정책
- 교육기획
- 교육정책과 기획의 실제

1. 교육정책

가. 교육정책 : 개념과 성격

교육정책은 '교육(教育)'과 '정책(政策)'이 결합된 용어이며, '교육에 관한 정책'을 의미한다. 따라서 교육에 대한 개념과 정책에 대한 개념을 명확하게 규명할 필요가 있다. 교육의 개념에 대한 논의는 매우 풍성하게 이루어지고 있지만 다수의 사람들이 동의하는 개념이 존재하지는 않는다. 정범모(1991:16)는 교육의 개념을 '인간행동의 계획적 변화'로 정의하면서 이것은 교육에 대한 기술적 내지 조작적 정의로서 실제에 포함되는 요인과 활동을 명확하게 규정한 것이라고 하였다. 우리나라 교육의 근본적인 법이라 할 수 있는 「교육기본법」에서는 교육의 정의를 명시하고 있지 않다. 다만, 제2조에서 '교육은 홍익인간(弘益人間)의 이념 아래 모든 국민으로 하여금 인격을 도야(陶冶)하고 자주적 생활능력과 민주시민으로서 필요한 자질을 갖추게 함으로써 인간다운 삶을 영위하게 하고 민주국가의 발전과 인류공영(人類共榮)의 이상을 실현하는 데에 이바지하게 함을 목적으로 한다.'라고 교육의 이념을 제시하고 있다.

교육의 개념에 대한 논의[1]는 교육정책의 범위를 설정하는데 중요한 역할을 하게 된다. 교육정책의 대상이 되는 교육의 범위를 인간의 발달단계의 측면에서 보면 '무덤에서 요람까지' 인간의 전 생애에 걸쳐 이루어지게 된

---

1) 이홍우(2009)는 교육의 개념을 '공학적 개념', '성년식 개념', '사회화 개념'으로 구분하면서 각각의 개념이 교육이라는 현상을 각자의 관점에서 설명하고 있지만 세 가지를 합친다고 해서 전체적인 교육을 설명할 수는 없음을 지적하고 있다.

다. 심지어 최근에는 태교까지 교육의 과정에 포함하는 경우도 있다. 형식의 측면에서 보면 정규 학교교육을 포함하여 비형식 교육과 무형식 교육을 어떻게 볼 것인지도 관건이 될 수 있다. 최근에는 교육과 학습의 개념적 구분을 주장하면서 '학습정책'으로 바뀌어야 한다는 주장도 등장하고 있는데 이러한 주장은 정책의 범위를 더욱 확장해야 한다는 것을 의미한다.

「교육기본법」에 제시되어 있는 내용을 바탕으로 살펴보면, 학교교육(제9조), 사회교육(제10조), 특수교육(제18조), 영재교육(제19조), 유아교육(제20조), 직업교육(제21조), 학술문화(제24조), 국제교육(제29조) 등이 우리나라 교육정책의 대상이 되는 영역이라고 할 수 있다. 이 영역에서 관련된 당사자, 제도적 진흥 영역이 주로 교육정책의 범위라고 할 수 있다.

정책은 관리나 행정이라는 말과 관련이 깊은 용어이다. 특히 정부를 비롯한 공공문제(public affairs)를 관리하는 행정을 '공공행정(public administration)'이라고 명명하고 있다. 19세기 후반부터 '과학적 관리론'이 유행하면서 기업경영 분야에서 '관리나 경영(management)'이라는 용어를 많이 사용하게 되었고, 공공분야에서도 공공관리(public management)라는 용어를 사용하게 되었는데 Waldo(1980)는 굳이 관리라는 용어를 피해야 할 이유는 없지만 어원상이나 역사적으로 행정이라는 용어를 사용하는 것이 적절하다고 결론을 맺고 있다. 20세기 후반에 공공정책에 대한 실제적 및 학문적 관심이 크게 증대되면서 행정보다는 '(공공)정책[(public) policy]'이라는 용어를 사용하는 경우가 많아졌다(정용덕, 2002: 6). 이와 같은 현상은 20세기에 거의 모든 나라에서 경제정책과 교육정책 등 많은 분야에서 국가의 개입이 늘어난 현상과도 관련이 있다. 전통적인 행정학이 행정의 내부관리 및 정책의 집행단계에 초점을 두고, 주로 정치행정이원론에 입각해 있던 것에 비해 정책학(policy study) 혹은 공공정책연구(public policy study)는 정치행정일원론[2]의 입장을 취하며, 정책의 집행뿐만 아니라 의제형성 및 정책수립에서부터 평가 및 환류에 이르는 전 과정을 연구의 대상으로 삼고 있다. 진동섭·이윤식·김재웅(2011)은 정책에 대한 여러 학자들의 정의를 다음과 같이 정리하고 있다.

〈표 3-1〉 정책에 대한 학자들의 다양한 정의

학자	정책의 정의
Easton(1953)	전체 사회를 위한 제 가치의 권위적 배분
Friedrich(1963)	주어진 환경 속에서 개인, 단체 또는 정부가 취하는 일종의 행동 대안
Lasswell(1971)	문제 해결 및 변화 유도를 위한 활동
Eyestone(1971)	정부 기관과 환경과의 관련성
Dye(1981)	정부가 할 일과 하지 않을 일을 구분하여 선택하는 것

＊출처 : 진동섭·이윤식·김재웅(2011), p.330.의 내용을 정리한 것임.

정리해서 살펴보면 교육정책은 교육에 대한 권위적 결정 혹은 교육의 목적을 달성하기 위한 조건과 수단의 선택과 집행, 평가, 환류를 포함하는 **활동**이라고 정의할 수 있다. 다시 말하면 교육의 목적을 달성하기 위해 정부가 교육의 과정 상에 관여하여 지원하거나 규제하는 의사결정의 과정으로 볼 수 있다. 윤정일 외(2012)는 교육정책의 정의는 구체적인 교육상황에서 5가지의 내용을 함축하고 있다고 제시하고 있다. 교육정책은 정치적 과정을 통해 결정되는 국가의 통치 작용이고, 교육제도와 그 운영에 관한 기본 지침이며, 교육문제 해결을 위한 대안의 선택이고, 교육이념과 목적의 구현이며, 교육행정에 대한 기본 지침의 성격을 갖고 있다는 것이다.

---

2) 고전파 행정학은 정치와 행정이 엄격하게 분리된다는 정치행정이원론에 근거하고 있다. 고전파에서는 행정이 독립적, 가치중립적, 전문직업적, 비정치적 활동으로 이루어져야 한다는 것이다. 하지만 국가 수준의 중요한 정책의 결정에 있어서는 국민들의 의사가 민주적인 과정을 통해 반영되어야 하고, 이러한 과정에서 정치적인 영향력을 배제하기 어려우며, 오히려 정치적인 합의의 과정이 매우 중요한 의미를 갖는다는 것을 강조하는 것이 정치행정일원론의 관점이라고 할 수 있다. 즉 정치행정일원론은 정치와 행정이 밀접한 관련을 맺고 있어야 함을 강조하는 관점이라고 할 수 있다.

나. 교육정책의 유형

모든 사람들이 교육과 관련되어 있다고 할 만큼 교육의 문제는 다양하고 복잡하게 구성되어 있다. 일반적인 정책의 구분도 매우 다양하게 이루어지고 있는데, 특히 중앙정부와 지방정부의 정책적 기능배분은 한 나라의 역사적 전통과 문화를 반영하는 것이지만 이론적인 관점에서도 다양하게 살펴볼 수 있다. 일반적으로 국가의 기능으로서 정책에 대해 중앙정부와 지방정부의 권한 배분에 대한 이론적 관점은 다원주의의 관점, 신우파론의 관점, 계급정치론의 관점과 엘리트론의 관점으로 볼 수 있다(정용덕, 2002: 901).

정책의 유형 구분 중에서 Peterson은 정책의 유형에 따라 정부의 수준이 결정된다고 제시하고 있다. Peterson(1979; 1981)은 중앙과 지방정부의 활동을 재분배정책, 개발정책, 배당정책의 세 가지 유형으로 구분하였다. 재분배 정책은 한 집단에서 다른 집단에게 편익을 이전해 주는 정책을 의미하고, 개발정책은 지역의 경제성장을 촉진하는 정책이며, 배당정책은 모든 주민에게 편익을 제공하기 위해 일반 재정에서 충당하는 정책을 의미한다.

〈표 3-2〉 Peterson이 구분한 정책 유형과 특성

정책유형	정부수준	특 성
재분배정책	중앙정부	한 집단에서 다른 집단에게 편익 이전 (예) 복지, 사회보장, 공공의료혜택, 공공주택
개발정책	지방 또는 중앙정부	지역의 경제성장 촉진 (예) 관광개발, 교통·통신개발, 경제 하부구조 개발
배당정책	지방정부	모든 주민에게 편익 제공, 일반 재정에서 충당 (예) 집사활동, 치안, 소방, 쓰레기 수거, 공공매립지제공

＊출처 : Peterson, 1981. 정용덕, 2002: 910.에서 재인용.

Lowi(1972)는 정책이 사회에 미치는 영향을 고려하여 분배정책, 규제정책, 재분배정책, 구성정책으로 구분하였다. 분배정책은 국민에게 서비스나 이익을 분배하는 정책을 의미하고, 규제정책은 개인이나 집단의 활동 또는 사유재산에 대하여 통제를 가하는 정책을 의미한다. 재분배 정책은 정부가 부나 재산, 소득, 권리 등을 사회 계층 내에 재분배하는 정책을 의미하며, 구성정책은 정치체제 자체의 구조적인 변화를 목표로 하는 정책을 의미한다.

교육정책은 다양하게 구성되어 있기 때문에 일반적인 정책의 유형 중에서 어디에 속하는 것인지에 대해서는 논란이 있을 수 있다. Lowi의 관점에서 보면 공교육체제는 분배정책에 포함된다고 할 수 있다. 하지만 정부가 개인이나 집단의 활동에 대해 통제하는 관점에서 보면 사학정책이나 대학입학정책 등은 규제정책에 가깝다. 또한 저소득층이나 교육 소외계층에 대해 적극적인 지원 정책을 펴는 것은 재분배 정책에 속한다고 할 수 있고, 교육정책의 추진을 위해 중앙부처의 직제를 바꾸거나 대통령 직속 교육정책위원회를 설립하고 폐지하는 등의 활동은 구성정책에 속하기 때문이다. 따라서 일률적으로 교육정책의 유형을 구분하는 것에는 한계가 있을 수 있다.

반면에 교육정책 안에서 다양한 기준으로 유형을 구분할 수 있다. 우선 교육에 대한 철학과 관점에 따라 교육정책의 유형을 나누는 경우가 있는데, 교육 수요자의 입장에서 학교 선택을 강조하고, 교육 공급자의 책무성을 강조하는 입장은 소위 '신자유주의적 정책'이라고 유형을 구분하는 반면에 사회적 약자에 대한 배려를 강조하는 복지적 정책은 '진보주의적 정책'으로 구분하기도 한다. 또한 사회적 공동체의 중요성을 강조하는 경우에는 '공동체주의적 정책'으로 구분하는 경우가 있다.

교육활동의 대상이나 학교급에 따라 정책을 나누는 경우에는 유아교육정책, 초등교육정책, 중등교육정책, 고등교육정책, 특수교육정책, 직업교육정책, 평생교육정책, 국제교육정책 등으로 구분할 수 있다. 정책의 내용에 따라 교육과정정책(각 교과별로 나눌 수도 있다), 교육평가정책, 교원정책, 학생정책, 학부모정책 등으로 구분할 수도 있다. 실제 교육부의 직제를 살펴보면 학교급이나 정책의 내용을 혼재한 기준으로 정책부서를 나누고 있는데, 어느 한 가지로 모든 것을 포괄하기 어려운 현실적 측면이 반영된 결과라고 할 수 있다.

다. 교육정책의 과정

교육정책은 일정한 과정을 거쳐서 생성되고 소멸되는 것으로 유기체와 같이 생명력을 갖고 있다고 할 수 있다. 교육정책은 일반적으로 교육문제가 발생하여, 정책 의제로 채택되고, 교육정책으로 결정되면, 교육정책이 집행되는 과정을 거쳐서 평가와 환류가 이루어지게 된다. 이러한 교육정책 절차는 일반적인 정책과정과 유사하다고 할 수 있다.

1) 교육문제와 정책의제 채택[3] 과정

실생활에서는 다양한 수준과 양상의 교육문제가 존재하고 있다. 누구나 교육과 관련하여 고민과 불편함을 느낄 수 있는데 이러한 모든 상황이 교육적인 문제 상황이라고 할 수 있다. 하지만 이 중에서도 아주 일부의 문제만이 사회적 이슈로 대두된다. 학교에서의 폭력 문제는 오래 지속되어 왔음에도 불구하고 사회적으로 이슈가 되는 것은 커다란 사건이 발생하여 언론을 통해 소개될 때라고 할 수 있다. 그러나 사회적 이슈가 되었다고 하여 모두 정책의제(policy agenda)로 채택되는 것은 아니다. 학교폭력과 관련하여 심각한 사건이나 사고가 발생한 후에 사회적 이슈가 되지만, 시

---

3) 이 부분은 이희숙·정제영(2012) 연구를 주로 참고하여 정리한 것임.

간이 흘러서 다른 사회적 이슈가 발생하면 사회적 관심도가 낮아지는 상황이 반복된다고 할 수 있다.

John Kingdon은 1984년에 Cohen 등(Cohen, March, & Olsen, 1972)의 '쓰레기통 모형(garbage can model)'을 발전시켜서 정책의제 설정 및 정책결정 과정에 대한 모형을 제시하였다(Sabatier, 1991: 151). Kingdon이 제시한 모형을 흔히 '정책흐름모형' 또는 '정책의 창(the policy window) 이론'이라고 한다(김보엽, 2008: 4; 남궁근, 2012: 393; Kingdon, 2011: 165).

쓰레기통 모형은 정책의 과정을 문제, 해결책, 선택기회, 참여자 등 4가지 흐름으로 구분하고 있는데, Kingdon의 정책흐름모형은 정책문제, 정치, 정책대안 등 3가지의 흐름으로 본다는 점에서 차이가 있다(최성락·박민정, 2012: 121). 또한 쓰레기통 모형에서는 과정과 참여자를 구분하지 않고 있으나, 정책흐름모형에서는 과정과 참여자를 구분하고 있고, 쓰레기통 모형에서는 정치를 중시하지 않고 있으나 정책흐름모형에서는 정치적 변화와 정책활동가의 역할을 강조한다는 차이점을 보여준다(공병영, 2003; 최성락·박민정, 2012: 121).

정책문제, 정책대안, 정치의 흐름은 각각 분리되어 독자적으로 흘러가지만 결정적인 순간에 결합(coupling)을 하게 된다. 정책대안들이 정책문제와 결합되고, 두 개의 결합은 다시 정치적으로 우호적인 세력과 결합하게 된다. 이러한 결합은 대부분 '정책의 창(a policy window)'이 열릴 때 이루어진다(공병영, 2003; Kingdon, 2011: 194-195). 정책의 창은 심각한 정책문제가 발생하거나 정치의 흐름에서 중요한 변화가 일어날 때 열리게 된다. 심각한 정책문제가 발생한 경우를 '문제의 창(problems windows)'이 열렸다고 하고, 정치적인 변화가 일어난 경우를 '정치의 창(political windows)'이 열렸다고 할 수 있다. 정책의 창이 열린 경우에는 정책문제의 흐름이나 정치의 흐름이 정책대안의 흐름과 결합하여 정책의

제가 설정되고, 새로운 정책이 결정될 가능성이 높아진다.

정책의제는 정책문제나 정치의 흐름에 따라 우연히 설정되지만 정책결정은 실행 가능한 대안에 초점을 맞추게 된다(Kingdon, 2011: 194-195). 문제의 흐름, 정책대안의 흐름, 정치의 흐름 등 세 가지 흐름이 동시에 결합될 때 정책결정이 이루어질 확률이 높아지게 된다. 하나의 정책 영역에서 성공적으로 정책이 결정되면 그와 인접한 영역에서도 정책결정이 이루어질 가능성이 높아진다. 왜냐하면 정치적 연합을 통해 하나의 정책을 성공적으로 결정한 경우에는 그 정치적 연합을 활용하여 관련된 다른 정책들도 결정함으로써 이익을 얻으려 하기 때문이다.

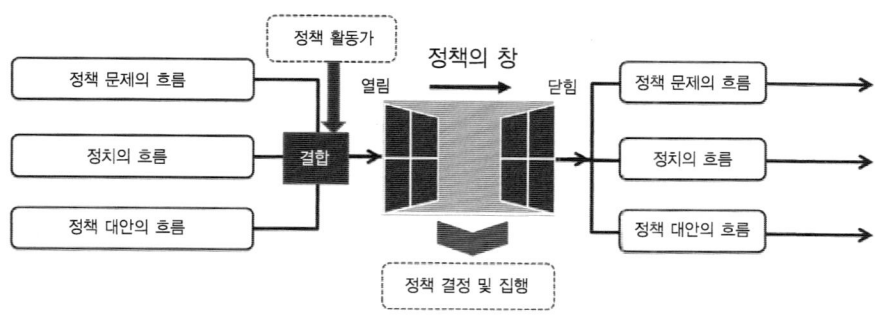

[그림 3-1] Kingdon의 정책흐름모형을 활용한 분석 모형

중요한 교육문제라고 하더라도 정책적 관심이 오래 유지되지 못하고, 주기적으로 문제가 발생하는 시점에서 다시 새로운 정책이 결정되고 발표되는 과정이 반복되고 있다. Kingdon의 정책흐름모형에서는 정책문제의 흐름, 정치의 흐름, 정책대안의 흐름이 결합되어 정책의 창이 열리고, 이때 정책활동가의 역할을 통해 정책이 결정되는 과정을 강조한다. 하지만

정책의 창이 열리는 기간이 오래 지속되지 않는다는 것이 중요하며 사회적 관심을 잃게 되면 결합되었던 세 가지 흐름은 분리되어 독자적인 흐름으로 바뀌게 된다. 이 경우에는 다시 정책의제로서 관심을 받지 못하는 상태라고 할 수 있다.

2) 교육정책의 결정 과정

교육정책의 의제가 선정되면 교육정책의 목표를 설정하게 된다. 교육문제의 해결 방향이라고 할 수 있는데 문제를 해결하는 방법은 다양하게 존재할 수 있다. 여러 가지 정책적 대안 중에서 문제를 가장 효과적으로 해결할 수 있는 최적의 대안을 결정해야 하는데 이를 '교육정책 결정 과정(educational policy making process)'이라고 한다. 정책결정 과정은 일종의 의사결정과정(decision making process)이라고 하는데 합리모형, 만족모형, 점증모형, 혼합관조모형, 쓰레기통 모형 등으로 구분한다.

합리모형(rational model)은 인간의 합리적 선택을 강조하는 모형으로 현실적이라기보다는 목표지향적이고 규범적인 고전모형이라고 할 수 있다. Simon이 말하는 합리모형은 문제에 대한 과학적 분석을 토대로 모든 가능한 해결 대안을 찾아내고, 그 대안들의 결과에 대해 분석하고, 가장 효율적인 대안을 찾아내는 과정을 의미한다. 하지만 논리적 당위성을 넘어서 현실적 실현 가능성에 대해서는 취약할 수 있다. 모든 가능한 대안을 찾아내는 것이 불가능하고, 교육문제 해결을 위한 대안들의 효과에 대해 객관적으로 비교하는 것도 어렵기 때문이다.

만족모형(satisfying model)은 지나치게 객관성을 강조하는 합리모형의 제한점을 극복하기 위해 의사결정자의 주관적인 만족도를 중시하는 의사결정이론 이라고 할 수 있다. Simon과 March는 객관적인 의사결정 보다 의사결정자의 주관적인 결정을 강조하는 만족모형을 제안하였다. 정책결정의 과정에서 문제를 해결하는 목표를 설정하고 현실적으로 가능한 대안을 탐색하는 과정에서 의사결정자가 만족하는 대안을 발견하면 탐색을 멈추고 결정이 이루어진다는 것이다. 합리적 의사결정 과정에서 무한의 객관성을 도출하는 것이 불가능하기 때문에 가장 만족할 만한 대안을 선택하게 되는 현실을 설명하는 이론이라고 할 수 있다.

점증모형(incremental model)은 정책이 기존의 내용을 완전히 무시하는 것이 아니라 기존의 정책을 바탕으로 문제를 개선해나가는 방식으로 점증적인 의사결정이 이루어진다는 것이다. Lindblom과 Wildavsky가 제시한 점증모형은 새로운 모형을 제시한 것이라기 보다는 현실에서 이루어지고 있는 정책과정에서 대해 기술적(descriptive)으로 설명한 것으로 실제 정책과정에 대한 설명력이 매우 높다고 할 수 있다. 예산의 과정이나 정책의 과정이 전년도 정책에서 일부분의 수정으로 이루어지는 것을 설명하는 것이지만 새로운 정책결정 과정이나 정책의 전면적인 폐지에 대해서는 설명력이 떨어지는 한계를 갖고 있다.

혼합관조모형(mixed scanning model)은 합리모형과 점증모형을 혼합한 것으로 보수적이라고 볼 수 있는 점증모형에 비현실적이라고 비판받는 합리모형의 장점을 결합한 것이라 할 수 있다. Etzioni가 제안한 혼합관조모형은 점증모형이 기존의 정책에 얽매이는 것에 대해 비판하면서 보다 넓은 범위(big picture)에서 관조해 봄으로써 새로운 정책적 대안의 탐색이 가능하다고 제시하였다. 보다 넓은 범위에서 대안을 탐색한다는 점에서 차이가 있고, 그 중에서 결정된 부분에 대해서는 치밀하게 대안을 검토하는 것은 합리모형의 장점을 차용한 것이라고 할 수 있다.

쓰레기통 모형(garbage can model)은 의사결정의 과정이 비합리적이고 우연적인 상황에 의해 결정될 수 있다는 것으로 Cohen 등(Cohen, March, & Olsen, 1972)에 의해 제안되었다. 주로 대학의 위원회 조직에서 이루어지는 의사결정을 사례로 들 수 있는데 다양한 문제들과 정책적 대안, 참여자, 선택의 기회들이 상호 관련 없이 존재하다가 특정한 문제의 발생이나 우연한 상황에 의해 결합되어 정책결정이 이루어진다는 것이다. 현실의 의사결정을 잘 설명하는 측면이 있지만 바람직한 규범적 의사결정 과정은 아니라고 할 수 있다.

실제 정책결정과정에서는 하나의 이론에 의해 결정되기 보다는 다양한 요인들의 영향을 받아서 복합적으로 이루어진다고 할 수 있다. 우리나라의 교육정책은 특히 국민적인 관심 분야이기 때문에 정치적 영향력을 많이 받게 되고, 다양한 수준의 선거에 의해서도 변화가 이루어지는 상황이라고 할 수 있다. 정책으로서 갖추어야 할 다양한 가치를 충족시키기 위해서는 정책결정 과정에서 국민과의 소통을 통해 민주적으로 이루어지고 잦은 정책 변화 보다는 법령로 규정하여 제도화 시킴으로써 국민적 신뢰를 높여 나가야할 필요가 있다.

3) 교육정책의 집행 과정

교육정책의 집행은 결정된 정책을 구체적으로 실현시켜 나가는 과정이라고 할 수 있다. 정책결정 과정에서 다양한 정책 대안 중에서 가장 효율적인 것으로 평가 받은 정책이 결정되는데 계획된 대로 정책을 실현시켜 나가는 과정이라고 할 수 있다. 정책으로 결정된 대안의 경우에는 추상성이 매우 높은 경우가 많은데 이를 구체화하고 실체화하는 과정이 집행이기 때문에 매우 중요한 의미를 갖는다.

교육정책이 결정되었다 하더라도 실제 집행과정에서 정책의 목표가 달성되지 않는 경우를 종종 볼 수 있는데, 정책목표와 정책대안 사이에 처음부터 인과관계가 존재하지 않는 경우를 '정책의 실패'라고 하고, 정책집행 과정에서 예상치 못한 문제가 발생하여 의도한 정책목표를 달성하지 못하는 경우를 '집행의 실패'라고 구분할 수 있다(정정길 외, 2010). 전자의 경우에는 정책결정 과정의 오류로 인한 것이라 할 수 있지만 후자의 경우에는 집행과정에서 조금 더 신중한 판단과 실행이 필요했던 것으로 볼 수 있다.

정책은 유기체와 같아서 끊임없는 관리가 없으면 생명력을 유지할 수 없다. 중앙정부 수준에서 아무리 합리적인 의사결정을 했다고 하더라도 집행과정에서 왜곡되는 현상을 방지하지 못하면 정책집행의 성공을 보장할 수 없다. 따라서 정책담당자는 정책이 집행되는 과정에서 끊임없는 현장 모니터링을 통해 제대로 집행되고 있는지를 점검해야 할 필요가 있다.

4) 교육정책의 평가와 환류 과정

정책이 집행된 이후에 목표한 바를 달성했는지를 분석하는 것을 정책평가(policy evaluation)라고 한다. 교육정책은 주로 다양한 교육현장에서 이루어지는 경우가 많고, 그 교육정책의 단일한 효과를 측정하기 어려우며, 정책의 효과가 장기간에 걸쳐서 나타나는 경우가 많기 때문에 평가의 어려움이 있다.

정책의 결과에 대해서 산출(output), 성과(outcome), 영향(impact)으로 구분할 수 있다. 산출은 측정 가능한 가시적 결과를 의미하고, 성과는 비가시적인 결과를 포함하며, 영향은 사회에 미치는 장기적인 효과를 포함한다. 최근에 정책평가는 해당 정책의 담당자에 대한 책무성을 높이는 수단으로 활용되기도 하며, 정책담당자 개인과 조직에 대한 평가로 연계하는 경향을 갖고 있다.

정책평가 결과는 다음 해의 정책이나 유사한 정책의 추진에 참고자료로 활용되는데 이 과정을 정책환류(policy feedback)이라고 한다. 최근 정책의 효과성에 대해 분석적 접근을 통해 평가하는 경향이 나타나고 있는데 이는 연구와 자료에 기반한 정책(data driven policy)의 의미를 갖고 있다. 즉 과학적 정책과정을 실현하기 위해 정책의 효과를 평가하는 것이 강조되고 있는 추세이다. 정책평가가 강조되면서 정책의 기획과 결정단계에서 정책의 목표를 구체적인 성과목표로 설정하는 경우가 많아지고 있다.

3. 교육정책과 교육기획

새로운 유형의 학교를 만드는 경우에 그 학교가 실제 교육력을 발휘하고 그 결과 학생의 학업성취도에 긍정적인 영향을 미치는지에 대해 효과성을 검증하기도 하고, 정부의 정책이 교육현장에서 실제 구현되고 있는지에 대해 현장 만족도 조사나 평가용 설문조사를 실시하는 방법도 **활용**되고 있다.

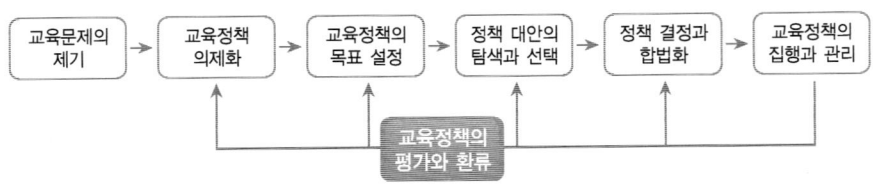

[그림 3-2] 교육정책의 과정

2. 교육기획

가. 교육기획의 개념과 유형

1) 교육기획의 개념

 기획(planning)은 계획(plan)과 유사한 개념으로 혼용되고 있는데, 기획은 사업의 주체가 목적을 달성하기 위해 사업의 절차와 방법을 결정해가는 과정이라고 할 수 있으며, 계획은 기획이 완성된 결과로서의 산물이라고 할 수 있다. 즉 기획은 계획을 만들어가는 과정을 의미한다. 교육 분야의 어느 조직이나 개인은 교육 활동을 위한 계획을 갖고 있으며, 이러한 계획은 교육 활동의 목적에 맞도록 실행하기 위한 근거로 활용되고 있다. 기획이라는 용어는 통상적으로 개인보다는 조직에 더 많이 사용되고 있다. 교육기획(敎育企劃: educational planning)은 교육조직의 교육계획(敎育計劃: educational plan)을 만드는 과정을 의미한다.

 교육기획은 교육 분야의 기획이라고 할 수 있으므로 기획이 갖는 일반적인 성격을 갖고 있으며, 교육 분야가 갖는 특수성도 갖고 있다고 할 수 있다. 김종철(1985: 300-301)은 교육기획의 성격을 기획의 성격에 비추어 규정하고 있다. 첫째, 기획은 미래 지향적인 행동 과정으로 앞으로의 활동을 준비하는 과정이다. 둘째, 기획은 지적인 활동으로 어떤 일을 구체적으로 시행하기 전에 그 목표와 내용, 절차와 방법, 기대되는 성과에 대해 미리 생각해 보는 것이기 때문에 고도의 지성과 전문성을 요구하는 과정이다. 셋째, 기획은 합리적인 활동으로 목표와 수단 및 방법을 합리적으로 연결하고 이를 통해 목표 달성을 효율화하는 **활동**이기 때문에 합리적인 정보 수집과 판단, 그리고 문제 해결 능력을 필요로 한다. 넷째, 기획은 사전의 준비과정으로 상황의 변화에 따라 언제든지 수정하거나 보완할 수 있는 특징을 갖고 있다.

진동섭·이윤식·김재웅(2011: 110-111)은 기획을 어떤 목적을 달성하기 위한 미래에 관한 계속적인 과정으로 정의하고, 일반적인 행정학과 경영학의 대표적인 학자들이 규정한 정의를 다음과 같이 정리하였다.

〈표 3-3〉 기획에 대한 주요 학자들의 개념 규정

주요 학자	기획의 개념과 특징
Fayol(1949)	• 기획이란 미래를 예측하고 그것에 대비하는 활동 • 조직의 성패를 좌우하는 요소인 목표 수준, 준수해야 할 과정, 그 과정상의 여러 단계, 활용해야 할 수단 등을 포함하고 있기 때문에 기획은 중요함.
Gulick(1937)	• 기획이란 설정된 목표를 달성하기 위하여 수행되어야 할 일과 그 일을 수행하는 방법을 개괄적으로 짜내는 일
Simon 등(1950)	• 기획이란 장래를 위한 제안, 제안된 대안의 평가, 이러한 제안을 달성하기 위한 모든 방법과 관련된 행동
Drucker(1959)	• 기획이란 현재 당면한 기업가적 결정을 체계적, 합리적으로 내리고 이 결정을 수행하는 데 필요한 모든 노력을 체계적으로 조직하고, 이러한 결정의 결과가 기대한 대로 나타나는가를 조직적이고 체계적인 피드백을 통해서 확인하는 과정
Dror(1963)	• 기획이란 최적의 수단으로 목표를 성취하도록 하는 미래 행동에 대한 일련의 결정을 준비하는 과정
Waterstone(1965)	• 기획이란 일정한 목표를 달성하기 위하여 이용 가능한 최선의 방도를 선정하는 조직적인 지적 시도

* 출처 : 진동섭·이윤식·김재웅(2011). p.110-111의 내용을 재구성함.

2) 교육기획의 유형

교육기획은 목표로 하는 기간에 따라 장기계획, 중기계획, 단기계획으로 구분할 수 있고, 기획의 주체나 수준에 따라서 국가교육계획, 교육청의 교육계획, 학교의 교육계획 등으로 구분되며, 기획의 범위에 따라서 종합계획과 부문계획으로 구분되고, 교육기획의 근거가 법령에 규정된 법정 계획과 그렇지 않은 비법정 계획으로 구분될 수 있다.

교육기획은 기간에 따라 장기계획, 중기계획, 단기계획으로 나눌 수 있는데 중기계획은 1년이 넘고, 5년 미만인 기간을 상정한 기획을 의미한다. 중기계획보다 긴 경우에는 장기계획이라 하고, 대체로 1년 이하의 경우에 단기계획으로 표현하고 있다. 장기계획은 보통 대통령 자문기구로서 교육관련 위원회에서 10년 내외의 기간을 상정하고 교육의 방향과 과제, 정책 수단 등을 제시하는 경우가 해당된다. 2007년에 대통령자문 교육혁신위원회(위원장 정홍섭)에서 발표했던 '미래교육 비전과 전략 2030'이 이에 해당한다. 교육부의 경우 중기계획은 대통령의 임기에 해당하는 5년의 범위에서 수립하게 되는데 보통은 대통령이 취임하는 해에 당선된 대통령의 교육 분야 공약을 이행하기 위한 국정과제 형태로 기획을 하게 된다. 교육청의 경우에는 교육감의 임기인 4년 동안에 이행할 교육 기획을 수립하게 되는데 이러한 경우 중기계획에 해당한다. 교육부를 비롯한 대부분의 교육기관은 예산의 기간이라고 할 수 있는 1년의 범위에서 매년 교육기획을 수행하고 있다.

〈표 3-4〉 교육기획의 유형

계획의 종류	기간	내용
장기교육계획	6년 이상	장기간의 미래 예측에 근거하여 비전과 전략을 수립하는 경우
중기교육계획	2년 ~ 5년	일반적으로 이루어지는 기본계획의 수립 (예: 영재교육, 학교폭력예방 기본계획 등)
단기교육계획	1년	당해 연도의 예산에 반영되는 교육에 관한 기본운영계획 등

수립의 주체나 수준에 따라 국가교육계획, 교육청의 교육계획, 학교의 교육계획 등으로 구분할 수 있다. 국가교육계획은 주로 교육을 담당하고 있는 교육부가 주체가 되어 수립하는 계획이지만 때로는 대통령의 교육자문기구가 수립하거나, 여러 부처가 공동으로 기획하는 계획에 포함되는 경우도 있다. 교육청의 교육계획은 교육감이 중심이 되어 수립하는 지방수준의 교육계획으로 정책의 수준과 영역에 따라서 17개의 시·도 교육청 수준에서 수립되거나 교육지원청 수준에서 수립되는 경우도 있다. 지방교육자치제도의 변화에 따라 교육부 수준의 교육계획과 상반되는 내용이 계획에 반영되는 사례들이 늘어나고 있지만 대체로 교육관계 법령의 범위 내에서 교육부의 국가 수준의 교육계획과 맥락을 함께하고 있다. 유·초·중·고등학교와 대학교 수준에서도 교육계획을 수립하고 있다. 학교 수준의 교육계획은 특히 학교별 교육성과에 대한 책무성 강화의 추세가 반영되어 다양한 평가와 연계되어 있다. 대학의 교육계획의 경우에도 정부의 재정지원이나 평가와 관련하여 영향을 받고 있지만 대학 자체의 발전과 평판도 제고를 위해 자율적인 노력을 기울이고 있다. 최근에는 학교알리미나 대학알리미 등 정보공시제도의 시행으로 학교별 성과에 대한 책임이 더욱 무거워지고 있는 추세라고 할 수 있다.

교육기획의 범위에 따라 종합계획과 부문별 계획으로 나누어 볼 수 있다. 종합계획은 교육의 여러 가지 하위 분야별 계획을 종합적으로 수립하는 경우에 해당한다. 교육부에서 매년 초에 발표하는 업무계획은 1년간 교육부가 해야 할 업무에 대해 종합적으로 계획하는 경우에 해당한다. 또한 교육부에서는 종합계획 중에서 특정한 부문의 계획을 수립하여 수시로 발표하는데 주로 정책적 이슈가 되거나 시급한 과제의 경우 별도의 계획을 수립하여 발표하게 된다. 대학경쟁력 제고 방안, 교직발전계획, 대학입학전형 개선 계획, 일반고 교육력 강화 계획, 누리과정 시행 계획 등이 부문별 계획에 해당한다.

교육기획의 근거가 법령에 규정되어 있는 경우에는 법정 계획이라고 할 수 있다. 법령에 규정되어 있는 계획은 부문별 계획이 주로 해당되는데 특정 영역에 대한 법률이 존재하는 경우에 이러한 계획들을 수립하게 된다. 「영재교육 진흥법」 제3조에 국가 및 지방자치단체의 임무로 '영재교육에 관한 종합계획의 수립'을 명시하고 있고, 「장애인 등에 대한 특수교육법」 제5조에 국가 및 지방자치단체의 임무로 '장애인에 대한 특수교육종합계획의 수립'을 명시하고 있으며, 「학교폭력예방 및 대책에 관한 법률」 제6조에 교육부장관의 임무로 '학교폭력의 예방 및 대책에 관한 정책 목표·방향을 설정하고, 이에 따른 학교폭력의 예방 및 대책에 관한 기본계획'을 수립하도록 명시하고 있다. 이렇게 법령으로 국가의 교육기획 의무를 명시하고 있는 경우에 담당하고 있는 교육부는 반드시 교육기획을 수행해야 한다. 이와는 달리 특정한 정책 문제에 대해 필요에 따라 수시로 교육기획을 수행하게 되는데 이렇게 법적 근거가 없는 경우에는 일반적인 교육부의 직제에 근거하여 계획을 수립하게 된다.

나. 교육기획의 원리와 방법

1) 교육기획의 원리

교육기획은 교육활동을 효과적으로 수행하기 위한 중요한 활동이다. 기획은 조직의 업무가 복잡하고 통합적 의사결정을 필요로 하는 대규모 조직일수록 목적에 따라 체계적인 활동을 수행하는데 기여하게 된다(진동섭·이윤식·김재웅, 2011: 113). 기획의 효용성은 조직을 지휘하는 수단이 되고, 미래에 대비할 수 있으며, 조직의 합리적 의사결정을 제고하며, 가용자원을 효율적으로 사용할 수 있고, 전체적인 운영 상황을 명확하게 파악할 수 있으며, 목표에 따른 성과를 측정하는데 용이하며, 효과적으로 통제할 수 있는 수단이 될 수 있다. 하지만 정확한 기획을 하는 데에는 여러 가지 어려움이 있는데, 미래 상황에 대한 예측이 어렵고, 지식과 기술이 부족하며, 비용의 확보에 한계를 갖고 있고, 확정된 계획으로 인해 융통성과 창의성 발휘를 제한할 수 있다는 한계를 갖고 있다(진동섭·이윤식·김재웅, 2011: 113-119; 권영성·이성복, 1999: 46-49; Kitchell, 1962; Koontz & O'Donnell, 1959).

교육기획의 효용성을 높이고 한계를 극복하기 위해서는 교육기획이 갖추어야 할 원리를 설정할 필요가 있다. 김종철(1973)은 교육기획의 원리로 타당성, 효율성, 민주성, 전문성, 중립성, 적응성, 안정성, 균형성, 통합성, 계속성을 제시하고 있다. 김창걸(1986)은 교육기획의 원리로 합목적성, 효율성, 민주성, 전문성, 단순성, 표준화, 적응성, 안정성, 종합성, 중립성, 합리성, 계속성을 제시하고 있다. 윤정일 등(2012)은 교육기획의 원리를 타당성, 효율성, 민주성, 전문성, 중립성, 융통성, 안정성, 균형성, 통합성, 계속성 등 10가지도 제시하였다. 여기서는 교육기획의 원리를 종합하여 다음과 같이 중요한 원리를 제시하고자 한다.

- 합목적성의 원리 : 교육기획은 의도하는 교육목적이 명확하게 제시되고 그 목적을 달성할 수 있는 적절한 수단과 방법이 제시되어야 한다.
- 전문성의 원리 : 교육기획은 교육정책의 전문가들과 현장의 교육전문가들이 함께 참여하여 목적과 수단, 환경 변화와 기대 효과 등에 대한 전문적 검토과정이 이루어져야 한다.
- 실현가능성의 원리 : 교육기획은 교육적 목적을 달성하기 위한 수단들이 실현가능해야 하는데, 재정적 요인, 실행 주체의 참여 등 실제 정책의 구현이 가능해야 한다.
- 대응성의 원리 : 교육기획은 정책의 환경이 변화함에 따라 여러 가지 위기를 맞게 되는데 이에 대한 적극적인 대응이 가능하도록 균형성과 융통성을 갖추어야 한다.

- 민주성의 원리 : 교육기획은 기획과 집행, 평가와 환류의 전 과정에서 다양한 이해 관계 집단이 참여하도록 설계해야 하며 특히 기획의 과정에 참여하도록 하는 것이 중요하다.
- 신뢰성의 원리 : 교육기획은 교육정책과 관련된 집단에서 신뢰할 수 있도록 제도적 기반을 갖추어야 하는데 법령 규정과 예산의 확보는 정책이 지속된다는 것에 대해 이해 관계집단의 신뢰를 확보하는데 중요한 요소가 될 수 있다.

2) 교육기획의 방법

교육기획의 방법은 구체적으로 교육기획 활동을 하는데 필수적으로 필요한 것으로 기획의 주체와 수준, 기획의 기간, 기획의 영역과 범위에 따라 다양한 방법을 활용할 수 있다. 국가 수준에서 거시적이고 종합적인 교육기획을 수행할 때에는 사회적 수요에 의한 접근 방법, 인력수요에 의한 접근 방법, 수익률에 의한 접근 방법, 국제 비교에 의한 접근 방법 등을 활용하고 있다. 하지만 국가수준에서도 부문별 계획을 수립하거나 교육청, 학교 수준에서 교육기획을 할 때에는 다른 방식의 방법을 활용하게 되는데 가장 많이 사용하는 방법은 교육목표에 따라 정책 수단들의 효과를 비교하여 결정하는 방법, 비교가 되는 기관이나 조직에서 우수한 성과를 낸 정책에 대해 벤치마킹하는 방법, 기존 교육기획의 자료를 활용한 점증주의적 접근 방법 등이 주로 활용된다고 할 수 있다.

(1) 사회수요 접근법

국가 수준의 교육기획으로 사회적 수요에 의한 접근 방법(social demand approach)이 있다. 교육기획의 방법 중에서 사회적 수요에 의한 접근 방법은 교육에 대한 개인적·사회적 수요에 기반하여 교육계획을 수립하는 방법을 의미한다. 사회적 수요에 의한 교육기획은 사회의 변동을 반영하고, 또 미래 수요를 예측하여 교육정책의 계획을 수립하는 방식으로 가장 일반적으로 사용하는 접근방법이라고 할 수 있다. 교육 체제는 전체적인 사회 체제 중에서 일부분을 차지하고 있어서 사회적인 변동은 교육의 변화를 요구하게 된다. 과거의 교육체제 변화를 살펴보면 인구의 변동, 소득의 변화, 여성의 교육참여 확대, 유아교육 및 노인교육 수요 증가 등에 따라 영향을 받아왔다. 예를 들어서 우리나라는 해방 이후 1970년대까지 인구성장이 최고 수준에 이르렀으나 인구의 자연증가율은 1970년대 초반부터 크게 감소하였고 최근에는 저출산 고령화 현상이 심화되고 있다(이종재 외, 2010: 399-400). 학령인구의 감소는 학교와 학급의 규모에 영향을 미치게 되고, 교원 수급이나 교육과정 운영에까지 영향을 미치게 된다. 따라서 교육계획을 수립하는 과정에서 학령인구의 추계와 예측은 매우 중요한 요인으로 작용하는 것이다. 최근의 사회적 변화는 다문화 가정이 급격하게 증가하고 있고, 사회적 양극화가 심화되고 있다는 것이다. 교육을 포함한 정책은 대부분 평균적인 정책대상을 가정하고 수립되기 때문에 사회적 약자에 대해서는 더 신중한 고려와 정책적으로 적극적인 배려(affirmative action)가 필요한 것이 이 때문이다. 하지만 사회적 변화는 정확하게 예측하기 어렵고, 사회적 변화가 교육에 미치는 영향은 복합적이기 때문에 사회적 변화에 일대일로 대응하는 적합한 정책수단을 찾기 어려우며, 가용한 재정의 한계로 인해 정책적 대응도 제한적일 수밖에 없다는 한계를 갖고 있다.

(2) 인력수요 접근법

인력수요에 의한 교육기획 접근방법(manpower demand approach)이 있다. 인력수요에 의한 접근방법은 교육 뿐 아니라 다른 분야에서도 많이 사용하는 방법이라고 할 수 있다. 국가의 운영의 기본이라고 할 수 있는 인적자본(human capital)의 중요성을 전제로 하고 있으며, 인적자원개발

(human resource development)의 관점에서 교육정책을 기획하는 것을 의미한다. 우리나라는 2001년 1월 29일에 「정부조직법」을 개정하여 교육부가 부총리 부서인 교육인적자원부로 승격하면서 인력수요에 의한 교육기획을 전면적으로 도입하였다. 인력수요에 의한 교육기획을 위해서 산업별, 직업별, 연령별 인력수요를 예측하고 이에 따라 전략적인 인력 양성을 위한 계획을 수립하고자 하였다(교육인적자원부, 2003). 하지만 국가주도의 인력 수급계획은 환경 변화를 정확하게 고려하기 어렵고, 산업별 인력수요나 개인별 학습과 진로를 정확하게 파악할 수 없다는 한계를 갖는다. 결과적으로 정부의 변화에 따라 2008년 2월 29일에 「정부조직법」이 개정되어 교육인적자원부는 폐지되고, 교육과학기술부로 변화되었다. 인력수요를 적극적으로 반영하는 국가인적자원개발(national human resource development) 정책의 추진은 결국 미완의 실험으로 끝을 맺게 되었다.

(3) 수익률 접근법

수익률에 의한 교육기획 접근방법(rate of return approach)이 있다. 수익률에 의한 접근방법은 교육경제학에 기초한 방법으로 교육을 투자로 보고 투자에 대한 경제적인 효과를 분석하는 방법이다. 수익률에 의한 교육기획은 교육정책의 목표가 정해져 있고, 다양한 정책 수단이나 방법이 있는 경우에 각각의 효과를 예측하고 비교함으로써 최적의 정책을 선택할 수 있다는 것이다. 또한 수익률에 의한 접근방법은 정책평가의 분야에서도 활용되고 있다. 국가나 개인이 투입한 교육 비용이 얼마나 수익을 가져왔는지를 추정할 수도 있는데 이를 비용-편익 분석(cost-benefit analysis)라고도 한다. 하지만 교육정책에 있어서 기회비용을 포함한 정확한 비용을 산출하기 어렵고, 수익에 대해서도 장기간에 걸쳐서 측정할 수밖에 없으며 하나의 정책에 의한 순수한 효과를 분석하기는 어렵다는 한계로 인해 수익률에 의한 접근방법이 교육 분야에 적용되기에는 한계를 갖는다.

(4) 국제비교 접근법

국제 비교에 의한 교육기획 접근방법(international comparison approach)이 있다. 국제 비교에 의한 접근방법은 다른 표현으로는 국제적 벤치마킹이라고도 표현하는데, 해외 선진국의 교육정책 중에서 우수한 성과를 보이는 경우 우리나라 실정에 맞도록 변형하여 적용하는 방법을 의미한다. 후발국의 경우에는 선진국의 안정된 교육제도나 정책을 분석하여 자국의 상황에 맞게 적용하는 사례를 흔하게 볼 수 있다. 우리나라의 경우에도 과거에 다양한 분야에서 해외 선진국의 사례를 벤치마킹한 정책들을 도입해 왔다. 교육 분야에서도 학교체제에서부터 다양한 학교 운영, 대학입학전형제도 중에서 수학능력시험이나 입학사정관제도 등도 해외 사례를 비교하여 적용한 사례라고 할 수 있다. 하지만 어느 나라나 독특한 사회 문화적 배경을 갖고 있고, 교육적 전통이 있기 때문에 어느 나라에나 적용될 수 있는 일반적인 정책을 찾는 것은 매우 어려운 일이다. 우리나라에서도 외국의 교육정책이나 제도를 그대로 도입했다가 우리나라의 교육열 등 독특한 문화적 요인으로 인해 성공하지 못한 사례를 심심치 않게 찾아볼 수 있는 것도 이 때문이다. 따라서 국제 비교에 의한 접근방법을 활용할 때에도 신중하게 접근할 필요가 있다.

국가 수준에서 부문별 계획을 수립하거나 교육청, 유치원, 초등학교, 중학교, 고등학교, 대학교 수준에서 교육기획을 할 때에는 교육목표에 따라 정책 수단들의 효과를 비교하여 결정하는 방법, 비교가 되는 기관이나 조직에서 우수한 성과를 낸 정책에 대해 벤치마킹하는 방법, 기존 교육기획의 자료를 활용한 점증주의적 접근 방법 등이 주로 활용된다. 교육목표에 따라 다양한 정책적 수단을 검토해보고 재정적인 여건을 고려하여 최적의 대안을 선택하는 방법이 가장 많이 사용되는 방법이다. 비교대상이 되는 기관이나 조직에서 우수한 효과를 낸 정책에 대해 벤치마킹하는 방법도 많이 사용되는데 이미 정책의 효과성에 검증이 되었다는 점에서 안정적인 접근이라고 할 수 있다. 기존에 해오던 방식에 대한 평가를 통해 문제가 되는 부분을 수정해 나가는 점증주의적 기획 방식도 많이 사용되고 있다.

3. 교육정책과 기획의 실제

 교육정책의 과정으로서 교육기획은 교육기관에서 주로 수립하고 실행하게 되는데, 기관의 수준에 따라 다양하게 이루어지고 있다. 국가 수준에서 가장 기본적인 교육기획은 교육부가 매년 연말이나 연초에 발표하는 연두 업무계획이라고 할 수 있다. 연두 업무계획에서는 매년 교육부가 중점적으로 추진하는 계획을 선정하여 대통령에게 업무보고 형식을 통해 발표하게 된다. 매년 발표되는 교육부의 연두 업무계획을 살펴보면 교육환경의 변화, 국정환경의 변화, 교육적 수요 변화 등을 종합적으로 고려하여 선정된 핵심적인 교육정책의 변화를 살펴볼 수 있다. 또한 분야별로 중요한 과제에 대해서는 보고서를 발표하고, 정책추진과 관련하여 다른 정부부처가 참여하는 경우에는 국무총리실에서 주관하여 발표하는 경우도 있는데 2013년 7월 23일에 발표한 현장 중심 학교폭력 대책의 경우는 범정부적인 교육기획의 사례라고 할 수 있다.

[그림 3-3] 교육부의 연두 업무계획과 학교폭력 대책 보고서 예시

    교육부의 2013년 연두 업무계획은 2013년 한 해 동안 추진하게 되는 정책 계획 뿐 아니라 대통령이 새롭게 바뀌게 되는 해로서 당선된 새 대통령의 선거공약을 국정과제의 형태로 추진하는 계획도 반영하고 있다. 교육기획 보고서의 내용을 살펴보면 교육 현실과 여건 진단, 국정비전과 교육, 국정과제 실천계획, 부처 협업과제 및 현안사항, 달라지는 교육의 모습을 포함하고 있고, 붙임 자료로 국정과제 100일 추진 일정, 입법 추진계획, 교육 분야 국정과제 현황도 담고 있다. 교육 여건 진단을 통해서 추出한 교육환경 변화 요인은 '교육의 본질 회복 필요, 학령 인구 감소, 교육에 대한 요구 다양화, 행복의 중요성 증대, 취업 여건 악화' 등을 들고 있다. 교육여건 진단을 통해 교육정책의 비전을 '꿈과 끼를 키우는 행복교육 실현'으로 설정하고 있는데, 교육정책의 목표를 설정한다는 점에서 의미가 있다. 또한 교육정책의 목표를 '학교교육의 정상화, 교육비 부담 경감, 능력중심 사회 기반 구축' 등 3가지로 설정하고 있다.

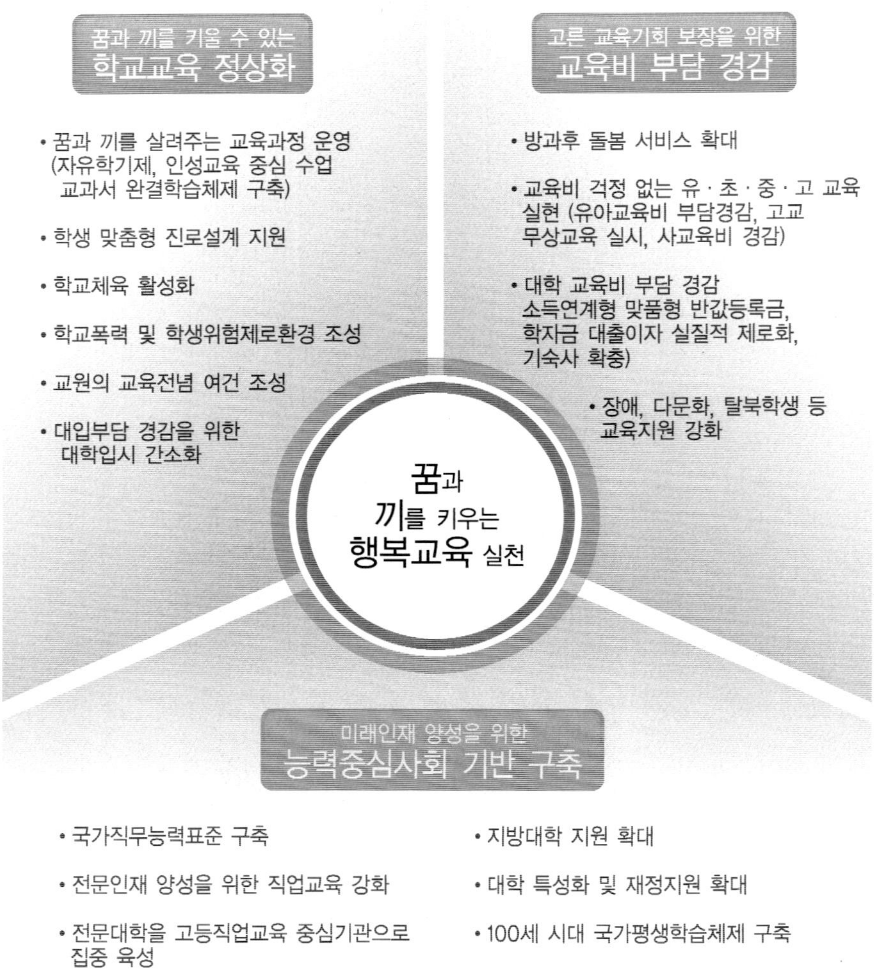

3. 교육정책과 교육기획

꿈과 끼를 키울 수 있는 학교교육 정상화
- 꿈과 끼를 살려주는 교육과정 운영 (자유학기제, 인성교육 중심 수업 교과서 완결학습체제 구축)
- 학생 맞춤형 진로설계 지원
- 학교체육 활성화
- 학교폭력 및 학생위험제로환경 조성
- 교원의 교육전념 여건 조성
- 대입부담 경감을 위한 대학입시 간소화

고른 교육기회 보장을 위한 교육비 부담 경감
- 방과후 돌봄 서비스 확대
- 교육비 걱정 없는 유·초·중·고 교육 실현 (유아교육비 부담경감, 고교 무상교육 실시, 사교육비 경감)
- 대학 교육비 부담 경감 소득연계형 맞춤형 반값등록금, 학자금 대출이자 실질적 제로화, 기숙사 확충)
- 장애, 다문화, 탈북학생 등 교육지원 강화

꿈과 끼를 키우는 행복교육 실천

미래인재 양성을 위한 능력중심사회 기반 구축
- 국가직무능력표준 구축
- 전문인재 양성을 위한 직업교육 강화
- 전문대학을 고등직업교육 중심기관으로 집중 육성
- 지방대학 지원 확대
- 대학 특성화 및 재정지원 확대
- 100세 시대 국가평생학습체제 구축

[그림 3-4] 교육부의 연두 업무계획에 제시하는 교육의 목표와 핵심 과제 예시

* 출처 : 교육부(2013: 4)

교육기획이 실제 이루어지는 절차는 주체에 따라 다양하다. 교육부에서는 일반적으로 정책 환경 분석과 기존 정책의 평가, 교육정책 관련 기관이나 집단과의 협의를 통한 의견 수렴, 정책이 추진될 현장의 의견 수렴, 교육부 내부의 정책 토론 등을 통해 이루어지게 된다. 특히 여러 부처가 관련되는 정책의 경우에는 관계 부처 협의의 과정도 거치게 된다. 정책에 대한 평가나 환경의 변화, 현장의 의견 수렴을 위해 전문가에 위탁하여 연구를 수행하는 경우도 많이 있다. 2013년 7월 23일에 관계부처합동으로 발표한 '현장 중심 학교폭력 대책'의 경우를 사례로 살펴보면 어떤 절차를 거쳐서 교육기획이 이루어지는지를 살펴볼 수 있다. 학교폭력의 문제가 지속적으로 제기되어 왔는데 2011년 말부터 학생들의 잇따른 자살로 인해 정책적인 이슈로 부각되었다. 2012년 2월 6일 정부에서는 학교폭력 예방 및 근절을 위한 정책을 발표하였는데, 국무총리실과 교육부 등 11개 부처가 참여하여 7대 영역 54개 과제를 추진하였다. 하지만 교육부에서는 학교폭력이 근절되지 않고 심각한 피해는 크게 줄어들지 않아 학생·학부모 등 학교구성원의 불안감은 지속되는 것으로 평가하였다(관계부처합동, 2013: 1). 따라서 이를 해결하기 위해 교육부를 중심으로 2013년 7월 23일에 '현장 중심 학교폭력 대책'을 발표하게 된 것이다.

현장 중심 학교폭력 대책의 기획 과정을 살펴보면 일반적인 교육기획의 절차를 거친 것으로 볼 수 있다. 정책마련을 위해 이화여대 학교폭력예방연구소에 위탁하여 정책연구를 수행하였는데 이를 통해 현장릴레이 토론회 개최, 전문가 TFT 운영, 정책평가를 위한 설문조사 등을 실시하였다. 이러한 연구를 바탕으로 관계부처 협의회, 교원단체·시민단체 의견 수렴, 전문가 간담회 등을 통해 정책과제를 결정하는 과정을 거쳤다.

〈표 3-5〉 현장 중심 학교폭력 대책의 기획 과정

- 기존대책 분석 및 과제발굴을 위한 현장 의견수렴('13.4월~)
  ※ 온라인 국민정책제안(4,830건 응모), 현장릴레이 토론회(15회) 등
- 학교폭력 관련분야 전문가 TFT 운영('13.4월~)
  ※ 이화여대 학교폭력예방연구소, 부처 추천 전문가, 교원 등으로 연구진 구성
- 대책마련을 위한 관계부처 협의, 시도교육청 협의(5회)('13.4월~)
- '13년 1차 학교폭력 실태조사('13.3.25~4.30) 및 후속조치 추진('13.5월~)
  ※ 단위학교 예방대책 수립 시 학생자치활동, 학부모 자원봉사 적극 활용 안내
- 교원단체·시민단체 의견수렴, 전문가 간담회 개최(6회)('13.5월~)
- 이화여대 학교폭력예방연구소·R&R 공동 정책평가 설문조사('13.7월)
- '국가정책조정회의' 중간보고('13.6.7, 국무총리 주재)
- '학교폭력대책실무위원회' 부처 간 협의('13.7.12, 교육부차관 주재)

* 출처 : 관계부처합동(2013: 1)을 재구성하였음.

생각해볼 문제

◆ 자신의 교육적 고민이나 문제를 찾아내 보고, 본서에 소개된 교육정책 결정모형 중에서 하나를 선택하여 문제해결의 방안을 도출해 보시오.

◆ 현재 가장 이슈가 되고 있는 교육정책의 문제를 찾아서 언론에서 분석한 문제의 원인을 정리해 보고, 제시되고 있는 정책적 대안 중에서 가장 올바른 방안이라고 생각되는 정책을 정리해 보시오.

◆ 가장 최근에 발표된 교육기획 사례를 찾아보고 교육기획의 종류와 내용에 대해 분석해 보시오. 그리고 교육기획이 윤정일 등(2012)이 제시한 교육기획의 원리에 부합하는지 평가해 보시오.

참고문헌

공병영(2003). **교원정년정책 변동과정 연구**: Kingdon의 정책흐름모형을 중심으로. 서울대학교 석사학위 논문.
관계부처합동(2013). **현장 중심 학교폭력 대책**(안).
교육부(2013). **행복교육, 창의인재 양성** : 2013년 국정과제 실천 계획.
교육인적자원부(2003). **국민의 정부, 교육인적자원백서**.
권영성·이성복(1999). **기획론**. 서울: 법문사.
김종철(1973). **교육계획론**. 서울: 교육출판사.
김종철(1985). **교육행정학신강**. 서울: 세영사.
김창걸(1986). **교육행정학 및 교육경영**. 서울: 형설출판사.
윤정일·송기창·조동섭·김병주(2012). **교육행정학원론**. 서울: 학지사.
이종재 외(2010). **한국교육 60년**. 서울: 서울대학교 출판문화원.
이희숙·정제영(2012). 학교폭력 관련 정책의 흐름 분석: Kingdon의 정책흐름 모형을 중심으로. **한국교육**, 39(4), 61-82.
이종재·이차영·김 용·송경오(2012). **한국교육행정론**. 서울: 교육과학사.
정범모(1991). **교육과 교육학**. 서울: 배영사.
정용덕(2002). **현대국가의 행정학**. 서울: 법문사.

정정길 외(2010). **정책학원론**. 서울: 대명출판사.
진동섭·이윤식·김재웅(2011). **교육행정 및 학교경영의 이해**. 서울: 교육과학사.
최성락·박민정(2012). Kingdon 정책흐름모형 적용의 적실성에 대한 연구. **한국정책연구**, 12(1), 119-137.

Cohen, M. D., March, J. G., & Olsen, J. P. (1972). A Garbage Can Model of Organizational Choice. *Administrative Science Quarterly*, 17(1), 1-25.
Cook, P. J., Gottfredson, D. C., & Na, C. (2010). School Crime Control and Prevention. *Crime and Justice*, 39(1), 313-440.
Hoover, J. H., & Oliver, R. (1996). *The Bullying Prevention Handbook: A Guide for Principals, Teachers, and Counselor*. Bloomington, IN: National Educational Service.
Kingdon, J. W. (2011). *Agenda, alternatives, and Public Policies(2nd Ed.)*. Washington, DC: Pearson.
Kitchell, R. E. (1962). *A summary of current concepts(mimeo)*. DC: The US Bureau of the Budget.
Koontz, H. & O'Donnell, C. (1959). *Principles of management: An analysis of management functions (2nd ed.)*. NY: McGraw-Hill.
Lowi, R. J. (1972). For systems of policy, politics and choice. *Public Administration Review*, 32.
Olweus, D. (1993). *Bullying at School: What We Know and What We Can Do*. Malden, MA: Blackwell Publishers.
Olweus, D. (1994). Building at School: Basic Facts and Effects of a School Based Intervention Program. *Journal of Child Psychiatry*, 35, 1-10.
Orpinas, P. & Horne, A. M. (2006). *Bulling Prevention: Creating a Positive School Climate and Developing Social Competence*. American Psychological Association.
Sabatier, P. A. (1991). Toward Better Theories of the Policy Process. *Political Science and Politics*, 24(2), 147-156.
Waldo(1980). *The Enterprise of Public Administration: A Summary View*. Novato, CA: Chandler & Sharp Pubishers.

M·E·M·O

CHAPTER 4 교육법과 제도

　모든 교육행정 활동은 교육법규에 근거해서 이루어지는 활동이어야 한다. 어떤 행정행위가 아무리 효율적인 것이라고 해도 적법한 행위가 아니라면 그것은 합당한 행정행위라고 할 수 없다. 이렇게 하는 이유는 행정권의 남용을 방지하고 공무원들이 소신있게 일할 수 있도록 하기 위함이다. 그러나, 이를 너무 지나치게 강조하게 되면 법률 만능으로 인한 형식적이며 경직된 행정을 초래할 수 있으므로 그 적용에 있어 융통성을 발휘해야 한다.
　그렇다면, 의무교육, 학교제도, 교육과정, 교원임용 및 승진, 지방교육자치제도, 학교폭력, 교육재정 등 교육활동을 지원하는 다양한 행정활동은 무엇을 근거로 하여 결정하고 지원하는 것일까? 여기서는 이러한 활동들을 지원하는 교육법 체계와 주요 교육판례, 우리나라 교육법의 구조와 내용, 교육제도 등에 대해 전반적으로 소개하고자 한다.

- 교육법
- 교육제도

1. 교육법

가. 교육법의 개념과 특성

교육법이란 교육과 법의 합성어로서 교육에 관한 법규 혹은 교육활동 전반에 영향을 미치는 법체계의 의미를 지니고 있다. 이러한 교육법의 개념은 형식적 의미의 교육법과 실질적 의미의 교육법으로 구분해 볼 수 있다(표시열, 2008).

1) 형식적 의미의 교육법

형식적 의미의 교육법이란 법규범의 내용을 묻지 않고 그 존재형식을 기준으로 국회가 제정한 '법률'의 형식으로 되어 있는 교육법으로서, 교육과 관련되는 '법률'을 말한다. 현행 「교육기본법」, 「초·중등교육법」, 「고등교육법」, 「유아교육법」은 형식적 의미의 교육법 중에서도 좁은 의미의 교육법에 해당하는 학교교육법이라고 할 수 있다. 넓은 의미에서는 학교교육법 외에 「사립학교법」, 「지방교육재정교부금법」 등 교육과 직·간접적으로 연결되는 다양한 법률들이 포함된다.

2) 실질적 의미의 교육법

실질적 의미의 교육법이란 존재형식을 묻지 않고 교육영역에서 지켜야 하는 기본적인 법규범 전체를 의미한다. 이러한 법규범들을 보다 구체적으로 살펴보면 다음과 같은 내용들이 포함된다.
① 헌법상의 교육에 관한 기본원리와 그 원리를 구현시키기 위한 제반 교육관계 법령의 규범
② 헌법에 보장된 교육받을 권리와 직·간접적으로 관련되는 교육당사자들의 교육에 관한 권리와 권한, 그리고 의무와 책임에 관한 규범, 학생의 학습권, 교사의 교육의 자유, 학부모의 교육권, 학교설치자의 관리권한, 국가 및 지방자치단체의 감독권한 등에 관한 규범
③ 교육제도와 그 운영에 관한 규범으로서, 지방교육자치제도, 교직원의 지위 및 인사, 교육재정 및 시설 등에 관한 법령
④ 평생교육 내지 사회교육에서 지켜야 하는 기본적인 법규범 등

나. 교육법의 기본 원리

교육법의 이념을 구현하기 위하여 교육법의 기본 원리는 교육법 체제 전반에 내재되어 있는데, 이러한 원리는 교육 관련 법규를 제정, 해석, 운영, 평가하고 판단하는데 있어서 기준이 되는 동시에 타당성 규명의 척도가 된다(윤정일 외, 2011). 이러한 교육법의 기본 원리를 구현하기 위해 우리나라에서는 지방교육자치제도, 무상 의무교육제도, 학문과 교육의 자유, 공립학교 교육에 대한 종교적 중립성 및 정치적 중립성, 단선형 학교체계 등의 제도를 실시하고 있다. 교육법 기본 원리를 제시하면 다음과 같다.

첫째, 교육제도 법정주의로서, 교육제도와 교육재정, 교원의 지위에 관한 기본적인 사항은 법률로 정하도록 하는 「헌법」 제31조 제6항에 제시된 원리이다. 이는 교육의 중요성으로 인해, 교육에 관한 중요사항을 반드시 국민의 대표자로 구성된 국회에서 법률의 형식으로 제정하도록 하여 행정부의 명령 등의 형식으로 인해 국민의 기본적인 교육권이 침해되는 것을 예방하기 위한 원리이다.

둘째, 교육의 자주성의 원리로서, 교육은 계층의 원리에 의한 일반 행정의 명령·복종체제와는 다른 자치조직으로 이루어져야 함을 의미한다. 지방교육자치는 교육의 자주성의 원리를 제도적으로 보장한 것이다. 그런데 교육의 자주성 확립을 위해서는 특정 이데올로기와 종교로부터 중립적인 교육의 정치적·종교적 중립성이 불가피하게 요구된다.

셋째, 교육 전문성의 원리로서, 평생교육 차원에서의 학습권과 교사의 교육의 자유 내지 학문의 자유를 통해 국민들의 교육권을 보장하고자 하는 원리이다. 특히 교사의 교육의 자유는 「헌법」상의 교육의 전문성 원리와 직접적인 관련을 지니고 있다.

넷째, 교육기회균등 원리이다. 「헌법」상의 평등권이 존재함에도 불구하고, 「헌법」 제31조 제1항에서 "모든 국민은 능력에 따라 균등하게 교육을 받을 권리를 가진다"고 다시 규정하고 있는 것은 교육의 중요성 때문이다.

다섯째, 교육(행정)의 민주성 원리인데, 교육법이 교육정책이나 교육행정과 밀접한 관련이 있기 때문에 강조되는 원리이다. 교육의 민주성 원리를 구현하기 위해 구성원의 기본권을 존중하며 이들을 의사결정에 참여시키고, 기본권이 침해된 경우에는 적절한 구제장치를 마련하고 있다.

다. 교육법의 구조와 내용

1) 교육법규 구조

법의 원천, 내지는 존재형태를 법원(法源)이라고 하는데, 법원에는 성문법과 불문법이 있다.

(1) 성문법

성문법이란 문서화된 법, 즉 법전에서 찾아볼 수 있는 구체적인 법령의 형식으로 존재하는 법을 말한다. 여기에는 헌법, 법률 및 국제조약 혹은 승인된 국제법규, 명령, 자치법규 등이 있는데, 성문법의 적용시에는 상위법 우선의 원칙, 신법우선의 원칙, 특별법 우선의 원칙이 적용된다.

성문법 중 최고의 상위법인 헌법에서는 전문에 '사회·문화의 모든 영역에 있어서 각인의 기회를 균등히 하고, 능력을 최고조로 발휘하게 하며'라고 규정하여 교육의 이념 내지 기본 원리를 천명하고 있다.「헌법」에 규정된 교육관련 직접 조항은 제31조이며, 이 외에도 전통문화의 계승(제9조), 인간의 존엄과 가치(제10조), 법 앞에 평등(제11조), 적법절차(제12조), 표현의 자유(제21조), 학문 예술의 자유(제22조) 등 기타 많은 「헌법」에 보장된 기본권 조항들이 있다.

법률은 국회에서 의결하고 대통령이 공포하는 법으로서, 교육과 관련해서는 「교육기본법」, 「유아교육법」, 「초·중등교육법」, 「고등교육법」, 「평생교육법」, 「지방교육자치에관한법률」, 「국가공무원법」, 「교육공무원법」, 「사립학교법」 등이 있다.[1]

국제법규는 국제사회를 지배하는 규범으로서, 국제법 주체간의 문서에 의한 합의인 국제조약이 해당된다. 국제조약은 협약(convention), 규약(covenant), 헌장(charter), 규정(statue), 협정(agreement), 의정서(protocol), 선언(declaration) 등의 동의어와 함께 사용되기도 한다. 주요 사례로는 세계인권선언, 경제적·사회적 및 문화적 권리에 관한 국제규약, 아동의 권리에 관한 협약, GATT 협정, 국제 조세조약 등이 있다.

명령은 행정관청이 제정하는 법으로서, 대통령령, 총리령, 부령, 국회의 국회규칙, 대법원의 대법원규칙 등이 있다. 주요 사례로 대통령령으로는 유아교육법 시행령, 초·중등교육법 시행령, 고등교육법 시행령, 지방교육자치에 관한 법률 시행령, 교육공무원임용령, 교원자격검정령 등이 있고, 부령으로는 지방교육재정교부금법 시행규칙, 학교수업료 및 입학금에

---

[1] 교육 관련 세부 법률, 판례, 용어 등은 국가법령정보센터(www.law.go.kr), 헌법재판소(www.ccourt.go.kr), 법제처(www.moleg.go.kr)등 참고

4. 교육법과 교육제도

관한 규칙, 교원 등의 연수에 관한 규정 시행규칙, 사학기관 재무·회계규칙 등이 있다.

자치법규는 지방자치단체가 법령의 범위 안에서 제정하는 자치에 관한 규정으로서, 조례와 규칙이 있다. 조례는 지방의회가 제정하는 규정이며, 규칙은 조례의 범위 안에서 지방자치단체의 집행기관이 제정하는 규정이다. 주요 사례로는 교육규칙(시·도의회의 의결을 거쳐 교육감이 공포하는 규칙), 학교설치 관련 조례, 학교수업료 및 입학금에 관한 교육규칙 등이 있다.

(2) 불문법

불문법이란 법 제정 권한이 있는 기관이 일정한 절차를 통해 문장의 형태로 표현한 법을 말한다. 성문법이 명문으로 표현되어지고 일정한 절차나 형식에 따라 내용이 결정되며 공포되는 법이라면, 이것이 아닌 기타의 모든 법원은 불문법에 해당하며 성문법과 비슷한 정도의 법적 구속력을 지니고 있다. 관습법, 판례법, 조리 등이 이에 속한다.

관습법은 사회에서 일정한 관행이 반복되면서 사람들이 법적 확신을 갖게 됨으로써 성립되는 규범으로서, 2004년 신행정수도 건설과 관련해서 인정한 관습헌법 등이 이에 해당한다.[2] 관습법이 성립하기 위해서는 관행 존재, 반복·계속성, 항상성, 명료성, 국민적 합의(헌법재판소 2004. 10. 21 2004헌마554. 판례집 16-2 하, 39-41) 등이 있어야 한다.

판례법은 법원이 일정한 법적 사건에 대하여 동일한 원칙이나 기준을 적용하거나 같은 방식으로 법령을 해석함으로써 법적 가치를 갖게 된 규범으로서, 성문법주의를 택하고 있는 우리나라에서는 법의 해석과 적용에서 참

---

2) 신행정수도의 건설을 위한 특별조치법 위헌 확인[전원재판부 2004헌마554, 2004. 10. 21]… 결정요지 10. 관습헌법으로서의 제 요건을 갖추고 있는 '서울이 수도인 사실'은 단순한 사실명제가 아니고 헌법적 효력을 가지는 불문의 헌법규범으로 승화될 것이며…

고가 될 뿐이지만 상급법원의 판례는 사실상 하급법원을 구속하게 된다. 예컨대, 법의 해석에 관한 최종적인 권한을 가진 대법원 판결은 사실상 상당한 정도의 규범으로 작용하게 되는데, 교육 분야에 대한 대법원과 헌법재판소의 판례가 최근 늘어나는 추세이다.

〈표 4-1〉 교육관련 헌법재판소 주요 판결 요지

사건명	쟁점 및 판시 요지	결정
교육공무원법 제11조① 헌법소원 1990. 10. 8 89헌마89	〈국·공립사범대학 출신자의 우선 임용 규정의 위헌 여부〉 교육공무원이 되려는 자를 출신학교 및 설립·학과에 따라 차별하는 것은 입법목적 달성의 수단으로서 심히 균형을 잃고 있어 비례의 원칙에 어긋나며 차별의 필요성과 정당성이 없고 사회통념상 용인될 수 없는 정도의 차별이다.	위헌
교육법 제8조의 2 위헌심판 1991. 2. 11 90헌가27	〈중학교 의무교육 단계적 실시의 평등원칙 위반 여부〉 도서·벽지·접적 지역과 특수학교에 한한 중등의무교육의 순차적 실시는 교육기회의 상대적 불리성을 고려할 때 오히려 실질적 평등에 부합된다.	합헌
1994년도 서울대 입시안 헌법소원 1992. 10. 1 92헌마68	〈대학입시에서 제2외국어(일본어) 제외의 위헌 여부〉 대학입시요강은 헌법에 보장된 대학의 자율권 행사에 기초한 것으로 교육의 기회균등을 침해한 것은 아니다.	기각
교육법 제157조 헌법소원 1992. 11. 12 89헌마88	〈국정교과서제의 교육 자주성·전문성 등 침해 여부〉 바람직한 제도는 아니나 적어도 중학교 국어교과서에 관한 교육 이념과 원리에 모순되거나 배치된 것은 아니다.	기각
지방교육자치에관한법률 제9조 제1항 헌법소원 1993. 7. 29 91헌마69	〈초·중고등학교 교원의 교육위원 겸직금지의 위헌 여부〉 대학교원과 초중고교 교원간에는 직무의 본질 및 근무태양이 다르므로 합리적인 차별이며 평등권 침해가 아니다.	기각
교육법 제96조 제1항 헌법소원 1994. 2. 24 93헌마192	〈획일적 취학연령 규정의 위헌 여부〉 능력에 따라 균등하게 교육을 받을 권리의 '능력'이란 법률이 정한 능력을 말하는 것이므로, 꼭 지능이나 수학능력이 있다고 하여 취학할 권리가 있는 것은 아니다.	기각
교육공무원법 제47조 제1항 헌법소원 2000. 12. 14 90헌마112,137	〈초·중등학교 교원의 정년 연령 단축의 위헌 여부〉 교원 정년을 65세에서 62세로 단축한 것은 불합리할 정도로 지나친 것은 아니며, 경과조치를 두어 기존 교원의 신뢰이익을 보호하였으므로, 헌법상의 신뢰보호 원칙에 위배되지 않는다.	기각
지방교육자치에관한법률 제60조 헌법소원 2003. 2. 27 2002헌마573	〈교육위원 선거시 교육경력자 우선 당선제의 위헌 여부〉 헌법상의 교육의 자주성과 전문성을 구현하기 위한 것으로서, 입법목적이 정당하고, 비경력자도 2분의1 비율 외에는 민주주의 원칙에 따라 당선될 수 있어 법익균형을 이루고 있다.	기각

☞ 계속

4. 교육법과 교육제도

사건명	쟁점 및 판시 요지	결정
교원임용고사시행요강 헌법소원 2004. 3.25 2001헌마882	〈사범계·복수전공·부전공 가산점의 위헌 여부〉 가산점으로 인해 공무담임권을 침해당할 수 있는 만큼 법률에 명확한 근거조항을 두어야 하나 관련 시행요강은 아무런 법적근거가 없어 법률유보원칙을 위반하여 위헌이다.	위헌
정당법 제6조 제1항 헌법소원 2004. 3.25 2001헌마710	〈초중등교원의 정당 가입 등 금지의 위헌 여부〉 국민의 교육기본권을 더욱 보장함으로써 얻을 수 있는 공익을 우선해야 할 것이라는 점 등을 종합적으로 감안할 때, 정당가입 및 선거운동의 자유를 제한하는 것은 합헌이다.	기각
초·중등교육법 제31조 헌법소원 2001.11.29 2000헌마278	〈사립학교 학교운영위원회 설치 의무의 위헌 여부〉 사립학교 교육의 자주성 전문성이 어느 정도 제한된다 하더라도, 그 입법취지 및 학교운영위원회의 구성과 성격 등을 볼 때, 사립학교 학운위제도가 현저히 자의적이거나 비합리적으로 학교의 공공성만을 강조하고 사립학교의 자율성을 제한한 것은 아니다.	기각
학원의설립운영에관한 법률 제22조 2000. 4. 27 98헌가16	〈과외 금지 위헌 조치에 대한 사항〉 자녀의 교육권은 부모가 자녀교육에 대한 책임을 어떠한 방법으로 이행할 것인가에 관하여 자유롭게 결정할 수 있는 권리로서 교육의 목표와 수단에 관한 결정권을 뜻한다.	위헌

　　조리는 다른 법원이 존재하지 않는 경우 법이 없어 재판할 수 없다고 말할 수 없을 때 건전한 상식으로 판단하는 자연의 원리 내지 이치를 말한다. 즉 형평, 신의성실, 공서양속 등 사물의 이치나 인간의 기본적인 도리에 비추어 성립할 수 있는 규범으로서, 「민법」 제1조 규정에 의하여 조리의 보충적 효력을 인정하는 것이다. 예컨대, 체벌의 허용범위와 관련해서 '사회상규'에 위배되지 아니하는 행위는 벌하지 아니하고, 교원징계 처분이 '사회통념'상 지나치게 가혹한 경우에는 재량권 남용에 해당한다고 보는 것이다.

　　유권해석이란, 행정관청(예를 들어, 교육부)에서 행하는 법률 해석으로서, 법령의 내용이 미비하거나 불명확할 때, 또는 그 문제와 관련하여 법원의 최종적인 판례가 성립되어 있지 않은 상황에서 법령을 집행하거나 적용하여야 하는 기관이 상급관청에 법 해석을 요구할 수 있다.

2) 교육법 주요 내용

우리나라의 최고 교육법은 「헌법」으로서, 국회에서 발의하여 국민투표를 거쳐 제·개정절차를 거친다. 현행 「헌법」의 정식명칭은 '대한민국 헌법'이며 1946년 제정되어 1987년 제9차 개정을 거쳐 오늘에 이르고 있다. 「헌법」에 명시된 교육관련 조항은 제31조 제1항에서 제6항까지이며, 교육받을 권리, 의무교육의 무상과 보호자의 의무, 교육의 자주성, 전문성, 정치적 중립성 및 대학의 자율성 보장, 평생교육의 진흥, 교육제도의 법률주의 등을 명시하고 있다.[3]

「헌법」 제 31 조

① 모든 국민은 능력에 따라 균등하게 교육받을 권리를 가진다.
② 모든 국민은 그 보호하는 자녀에게 적어도 초등교육과 법률이 정하는 교육을 받게 할 의무를 진다.
③ 의무교육은 무상으로 한다.
④ 교육의 자주성·전문성·정치적 중립성 및 대학의 자율성은 법률이 정하는 바에 의하여 보장된다.
⑤ 국가는 평생교육을 진흥하여야 한다.
⑥ 학교교육 및 평생교육을 포함한 교육제도와 그 운영, 교육재정 및 교원의 지위에 관한 기본적인 사항은 법률로 정한다.

「헌법」은 제31조의 교육관련 직접조항 이외에도 교육에 관련된 간접조항들이 있다. 국제조약과 국제법규(제6조), 공무원의 지위와 책임(제7조), 기본적 인권존중(제10조), 만인의 평등(제11조), 직업선택의 자유(제15조), 종교의 자유(제20조), 언론·출판의 자유(제21조), 학문·예술의 자유(제22조), 공무담임권(제25조), 근로의 권리 의무 및 연소자의 보호(제32조),

---

3) 주요 법규검색은 국가법령정보센터(www.law.go.kr) 참조

행복추구권(제34조), 지방자치단체(제117조, 118조) 등이다.

1949년 12월 31일 법률 제86호로 제정·공포된「교육법」은 헌법상의 교육 조항을 기본 정신으로 하는 우리나라 교육제도에 관한 기본법인 동시에 교육행정의 기본 지침이 되는 법률이었다. 1997년 12월 13일에 기존의 교육법은「교육기본법」,「초·중등교육법」,「고등교육법」의 교육3법으로 분리될 때까지 수차례의 개정을 거쳐 오늘에 이르고 있다. 이 중에서 교육기본법은 모든 교육관계 법령의 기본이 되는 법률로서 '교육에 관한 국민의 권리·의무와 국가 및 지방자치단체의 책임을 정하고, 교육제도와 그 운영에 관한 기본적인 사항을 규정함'을 목적으로 한다.「교육기본법」은 제1장 총칙(교육이념, 학습권, 교육의 기회균등, 교육의 자주성·전문성·자율성, 교육의 중립성, 교육재정, 의무교육, 학교교육, 사회교육 등 규정), 제2장 교육당사자(학습자, 보호자, 교원, 교원단체, 학교 등의 설립경영자, 국가 및 지방자치단체 등 규정), 제3장 교육의 진흥(특수교육, 영재교육, 유아교육, 직업교육, 과학교육, 교육의 정보화, 학술문화의 진흥, 사학의 육성, 평가 및 인증제도, 보건 및 복지, 장학제도, 국제교육 등 규정)으로 구성되어 있다.

「초·중등교육법」은 '초·중등교육에 관한 사항을 규정함'을 목적으로 규정되었는데 부칙을 제외한 5장 68개조로 구성되어 있다.「초·중등교육법」에는 우리나라의 학교의 종류와 국·공·사립학교의 구분, 설립, 지도·감독, 장학지도, 학교평가, 의무교육, 취학의무 및 면제, 학생의 징계, 교직원 구분, 교육과정, 수업, 학교생활 기록, 졸업, 학교운영위원회의 설치와 기능, 각종 학교, 학교 및 교육과정 운영의 특례 등 학교교육과 관련된 포괄적인 사항을 규정하고 있다.「고등교육법」은「교육기본법」제9조의 규정에 따라 고등교육에 관한 사항을 규정하고 있으며, 고등교육기관의 종류, 교육과정, 학점인정, 시정 및 변경 명령 등이 포함되어 있다.

이상과 같은 교육3법 이외에도,「유아교육법」,「평생교육법」,「지방교육자치에관한법률」, 「사립학교법」, 「지방교육재정교부금법」, 「교육공무원법」, 「과학교육진흥법」, 「학교보건법」, 「교육세법」 등의 법률이 설치되어 있으며, 교육기본법령을 보다 구체화한 각종 시행령과 규정, 시행규칙, 조례와 규칙 등의 자치법규 등이 중요한 교육관련 법규로 작용하고 있다.

라. 주요 교육 판례

1) 교육받을 권리에 대한 헌법재판소 판단

- 교육을 받을 권리는 우리 「헌법」이 지향하는 문화국가·민주복지국가의 이념을 실현하는 방법의 기초이며, 다른 기본권의 기초가 되는 기본권이다. 교육을 받을 권리가 교육제도를 통하여 충분히 실현될 때에 비로소 모든 국민은 모든 영역에 있어서 각 개인의 기회를 균등히 하고 능력을 최고도로 발휘하게 되어, 국민생활의 균등한 향상을 기할 수 있고, 인간으로서의 존엄과 가치를 가지며, 행복을 추구할 수 있기 때문이다(헌법재판소 1991.2.11. 90헌가27. 판례집 3,18).
- 교육을 받을 권리는, 첫째 교육을 통해 개인의 잠재적인 능력을 개발시켜줌으로써 인간다운 문화생활과 직업생활을 할 수 있는 기초를 마련해주고, 둘째 문화적이고 지적인 사회풍토를 조성하고 문화 창조의 바탕을 마련함으로써 「헌법」이 추구하는 문화국가를 촉진시키고, 셋째 합리적이고 계속적인 교육을 통해서 민주주의가 필요로 하는 민주시민의 윤리적 생활철학을 어렸을 때부터 습성화시킴으로써 「헌법」이 추구하는 민주주의의 토착화에 이바지하고, 넷째 능력에 따른 균등한 교육을 통해서 직업생활과 경제생활 영역에서 실질적인 평등을 실현시킴으로써 「헌법」이 추구하는 사회국가, 복지국가의 이념을 실현한다는 의의와 기능을 가지고 있다(헌법재판소 1994. 2. 24. 93헌마192, 판례집 6-1, 177).

- '능력에 따라 균등한 교육을 받을 권리'는 국가에 의한 교육제도의 정비·개선 외에도 의무교육의 도입 및 확대, 교육비의 보조나 학자금의 융자 등 교육영역에서의 사회적 급부의 확대와 같은 국가의 적극적인 활동을 통하여 사인간의 출발기회에서의 불평등을 완화해야 할 국가의 의무를 규정한 것이다(헌법재판소 2000. 4. 27. 98헌가16, 98헌마429 병합, 판례집 12-1, 451).
- 부모는 자녀의 교육에 관하여 전반적인 계획을 세우고 자신의 인생관·사회관·교육관에 따라 자녀의 교육을 자유롭게 형성할 권리를 가지며, …. 따라서 자녀의 교육권은 부모가 자녀교육에 대한 책임을 어떠한 방법으로 이행할 것인가에 관하여 자유롭게 결정할 수 있는 권리로서 교육의 목표와 수단에 관한 결정권을 뜻한다(헌법재판소 2000. 4. 27. 98헌가16, 98헌마429 병합, 판례집 12-1, 556-448).

2) 용의·복장에 대한 학교의 규제 범위
[국가인권위원회 2005. 6.27 05진차204·145·119]

- 학교에서는 보통 용의와 복장을 특별히 구별하여 취급하지 않고, 보통 '용의복장규정' 또는 '학교생활규정'에서 함께 다루고 있으며, 규율대상으로는 두발, 모자, 장신구, 화장, 신발, 가방, 겉옷과 속옷, 양말, 신체 손질 등을 포함한다.
- 용의·복장은 「헌법」에 보장된 행복추구권, 자기결정권 혹은 표현의 자유권과 관련된다고 할지라도, 학생의 용의·복장에는 상당한 제한이 가해질 수 있다. 학교는 「헌법」 제31조 제1항에 따른 국민의 교육받을 권리를 보장하는 교육기관으로서 교육목적을 달성하는데 방해가 되는 행위를 제한할 수 있다.
- 용의·복장을 학교가 지도해야 할 교육의 요소로 보고, 학교가 적극적으로 학생의 용의·복장을 교육적 기준에 맞도록 규제할 것인가, 아니

면 용의·복장은 학생의 사적영역으로 간주하면서 학교의 교육활동에 부정적인 영향을 미치는 경우에만 제한적으로 학교가 관여할 것인가?

☞ 국가인권위원회의 검토 사례 : 두발이 개성의 자유로운 발현권이나 자기결정권에 해당하는 기본권리로서 학생에게도 보장되어야 한다는 전제 위에서 학교별로 교육의 목적 달성을 위하여 일정한 제한은 가능하다는 입장임. 용의·복장과 관련하여 교육의 목적이 무엇인지에 대한 면밀한 검토는 하지 않고 학교공동체 구성원의 자발적인 합의 강조함. 다만, 용의·복장의「헌법」상 가치를 고려할 때, 필요 최소한의 제한에 그쳐야 한다는 원칙을 강조하고 있으며, 강제 이발은 기본권의 본질적 내용에 침해가 됨.

3) 학생 징계 요건으로서 '교육상 필요'

「초·중등교육법」 제18조(학생의 징계) ①학교의 장은 교육상 필요한 때에는 법령 및 학칙이 정하는 바에 의하여…
「초·중등교육법」 시행령 제31조(학생의 징계 등) ①법 제18조 제1항 본문의 규정에 의하여 학교의 장은 교육상 필요하다고 인정할 때에는…

☞「초·중등교육법」 및 동법 시행령에 대한 세 가지 해석

- 교육·연구활동과 학교 질서를 해치는 행위에 대해 징계함으로써 교육받을 환경을 보호한다는 의미에서의 교육상 필요. 징계 대상 학생의 이익(수업을 받을 권리)을 제한함으로써 다수 학생의 '교육상 필요'를 보호한다는 논리
- 일반 학생을 교육 대상으로 삼는다는 의미에서 교육상 필요. 학생 징계 규정에서 흔히 '학생의 본분'으로 표현되고 있는 가치를 일반학생

에게 가르치기 위한 교육상 필요
- 규범을 위반한 당해 학생을 교육 대상으로 삼는다는 의미에서 교육상 필요. 규범을 위반한 학생이 바람직한 태도나 습관 및 의식을 가지도록 학교가 학생에 대하여 가부장적 개입을 통해 개선을 도모한다는 측면에서 교육적 필요를 발견하는 논리. 다만, 징계가 기본적으로 학생의 교육받을 권리를 제한하는 효과를 갖는데, 학생의 교육을 위해 학생의 교육받을 권리를 제한하는 것은 모순이 아니냐는 비판 제기 가능(세번째 입장을 취할 경우 학생에 대한 규제 범위가 가장 넓다)

☞ 학생 징계에 대한 교육적 자유재량의 내용
- 학생징계의 구성 요건, 즉 징계의 사유를 정할 수 있는 재량 허용
- 징계의 구성요건에 해당한다고 해도, '교육상 필요'가 인정되어야 징계가 가능하다고 볼 수 있는데, 이러한 '교육상 필요' 여부에 대한 판단의 재량 허용
- 징계 대상 학생에게 책임을 지울 수 있는지를 판단하는 재량 허용
- 징계의 구성요건에 해당하고, 교육상 필요가 있으며, 비난 가능성이 존재한다고 해도, 징계를 할 것인지 말 것인지, 그리고 한다면 어떤 처분을 선택할 것인지에 관해 재량 인정
- 징계를 받은 학생의 지도 방법을 비롯하여, 징계처분의 시행과 관련된 방법상의 재량 인정

☞ 학생 징계권의 한계
- 학생 징계가 교육적 자유재량에 속한다고 하더라도, 법령 또는 학칙에서 정한 징계 절차를 무시하거나 생략한 채 징계를 결정한다면 이는 위법행위임. 「초·중등교육법」과 「고등교육법」에서는 학생 징계시, 학생을 보호하기 위해 의견진술의 기회를 부여하는 등 적정한 절차를 거치도록 규정하고 있으므로, 이 절차를 무시한 결정은 적법한 징계처분

으로 성립할 수 없음
- 징계의 내적 한계 : 교육의 측면에서 징계의 낙인 효과, 「헌법」상 가치로서 교육을 받을 권리, 질풍노도의 시기로서 청소년기의 특성, 교육적 수단으로서 징계의 적합성 등이 징계의 내적 한계 구성
- 징계의 외적 한계 : 비례성과 형평성에 어긋날 경우 법원의 적극적 개입 가능
- 특수교육대상자의 징계 문제

4) 학생 체벌과 교원의 책임 한계

☞ 학생체벌의 허용 기준
- 교육상 필요에 따라 체벌을 하였는가? (체벌의 목적 = 교육상 필요)
- 다른 교육적 수단으로 교정이 불가능하여 부득이하게 체벌이 시행되었는가? (후순위수단)
- 체벌은 교육적 방법과 절차에 따라 시행되고 학생의 발달수준이나 발생한 상해 정도에 비추어 타당성이 있는가? (적정 방법과 정도)
- 체벌시 절차를 무시하고 상해의 위험을 고려하여 적절한 주의를 기울였는가? (주의 의무)

☞ 체벌에 관한 헌법재판소의 판단

구분	다수의견	반대의견
원칙	• 체벌은 원칙적으로 금지	• 훈계 수단으로 체벌 허용
상황 인식	• 학생은 질풍노도의 시기 • 인권의식 중요 • 교사는 인권 중시의 모범자	• 공동체 질서 존중의식 중요 • 교사의 학생 훈육 책임 중요 • 교사의 전문적 판단 존중
기준	• 교육상 불가피한 경우 • 체벌의 절차 준수 • 방법이 적정해야 함 • 정도가 지나치지 않아야 함	• 교육적 목적 • 체벌의 불가피성과 상당성 • 법익의 균형성 • 교원의 재량 일탈 여부

4. 교육법과 교육제도

구분	다수의견	반대의견
고려 사항	• 최후 수단으로서 체벌 강조 • 급박·부득이한 경우 외 체벌 절차 준수 • 가급적 비공개장소에서 벌하고, 체벌시 위험 부위 회피 • 신체적 고통 외 인격적 모독감 중시	• 일반인 사이의 폭행과 다른 기준 (전문적 판단 중시) • 체벌의 교육적 기준 준수 여부는 형사 처벌 판단의 결정 변수 아님 • 학생의 신체 자유보다 학생 잘못 훈육이 더 가치있음

5) 교원의 교육의 자유 보장과 제한의 논리

☞ 초·중등학교 교원이 '교육의 자유'를 향유한다고 할지라도, 「헌법」 상의 기본권으로서 국민의 교육받을 권리 역시 보호되어야 하기 때문에 교원의 교육의 자유는 일정한 제한을 받는다.

• 교원의 국민의 지위에서 진리를 탐구하고 그 결과를 전파하는 경우와는 달리, 교육자의 지위에서 학교교육을 수행하는 장면 속에 들어오면, 「헌법」 제31조 제1항에 규정된, 국민의 교육받을 권리를 존중하여야 하고, 이 학습권을 침해하는 방식으로 교육의 자유를 행사할 수 없다. 수업의 자유는 무제한 보호되기는 어렵다.

• 초·중고등학교 학생은 대개 미성년자로서, 아직 독자적인 가치판단 능력을 갖출 만큼 성숙한 수준에 도달하지 않았고, 발달단계상 감수성이 예민하고 가소성이 큰 시기에 속해있다. 이 점에서 초·중등학교 교원의 수업의 자유는 대학에서 교수의 자유와 동일할 수 없으며, 상대적으로 더 제한될 수 있다.

• 초·중등교육은 보통교육이자, 국민기초교육으로서, 교원의 직무활동은 국가와 사회 공동체의 이념과 윤리라는 테두리를 벗어나서는 안 되는 제약을 받는다. 또한 국민기초교육을 충실히 시행하도록 전국적으로 일정한 교육의 수준을 유지하면서, 학생의 종합적이고 균형잡힌 전인적 성장을 꾀하여야 한다는 점에서도 교원의 교육의 자유는 제한된다.

☞ 교육과정 및 교과서 선택에 대한 교원의 교육의 자유

- 문제 상황 : 주로 교원이 교육부장관과 교육감이 정한 교육과정 중 일부를 생략 또는 변경하거나, 교육과정에 포함되어 있지 않은 내용을 추가하여 가르칠 경우
- 헌법재판소에서는 교과서 발행을 포함하여 공교육의 기준 설정과 운영에 관한 국가의 권한과 책임을 인정해야 한다는 입장. 그러나 교육과정과 교과서에 관한 국가의 권한을 인정하면서도, 교원의 교육 행위와 관련하여 법적 갈등이 나타나는 경우 교원이 재량권을 남용하였는지 여부는 단순히 형식적으로 법령에 규정된 국가의 권한을 침해하였다는 점이 아니라, 구체적인 사례를 실질적으로 검토하여 '학생의 교육받을 권리'가 침해되었는지를 기준으로 판단해야 함.

☞ 판례 검토(서울고등법원 1991. 1. 17. 90구2064)

- 수업시간에 교원이 적법한 교과서 수정 절차를 거치지 않은 상태에서 임의로 교과서를 삭제 지도하거나 내용을 수정하여 지도한다면 법령 위반에 해당하는 사안이 됨.
- 그러나, '제7차 초·중등학교 교육과정' 고시어 제시된 '교과용도서 중심의 교육에서 탈피하여 교육정보망, 멀티미디어 등 컴퓨터를 활용한 교육이 활성화되도록 한다'는 문장이 있고, 「초·중등교육법」 제32조 제1항에 학교운영위원회 심의사항으로 '교과용 도서 및 교육자료의 선정에 관한 사항'이 들어 있어, 교원은 교과서와 무관하게 가르칠 수 있다는 뜻인지 또는 학운위 심의만 거치면 교과용도서를 대치할 수 있는 수준의 교육자료도 교원이 선정하여 사용할 수 있다는 것인지 명료하지 않음.
- 교원은 교과용도서 외에도 필요한 교육도서나 자료를 수업에 활용할 수 있지만, 교육과정의 취지와 기준에서 벗어나서는 안되고, 국정·검

4. 교육법과 교육제도

인정 과정을 거친 교과서를 보충하는 수준을 넘어서서 이를 대치하는 정도가 되어서는 안됨.

6) 학생 안전사고의 법적 책임 관계

☞ 학생 사고에 대한 교원의 손해 배상 책임이 인정되기 위한 조건

- 학생 안전사고가 교육활동 및 이와 밀접 불가분의 관계에 있는 생활관계에서 발생하여야 한다.
- 사고발생의 예측 가능성으로서 교원이 사고를 실제로 예측했거나, 실제 예측하지는 못했지만 통상 교원에게 요구되는 주의를 기울였다면 예측할 수 있다고 인정되어야 한다.
- 예측가능성이 인정됨에도 불구하고, 사전에 교원이 적절한 보호·감독의무를 다하지 아니함으로써 사고가 발생한 경우에는 보호·감독의무를 소홀히 했다는 사실이 있어야 한다.

☞ 학생안전사고의 유형

교육 활동과의 관련성 정도에 의한	정규 교육 활동중의 사고	정규 교과 수업 중의 사고	일반교과수업 중의 사고
			실험·실습 중의 사고
			체육시간 중의 사고
		정규 교육과정에 따른 각종 특별활동 중의 사고	체육대회, 축제, 합창대회 등 교내행사 중의 사고
			현장학습, 소풍, 사생대회, 수련활동, 수학여행 등 사고
			체육대회, 예술대회 등 교외행사 출전 중의 사고
			클럽활동, 학생자치활동 중의 사고
		학교급식 중의 사고	
		청소활동 중의 사고	
		휴식시간 중의 사고	
	비정규 교육 활동 중의 사고	보충수업, 자율학습 중의 사고	
		방과후 교육활동 중의 사고	
	학교 일과 전후의 사고		
	등·하교 중의 사고		

교원의 임장 여부에 의한 분류	임장 중(교원이 현장에 있는 중)의 사고		
	비임장 중의 사고		
원인 행위자별 분류	학생 자신에 의한 사고	학생의 고의에 의한 사고(자살, 자해)	
		학생 자신의 부주의에 의한 사고	
	교원에 의한 사고	체벌에 의한 사고	
		심리적 처벌에 의한 사고	
		직무상 소홀 등에 의한 사고	
	다른 학생에 의한 사고	폭행사고	
		집단 따돌림에 의한 사고	
		우발적 접촉이나 부주의에 의한 사고	
		학생 간부의 학생지도 중 체벌 사고	
	학교시설·설비에 의한 사고		
	식중독 등의 사고		
	제3자에 의한 사고 (학교구성원 이외의 자에 의한 가해 사고)		
장소에 의한 분류	학교 안에서의 사고		
	학교 밖에서의 사고		
피해의 내용 또는 정도에 의한 분류	피해의 정도가 중한 사고(중대사고)		
	피해의 정도가 약한 사고(경미사고)		

* 자료 : 한국교원단체총연합회 편(2000). 교원과 법률. 251-53의 내용을 정리한 강원근 외(2007). 초등교육행정론. 교육과학사.

7) 학교폭력 사건의 법적 책임관계

☞ 학교폭력 사건

대법원 2007. 4. 26. 선고 2005다24318 판결【손해배상(기)】[공2007.6.1.(275), 757]

4. 교육법과 교육제도

【판시사항】

1. 초등학교 내에서 발생한 폭행 등 집단 괴롭힘과 피해학생의 자살 사이에 상당인과관계를 인정한 사례
2. 책임능력 없는 미성년자의 법정감독의무자와 이에 대신하여 보호·감독의무를 부담하는 교사 등이 각각 부담하는 보호·감독책임의 범위 및 양자의 관계
3. 교장 또는 교사의 학생에 대한 보호·감독의무의 범위 및 손해배상책임의 인정 기준
4. 학교폭력 가해학생들의 부모의 과실과 담임교사, 교장의 과실이 경합하여 피해학생의 자살 사건이 발생하였다는 이유로, 부모들과 지방자치단체에게 공동불법행위자로서의 손해배상책임을 인정한 사례

【재판요지】

1. 초등학교 내에서 발생한 폭행 등 괴롭힘이 상당 기간 지속되어 그 고통과 그에 따른 정신장애로 피해학생이 자살에 이른 경우, 다른 요인이 자살에 일부 작용하였다 하더라도 가해학생들의 폭행 등 괴롭힘이 주된 원인인 이상 상당인과관계가 인정된다고 한 사례.
2. 「민법」 제755조에 의하여 책임능력 없는 미성년자를 감독할 친권자 등 법정감독의무자의 보호·감독책임은 미성년자의 생활 전반에 미치는 것이고, 법정감독의무자에 대신하여 보호·감독의무를 부담하는 교사 등의 보호·감독책임은 학교 내에서의 학생의 모든 생활관계에 미치는 것이 아니라 학교에서의 교육활동 및 이와 밀접 불가분의 관계에 있는 생활관계에 한하며, 이와 같은 대리감독자가 있다는 사실만 가지고 곧 친권자의 법정감독책임이 면탈된다고는 볼 수 없다.
3. 지방자치단체가 설치·경영하는 학교의 교장이나 교사는 학생을 보호·감독할 의무를 지는데, 이러한 보호·감독의무는 교육법에 따라

학생들을 친권자 등 법정감독의무자에 대신하여 감독을 하여야 하는 의무로서 학교 내에서의 학생의 모든 생활관계에 미치는 것은 아니지만, 학교에서의 교육활동 및 이와 밀접 불가분의 관계에 있는 생활관계에 속하고, 교육활동의 때와 장소, 가해자의 분별능력, 가해자의 성행, 가해자와 피해자의 관계, 기타 여러 사정을 고려하여 사고가 학교생활에서 통상 발생할 수 있다고 하는 것이 예측되거나 또는 예측가능성(사고발생의 구체적 위험성)이 있는 경우에는 교장이나 교사는 보호·감독의무 위반에 대한 책임을 진다.

2. 교육제도

가. 교육제도의 개념과 특성

교육제도는 사회제도의 한 종류로서, 사회가 추구하는 교육적 목표달성을 담당하는 기제이다. 일반적으로 교육제도란 '국가의 교육이념 및 교육목적을 달성하기 위한 인위적 장치로서, 학교 교육활동(교육목적, 교육내용, 교육방법, 교육평가 등), 학생, 교원, 교육기관, 교과용 도서 그리고 조직 및 기구 등에 관한 표준은 물론 기준을 총칭한다(한국교육행정학회, 1996). 대부분의 국가에서는 교육제도 법정주의를 채택하고 있어 교육제도와 교육법규는 밀접한 관련을 맺고 있다.

이와 같은 교육제도의 개념에는 다음의 세 가지 범주적 특성이 포함되어 있다(천세영 외, 2006). 첫째, 제도의 형성주체와 관련된 국가범주로서, 교육제도는 기본적으로 국가의 의지가 담겨져 있다는 점이다. 근대 교육제도가 형성되면서 교육은 국가와 사회의 가장 중요한 임무가 되어 왔다. 따라서 교육제도를 이해하기 위해서는 국가의 성격에 대한 이해가 전제되어야 하며, 역사적이고 사회적, 문화적 맥락에 대한 이해가 필요하다. 둘째, 교육제도는 국가가 그 제도를 통해 어떠한 모습을 구체적으로 규정하는지에 따라 다양한 내용적 범주를 가지게 된다. 일반적으로 대부분의 국가에서는 학교, 학생, 교원, 교육과정 등 이에 대한 상세한 내용들이 제도화 되어 존재하고 있다. 특히 학교제도는 가장 대표적인 교육제도의 하나로 인식되고 있다. 셋째, 교육제도는 하나의 기준 또는 표준으로 존재한다. 교육제도는 국가가 교육이념을 설정하고 구체적인 정책을 수립하기 위한 기준으로 존재하고 있다.

나. 학교제도(학제)의 구성요소

학교제도는 학제라고도 하며, 각종 학교를 고립적으로 보는 것이 아니라 각 학교간에 존재하는 일종의 관련성과 전체 구조를 파악하는 것이다(김영식 외, 1982; 윤정일 외, 2011). 즉 학제는 국가의 교육목표를 실현하기 위한 제도적 장치로서, 학교교육을 단계적으로 구분하고 각 단계의 교육목적과 교육기간, 교육내용을 설정하고, 수직적으로는 교육단계간의 접속관계를, 수평적으로는 학교교육과 학교 외 교육 및 교육과정 간의 연결관계를 규정함으로써 국민교육의 운영을 제도적으로 규정하는 역할을 담당하게 된다(윤정일 외, 2011).

학교제도는 학교계통과 학교단계의 요소로 구성된다. 즉, 학교제도의 구조는 수직적 계통성과 수평적 단계성에 따라 구분되며, 각급 학교는 계통성과 단계성의 관계를 갖는 학제 속에서 하나의 위치를 차지하고 있다. 예를 들어, 우리나라는 6-3-3-4제라는 하나의 계통 속에 초등학교, 중학교, 고등학교, 대학교라는 4개의 단계로 구성된 단선형 학제를 지니고 있다.

학교제도의 구성요소 중 하나인 계통성이란, 계열별로 구성된 수직적인 학교종별, 즉 각종의 학교계열을 의미하는데, 계층을 중심으로 구분되는 복선형과 단선형, 계열을 중심으로 구분되는 보통교육, 직업교육, 특수교육 및 예술교육 등을 의미한다. 학교단계란, 여러 가지 유형의 학교를 연령을 중심으로 구분하는 것으로, 수평적으로 구분한 사다리 형식을 취하고 있다. 학교단계는 일반적으로 학습자의 심신발달, 교육의 목적과 내용, 사회적 적절성 등에 따라 구분되며, 일반적으로 취학전교육, 초등교육, 중등(전기, 후기)교육 및 고등교육의 4단계로 구분한다.

4. 교육법과 교육제도

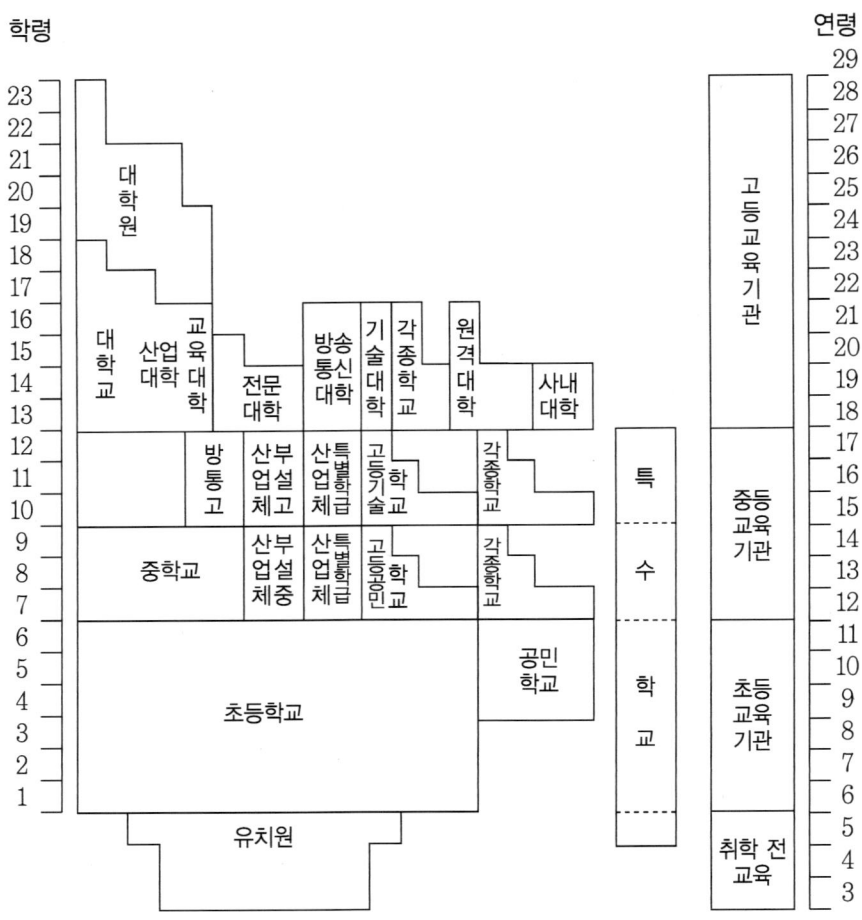

[그림 4-1] 한국의 학교제도

다. 학제의 구조와 유형

1) 학제 구조 : 복선형, 단선형, 분기형

역사적으로 학제는 복선형, 분기형, 단선형으로 발전되어 왔는데, 이는 교육기회 균등의 이념과 관련이 있다. 먼저, 복선형 학제는 지도자 계층의 교육을 위한 학교와 서민계층을 위한 학교로 분리되어 있고, 두 개 이상의 학교계통이 병행하여 설치된 형태이다(권기욱 외, 2011). 사회계층의 계통성을 강조함으로써 학교교육을 통해 사회신분 체계를 계속 존속하고 재생산하는 기능이 있으며, 학교계통들 간의 이동을 허용하지 않는다. 국가 차원에서는 인력을 양성하는데 효율적이고 유리할 수 있으나 신분에 근거하여 입학 여부가 결정되므로 교육기회균등의 이념에 맞지 않는다는 비판을 받는다.

분기형 학제는 복선형의 기초학교 부분이 통일되고, 그 위에 복수의 학교계통이 병존하는 제도로서, 단선형과 복선형의 중간적 형태를 지닌다. 예를 들어, 예비학교와 초등학교의 4개 학년은 모든 아동이 공통교육을 받는 기초학교로 통일하여 교육을 받지만, 상급학교부터는 다시 전통적인 복선형 학교계통이 유지되는 형태로서 영국과 독일 등에서 일부 구현되고 있다.

단선형 학제는 학교계통이 하나뿐인 단일의 학교제도를 의미한다. 즉 초등학교, 중학교, 고등학교 및 대학교 교육을 단 하나의 사다리를 통해 올라가는 형태의 학교로서, 누구나 계급적, 신분적, 사회적 차별없이 능력에 따라 학교를 선택할 수 있는 기회를 제공한다. 그러나 현실적으로 순수한 단선형은 존재하지 않으며, 공통의 기초학교(주로 의무교육) 위에 수업연한이나 수료 자격 등에 있어서 동등한 복수의 학교나 코스로 분화되는 형태를 취하는 경우가 많다. 교육기회균등의 원칙이 준수되기 때문에 동일한 학년이면 어느 학교에서도 유사한 내용과 수준의 교육과정을 이수할 수 있는 장점을 지닌다.

2) 학제 유형 : 기간학제와 특별학제

기간학제는 기본학제라고도 하며 학제의 주류를 이루는 초등학교, 중학교 및 고등학교, 대학의 정규학교교육 제도를 의미한다. 우리나라의 경우 6-3-3-4제를 택하고 있으나, 미국의 경우는 주에 따라 매우 다른 기본학제 체제를 지니고 있다. 기간학제에는 유치원과 특수학교, 대학원 등도 포함한다. 유치원의 경우「유아교육법」, 초·중등학교의 경우「초등교육법」, 대학(일반대학 및 전문대학, 대학원 포함)의 경우「고등교육법」, 특수학교의 경우「특수교육법」등의 법률로 학교의 목적과 내용, 수업연한, 취학 대상 등에 대해 규정하고 있다.

〈표 4-2〉 기간학제에 포함되는 각급학교 비교

구분	근거 법령	목 적	대상	수업연한
유치원	유아교육법 및 시행령	유아의 교육을 위하여 유아교육법에 따라 운영되는 학교	만3세~초등학교 취학시기 전까지의 유아	-
초등학교	초중등교육법 및 시행령	국민생활에 필요한 기초적인 초등교육을 하는 것을 목적으로 함	만5세~	6년
중학교		초등학교에서 받은 교육의 기초 위에 중등교육을 목적으로 함		3년
고등학교		중학교에서 받은 교육의 기초 위에 중등교육 및 전문교육을 목적으로 함 - 일반고, 특성화고, 특목고, 자율고		3년
특수학교				
대학	고등교육법 및 시행령	인격을 도야하고 국가와 인류사회의 발전에 필요한 학술의 심오한 이론과 그 응용방법을 교수·연구하며, 국가와 인류사회에 공헌함		4~6년 (대학원은 2년 이상)
교육대학		초등학교의 교원을 양성함을 목적으로 함		4년
전문대학		사회 각 분야에 관한 전문적인 지식과 이론을 교수·연구하고 재능을 연마하여 국가 사회의 발전에 필요한 전문직업인을 양성함을 목적으로 함		2~3년 (대학 편입 가능)

2. 교육제도

특별학제는 기본학제의 보완적 기능을 수행하거나 사회교육 또는 평생교육의 성격을 지니고 정규 학교의 교육과정에 준하는 교육을 실시하는 학교제도를 의미한다(윤정일 외, 2011). 우리나라의 경우 초등학교 과정에 해당하는 공민학교, 중학교 과정에 해당하는 고등공민학교, 고등학교 과정에 해당하는 고등기술학교 및 방송통신고등학교, 고등교육기관에 해당하는 개방형대학과 각종학교 등이 있다.

〈표 4-3〉 특별학제에 포함되는 각급학교 비교

구분	근거 법령	목 적	대상	수업연한
공민학교	초중등 교육법 및 시행령	초등교육을 받지 못하고 취학 연령을 초과한 자에 대하여 국민생활에 필요한 교육을 실시하는 것을 목적으로 함	초등교육을 받지 못한 학령 초과자	3년 (170일 이상)
고등공민 학교		중학교 과정의 교육을 받지 못하고 취학연령을 초과한 자 또는 일반 성인에게 국민생활에 필요한 중등보통교육 및 직업교육을 실시하는 것을 목적으로 함	초등학교 또는 공민학교 졸업자	1~3년 (170일 이상)
고등기술 학교		국민생활에 직접 필요한 직업기술교육을 실시하는 것을 목적으로 하는 학교 실업계고등학교만으로는 불충분한 산업사회의 수요에 따른 기능공을 양성하기 위한 직업교육기관	고등공민학교 (3년제), 중학교 졸업자 및 동등 학력 이상의 학력 소지자	1~3년
방송통신 고등학교		방송 및 통신으로 교육을 제공함	중학교 졸업자 및 이와 동등 이상의 학력인정자	3년
산업 대학	고등교육법 및 시행령	산업사회에서 필요로 하는 학술 또는 전문조인 지식이나 기술의 연구와 연마를 위한 교육을 계속하여 받으려는 사람에게 고등교육의 기회를 제공하여 국가와 사회의 발전에 이바지할 산업인력을 양성함을 목적으로 함		제한없음
원격대학		국민에게 정보·통신 매체를 통한 원격교육으로 고등교육을 받을 기회를 제공하여 국가와 사회가 필요로 하는 인재를 양성함과 동시에 열린 학습사회를 구현함으로써 평생교육의 발전에 이바지함을 목적으로 함		2~4년
기술대학		산업체 근로자가 산업현장에서 전문적인 지식·기술의 연구·연마를 위한 교육을 계속하여 받을 수 있도록 함으로써 이론과 실무능력을 고루 갖춘 전문인력을 양성함을 목적으로 함		2년

구분	근거 법령	목 적	대상	수업연한
각종학교	각종학교	학교와 유사한 교육기관 (중등 및 고등교육기관에 있음)		
	외국인학교	국내에 체류 중인 외국인의 자녀와 외국에서 일정 기간 거주하고 귀국한 내국인 중 대통령령으로 정하는 사람을 교육하기 위하여 설립된 학교		
	대안학교	학업을 중단하거나 개인적 특성에 맞는 교육을 받으려는 학생을 대상으로 현장 실습 등 체험 위주의 교육, 인성 위주의 교육 또는 개인의 소질·적성 개발 위주의 교육 등 다양한 교육을 하는 학교		180일 이상

3) 학교 외 제도

학교 외 제도는 기본학제와 특별학제 외에 교육법규에서 규정하지 않은 교육부 이외 부처 산하의 학교·훈련원·훈련소 등의 교육제도를 의미한다. 미래창조부 산하 한국과학기술원(KAIST), 기능대학, 경찰대학, 국방부의 삼군사관학교 및 간호사관학교, 국방대학교 등은 정규 학제의 교육기관과 대등한 역할을 수행한다. 이 외에 다양한 부처 산하의 연수원 등에서 지원하는 각종 교육과정, 훈련과정, 연수과정, 민간 단체나 기업체에서 실시하는 각종 사내교육 및 연수과정 등도 학교 외 제도에 포함된다.

라. 미래 학제 모형[4]

미래 학제모형을 제시하기 위해서는 현행 학제가 지니는 문제점을 먼저 제시할 필요가 있다. 즉 미래 학제모형은 현재 학제의 문제점을 극복하고

---

[4] 이 부분은 '박재윤 외(2007). 미래사회에 대비한 학제개편 방안(Ⅱ). 한국교육개발원'의 내용을 참고하여 정리함.

더 발전적인 방향으로 설계되어야 하기 때문이다. 먼저 현행 우리나라의 학제는 교육급과 학교급의 분류를 너무 연령에 의존하는 경직된 구조를 지니고 있는데다가 학생발달의 다양성을 고려하는 유연한 제도로서는 미흡하다는 점을 지적할 수 있다. 조기 입학이나 초·중등통합운영제도가 도입되어 있기는 하지만 매우 예외적으로 적용되고 있다. 학교의 종류를 다양하게 하려는 시도가 있어왔지만 종류가 아닌 운영 형태의 다양화가 필요하다. 또한 단선형 학제를 표방하기는 하지만 인문-실업의 이분법적 구조가 반복되고 있다.

이 외에도 현행 학제는 학제 구성요소간 연결에 대한 이동(transfer) 지침이 모호하고, 학과나 과정 간의 연결제도 역시 모호한 문제를 지니고 있다. 새로운 학교와 과정이 도입되지만 기존 요소들과의 연계가 잘 되지 않고 있으며, 선발제도로 대변되는 구성 요소들간의 수직적 연결 역시 논란의 소지를 안고 있다. 예를 들어, 과학고 및 외고의 학생선발, 특성화 고등학교의 선발제도는 본래 취지와 맞지 않다는 점을 들 수 있다.

미래 사회의 인구통계학적 추세를 감안해 볼 때, 현행 학제는 매우 획일적이며 경직된 체제적 특성을 지니고 있다. 현행의 중앙집권적이고 관료적인 교육체제는 교육프로그램의 획일성으로 인해 교육수요자로부터 외면받을 수 있어 학교의 생존을 보장받기 어려운 시대가 도래할 수 있다. 따라서 이러한 문제점을 극복하기 위한 하나의 방안으로 학제간 정합성 구현, 학제의 다양성과 유연성을 제고하려는 시도 등이 있어 왔다. 현행 6-3-3-4제의 수업연한을 5-3-4제([그림 4-2] 참조), 5-3-3-4제 등으로의 개편, 초등학교 만5세 취학 학령제, 9월 학기제, 자유학기제, 고등학교 과정제도(코스이수) 활성화, 고등학교 및 대학 조기이수제, 휴가분산제 등을 들 수 있다. 이 외에도 대상별로 특화된 학제 개편도 가능한데, 중·고령자, 여성, 외국인자녀, 소규모학교, 소외계층 등을 대상으로 한 학제도 고려할 수 있을 것이다(박재윤 외. 2007).

예를 들어, 교육과정 설계를 중심으로 5-3-4제 학제도 고려할 수 있다. 각 학교 단계의 성격은 교육과정의 성격을 규정하는 방식에 따라 세 가지로 개념화할 수 있다.

첫째, 기존 10년간의 국민공통기본교육과정 체제를 유지하는 것을 전제로, 4년의 고등학교 기간을 국민공통기본교육과정에 속하는 2년과 그 후의 2년으로 나누어 설계하는 방식이다(방안 1). 즉, 고등학교 전반기 2년간은 국민공통기본교육과정으로 운영하고, 후반기 2년은 선택교육과정 중심으로 운영하여 진학과 취업준비 교육에 집중하려는 것이다. 이 방안에 따르면, 전체 교육기간은 학교급별 기간과 별도로 10년의 보통교육과 2년의 전문교육 기간으로 나누어진다.

둘째, 국민공통기본교육과정을 9년으로 설계하여, 고등학교 1학년까지는 국민공통기본교육과정을 이수하도록 하고, 그 후 3년간은 새로운 개념의 고등학교 교육과정을 설계하는 방식이다(방안 2). 이 방안은 (방안 1)에 비하여 고등학교 교육의 특성을 더 강하게 살릴 수 있다는 장점이 있고, 다음의 (방안 3)에 비하여 국민공통기본교육과정 이수기간을 소폭 단축함으로써, 보통교육 약화에 대한 비판에서 상대적으로 자유롭다는 장점이 있다.

셋째, 기존 국민공통기본교육과정을 8년으로 단축하여 중학교 단계까지 보통교육을 마치고, 고등학교는 전문교육의 성격을 강하게 나타내도록 구성하는 것이다(방안 3). 이 방안은 5-3-4제 학제개편의 가장 큰 취지가 고등학교 교육의 강화라는 점에서 학제개편의 취지를 가장 잘 구현할 수 있다는 장점이 있는데 반하여, 국민공통기본교육과정 이수기간의 단축으로 보통교육의 약화를 초래할 수 있다는 비판에 직면할 수 있다.

2. 교육제도

⟨방안 1⟩

초등학교(5년)	중학교(3년)	고등학교(2년)	고등학교(2년)
국민공통기본교육과정(10년)			

⟨방안 2⟩

초등학교(5년)	중학교(3년)	고등학교(1년)	고등학교(3년)
국민공통기본교육과정(9년)			

⟨방안 3⟩

초등학교(5년)	중학교(3년)	고등학교(4년)
국민공통기본교육과정(8년)		

[그림 4-2] 교육과정 중심 5-3-4제 설계

4. 교육법과 교육제도

 생각해볼 문제

◆ 우리나라의 주요 교육관련 판례를 찾아 주요 내용을 요약하고 이에 대한 자신의 의견을 제시해 봅시다.
◆ 한국 현행 학제의 문제점을 제시하고 미래 학제 모형을 구상해봅시다.

 **참고문헌**

강원근 외(2007). **초등교육행정론**. 교육과학사.
권기욱 외(2011). **교육행정 및 교육경영**. 보현사.
김영식 외(1982). **교육제도의 이념적 현상**. 교육과학사.
김종철 외(2014). **학교관련소송**. 법률문화원.
박재윤 외(2007). **미래사회에 대비한 학제개편 방안(Ⅱ)**. 한국교육개발원.
윤정일 외(2011). **교육행정학원론**(제5판). 학지사.
조석훈·김용(2007). **학교와 교육법**. 교육과학사.
천세영 외(2006). **교육행정 및 교육경영**. 학지사.
표시열(2008). **교육법**. 교육과학사.
한국교원단체총연합회(2000). **교원과 법률**.
한국교육행정학회(1996). **교육제도론**. 하우.

국가법령정보센터(www.law.go.kr)
헌법재판소(www.ccourt.go.kr)
대법원(www.scourt.go.kr)
법제처(www.moleg.go.kr)

M·E·M·O

5 CHAPTER 교육조직

> **학교는 어떤 조직인가?**
> 우리가 살고 있는 사회에는 정부, 기업, NGO, 학교 등 다양한 목적과 기능을 가진 조직들이 있다. 학교는 이러한 조직들 가운데 하나로서 조직이론의 관점에서 연구되어 왔다. 학교는 목표, 구성원, 권력 관계, 갈등, 변화, 환경 등 일반적인 조직의 구조와 유사한 모습이면서 동시에 다른 조직들과 분명하게 구별되는 독특한 특성을 갖고 있다.
> 5장에서는 이러한 학교조직을 이해하기 위해서 조직 이론의 기초 개념과 구성요소, 유형을 살펴본 후 학교조직의 특성을 파악하고, 학교조직의 특성을 분석한 학교조직 풍토와 문화를 소개하였다. 마지막으로 학교조직에 직간접적으로 영향을 주는 외부 환경에 대해 살펴보았다.

- 조직이론
- 학교조직
- 학교조직의 외부 환경

1. 조직 이론

가. 조직의 개념 및 구성요소

인간은 '사회적 동물'이다. 즉 인간은 더불어 살아가는 존재로서 인간의 삶은 공동생활인 사회적 삶이라고 할 수 있다. 이러한 인간의 공동생활은 의도적으로 만들어진 조직이라는 틀 속에서 이루어지기 때문에 인간의 삶에서 조직은 매우 중요하다. 국내외 여러 학자들은 조직의 개념을 다음과 같이 다양한 관점에서 정의하였다.

- 여러 가지 기능과 책임의 분담을 통해 합의된 목적 달성을 위한 인적 배치 (Gauset et al., 1936)
- 두 사람 이상이 의도적으로 만든 활동 또는 힘의 체제 (Barnard, 1938)
- 직무수행을 위해 설계된 도구이며 의도적으로 조정된 활동 체제 (Selznick, 1957)
- 계속적이고 의도적인 특정한 종류의 활동 체제(Weber, 1958)
- 특정한 목적을 성취하기 위하여 의식적으로 구성되고 재구성되는 사회적 단위 (Etzioni, 1961)
- 생산구조와 생산지원 및 유지 구조, 공식적 역할 구조, 권한 구조, 관리 구조를 가진 사회적 체제 (Katz & Khan, 1978)
- 인간의 집합체로서 특정한 목표 추구를 위하여 의식적으로 구성한 사회적 단위 (오석홍, 2003)

- 둘 이상의 사람들이 일정한 목표를 추구하기 위하여 의식적으로 구성한 사회 체제 (윤정일 외, 2008)
- 체제적인 인간의 집합체로서 공동 목표를 가지고 인간의 상호작용이 이루어지는 사회적 단위 (송미섭 외, 2010)

이상과 같이 조직의 개념에 대한 정의는 학자에 따라 다소 차이가 있다. 그러나 학자들의 개념 정의를 종합해 보면, 조직의 개념은 목표(또는 목적), 구성원, 구조(structure), 기술(technology), 환경 등으로 설명되고 있다. 이와 관련하여 Scott(2003)는 조직의 구성요소로 목표, 구성원, 기술, 사회적 구조(social structure), 환경을 다음과 같이 제시하였다. 목표는 구성원들이 달성해야 할 과업수행의 결과이고, 구성원은 조직에 참여하는 사람들을 의미한다. 기술은 시설과 장비 등의 하드웨어와 지식과 기술 등의 소프트웨어로 구성된다. 사회적 구조는 조직 구성원 사이에 존재하는 관계의 양상을 의미한다. 사회적 구조는 가치, 규범, 역할 등의 규범적 구조와 상호작용, 의사소통 등의 행동구조로 구분된다. 환경은 조직과 영향을 주고 받는 다양한 외부 요인을 의미한다. 이 때 다양한 외부 환경(정치, 경제, 사회 환경)과 조직은 상호의존적인 관계로서 개방체제(open systems)이다. 즉, 조직은 외부환경과 끊임없이 영향을 주고 받으며 서로 의존한다.

조직의 개념은 체제(systems) 이론과 관련된다. 체제는 개체 전체(unitary whole)와 하위 요소(parts or elements), 개체와 하위 요소 간 상호작용, 그리고 투입(input), 과정(throughput or process), 산출(output), 환경(environment)으로 설명된다(Immegart, 1969). 즉 체제와 환경 간에는 경계가 있으며, 내·외적 요인이 작용하고, 상·하위 체제로 구성되어 있다. 체제 이론은 1920년대 후반 독일의 생물학자 Ludwig Von Bertalanffy가 생물생태를 설명하기 위해 '체제' 라는 용어를 사용하면서 본격적으로 논의되었다. 그 후 1950년대를 기점으로 체제 이론은 사회과학 분야에서 일반체제이론(general systems theory)으로 부각되었고, 개방체제(open systems)의 개념이 더해지면서 사회체제이론(social systems theory)으로, 기술적 측면(technology)을 포함하여 사회기술체제이론(social technology system)으로 발전되었다. 특히 사회기술체제이론은 과업(task), 구조(structure), 기술(technology), 사람(people)을 기본적인 구성요소로 하고 있으며 모든 사회조직을 기술과 사회체제로서 인간조직을 복합작용으로 취급한다. 기술과 사회체제는 상호작용을 하면서 상호 결정요인으로 작용한다. 이러한 사회기술체제이론의 구성요소는 조직의 개념정의에서 언급된 구성요소와 일맥상통한다.

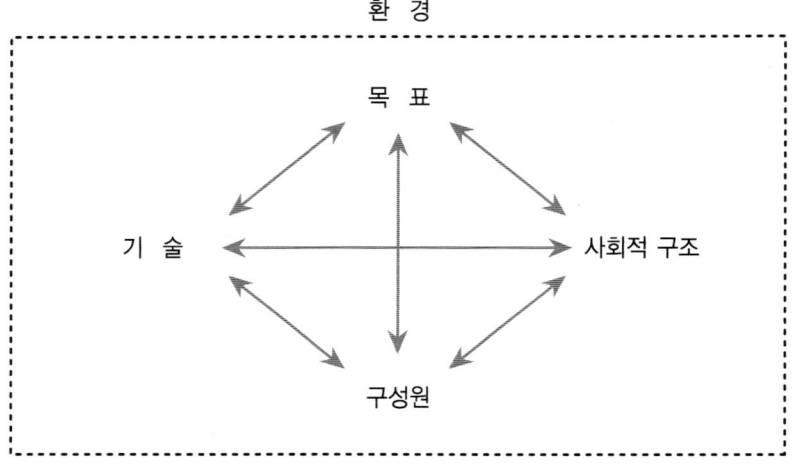

[그림 5-1] 조직의 구성요소

나. 조직의 구조와 유형

조직의 구조와 유형은 조직의 특성을 이해하는 데 도움을 준다. 조직의 구조는 모든 조직에서 나타나는 공통적인 특징과 기본적인 형태이고, 조직의 유형은 조직들 간 차이를 확인하는 분류 기준이다.

1) 조직의 구조

(1) 공식 조직과 비공식 조직

공식 조직(formal organization)과 비공식 조직(informal organization)은 발생 원인에 따라 구분된 것이다. 즉 공식 조직은 조직의 목적을 달성하기 위해 의도적으로 구성된 조직이고, 비공식 조직은 공식 조직의 내부에서 구성원 간 상호작용에 의해 자생적으로 형성된 조직이다. 따라서 공식 조직에는 위계적 구조, 직무에 따른 구분, 형식적인 규정, 공식적 의사소통 및 리더십이 있다. 반면, 비공식적 조직은 비공식적인 구조, 파벌에 따른 구분, 형식이 없는 규범, 개인적 관계, 비공식적 의사소통 및 리더십이 있다. 이러한 공식 조직과 비공식 조직의 차이를 좀 더 구체적으로 정리하면 다음과 같다.

〈표 5-1〉 공식 조직과 비공식 조직의 특성 비교

	공식 조직	비공식 조직
구성	구성원 전체	구성원 중 일부
성립 요건	• 권한의 계층 • 명료한 책임 분담 • 표준화된 업무 수행 • 몰인정적인 인간관계	• 혈연, 지연, 학연 • 취미 • 종교 • 이해관계
수명	제한적인	계속되기도 함
형태	외면적, 가시적	내면적, 비가시적
규모	대규모	소규모
과업 분담	계층에 따른 분명한 분담	계층이나 구성원의 역할 분담이 불분명
운영 원리	능률성, 합리성	감정, 비합리성

이상과 같이 공식 조직과 비공식 조직은 상이하다. 그러나 공식 조직과 비공식 조직은 모두 구성원들의 활동과 상호작용으로 고유한 정서(sentiment)가 만들어지는 공통점이 있다. 또한 비공식조직이 공식조직의 내부에서 자연적으로 발생하고 유지된다는 점에서 두 조직 간에는 직·간접적인 영향관계가 존재한다고 볼 수 있다.

비공식 조직은 공식 조직의 기능을 보완해 주는 순기능과 역기능을 모두 갖고 있다. 비공식 조직의 순기능과 역기능을 정리하면 다음과 같다.

〈표 5-2〉 비공식 조직의 순기능과 역기능

순기능	역기능
• 비공식 조직은 조직단위 간 또는 구성원 간 협조체제를 강화시키고 의사소통의 통로를 넓힘으로써 공식 조직에서 미처 해결하지 못한 점을 보완해 준다. • 구성원들의 사회적 욕구를 해결해 준다. • 구성원 간 협력, 지식 및 경험 공유 등으로 공식 조직의 경직성을 완화한다. • 구성원 간 행동기준을 확립하고 유지하는 기능으로 집단의 응집력을 높게 한다.	• 조직 내 파벌집단을 형성하여 대립, 갈등, 분열을 조장할 가능성이 있다. • 비공식 조직의 목표는 공식 조직의 목표에 도전 또는 대항하여 공식 조직의 목표를 유명무실하게 만들 수 있다. • 개인의 목적을 위해 동원되거나 이용되는 경우가 있다. • 책임 소지가 불분명하여 근거 없는 소문, 거짓 정보, 유언비어 등이 쉽게 생겨날 수 있다.

비공식 조직의 순기능과 역기능이 공식 조직에 주는 영향을 정리해 보면, 비공식 조직은 공식 조직의 경직성을 완화시키고, 조직단위 또는 구성원 간 협조체제를 강화시키고, 의사소통의 통로를 확장시켜 공식 조직의 직무 능률에 도움을 준다. 그러나 공식 조직에 대하여 파벌을 조장하여 적대감정, 대립, 갈등, 분열을 조장하고, 왜곡된 정보를 만들어 공식조직의 사기를 저하시키고, 극단적으로 공식 조직의 기능을 마비시킬 수도 있다.

학교 내의 공식조직은 사무분장에 따라 조직도에 나타난 교무기획부, 교육연구부, 생활지도부, 교육정보부, 진로상담부 등이 대표적인 사례이고,

비공식조직에는 교사들 간 개인적 친분, 유사한 취미, 출신 대학 동문 등으로 형성된 사적인 모임이 해당된다.

(2) 계선 조직과 참모 조직

계선 조직과 참모 조직은 조직 내 권한과 책임의 정도에 따라 구분된 것이다. 계선 조직은 상층부로부터 결정이 내려지고 참모 조직은 책임자의 결정을 돕고 실천하는 데 기여하는 조직이다. 즉 계선 조직은 조직의 목표 달성에 직접적으로 기여하는 반면 참모 조직은 간접적으로 기여한다.

계선 조직은 지휘명령계통이 명확히 정립되어 업무를 직접 수행하는 제1차적인 조직이다. 따라서 계선 조직은 명확한 권한과 책임의 한계에 따라 효율적이고 능률적인 업무수행, 신속한 의사결정, 강력한 통솔력 등 장점이 있다. 그러나 복잡하고 과다한 업무 처리, 상급자의 주관적이고 독단적인 결정, 전문가의 지식과 경험 활용 부족, 조직의 경직성 등 단점이 있다. 한편 참모 조직은 계선 조직이 효과적으로 목표를 달성할 수 있도록 지원 및 보조해 주는 조직이다. 참모 조직은 전문적 지식과 경험에 토대를 둔 합리적 결정, 수평적인 업무 조정, 상급자의 독단과 전횡 방지, 조직의 신축성 등이 장점이다. 그러나 구성원 간 갈등과 불화 가능성, 과다한 경비 지출, 의사전달의 혼란, 책임 전가 등이 단점이다. 계선 조직과 참모 조직 다음과 같은 특성을 갖는다.

〈표 5-3〉 계선 조직과 참모 조직의 특성 비교

	계선 조직	참모 조직
과업	집행	기획, 조사, 정보수집
역할	위임된 권한 행사	조언
권한	의사결정, 책임, 상벌	없음
성격	직접적, 보수적, 현실적	간접적, 진보적, 이상적

이상과 같이 계선 조직과 참모 조직은 과업, 역할, 권한, 성격 등에서 차이가 있다. 그러나 이러한 차이에도 계선 조직과 참모 조직은 조직의 공동목표를 가지고 있는 상호의존적인 관계이다. 따라서 공동목표를 달성하기 위해서는 조화를 이루어야 한다. 교육행정 기관을 살펴보면, '중앙교육행정기관(교육부)-지방교육행정기관(시도교육청과 교육지원청)-단위학교'의 계선 조직의 구조를 갖고 있으면서 동시에 참모 조직의 역할을 하는 각종 위원회로부터 조언을 받는다.

2) 조직의 유형

조직들 간 차이를 비교하여 유형을 구분하는 것은 조직의 특성을 이해하는데 도움이 된다. 조직의 유형에 대한 관심은 1960년대 이후부터 본격적으로 나타나기 시작했는데, 분류 기준에 따라 다양한 형태의 모형이 제시되었다. 여기서는 학교조직을 포함하고 있는 Talcott Parsons, Amitai Etzioni, Peter M. Blau와 Richard W. Scott, Richard O. Carlson 등의 모형을 살펴본다.

(1) Parsons의 조직 유형론

Parsons(1960)는 조직이 수행하는 사회적 기능을 기준으로 생산조직(production organization), 정치적 목표지향 조직(political-goal oriented organization), 통합 조직(integrative organization), 유형유지 조직(pattern maintenance organization)으로 분류하였다. Parsons의 분류에 따르면 학교는 사회를 지속적으로 유지하는 기능을 수행하는 조직으로 '유형유지 조직'에 속한다.

〈표 5-4〉 Parsons의 조직 유형

조직 유형	사회적 기능	특성	대표 사례
생산 조직	적응	사회가 소비하는 재화와 비용을 생산	기업
정치적 목표 지향 조직	목표 성취	사회내부에 정치권력을 배분하며 바람직한 가치를 가진 목표를 달성하도록 보장	정부기관
통합 조직	통합	사회의 갈등을 해소하고 구성원의 동기를 유발하며 사회 구성원 전체를 통합	법원
유형유지 조직	유형유지	사회를 계속 유지	학교

(2) Etzioni의 조직 유형론

Etzioni(1961)는 순응(compliance)을 기준으로 조직을 분류하였다. 순응은 구성원을 통제하기 위해 행사하는 권력과 그에 대한 구성원의 태도 사이에서 형성된 관계를 의미한다. Etzioni는 권력과 참여(power and involvement)는 조직의 질서와 구조에서 복종 관계를 형성시킨다고 보았다. 권력은 통제수단으로 물리적 수단인 강제적 권력(coercive power), 물질적 수단인 보상적 권력(remunerative power), 상징적 수단인 규범적 권력(normative power)이 있고, 참여는 소외적 참여(alienative involvement), 타산적 참여(calculative involvement), 도덕적 참여(moral involvement)로 구분된다. 이러한 권력과 참여에 발생하는 순응에 따라 조직의 유형을 다음과 같이 제시하였다. Etzioni의 분류에 따르면, 학교는 규범적인 권력이 사용되고 구성원들이 도덕적으로 참여하는 '규범적 조직'에 해당된다.

권력 \ 참여	소외적 참여	타산적 참여	도덕적 참여
강제적 권력	강제적 조직		
보상적 권력		공리적 조직	
규범적 권력			규범적 조직

[그림 5-2] Etzioni의 조직 유형

첫째, 강제적 조직은 물리적 제재와 위협과 같은 강제적인 통제수단을 사용하여 구성원들이 명령에 복종하도록 함으로써 구성원들이 소외의식을 갖게 되는 조직이다. 대표적인 사례로는 강제수용소, 형무소 등이 있다. 둘째, 공리적 조직은 보수와 같은 물질적 보상을 통제수단으로 사용하여 구성원들이 이해타산을 따져 참여하는 조직이다. 예컨대 기업체, 경제단체 등이 여기에 해당된다. 셋째, 규범적 조직은 상징적, 도덕적 가치를 주요한 수단으로 사용하는 조직으로 위신, 존경, 애정, 신념, 사명감 등을 강조함으로써 구성원이 소속감을 갖도록 한다. 학교, 종교단체 등이 여기에 속한다.

(3) Blau와 Scott의 조직 유형론

Blau와 Scott(1962)는 조직 활동의 주된 수혜자(prime beneficiary)를 기준으로 조직을 분류하였다. 주된 수혜자란 단순히 혜택을 받는다는 의미가 아니라 조직에 관여하는 다른 집단이나 개인보다 우선적으로 보상을 받는 집단을 의미한다. 이러한 주된 수혜자를 기준으로 호혜조직(mutual benefit associations), 사업조직(business concerns), 공공조직(commonwealth organizations), 봉사조직(service organizations)으로 분류하였다. Blau와 Scott는 하나의 조직이 반드시 하나의 조직 유형에 속하는 것은 아니며, 혼합형의 존재가 가능하다고 보았다. Blau와 Scott의 조직 유형 분류에서 학교는 주된 수혜자인 고객에게 서비스를 제공하는 봉사조직으로 분류되었다.

〈표 5-5〉 Blau와 Scott의 조직 유형

조직 유형	주된 수혜자	특 성	대표 사례
호혜조직	구성원	구성원의 참여와 통제를 보장	정당, 노동조합
사업조직	소유주	이윤과 능률의 극대화	제조회사, 금융기관
공공조직	일반 대중	대중에 의한 통제가 가능한 민주적 장치	군대, 행정기관
봉사조직	고객	서비스 제공	학교, 병원

(4) Carlson의 조직 유형론

Carlson(1963)은 봉사조직에 있어서 고객선발 방법을 기준으로 조직을 분류하였다. 즉 조직과 고객이 서로를 선택하는 권한의 유무를 기준으로 네 가지 유형을 제시하였다.

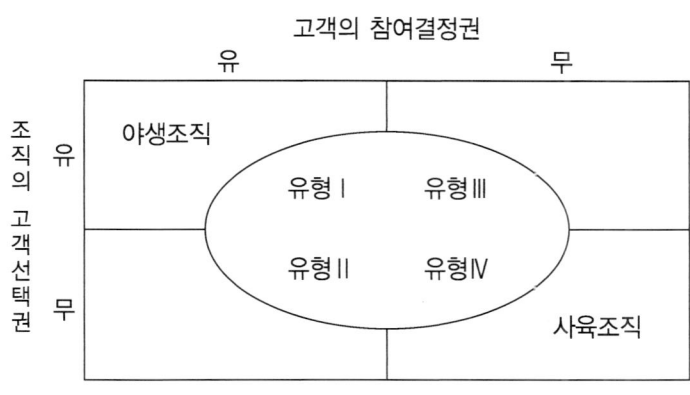

[그림 5-3] Carlson의 조직 유형

첫째, 유형I은 조직과 고객이 독자적인 선택권을 가지고 있는 조직이다. 사립학교, 대학, 개인병원 등이 여기에 속한다. Carlson은 유형I을 야생조직(wild organization)이라고 하였다.

둘째, 유형II은 조직이 고객을 선택할 권리는 없고 고객이 조직을 선택할 권리만 있는 조직이다. 미국의 주립대학의 경우 신입생의 일정 비율을 주 출신자를 의무적으로 선발하도록 되어 있어 여기에 속한다.

셋째, 유형III는 조직은 고객선발권이 있지만 고객이 조직선택권이 없는 조직이다. 이러한 봉사조직은 이론적으로 가능할지 모르지만 실제에서는 찾아보기 어렵다.

넷째, 유형IV는 조직이나 고객 모두 선택권을 갖지 못하는 조직이다. 여기에는 공립학교, 정신병원, 형무소 등이 속하고 이 유형은 사육조직(domesticated organization)이라고 한다.

2. 학교조직

학교조직은 조직의 구성요소인 목표, 구성원, 기술, 사회적 구조, 환경으로 설명된다. 즉 학교조직도 다른 조직과 마찬가지로 달성해야 할 목표, 과업을 수행하는 구성원, 과업 수행 과정에 필요한 각종 기술, 구성원들의 상호작용인 사회적 구조, 그리고 환경적 요소를 갖추고 있다. 또한 학교조직은 공식/비공식 조직, 계선/참모 조직의 구조를 갖는다. 그러나 학교조직은 다른 조직과 구별되는 독특한 특성을 가지고 있고, 학교들 간 차이는 학교의 고유한 풍토와 문화에 의해서 구분된다. 여기서는 다른 조직과 구별되는 학교조직만의 특성과 학교조직의 풍토와 문화에 대해 살펴본다.

가. 학교조직의 특성

1) 전문적 관료제

Weber의 관료제는 조직의 일반적인 형태인데 학교조직은 이러한 관료제의 성격을 갖고 있다. 예를 들어, 학교는 효율적인 교육목표 달성을 위해 전문화와 분업을 체제를 갖추고 있고, 공문서 중심의 업무 처리인 몰인정성이 작용하며, 엄격한 권위의 위계, 학교구성원을 통제하는 규정과 규칙, 전문적 능력에 기초한 교원 선발과 같은 전문적 경력을 중시한다.

그러나 학교조직은 계층, 규칙, 권위를 강조하는 관료제적 특성을 가지면서 동시에 교사의 전문성에 기초한 자유재량권이 인정된다. 특히 교사는 다른 관료제 조직의 하위직 구성원들과 달리 독립적인 공간인 교실에서 각기 다른 배경의 학생을 가르치면서 상당한 자유재량권을 행사한다. 학교조직의 교사는 다른 관료제 조직과 다르게 엄격한 감독 대신 교사자격증, 표준화된 교육과정 및 교과서, 정해진 과정에 따른 학습평가 등으로 통제된다. 이러한 학교조직의 특성을 관료제와 전문직제가 혼합된 '전문적 관료제'라고 한다.

2) 이완 조직

Weick(1976)은 학교조직의 특성을 이완 결합체제(loosely coupled system)로 설명하였다. 이완 결합체제는 견고한 결합의 반대 개념으로 분리, 독립의 형태로 느슨하게 결합된 체제를 의미한다. 조직의 개념에서 느슨한 결합은 각각의 사건들이 자신의 정체성을 보존하면서 물리적, 논리적 독립성을 가지는 경우이다. 학교조직의 이완 결합체제는 독립적인 단위인 교실에서 교사의 평가, 교수방법, 교육권 등 자율성이 보장된다는 것을 의미한다.

3) 조직화된 무정부

Cohen, March, Olsen(1972)은 학교조직의 특성을 조직화된 무질서(organized anarchy)라는 용어로 설명하였다. 조직화된 무질서는 불분명한 목표, 불확실한 기술, 유동적인 참여를 특징으로 한다. 학교조직은 목표를 가지고 있지만 구체적이고 분명하지 않고 추상적이다. 그리고 학교조직에서 목표달성을 위해 다양한 교수-학습 기술이 활용되지만 이는 확실하게 합의된 기술이라기보다 개별적 성격이 강하다. 또한 학교조직의 구성원인 학생, 교원, 학부모, 지역사회 인사들은 일정 기간이 지나면 이동하거나 필요할 때만 참여하는 유동적인 속성이 있다.

이상과 같이 학교조직은 엄격한 통제와 자율성 보장이 보장된 이중성을 가지고 있다. 교수-학습의 측면에서는 매우 느슨하게 결합되었지만 수업 행동에 영향을 미치기 위한 외적 조건에서는 단단하게 결합되어 있다. 즉 행정적 영역에서는 교장이 주도권을 행사하지만 교수-학습 영역에서는 교사의 자율성이 보장된다.

나. 학교조직의 풍토와 문화

1) 학교조직의 풍토

학교조직의 풍토는 학교 구성원이 학교조직 내에서 경험하는 총체적인 조직환경의 질을 의미한다. 즉 학교는 자신만의 독특한 개성을 갖고 있는 조직으로서 고유한 학교풍토는 다른 학교와 구별되는 기준이 되기도 한다. Owens(1970)는 이러한 학교풍토를 학교의 분위기, 학교의 인격이라고 표현하였다.

Halpin과 Croft(1962)의 연구는 학교조직의 풍토에 관한 선구적인 것으로 평가된다. 이들은 교사집단의 특성과 교장의 행동 특성을 각 4개의 하위변인으로 세분화하여 총 64문항으로 구성된 조직풍토질문지(Organizational Climate Description Queationnaire: OCDQ)를 개발하였다. 교사집단의 하위변인은 장애(hindrance), 친밀(intimacy), 방임(disengagement), 사기(esprit)이고, 교장 행동의 하위변인은 성과지향(production emphasis), 냉담(coldness), 인화(consideration), 추진(thrust)이다. 조직풍토질문지의 64문항은 점수를 종합하여 학교풍토를 개방적 풍토, 자율적 풍토, 통제적 풍토, 친교적 풍토, 간섭적 풍토, 폐쇄적 풍토로 유형화하였다. 그러나 조직풍토질문지에 대한 타당성과 신뢰성에 문제가 제기되면서, Hoy와 Clover(1986)에 의해 초등학교용으로 수정되었고, Kottkamp 외(1987)는 중등학교용을 개발하였다. 한편 한국의 학교풍토에 맞는 측정도구의 필요성이 제기되었는데 노종희(1990)는 OCDQ

를 토대로 한국판 학교조직풍토질문지(OCDQ-KOR)를 개발하였다.

2) 학교조직의 문화

학교조직의 문화는 구성원들이 공유하는 철학, 신념, 가정, 가치, 규범 등을 의미한다. 이러한 학교문화에 관한 개념정의는 학교풍토와 서로 중복되는 부분이 있다. 그러나 조직풍토를 행동지각으로 정의하고 조직문화를 공유된 가치관이나 규범으로 정의한다면 두 개념 간의 차이가 어느 정도 구분될 수 있다.

Steinhoff와 Owens(1989)는 공립학교의 학교문화를 연구하였다. 이 연구는 비유(metaphor)를 사용하여 학교조직의 문화를 가족문화, 기계문화, 공연문화, 공포문화로 유형화하였다. 가족문화를 가진 학교는 교장이 부모나 코치로 묘사되고 구성원은 의무를 넘어 서로에 대한 관심으로 가족의 일부분으로 제 몫을 다하기를 요구받는다. 가족문화와 같은 학교에서는 구성원이 서로 애정이 넘치고, 협동적이며 보호적이다. 기계문화에 속하는 학교에서는 목표달성을 위해 교사를 기계처럼 이용하고 교장은 자원을 획득하기 위한 역할로 설명된다. 공연문화의 학교에서 교장은 공연의 사회자, 서커스단의 단장으로 비유되고 청중의 반응을 중시한다. 마지막으로 공포문화를 가진 학교조직은 교장이 교사를 희생의 제물로 삼는 현상에 비유된다. 공포문화를 가진 학교에서 교사들은 고립된 생활을 하고 사회적 활동을 거의 하지 않으며 서로를 비난하고 적의를 가지게 된다.

3. 학교조직의 외부 환경

학교조직의 환경은 앞서 소개한 개방 체제(open systems)의 관점에서 설명할 수 있다. 우선 개방 체제로서 학교조직은 다양한 외부 환경과 지속적으로 상호작용을 한다. 외부 환경과의 상호작용은 학교조직의 운영에 있어서 중요한 부분이다. 학교조직에 영향을 주는 외부 환경은 사회적, 문화적, 경제적, 인구학적, 정치적 요인 등으로 매우 복합적인데 이러한 요인들은 학교조직의 내부 과정에 영향을 준다. 이와 관련하여 Hoy와 Miskel(2010)은 학교조직의 외부 환경을 다음과 같이 정리하였다.

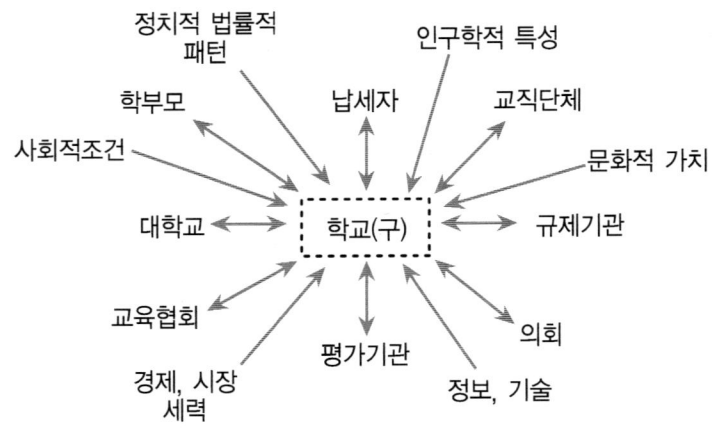

[그림 5-4] 학교와 외부환경

* 출처 : Hoy & Miskel(2005: 254) 재구성

[그림 5-4]에서와 같이 학교(구)는 복합적인 외부 환경으로부터 영향을 받는다. 학교의 외부 환경인 기술과 정보의 발달, 정치와 법률적 패턴, 사회적 조건, 문화적 가치, 경제와 시장의 요구, 인구학적 변화 등은 학교의 구조와 교육과정에 영향을 준다. 그리고 학부모, 교직단체, 대학교, 평가기관 등 다양한 이해집단들은 학교교육에 직간접적으로 영향을 준다. 우리나라의 경우에도 각종 학부모 단체, 교직단체, 행정기관, 대학교 등이 추구하는 목적에 따라 각기 다른 형태로 학교에 영향을 주고 있다. 학교조직은 이러한 외부 조직들과 협력하기도 하고 갈등하기도 한다.

학교에 영향을 주는 대표적인 외부 환경은 정치, 사회, 경제 등 매우 다양한데 여기서는 교직 단체, 학부모 단체, 총동창회를 Scott(2003)가 제시한 조직의 구성요소로 목표, 구성원, 기술, 사회적 구조, 환경으로 살펴본다.

가. 교직단체

교직단체의 특성을 Scott(2003)가 제시한 목표, 구성원, 기술, 사회적 구조, 환경의 관점에서 설명하면 다음과 같다.

- 목표 : 교원의 권익, 복지, 임금, 처우, 근무 조건, 전문성 향상 등 다양한 목표를 가지고 있다. 이러한 목표는 교직단체가 하나의 조직으로서 수행해야 하는 역할과 관련되는데, 교직단체의 역할은 교원의 경제사회적 지위 향상 등 교원의 집단적 이익을 추구하는 것, 교원의 전문성을 신장시키는 것, 교육정책 형성과 집행 과정에 참여하는 것 등이 있다.
- 구성원 : 교직단체에 참여하는 구성원은 대부분 현직 교원들이다. 교직단체의 성격에 따라 구성원의 자격을 관리자와 일반 교사로 구분하

기도 한다.
- 기술 : 교직단체는 교원의 권익을 대표하여 교육부, 교육청, 사립학교 경영자와 교섭, 협의, 협약을 한다. 따라서 교직단체는 대외적인 협상력, 전문 지식 등 다양한 기술을 중요한 요소로 한다.
- 사회적 구조 : 교직단체는 공동의 목표를 추구하기 때문에 공유하는 가치가 같다. 그러나 어떠한 교직관을 가지고 있는가에 따라 교직단체의 규범, 역할 등이 달라진다. 일반적으로 교직관은 성직관, 전문직관, 노동직관으로 구별되는데 각 교직관에 따라 윤리성, 전문성, 경제성 등을 나타낼 수 있다.
- 환경 : 교원단체의 외부 환경으로는 교섭 대상인 정부, 교육청, 사립학교를 비롯하여 학부모, 정당, 노동조합 등 다양한 조직이 있다.

한국의 교직단체는 단일 교원단체 운영 시기(1947-1987), 교원노조 합법화 시기(1987-1999), 복수 교직단체 운영시기(1999-현재)를 거치면서 변모해 왔다. 단일 교원단체 운영 시기에는 우리나라 최초의 교원단체인 한국교원단체총연합회의 전신인 조선교육연합회가 창립(1947년 11월 23일)되어 대한교육연합회로 개칭(1948년 8월 15일)되어 운영되었던 시기이다. 교원노조 합법화 시기는 1987년 6월 전국적으로 발생한 민주화 운동을 계기로 '사학 민주화, 교육 민주화' 투쟁을 주도하던 교사조직이 전국 규모로 조직을 확장하기 위해 노력한 시기이다. 1987년 9월 민주교육 추진 전국 교사협의회가 발족되었고, 1989년 5월 전국교직원노동조합을 결성하였다. 이 시기에 대한교육연합회는 한국교원단체총연합회로 개칭하였다. 그러나 초기에 전국교직원노동조합은 합법성을 인정받지 못하였으나 1998년 국민의 정부가 출범하고 1999년 7월 1일 교원노조법이 발효되면서 교원노조는 합법적으로 운영될 수 있게 되었다.

나. 학부모 단체

학부모 단체의 조직적 성격을 Scott(2003)가 제시한 목표, 구성원, 기술, 사회적 구조, 환경으로 정리하면 다음과 같다.

- 목표 : 학부모 단체의 목적은 학교발전을 위한 지원, 학교운영에 참여를 통한 권리 주장 등이 있다.
- 구성원 : 학부모 단체에 참여하는 구성원은 대부분 학부모들이다.
- 기술 : 학부모 단체는 목적을 달성하기 위해 재정 지원, 교육에 대한 관심 등을 주요한 기술로 한다.
- 사회적 구조 : 자발적인 참여로 이루어지는 학부모 단체는 봉사, 헌신, 참여, 협력 등을 중요한 가치규범으로 공유한다.
- 환경 : 학부모 단체의 외부 환경으로는 학교, 교육행정기관, 시민단체 등이 있다.

학부모 단체는 학부모의 교육 참여를 목적으로 한다. 학부모의 교육 참여는 자녀의 교육에 대한 권리 주장과 함께 지원의 역할까지 포함한다. 이러한 학부모 단체의 활동은 단위학교 교육환경, 교육 프로그램, 학생 인권 등 다양한 측면의 변화를 가져올 수 있다.

우리나라의 학부모 단체는 과거 후원회(1946~1953), 사친회(50년대), 기성회(60년대), 육성회(70~90년대) 등을 통해 주로 재정적 후원이라는 소극적이고 제한적 형태로 이루어졌다. 후원회(1946~1953)는 정부수립 이후 어려운 교육재정을 학부모가 직접 부담하는 역할을 담당하였는데 과중한 물질적 부담강요, 지나친 학교 간섭, 학교 간 격차 등의 심각한 문제가 야기되어 사친회(1953-1962)로 변경되었다. 사친회는 교육의 효과를 증대하기 위해 학교와 학부모가 서로 협력하며 학생 보호, 교육 환경 개선,

교사의 사회경제적 생활 향상 등을 목적으로 하였다. 그러나 사친회도 교육재원의 일부분을 담당하는 과정에서 사친회비 징수비리, 각종 잡부금 문제 등으로 교권실추와 권위 상실의 문제를 발생시켰다. 이어 발족된 기성회(1963-1970)는 교육시설의 확보와 학교운영지원을 목적으로 시작되었지만 사제간의 금전거래 등 불미스러운 사건 등으로 비판을 받아 육성회로 변경되었다. 그러나 육성회 역시도 음성적인 잡부금을 양성화하여 교사의 처우개선, 학교운영비 등으로 충당하는 문제가 나타났다. 학부모 단체는 1980년대 후반 교사들이 결성한 전국교직원노동조합에 자극을 받아 전국 규모의 조직적인 활동을 전개하였다. 그 대표적인 사례로는 '참교육을 위한 전국 학부모회(1989)', '인간교육실현 학부모연대(1990)' 등이 있다. 그 이후 1995년 5.31 교육개혁이 계기가 되어 단위학교에 학교운영위원회가 설치되었고 학부모회가 조직되었다.

최근 학부모의 학력 수준 향상과 교육에 대한 의식 수준이 높아지면서 교육에 대한 권리와 학교경영에의 참여 수준을 넘어 교육문제 해결을 위한 조직적이고 집단적인 활동을 전개하고 있다. 최근 전국 단위로 조직된 '참교육을 위한 전국 학부모회', '평등교육실현을 위한 전국 학부모회' 등 다양한 조직이 활동하고 있다.

다. 총동창회

총동창회의 특성을 Scott(2003)가 제시한 목표, 구성원, 기술, 사회적 구조, 환경의 관점에서 설명하면 다음과 같다.

- 목표 : 총동창회는 동문 간 친목과 결속, 모교 발전 지원 등을 목표로 한다.
- 구성원 : 총동창회에 참여하는 구성원은 같은 학교를 졸업한 사람들

이다.
- 기술 : 총동창회는 목표를 달성하기 위해 동문의 참여, 관심, 기부 등을 중요한 기술로 삼는다.
- 사회적 구조 : 총동창회는 동문 의식, 선후배 의식 등을 사회적 구조로 한다.
- 환경 : 총동창회의 외부 환경으로는 경쟁 학교의 총동문회 등이 있다.

대표적인 연고 집단인 총동창회 조직은 내부적으로는 구성원 간 상호호혜에 기초한 신뢰를 기반으로 연결되어 있지만 외부 환경에 폐쇄적이고 배타적인 성격이 강하다. 총동창회는 구성원의 결속을 다지기 위한 다양한 사교활동을 하면서 동시에 장학금 지급, 모교 발전기금 모금 등을 통해 학교에 영향을 미친다.

생각해볼 문제

◆ 다른 조직과 구별되는 학교조직만의 특성을 설명해 봅시다.
◆ 우리 학교만의 독특한 문화 또는 풍토는 무엇인지 생각해 봅시다.
◆ 학교조직의 외부 환경이 가지는 순기능과 역기능을 논의해 봅시다.

참고문헌

노종희 (1990). 학교 조직풍토의 개념화 및 측정에 관한 연구. **교육학연구**, 28(2), 67-80.
오석홍(2003). **조직이론**. 서울: 박영사.
윤정일 외(2008). **교육행정학원론**(개정 5판). 서울: 학지사.
송미섭·나동환·주현준(2010). **교육행정 및 교육경영**(개정 2판). 서울: 형설.

Barnard, C. I. (1938). *Functions of an executive*. Cambridge. MA: Harvard University Press.
Blau, P. M., & Scott, W. R. (1962). *Formal organizations: A comparative approach*. San Francisco: Chandler.
Carlson, R. (1963). Environment contraints and organizational consequences: the public school and its clients. *Behavioral Science and Educational Administration*, The 63th yearbook of NSSE, Part II. Chicago: University of Chicago.
Cohen, M. D., March, J.G., & Olsen, J. P. (1972). A garbage can model of organizational choice. *Administrative Science Quarterly*, 17(1), 1-25.
Etzioni, A. (1961). *A comparative analysis of complex organizations*, New York: Free Press.
Halpin, A. W., & Croft, D. B. (1962). *The organizational climate of schools*. Chicago: Midwest Administration Center, The University of Chicago.

Hoy, W., & Clover, S. I. (1986). Elementary school climate: A revision of the OCDQ. *Educational Administration, 22*, 93-110.

Gaus, J. M., White, L. D., & Dimock, M. E. (1936). *The frontiers of public administration.* Chicago: University of Chicago Press.

Immegart, G. L. (1969). Systems theory and taxonomic inquiry into organizational behavior in education. In D. E. Griffiths (Ed.), *Developing taxonomies of organizational behavior in educational administration.* Chicago: Rand McNally & Co.

Katz, D., & Khan, R. L. (1978). *The social psychology of organizations.* New York: Wiley.

Kottkamp, R. B., Mulhern, J. A., & Hoy, W. K. (1987). Secondary school climate: A revision of the OCDQ. *Educational Administration Quarterly, 23*(3), 31-48.

Parsons, T. (1960). Structure an Process in Modern Society. New York: The Free Press.

Scott, W. R. (2003). *Organizations: rational, natural, and open systems*(5th end). Upper Saddle River, NJ: Prentice Hall.

Selznick, P. (1957). *Leadership in Administration: a Sociological Interpretation.* New York: Harper and Row.

Steinhoff, C., & Owens, R. G. (1989). The organizational culture and assesment inventory: a metaphorical analysis of organizational culture in educational setting. *Journal of educational Administration, 27*(3), 17-23.

Weber, M. (1947). *The theory of social and economic organization*, trans. by A. M. Henderson and T. Parsons, New York: Free Press.

Weick, K. E. (1976). Educational organizations as locsely coupled systems. *Administrative Science Quarterly, 21*, 1-19.

CHAPTER 6 조직행위

조직의 성공과 실패를 결정하는 중요한 요인은 무엇인가?

학교를 조직의 관점에서 이해하면서 학생, 직원, 교사, 교장 등 구성원의 조직행위에 대한 관심이 높아졌다. 성공적인 조직관리를 위해 관리자의 지도성, 의사소통, 갈등관리, 동기유발 등이 강조됨에 따라 교육행정가의 지도성, 의사소통, 갈등관리, 동기유발 등에 대한 연구도 활발하게 이루어지고 있다.

6장에서는 지도성을 중심으로 의사소통, 갈등, 동기에 관한 제반 이론을 교육행정에 적용하여 소개하였다.

- 교육지도성
- 조직관리

1. 교육지도성

가. 지도성의 개념

지도성은 모호하고 추상적이며 다의(多義)적인 의미로 해석된다. 그래서 지도성을 설명할 때 '지도성의 개념은 그 개념을 정의하는 연구자의 수만큼 존재한다' 또는 '지도성을 정의하는 것은 미인(the beauty)을 정의하는 것과 같다(Bennis, 1989)'라는 표현을 종종 쓰기도 한다. 즉 지도성의 개념은 사람에 따라 다르게 표현되는데, 다음의 예시들은 지도성 개념이 연구자의 관점에 따라 다양하게 해석되고 있음을 보여준다.

- 지도성은 공유한 목표를 달성하기 위해 집단의 행동을 지시하는 개인의 행동이다 (Hemphill & Coons, 1957).
- 지도성은 주로 인간적 특성에 근거를 둔 권력이며, 일반적이고 규범적인 성격을 가진다 (Etzioni, 1961).
- 리더는 과업수행에 관련된 집단행동을 지시하고 조정하는 일을 부여받은 집단 내의 개인이다 (Fiedler, 1967).
- 조직에서 지도성은 권위와 의사결정을 행사하는 것을 포함한다 (Dubin, 1968).
- 지도성은 목표를 달성하기 위하여 집단행동에 영향을 주는 과정이다 (Bass, 1985).
- 지도성은 구성원이 조직의 성공과 효과에 공헌할 수 있도록 영향을 주

고 동기를 부여하는 개인의 능력이다 (House et al., 1999).

　이상의 지도성 개념 정의를 살펴보면, 지도성은 조직이 추구하는 목적을 달성하기 위해 영향력을 행사하는 주체로서의 리더와 그 대상인 구성원 또는 구성원 집단(group) 간 상호작용(interaction)의 과정으로 설명된다. 따라서 지도성 개념은 조직의 목적, 리더, 구성원, 영향력, 상황 등을 핵심 요소로 한다. 이와 관련하여 노종희(1992)는 이러한 지도성의 과정을 다음과 같이 함수식으로 표현하였다. L은 리더십(Leadership), f는 함수(function), l은 리더(leader), f는 구성원(follower), s는 상황(situation)이다.

$$L = f(l \times f \times s)$$

　교육행정 분야의 지도성은 교육지도성(educational leadership)이라는 용어로 표현된다. 이 때 교육지도성은 학교, 교육청, 교육부, 정부 부처 등 단위학교의 교육활동에 직·간접적으로 영향을 주는 과정 또는 교육행정가의 지도성을 일컫는 용어이다.

- 교육과 관련된 활동 과정에서 교육의 목적을 달성하기 위해 적용하는 지도성이다 (조동섭, 1988).
- 학교장의 지도성이고 교육의 의미를 구현하는 것이다 (이홍우, 1994).
- 교장에게 절실히 요구되는 자질이고 학교라는 독특한 조직구조 속에서 학교 효과성을 높일 수 있는 것이다 (서정화 외, 2003).
- 조직구성원들이 한 인간으로서 자아를 실현할 수 있도록 환경적 조건을 제공하고, 구성원의 성장과 조직의 목표를 조화시킬 수 있는 능력과 자질이다 (윤정일 외, 2004).

- 효과적인 교수-학습, 교육 프로그램 개발, 임상장학 등 교육에 대한 전문적 지식에서 나오는 지도성이다 (Sergiovanni, 1999).
- 학교가 추구하는 바람직한 목표를 성취하기 위해 영향력을 행사하는 것으로 학교구성원과 전문적 가치에 기반한 비전을 설정하고 공유하면서 이를 달성하기 위해 학교의 철학, 구조, 활동을 비전에 맞추어 가는 것이다 (NCSL, 2003).

교육지도성은 학교관리(school management), 학교행정(school administration) 등으로 표현되기도 한다. 사실 지도성, 관리, 행정은 상호 밀접한 관련성이 있고 그 의미가 중첩된다. 지도성과 관리는 공식적으로 주어진 직위(position)와 그에 따른 권력(power)을 갖고 그 권력을 바탕으로 '영향력'을 행사한다는 측면에서 매우 유사하다. 그러나 지도성은 변화(change), 가치(value), 미래비전을 강조하지만 관리는 질서와 안정, 현재 상태 유지(maintenance), 효율성을 추구한다는 점에서 차이가 있다.

나. 지도성 연구

지도성에 대한 관심은 그 기원을 헤아릴 수 없을 만큼 오래전의 일이지만 과학적인 연구는 20세기에 접어들어 시작되었다(Yukl, 2002). 즉 오랫동안 가졌던 지도성에 대한 막연한 관심이 20세기에 들어와 비로소 하나의 연구 주제로 자리 잡은 것이다. 20세기부터 현재까지 변화되어온 지도성 연구는 특성적 접근, 행동적 접근, 상황적 접근, 다양한 이론으로 구분된다.

1) 특성적 접근

특성적 접근은 지도성을 평범한 사람과 구별되는 비범한 사람들만의 고유한 것으로 가정한 연구 활동이다. 이 연구는 '리더는 선천적으로 타고 난다'고 가정하여 평범한 구성원들과 분명하게 구별되는 비범한 리더들의 특성을 찾는데 주력하였다. 그래서 특성적 접근은 '위인 이론(great man theory)'이라고 불리기도 한다.

특성적 접근은 1940~1950년대 지도성 연구를 주도하였다. 특성연구의 대표적인 학자인 Stogdill(1948)은 1904년부터 1948년 사이에 수행된 리더 특성에 관한 124편의 연구결과를 검토하여 지도성과 연관된 리더의 내적 특성을 다음과 같이 제시하였다.

- 능력(capacity) : 지능, 민첩성, 언어의 유창성, 독창성, 판단력
- 성취(achievement) : 학식, 지식, 운동 능력
- 책임(responsibility) : 신뢰성, 주도성, 지구력, 진취성, 자신감, 수월성
- 참여(participation) : 활동성, 사회성, 협동성, 적응성, 유머
- 지위(status) : 사회경제적 지위, 인기

그 이후에도 리더의 특성을 찾는 연구는 지속적으로 수행되었다. Stogdill(1974)은 1949년부터 1970년까지 리더의 특성에 관한 163편의 연구결과를 정리하여 1948년 조사결과와 비교하였다. 이 연구에서는 지도성을 신체적 특성, 사회적 배경, 지능과 능력, 인성, 과업과 관련된 특성, 사회적 특성으로 제시하였다. 그 이후 Yukl(1994)은 지도성을 특성과 기술(skills)로 구분하여 제시하였고, Hoy와 Miskel(2001)은 인성적 특성, 동기적 특성, 기술적 특성으로 구분하여 설명하는 등 여러 학자에 의해 연구되었다. 그러나 특성적 접근은 지나치게 다양한 개념을 나열하여 통일성이 결여되었고, 모든 상황에 공통적으로 적용될 수 있는 일관성이 부족했으며, 리더에게 주어진 상황적 조건을 고려하지 못한 한계가 있었다.

최근 특성적 접근은 교육행정가의 지도성 역량을 분석하는 연구에 활용

되고 있다. 특히 우수한 교육행정가와 평범한 교육행정가의 차이를 밝히는 데 초점을 둔 연구가 수행되었다. 이러한 역량에 관한 연구는 높은 성과(high performance)를 보인 교육행정가의 특성을 도출하는 것으로 성공적인 학교경영을 예측하는데 사용된다.

2) 행동적 접근

행동적 접근은 '리더의 특성이 무엇인가?'를 연구한 특성적 접근과 다르게 '리더는 무엇을 하는가?' 또는 '리더는 어떤 방식으로 하는가?'라는 행동에 초점을 둔 연구이다. 행동적 접근은 직무행동(task)과 관계행동(relation)을 두 축으로 지도성을 설명하였다. 직무행동은 조직목표 지향적이고, 관계지향은 구성원 지향적인 행동을 의미한다. 따라서 행동적 접근의 궁극적인 목적은 리더가 어떻게 두 가지 행동을 조합하는가를 설명하는 데 있다. 행동연구는 1940년대부터 1960년대 사이에 주로 수행되었으며, 대표적인 연구로는 아이오와 대학교, 오하이오 주립대학교, 미시간대학교, Blake와 Mouton 등의 연구가 있다.

(1) 아이오와 대학교(University of Iowa) 연구

아이오와 대학교 연구는 Lewin, Lippitt, White(1938)가 수행한 것으로 지도성 행동 유형이 집단 구성원의 태도와 효과성에 미치는 영향을 분석한 실험연구이다. 이 연구에서는 10대 학생들을 대상으로 한 집단을 통제하고 나머지 세 집단에게 교사의 지도성 행동을 민주적, 전제적(권위적), 자유방임적으로 구분하여 노출시켰다. 그 결과, 학생들의 만족도는 민주적 교사의 행동이 가장 높았고, 다음으로 전제적 교사의 행동, 그리고 마지막으로 자유방임적 교사의 행동 순으로 나타났다. 특히 민주적 행동에 의한 지도 방법이 학생들의 만족감, 활동성, 생산성 등에 효과적인 것으로 나타났다.

(2) 오하이오 주립대학교(Ohio State University) 연구

오하이오 주립대학교 연구팀은 1945년 성공적인 지도성 행동을 탐색하기 위한 연구를 수행하였다. 이 연구는 1,000가지가 넘는 지도자의 행동을 요인별로 분석하여 구조성(initiating structure)과 배려성(consideration)으로 구분하였다. 구조성은 직무수행에 관심을 두는 리더의 행동으로써 목표달성을 위해 자신의 역할과 구성원의 역할을 구조화하는 것이다. 반면, 배려성은 구성원에 대한 관심과 관계를 중시하는 리더의 행동을 의미한다. 이것은 구성원들의 욕구, 관심, 만족 등에 관심을 두고 지원하는 것이다. 이러한 구조성과 배려성에 대한 구성원의 반응을 측정하기 위한 도구로 리더행동기술질문지(Leader Behavior Description Questionnaire, LBDQ)를 개발하여 지도자의 행동을 측정하였다.

연구팀은 구조성과 배려성을 조합한 네 가지 유형의 지도성 행동을 제시하였다. Ⅰ유형은 구조성과 배려성이 모두 높은 것으로 가장 효과적인 유형이다. 그러나 Ⅲ유형은 구조성과 배려성이 모두 낮은 비효과적인 유형이다. 한편 Ⅱ은 구조성은 낮고 배려성은 높은 인화지향적 유형이고, Ⅳ유형은 구조성은 높고 배려성은 낮은 과업지향적 유형이다.

[그림 6-1] 구조성과 배려성 차원에 의한 지도성 유형

(3) 미시간 대학교(University of Michigan) 연구

미시간 대학교 연구는 미시간 대학교 내 사회조사연구소의 소장이었던 Likert 교수를 중심으로 오하이오 주립대학교 연구와 거의 같은 시기에 수행되었다. 이 연구는 관료제적인 기업조직이 인간의 소질이나 가능성을 상실시키고 있다는 비판에 주목하여 효과적인 조직관리 방법을 찾는데 목적이 있었다. 이러한 관심은 구성원들의 생산성에 관한 연구를 통해 실행되었다. 미시간 대학교의 연구에서는 감독자의 지도성을 의미하는 관리 방식을 직무중심(job-centered, production oriented, task oriented)과 구성원중심(employee-centered, relations-oriented)으로 구분하였다. 이는 앞서 소개한 오하이오 주립대학교 연구에서 설정한 구조성 및 배려성과 각각 대응되는 개념이다. 즉 직무중심 행동은 구성원들에게 업무를 분담시키고 감독하며 생산성을 높이기 위한 유인체제를 마련하는 것으로 구성원을 조직목표달성을 위한 하나의 도구로 보는 것이다. 구성원중심 행동은 인간관계를 중시하고 구성원의 욕구충족, 개인적인 문제 등에 관심을 두며 대폭으로 권한을 위임하면서 자유재량권을 부여하는 것이다.

주요 연구대상은 대규모 제조업의 감독자와 철도회사 감독자였고, 설문조사와 면담을 통해 관리행동에 대한 정보를 수집하였다. 연구결과, 구성원들이 같은 일을 하고 있음에도 생산성이 높은 부서와 그렇지 않은 부서가 존재한다는 사실이 발견되었고 그 원인은 관리 방식의 차이에 있음을 확인하였다.

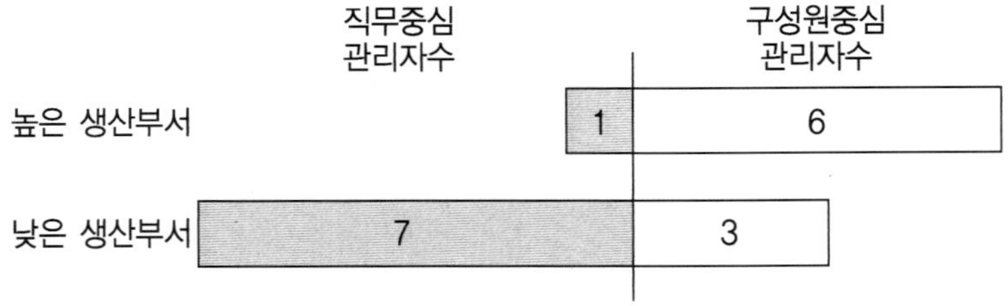

	직무중심 관리자수	구성원중심 관리자수
높은 생산부서	1	6
낮은 생산부서	7	3

[그림 6-2] 지도성 유형과 생산성의 관계 비교

(4) Blake와 Mouton의 연구

Blake와 Mouton(1964)은 오하이오 주립대학교의 연구결과를 토대로 생산에 대한 관심과 인간에 대한 관심의 두 가지 차원을 결합한 관리망(The Managerial Grid)이라는 지도성 행동 모형을 개발하였다. 관리망 모형은 수평축을 생산에 대한 관심으로 수직축을 사람에 대한 관심으로 설정하고 각각의 관심 정도에 따라 1~9단계로 구분한다. 따라서 관리망으로 설명되는 지도성 행동 유형은 최대 81개를 형성할 수 있지만 중요한 5가지 유형에 대한 설명은 다음과 같다(그림 6-3 참조).

첫째, 방임형(Impoverished Management) (1·1)이다. 방임형은 생산에 대한 관심과 인간에 대한 관심이 모두 낮은 모습으로 리더는 조직의 현상유지에 필요한 최소한의 노력만을 투입하고 뚜렷한 목표기준과 주관이 없고 어떠한 일에 관여하는 것을 회피한다. 또한, 리더는 구성원과 접촉을 하지 않고 무관심한 모습을 보인다. 이러한 리더의 행동은 구성원들의 업무수행 의욕을 상실시키고, 책임추궁을 모면할 정도의 소극적인 행동을 일으킨다. 따라서 조직의 분위기는 불신과 정서적 위축감이 형성되고, 건설적인 개혁이나 발전을 위한 창의성과 상급자와 하급자 간이나 동료 사이의 충실함을 찾기 어렵다.

둘째, 중도형(Middle of the Road Management) (5·5)이다. 중도형은 생산의 능률과 인간적 요소를 절충하여 균형(equilibrium)을 이룸으로써 합리적 수준의 성과를 지향하는 모습으로 타협형 또는 균형형이라고 한다. 리더는 목표달성을 위하여 권위로 누르거나 명령에 대한 복종을 강요하지 않고 구성원들의 자발적인 동기유발과 의사소통 및 설득의 방법을 사용한다. 리더는 구성원들이 수용할만한 만큼의 일을 추진하고 수락할 만한 사기를 유지하기에 충분할 정도를 산출하게 된다.

셋째, 팀형(Team Management) (9·9)이다. 팀형은 생산과 인간에 대한 관심이 모두 높은 모습이다. 이 유형은 조직 내에서 참여와 팀워크를 중

가시키고, 구성원들의 기본적인 욕구를 만족하게 하며, 직무에 헌신하도록 한다. 즉 팀형 리더는 구성원 참여 독려, 단호한 행동, 쟁점 공개, 분명한 우선순위 제시, 개방적인 행동, 일 자체를 즐기는 행동을 보인다.

넷째, 권위형(Authority Compliance Management) (9·1)이다. 권위형은 생산에 대한 관심은 매우 높지만, 인간에 대한 관심은 매우 낮은 모습으로 구성원들의 복지나 사회적 관계에 대한 관심보다는 생산성의 향상과 업무성과에만 주력한다. 리더는 구성원들을 엄격하게 통제하고 지시하거나 처벌하는 방식으로 다룬다. 따라서 리더는 목표의 설정과 계획수립에서부터 운영과 결과에 이르기까지 독단적으로 처리하는 경향이 강하다. 철저한 권위주의적 계층의 하향식 명령과 지식, 감독으로 일관되며 능률제일주의를 추구하여 인간을 수단적 도구로 취급한다.

다섯째, 사교형(Country Club Management) (1·9)이다. 사교형은 생산에 대한 관심은 매우 낮지만 인간에 대한 관심이 매우 높다. 리더는 생산을 높이기 위해 구성원을 몰아세우기보다 오히려 고무하고 지원해 줌으로써 온화하고 친근감을 갖는 조직분위기가 조성되고 자발적인 생산 활동이 이루어진다. 따라서 조직의 회의는 생산을 위한 것보다는 사교적인 목적으로 이루어지고, 의사소통 역시 생산을 높이기 위한 것보다는 상호 간의 협의, 설득, 협동을 조성하기 위해 사용된다.

지금까지 살펴본 행동적 접근은 교육행정가의 지도성 행동유형을 분석하는데 적용되었다. 특히 LBDQ는 국내외를 막론하고 학교장의 지도성 행동 유형을 분석하는데 활용되었다. 한편 노종희(1988)는 한국의 초중등학교 교사들을 대상으로 수집된 지도성 행동을 분석하여 30개 문항으로 구성된 '한국판 학교장 지도성 행동질문지(Leader Behavior Description Questionnaire-Korea, LBDQ-KOR)를 개발하였다. 노종희가 개발한 LBDQ-KOR은 한국 학교장의 지도성을 분석한 많은 연구에서 사용되었다.

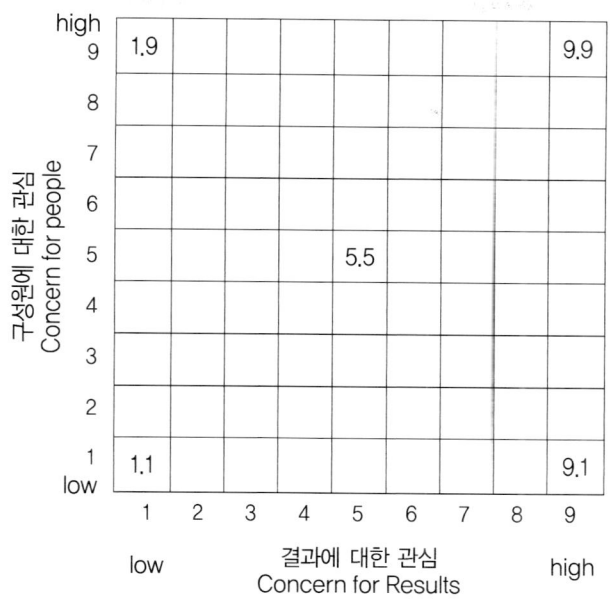

[그림 6-3] Blake와 Mouton의 관리망 모형

3) 상황적 접근

상황적 접근은 특성적 접근과 행동적 접근에서 나타난 한계를 극복하기 위해 상황적 매개변인(situational moderator variable)에 초점을 두었다. 즉 상황적 매개변인의 관점에서 지도성 효과를 설명하려는 것이 바로 상황적 접근이다.

1970년대 이후 나타난 상황적 접근은 리더의 제반 상황적 조건을 구체화하고 특성, 행동, 효과를 조직성과와 조직구성원의 만족감을 중심으로 분석하였다. 상황적 접근에 따르면, 지도성 효과는 조직구성원의 인성적 특성, 과업의 구조화 정도, 공식적인 권위체계 수준, 역할기대, 구성원의 성숙도 등 다양하고 복잡한 상황적 변수가 리더의 특성 및 행동과 적절하게 조합되는가에 따라 결정된다. 대표적인 연구자는 Fiedler, House, Reddin, Hersey와 Blanchard 등이 있다.

(1) Fielder의 연구

Fielder(1964, 1967)는 지도성의 효과를 지도성 유형과 리더의 상황통제력 및 영향관계의 상호작용을 기본으로 하여 이들의 적합성에서 기대할 수 있다고 보았다. 이러한 지도성 유형은 LPC(Least Preferred Co-worker)라는 설문도구에 의하여 과업동기형과 관계동기형으로 판별되고, 상황 변인인 리더와 구성원의 관계, 과업구조, 직위 권력에 따라 달라진다. 즉 세 가지 상황 요소들이 호의적인 경우와 비호의적인 상황에 따라 적합한 지도성에 차이가 있다는 것이다.

Fielder는 초기에 지도성 유형을 PDM(Psychologically Distant Manager)과 PCM(Psychologically Close Manager)로 구분하였다. PDM은 심리적으로 거리를 두는 관리자로서 구성원을 심리적으로 배격함으로써 능률적인 과업달성을 추구하려는 과업중심형을 의미한다. 반면 PCM은 심리적으로 밀착된 관리자로서 구성원에게 관용을 베풀며 과업에는 비능률적이나 인간관계를 중시하는 관계중심형이다. 이와 같은 초기의 개념을 발전시켜 LPC 측정도구를 개발하였다. LPC는 함께 일하기에 가장 어렵다고 느끼는 사람의 지수를 나타낸다. LPC점수는 8점 척도로 구성되어 극단 점에서 다른 쪽의 극단 점으로 그 정도에 따라 순서대로 구분된다. LPC점수의 합이 63점 이하는 과업동기형이고, 73점 이상은 관계동기형으로 판별된다.

〈표 6-1〉 Fielder의 LPC 예시

1	즐겁다(Pleasant)	8 7 6 5 4 3 2 1	즐겁지 않다(Unpleasant)
2	우호적이다(Friendly)	8 7 6 5 4 3 2 1	비우호적이다(Unfriendly)
3	거절적이다(Rejecting)	1 2 3 4 5 6 7 8	수용적이다(Accepting)
4	긴장도가 높다(Tense)	1 2 3 4 5 6 7 8	여유가 있다(Relaxed)
5	소원하다(Distant)	1 2 3 4 5 6 7 8	친근하다(Close)
6	차다(Cold)	1 2 3 4 5 6 7 8	따뜻하다(Warm)
7	지원적이다(Supportive)	8 7 6 5 4 3 2 1	적대적이다(Hostile)
8	지루하다(Boring)	1 2 3 4 5 6 7 8	재미있다(Interesting)
9	토론을 좋아한다(Quarrelsome)	1 2 3 4 5 6 7 8	협조적이다(Harmonious)
10	침울하다(Gloomy)	1 2 3 4 5 6 7 8	명랑하다(Cheerful)
11	개방적이다(Open)	8 7 6 5 4 3 2 1	폐쇄적이다(Closed)
12	뒷말을 한다(Backbiting)	1 2 3 4 5 6 7 8	충실하다(Loyal)
13	신뢰할 수 없다(Untrustworthy)	1 2 3 4 5 6 7 8	신뢰할 수 있다(Trustworthy)
14	동정적이다(Considerate)	8 7 6 5 4 3 2 1	냉정하다(Inconsiderate)
15	비열하다(Nasty)	1 2 3 4 5 6 7 8	착하다(Nice)
16	친밀감 있다(Agreeable)	8 7 6 5 4 3 2 1	괴팍스럽다(Disagreeable)
17	불성실하다(Insincere)	1 2 3 4 5 6 7 8	성실하다(Sincere)
18	친절하다(Kind)	8 7 6 5 4 3 2 1	불친절하다(Unkind)

Fiedler는 리더의 통제력과 영향력 정도를 결정하는 세 가지 상황요인으로 리더와 구성원의 관계, 과업구조, 그리고 지위 권력을 언급했다. 리더와 구성원의 관계는 구성원들이 리더에게 갖는 감정의 질을 의미하는 것으로 친절도, 협동, 수락, 지원, 다른 감정 등을 의미한다.

리더-구성원 관계 척도는 8개 항목의 질문과 5단계의 반응으로 구분되고 최고점은 40점으로 한다. 과업구조는 과업의 목표나 절차 및 구체적인 지침의 명확성 정도를 나타내는 요소이다. 과업구조는 1부와 2부로 구성되는데 1부는 10개 항목, 2부는 2개 항목으로 구분하여 최고점은 20점으로 한다. 그리고 직위 권력은 리더가 구성원을 채용, 해고, 징계, 승진, 임금인상 등과 같은 권력과 영향력을 행사하고 있는 정도를 의미한다. 직위권력은 5개 항목으로 구성되어 최고점은 10점으로 한다. 전체적으로 보면 51~70점은 높은 통제력 상황, 31~50점은 중간 수준의 통제력 상황, 10~30점은 낮은 통제력 상황으로 평가된다.

Fielder는 지도성 유형 측정을 위한 LPC 점수와 세 가지 상황요소의 상관성을 아래의 그림과 같이 제시하였다. Ⅰ, Ⅱ, Ⅲ, Ⅷ은 LPC 점수와 부적 상관을 나타낸 반면, Ⅳ, Ⅴ, Ⅵ, Ⅶ에서는 정적인 상관을 보였다. Fielder의 LPC와 상황요소에 대한 연구는 그 이후에도 여러 학자들에 의해 지속되었다. 그러나 그 결과는 Fiedler의 모형과 일치하거나 상이하게 나타나기도 하였다(Graen et al., 1970; McMahon, 1972; Peters et al., 1985, Vecchio, 1983). 따라서 Fiedler의 모형은 다음과 같은 비판을 받는다.

첫째, 상황변인이 복잡하여 예측력이 낮다. 상황요인으로 제시한 세 가지를 측정하는 것이 상당히 까다롭다. 둘째, 다른 중요한 상황적 요인에 주목하지 않았다. 특히 구성원의 특성이나 성숙도 등에 주의를 기울이지 않았다. 셋째, LPC는 개념적으로 약점을 가진다. LPC점수에 대한 해석은 임의적이고 추측성이 높아서 안정적이지 못하다.

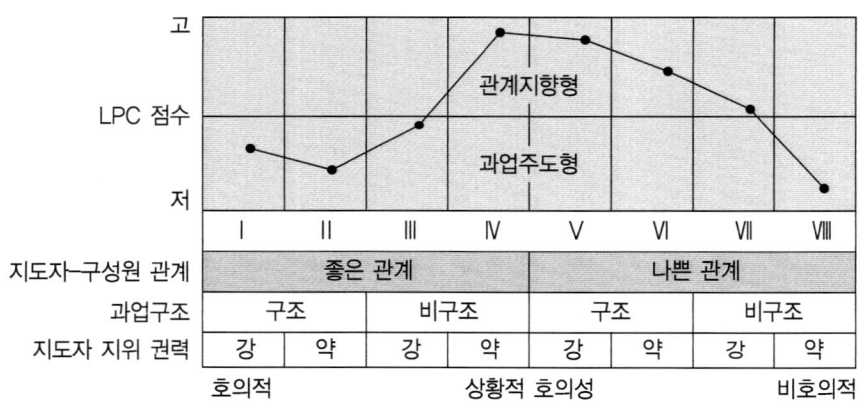

[그림 6-4] Fiedler의 상황 모형

(2) House의 연구

경로목표 이론(Goal-path)은 리더의 행동이 구성원의 만족과 직무수행에 어떻게 영향을 주는가를 설명하기 위해 연구되었다. House(1971)는 Evans(1970)에 의해 개발된 초기 모형을 토대로 상황변인을 포함해 더 정교화 하였다. 이 모형은 그 이후에도 여러 학자에 의해 수정되었다(Evans, 1974; House & Dessler, 1974; House & Mitchell, 1974).

경로목표 이론은 구성원의 과업목적, 개인목적, 목표달성을 위한 경로를 지각하는 데 있어서 리더와의 영향관계에 초점을 두었다. 즉 리더 행동의 효율성은 구성원 개인의 목적을 달성하도록 촉진해 줄 가능성과 기대되는 보상의 효과에 의해서 결정되는 것으로 보았다. 이러한 리더의 행동은 두 가지 전제조건으로 설명된다(Hersey & Stinson, 1983: 84). 첫째, 구성원이 리더의 행동을 얼마만큼 현재의 만족 또는 미래의 만족수단으로 보는가에 따라 리더의 행동을 수용하거나 만족하게 된다. 둘째, 리더의 행동은 구성원들의 효과적인 업적에 필요한 코치, 지도, 비난 및 보상을 제공함으로써 구성원에게 일하고 싶은 동기를 부여한다. 한편, 리더의 행동은 구성원의 개인적 특성과 환경적 압력 및 과업 상의 요구 등 상황적 요소에 의하여 결정된다고 보았다. 즉 경로목표 이론에서는 구성원의 개인적 특성과 과업 및 직무환경을 상황요소로 파악하였다.

경로목표 이론의 초기모형은 리더의 행동을 지원적 지도성과 지시적 지도성으로 넓게 설정하였는데, House와 Mitchell(1974)은 네 가지 행동 유형으로 구분하였다.

첫째, 지원적 지도성은 구성원들의 복지증진과 관계해결에 관심을 두며 즐겁고 우호적인 업무 분위기를 조성해 주는 리더의 행동을 의미한다. 둘째, 지시적 지도성은 구성원들의 과업활동을 지시하고 통제하며 조정하는 행동이다. 셋째, 참여적 지도성은 구성원에게 정보를 제공하고 집단의 의사결정 과정에서 구성원의 의견을 존중하고 상의하는 행동이다. 넷째, 성취지향적 지도성은 구성원들에게 높은 목표를 정해 주고 최선의 업무를 달성할 수 있도록 촉진하는 행동을 의미한다.

결국 경로목표 이론은 리더의 행동이 구성원의 행동과 태도를 결정하는 만드는 과정에서 구성원의 기대와 유의성 그리고 상황요소인 직무 및 환경의 특성과 구성원 개인의 특성이 매개 역할을 한다는 것을 설명하였다. 경로목표 이론은 동기이론(기대이론)과 리더의 행동을 통합하여 지도성 연구의 새로운 면모를 보여준 시도였다는 점에서 높이 평가받는다. 또한, 지도성 과정의 중요한 상황요소들을 정리하고 여러 조건하에서 효과적인 리더의 행동을 설명해 줌으로써 복잡한 조직 환경 속에서 지도성을 이해하는 데 많은 도움을 주었다.

그러나 경로목표 이론은 리더의 행동을 설명하는 주요한 기반으로 기대이론에 의존하는 약점을 나타낸다. 기대이론은 의사결정 딜레마에 대한 감정적 반응을 고려하지 않았고, 자아개념과 같은 인간 동기 측면을 포함하지 못한 한계를 가지기 때문이다. 또한, 리더 행동측정의 정확성 및 신빙성에 대한 문제 제기가 나타나고, 이론의 복잡성에 따라 전체이론의 완전한 입증이 어려우며, 구성원의 행동에 대한 일괄적인 예언성이 의문시 된다. 경로목표 이론에 대한 후속 연구들(Podsakoff et al., 1995; Wofford & Liska, 1993)이 수행되었지만 일관된 결론을 도출하지 못했다.

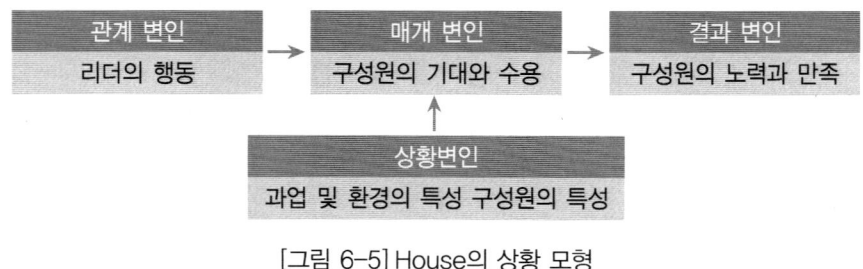

[그림 6-5] House의 상황 모형

(3) Reddin의 연구

Reddin(1970)은 행동적 접근의 핵심 요인이었던 과업지향성과 관계지향성에 효과성을 첨가하여 3차원 이론으로 발전시켰다. 3차원 모형은 과업지향성과 관계지형성을 기준으로 관계형, 통합형, 분리형, 헌신형을 기본 유형으로 명명하였다. 이 네 가지 기본유형은 상황에 따라 효과적일 수도 있고 비효과적일 수도 있다. 즉 지도성의 두 차원은 그 자체로서는 가치가 없고, 상황의 적절성과 관련을 맺을 때 그 가치가 발휘된다는 것이다. Reddin은 상황의 기본 요소로 기술, 조직 철학, 상급자, 동료, 하급자를 제시하였다. 기술은 조직의 과업이 수행되는 방법이고, 조직 철학은 조직 내에서 이루어지는 제반 행동에 영향을 미치는 조직 풍토를 의미한다. 그리고 상급자, 동료, 하급자의 행동과 기대는 상황에 영향을 주는 중요한 조건이 된다.

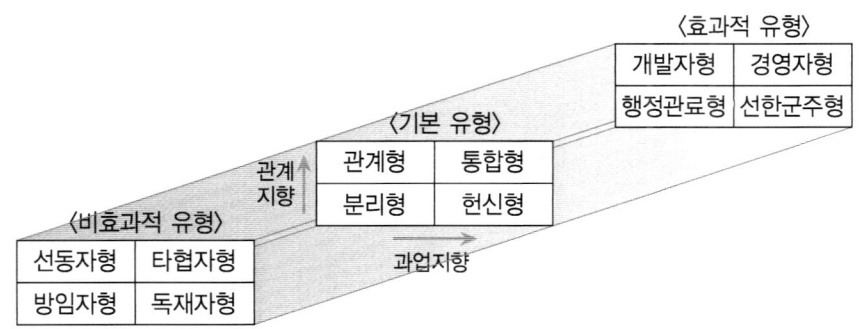

[그림 6-6] Reddin의 3차원 모형

Reddin이 제시한 효과적 유형과 비효과적 유형의 특성을 정리해 보면 다음과 같다.

〈표 6-2〉 Reddin의 3차원 지도성 모형

기본 유형	효과적 유형	비효과적 유형
통합형	경영자형 높은 성장기준을 설정하고 개인차를 인정하며 구성원의 동기를 촉진하고 팀활동을 선호함	타협자형 외부의 부당한 압력에 영향을 쉽게 받으며 때로는 구성원을 억압하고 문제를 야기시키고 의사결정에 약함
분리형	행정관료형 양심적인 실행자로 규칙과 규정을 공평하게 실천함	방임자형 책임회피적이고 단순하며 간섭적이고 무관심함
헌신형	선한 군주형 적의가 없고, 할 일을 능률적으로 수행하며 역동적이고 적극적으로 추진함	독재자형 거만하고 고압적이고 완고하며 구성원을 불신하며 현안 문제에만 관심을 함
관계형	개발자형 신뢰와 신망을 받는 온화한 사람이며, 개별적 발전에 관심을 둠	선동자형 조화에 관심이 있고, 조직이 목적 없이 표류상태에 있을 경우 친선을 권유함

Reddin의 모형은 효과적인 지도자는 상황에 적합하게 자신의 지도성 유형을 변화시키거나 지도성 유형에 맞추어 상황을 변화시키는 것이 필요하다는 것을 시사한다. 그러나 이 모형은 적절한 상황이 무엇인지 명확하게 제시하지 못하였고, 구성원들의 배경, 경력, 가치, 기대 등과 같은 개인 차이를 고려하지 않은 단점이 있다.

(4) Hersey와 Blanchard의 연구

Hersey와 Blanchard(1982)는 구성원의 성숙도에 따른 효과적인 지도성 유형을 제시하였다. 이 때 구성원의 성숙도는 과업에 대한 성숙도와 심리적 성숙도를 모두 포함한 개념이다. 아래의 모형에서 제시한 것과 같이, 구성원의 성숙도에 따라 효과적인 지도성 유형을 네 가지로 보았다.

첫째, 지시형(directing)은 구성원의 성숙도가 매우 낮은 상황에서 효과적인 것으로 과업지향성이 높고 관계지향은 낮다.

둘째, 지도형(coaching)은 구성원의 성숙도가 낮은 상황에서 효과적인 것으로 과업지향성과 관계지향성이 모두 높다.

셋째, 지원형(supporting)은 구성원의 성숙도가 높은 상황에서 효과적인 것으로 과업지향성이 낮고, 관계지향성이 높다.

넷째, 위임형(delegating)은 구성원의 성숙도가 매우 높은 상황에서 효과적인 것으로 과업지향성과 관계지형성 모두 낮다.

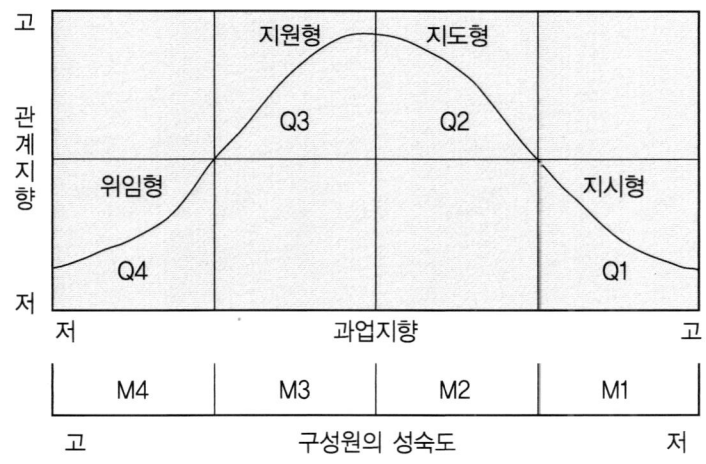

[그림 6-7] Hersey와 Blanchard의 상황 모형

4) 다양한 접근

지도성 이론은 특성적 접근, 행동적 접근, 상황적 접근을 거치면서 변화·발전되어 왔다. 1970년대 중후반부터 현재까지 지도성 이론은 다양한 접근이 이루어지고 있는데 그 대표적인 사례는 카리스마 지도성, 변혁적

지도성, 윤리적 지도성, 도덕적 지도성, 슈퍼 지도성, 문화적 지도성, 서번트 지도성, 감성적 지도성, 분산적 지도성 등이 있다. 이러한 지도성 이론들은 지도성을 기능적이고 인지적 일변도에서 감성적 측면까지 확장시키고, 지시나 통제 위주의 수직적이고 일방적인 형태에서 위임과 공유의 수평적이고 양방향으로 전개하였으며, 리더 중심의 직접적인 것에서 구성원 개인의 간접적인 것으로 변화되었다는 특징이 있다(주현준·김민희·박상완, 2014). 여기서는 대표적인 사례로 변혁적 지도성과 감성적 지도성을 소개한다.

(1) 변혁적 지도성

변혁적 지도성은 상황적 접근 이후 지금까지 가장 주목받는 이론 중 하나이다. 변혁적 지도성이란 용어를 처음으로 만들어낸 학자는 Downton(1973)이지만, Burns(1978)의 저서 'Leadership'에 소개되면서 주목받기 시작했다. 정치·사회학자였던 Burns는 지도성과 팔로워십(followership)의 역할을 연결하려고 노력했다. 리더는 조직의 목표에 더 잘 도달하도록 구성원의 동기를 자극하는 사람으로 묘사하면서 지도성은 권력과 매우 다르다는 사실을 강조했다. 특히 Burns는 변혁적 지도성을 거래적 지도성과 구별하면서 거래적 지도성을 리더와 구성원 사이의 교환에 초점을 둔 지도성 모형으로 정치인이 선거 당선 시 유권자를 위한 공약, 부하직원의 성과 달성 시 회사 관리자의 승진 제공 약속, 학생의 과제 완수 시 교사의 점수 부여 등으로 설명하였다. 이러한 거래적 지도성과 대조적으로 변혁적 지도성은 리더와 구성원 모두의 동기와 도덕의 수준을 높이는 연결을 창조하고 다른 사람들과 관계를 맺는 사람에 의해 이루어지는 과정이다. 변혁적 리더는 구성원의 욕구와 동기에 관심을 두고, 구성원이 자신의 잠재력이 극대화된 곳에 도달하도록 돕는다. 변혁적 지도성과 거래적 지도성의 구분은 Bass(1985)에 의해 더욱 분명하게 설명된다. 변혁적 지도성은 구성원이 리더를 신뢰하고 존경하며 충성을 다 하게 한다. 또한, 변혁적 지도성은 구성원이 기대받았던 것 이상을 하기 위해 노력하도록 동기를 부여한다. 반면 거래적 지도성은 리더의 요구에 구성원이 순응하는 결과를 낳는 교환의 과정으로 직무목적에 대한 열정과 헌신을 발생시키지는 못한다. 그러나 Bass(1985)는 변혁적 지도성과 거래적 지도성이 별도로 동떨어진 것이 아니라는 사실을 강조하였다. 즉 변혁적 지도성은 거래적 지도성 보다 구성원의 동기와 수행을 증가시키지만, 효과적인 리더는 두 가지를 적절하게 조합하여 사용한다고 하였다. Bass(1985, 1996) 이후에도 Bennis & Nanus(1985), Kouzes & Posner(1987, 2002), Hcwell & Avolio(1993) 등이 변혁적 지도성에 관한 연구를 이어갔다.

〈표 6-3〉 변혁적 지도성과 거래적 지도성 비교

변혁적 지도성 Transformational Leadership	거래적 지도성 Transactional Leadership
• 이상화된 영향력(카리스마) • 영감적 동기 • 지적 자극 • 개인적 배려	• 상황적 보상(구조적인 거래) • 능동적 / 수동적 예외관리

＊출처 : Northouse(2010).

국내외 학자들은 변혁적 지도성을 교육행정에 적용시키려 노력해왔다. 예를 들어, Leithwood(2000)는 변혁적 지도성의 구성요소를 학교 비전제시와 학교의 목표 설정, 지적 자극의 제공, 개별적 지원, 최상의 수행과 중요한 조직적 가치의 모형화, 과업 수행에 대한 높은 기대, 생산적인 학교문화 창조, 의사 결정에 참여적인 구조 조성 등으로 제시하였다. 노종희(1996)는 변혁적 지도성을 총체적 위기라 불리는 교육현실을 타개하고 교육의 질을 높이는데 적절한 학교장의 지도성이라고 규정하고, 학교행정가의 변혁적 지도성을 육성하고 강화하기 위해 질 높은 프로그램 개발과 학교장의 지도성에 대한 주기적인 평가를 제안하였다.

이러한 연구 결과를 종합해 볼 때 학교장의 변혁적 지도성은 교육 현장에서 다음과 같은 의의를 가진다. 첫째, 교육 조직이 나아가야 할 방향을 명확하게 제시함으로써 학교 구성원들이 추구해야 할 목표를 공유하도록 한다. 둘째, 솔선수범을 통해 스스로 교육자의 모범이 되어 조직 구성원들을 감화시킬 수 있기 때문에 교사와 학생들에게 학교 목표 달성을 위한 동기를 부여 한다. 셋째, 교사들의 사기를 높이고 상위 수준의 욕구를 이끌어 내어 교사들의 전문성 신장을 돕는다. 넷째, 스스로 변화를 꾀하고 조직의 변화를 주도함으로써 학교 조직의 적응력을 높이고 혁신을 주도한다. 다섯째, 교장의 변혁적 지도성은 교사들을 바람직한 리더로 변화시킴으로써 학생들의 변화와 성장에 크게 이바지하고 나아가 학교 조직의 성과를 높일 수 있다.

그러나 변혁적 지도성은 다음과 같은 측면에서 비판을 받는다. 첫째, 변혁적 지도성은 개념적으로 명확하지 못하다. 변혁적 지도성은 조직수준의 비전설정, 개인 또는 집단 수준의 동기부여 및 신뢰 형성, 개인수준의 모범적인 모습 등 넓은 범위의 행동으로 설명된다. 따라서 변혁적 지도성을 설명하는 각각의 변수들은 정확하게 구분하기 어렵다. 특히 대표적인 특성인 4I's(Idealized Influence, Inspirational motivation, Intellectual stimulation, Individualized consideration)는 중복적이어서 각각의 경계 구분이 명확하지 않다(Tracey & Hinkin, 1998). 둘째, 변혁적 지도성은 측정하기 어렵다. 변혁적 지도성을 설명하는 변인들은 추상적이면서 리더의 구체적인 행동으로 관찰되기보다는 내재되어 있는 개인적 특성의 발현에 가까운 개념이다(Bryman, 1992). 따라서 타당도와 신뢰도 있는 측정이 어렵다. 이와 관련하여 Tejeda 외(2001)은 변혁적 지도성의 대표적 특성인 4I's를 토대로 개발된 MLQ(Multifactor Leardership Questionnaire)의 타당성에 의문을 제기하였다. 셋째, 변혁적 지도성을 개발하기 위한 교육·훈련에 어려움이 있다. 앞서 설명한 변혁적 지도성 개념의 모호성과 측정의 어려움은 실제적인 개발 프로그램 설계에도 영향을 준다. 넷째, 변혁적 지도성은 가치(value), 영감(inspiration), 배려(consideration) 등을 강조하고 이러한 것을 실행하는 특정한 리더 계층에 집중하여 엘리트주의(elitism) 또는 영웅적 지도성(herotic leadership) 편향적인 측면이 있다.

(2) 감성적 지도성

감성적 지도성은 감성지능(emotional intelligence)에 기반을 둔 이론이다. Goleman(1998)은 유능한 리더들이 높은 감성역량을 가지고 있는데 지도성을 발휘하면서 지성과 같은 인지적 역량도 중요하지만, 감성적 역량이 더 중요하다고 주장하였다. 즉 구성원들이 리더를 진정으로 믿고 따르게 하기 위해서는 구성원의 감정을 헤아리고 이해하는 능력을 갖추어야 한다는 것이다. Goleman 외(2002)은 감정을 배제하고 지성만 강조하던 지도성의 통념을 무너뜨리고 리더 스스로 자신의 감정을 인식하고 관리하면서 동시에 구성원의 감성을 이해하고 관리하는 능력인 감성적 지도성의 개념을 정립하면서 감성적 지도성의 구성요소로 개인 역량과 사회적 역량을 제시하였다. 개인역량의 하위 요인으로는 리더의 자기인식과 자기관리를 제시하였고, 사회적 역량은 사회적 인식과 관계 인식으로 설정하였다. 자기인식은 자신의 감성, 능력, 한계, 가치, 목적 등에 대한 깊은 이해를 의미하고, 자기관리는 자신의 감정을 다스리는 능력으로 사회적 인식은 다른 사람의 감정에 이입하는 능력이다. 즉, 리더가 구성원이 무엇을 어떻게 느끼는지 알아야만 영향력을 발휘할 수 있다는 것이다. 관계 능력은 타인의 감정을 잘 다루는 능력을 말한다.

〈표 6-4〉 감성적 지도성의 구성요인 및 개념

구성요인	세부요인	개념 정의	특성
개인 역량	자기인식	자신의 감성을 비롯하여 정서와 욕구 등을 이해하고 그 영향을 인지하는 능력	• 감성적 자기인식 • 정확한 자기평가 • 자신감
	자기관리	자신의 감성을 통제하는 능력	• 감성적 자기통제 • 투명성 • 적응력 • 성취지향성 • 주도성 • 긍정주의
사회적 역량	사회적 인식	다른 사람의 감성을 이해하는 능력	• 감정이입 • 봉사성 • 조직인식
	관계관리	다른 사람의 감성을 관리하는 능력	• 영감 • 영향력 • 개발지원 • 의사소통 • 변화촉진 • 갈등관리 • 팀워크와 협동

* 출처: Goleman, Boyatzis & Mckee(2002)

국내외 학자들은 감성적 지도성을 교육행정가에 적용하였다. 대부분의 연구주제는 교육행정가의 감성적 지도성이 학교구성원과 학교조직에 영향을 미치는 효과성을 탐색하는 것이었다. 연구결과에 따르면, 교육행정가의 감성적 지도성은 교사의 헌신, 효능감, 몰입과 학교조직의 효과성에 긍정적인 영향을 주는 것으로 나타났다.

2. 조직관리

리더가 효과적으로 조직을 관리하기 위해서는 지도성과 함께 다양한 기술이 필요하다. 대표적인 기술로 구성원들과의 의사소통, 동기부여, 갈등해결 그리고 의사결정 등이 있다. 여기서는 효과적인 조직관리를 위해 반드시 필요한 의사소통, 갈등관리, 동기유발에 대해 살펴본다.

가. 의사소통

의사소통(communication)은 의미 있는 정보를 전달하는 과정이다. 즉 의사소통은 둘 이상의 사람들 사이에 사실, 생각, 의견, 감정의 교환을 통하여 공통적으로 이해를 이룩하고자 하는 행위라고 볼 수 있다(박연호, 1994). 따라서 의사소통은 정보전달, 조정, 통제, 합리적 의사결정, 구성원의 사기와 동기 유발 등의 다양한 기능을 한다. 한편 의사소통은 언어와 비언어의 상징체계를 사용한다. 언어적 상징체계는 음성 언어와 문자 언어가 있고 비언어적 상징체계는 신체, 동작, 표정, 물건 등이 있다.

1) 의사소통의 유형

의사소통의 유형은 기준과 관점에 따라 다양하게 분류된다. 일반적으로 조직에서의 공식성을 기준으로 공식적 의사소통과 비공식적 의사소통으로 구분되고, 방향성을 기준으로 수직적(하향적, 상향적) 의사소통과 수평적 의사소통으로 구분된다.

공식적 의사소통은 조직의 기구표에 나타난 계층성과 책임분담, 표준화된 업무수행 등에 따라 정보가 전달되는 것을 의미한다. 공식적 의사소통은 보통 상하관계에 따라 문서, 구두 명령 등이 방법으로 이루어지는데 기록에 의해 책임 소재가 분명하지만 융통성이 없고 구성원의 욕구와 감정을 전달하는 데 한계가 있다. 학교조직에서는 교장 → 교감 → 부장교사 → 교사로 전달되는 과정이 있다. 반면 비공식적 의사소통은 인간관계에 의해 자연적으로 발생된 비공식적 조직에서 정보가 전달되는 것이다. 비공식적 의사소통은 개인적인 접촉 등의 형태로 이루어지는 소문, 잡담 등에 의해 발생되어 사실을 왜곡하거나 책임 소재가 불분명한 단점이 있지만 공식적 의사소통으로 전달할 수 없는 기분, 느낌, 감정 등을 표현하여 구성원의 만족감을 높여주기도 한다. 예를 들어, 같은 지역 출신, 대학 동문, 취미 활동 등으로 모이게 된 교사들 간에 발생하는 의사소통이 있다.

수직적 의사소통에는 하향적 방식과 상향적 방식이 있다. 하향적 의사소통은 정보의 흐름이 상급자에서 하급자로 전달되는 체계이다. 하향적 의사소통은 주로 상급자의 명령이 주를 이루는데 문서와 구두에 의한 방법이 있다. 이러한 하향적 의사소통은 조직목표 달성을 촉진할 수도 있지만 지나칠 경우 권위주의적인 풍토를 조성하여 구성원의 소외감, 저항감을 유발할 가능성도 있다. 반면 상향적 의사소통은 정보가 아래에서 위로 전달되는 방식이다. 대표적으로 문서나 구두에 의한 보고(reporting), 제안(suggestion), 의견조사(survey) 등이 있다. 상향적 의사소통은 허위 또는 왜곡된 정보 전달, 중간 단계에서의 정보 누락 등이 발생할 가능성이 있다. 수평적 의사소통은 동일한 지위의 개인, 부서들 간에 이루어지는 횡적인 의사소통이다. 예를 들어, 학교의 경우에는 교사들 간. 교무부와 연구부 간, 행정실과 교무실 간 의사소통이 있다.

2) 의사소통의 과정

기본적으로 의사소통은 정보를 전달하는 사람, 전달받는 사람, 그리고 전달되는 정보로 구성된다. 이러한 기본적인 의사소통은 여러 학자들에 의해 다양한 모형으로 제시되는데 여기서는 다음의 모형으로 의사소통 과정을 살펴본다. 모형에 제시된 것과 같이 의사소통 과정은 송신자(정보원), 메시지(전달내용), 수신자, 잡음, 피드백으로 구성된다. 송신자(정보원)는 메시지(전달내용)를 생산해 내는 의사소통자로서 전달하고자 하는 내용을 언어 또는 비언어로 코딩(기호화)한다. 따라서 메시지는 송신자(정보원)가 코딩한 결과인데 메시지의 형태는 이를 전달하는 통로와 운송 수단인 매체에 따라 달라진다. 예를 들어, 통로는 수직적 통로와 수평적 통로, 공식적 통로와 비공식적 통로 등으로 구분되고, 매체는 언어 또는 비언어, TV, 인터넷, SNS 등 전파매체를 통해 전달된다. 수신자는 송신자(정보원)로부터 전달된 메시지를 해독하여 의미를 부여한다. 수신자는 송신자에 의해 코딩화된 내용을 수신자의 입장에서 해석하고 이해하며 피드백을 통해 반응한다.

이러한 과정에서 잡음(noise)이 의사소통 과정을 방해하기도 한다. 잡음에는 소음과 같은 물리적 잡음, 편견이나 고정관념 같은 개인적 잡음, 폐쇄적인 조직 풍토나 관료적 문화 등에서 오는 사회적 잡음 등이 있다. 따라서 전달하고자 하는 메시지의 내용을 정확하게 전달하기 위해서는 잡음을 효과적으로 처리할 수 있어야 한다. 학교조직의 경우, 교육행정가인 교장 및 교감과 교사 사이에 선입견, 관점과 인식의 차이, 상호간 불신 등 개인적 잡음과 사회적 잡음이 혼재된 경우가 종종 나타난다.

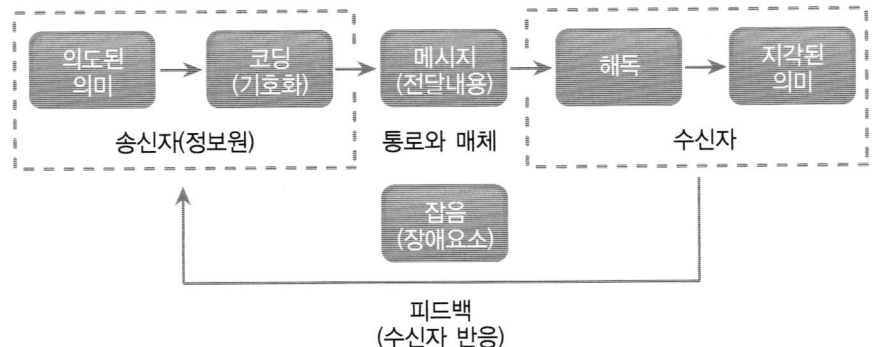

[그림 6-8] 의사소통의 과정

3) 의사소통의 원리

지도자와 구성원 간 정확한 의사소통은 조직의 목표 달성을 위해서 매우 중요하다. 효과적인 의사소통을 위해서는 다음과 같은 원리가 지켜져야 한다.

- 명료성 : 전달하려는 내용을 보다 분명하고 정확하게 이해할 수 있도록 평이한 용어를 사용하여 체계적으로 해야 한다.
- 일관성 : 전달 내용의 앞과 뒤가 모순되지 않고 일치되어야 한다.
- 적시성 : 의사 전달은 필요한 시기를 택해서 이루어져야 한다.
- 배포성 : 가능한 정보가 필요한 사람들에게 모두 전달되어야 한다.
- 적정성 : 전달하려는 정보의 양과 규모가 너무 많거나 너무 적어서는 안 된다.
- 적응성 : 의사전달은 상황에 따라 융통성, 개별성, 신축성이 있어야 한다.
- 수용성 : 피전달자가 관심을 갖고 있고 받아들일 수 있는 가능성이 있어야 한다.

4) 의사소통의 기술

효과적인 의사소통의 기술은 전달, 청취, 전달 방식 등 다양한 측면에서 논의되었다. 전달과 청취의 측면에서는 감정이입, 신뢰 구축 등이 요구된다. 특히 전달은 적절한 언어 사용, 완전한 정보 제공, 물리적 심리적 소음 최소화, 적절한 매체 활용 등이 필요하고, 청취는 경청하기, 질문하기, 격려하기, 부연하기, 감정 이입 등이 요구된다.

나. 갈등관리

조직 내 갈등은 행동주체 간 대립적 또는 적대적 상호작용을 의미하는데 이는 피할 수 없는 현상이다. 흔히 갈등이 없는 조직은 좋은 관계라고 인식하게 되는데 갈등이 없다는 것은 정상적인 관계가 아닌 무관심, 불간섭 등 부정적인 징후일 가능성이 높다. 학교조직도 내부적으로는 교장과 교사, 교사 상호 간, 교사와 학부모, 교사와 학생 간 마찰이 있고, 외부 환경인 지역사회, 각종 이익 단체와 충돌이 벌어지기도 한다. 따라서 학교조직을 효과적으로 관리하기 위해서는 적절한 갈등관리가 매우 중요하다.

1) 갈등의 특성과 근원

조직 내 갈등 현상은 바라보는 관점, 범위 등에 따라 다양하게 해석된다. 노종희(1992)는 갈등의 특성을 다음과 같이 정리하였다.

첫째, 갈등은 양쪽 모두에 의해서 지각되는 것이다. 둘째, 갈등은 대립, 결핍, 방해의 개념을 포함하여, 쌍방 간 서로 양립할 수 없는 목표와 이해관계가 존재한다. 예를 들어, 직위, 명예 권력 등과 같은 자원이 제한되는 경우 갈등이 발생한다. 셋째, 갈등은 개인 간, 집단 간, 조직 간 갈등이 있다. 학교조직은 특성상 개인 간 갈등이 주류를 보인다.

이러한 갈등은 여러 가지 원인에 기인한다. Reece와 Brandt(1984)는 갈등의 근원으로 의사소통의 단절, 가치관의 대립, 직무 및 정책의 불명료성, 인성의 차이, 전제적 관리 체제, 공정하지 못한 급여와 혜택, 권위에 대한 불신, 급격한 변화 등을 언급하였다.

2) 갈등의 순기능과 역기능

갈등은 해로운 결과와 유익한 결과를 가져올 수 있다. 우선 해로운 결과로는 조직의 목표를 성취하는 데 필요한 협동적 노력을 좌절시키고, 구성원의 사기를 떨어뜨려 생산력을 감소시키고, 구성원 간 불신과 반목이 증폭되고, 심각한 경우 조직이 와해될 수도 있다.

그러나 갈등은 부정적 결과만 초래하는 것은 아니다. 갈등은 해결해야 할 문제를 명확하게 알려주고, 변화를 유발시키며, 문제 해결을 위한 동기를 유발하는 등 긍정적인 결과를 가져오기도 한다.

조직 내에서 갈등은 피할 수 없는 자연스러운 현상이다. 다만 갈등을 어떻게 관리하는가에 따라 긍정적 결과를 초래할 수도 있고 그 반대의 결과를 낳을 수도 있다. 따라서 갈등이 발생하였을 때, 피하거나 외면해서는 안 되고 오히려 적극적이고 창의적으로 해결하기 위한 노력을 기울어야 한다.

3) 갈등관리 전략

갈등의 상황은 지극히 다양하기 때문에 갈등을 관리하는 전략 또한 다양할 수밖에 없다. 즉 효과적인 갈등관리는 상황에 따라 달라진다.

갈등해소 전략으로는 문제해결, 상위목표의 제시, 공동의 적 제시, 자원의 증대, 회피, 완화 또는 수용, 타협, 협상, 상관의 명령, 갈등 당사자의 변화, 구조적 요인의 개편 등이 있다.

한편 갈등의 순기능적 측면으로 갈등을 조성하는 전략으로는 의사전달

통로의 변경, 정보전달 억제 또는 정보과다 조성, 구조적 분화, 구성원의 재배치와 직위 간 관계의 재설정, 지도성 스타일의 변경, 구성원의 태도 변화 등이 있다.

다. 동기

동기는 어떤 행동을 하게 만드는 내적인 요인 또는 마음의 상태를 의미한다. 인간의 동기는 욕구, 바람, 기대 등에 기반을 둔다. 즉 동기는 욕구, 바람, 기대 등과 실제 행동을 연결시키는 매개 변인의 역할을 한다.

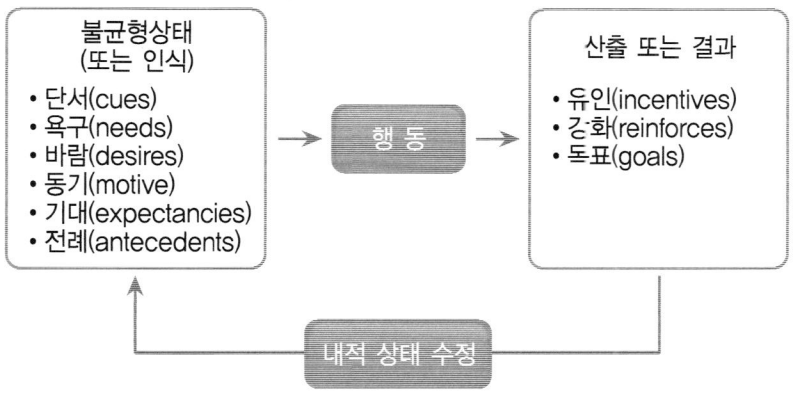

[그림 6-9] 동기의 개념 모형

조직의 효과를 높이기 위해서는 무엇보다 구성원의 동기를 높여야 한다. 구성원의 동기부여는 중요한 조직관리 기법 중 하나이다.

동기에 관련된 이론과 모형은 매우 다양한데 그 성격은 크게 내용적 측면과 과정적 측면으로 구분된다. 전자를 내용이론, 후자를 과정이론이라고 한다. 내용이론은 무엇이 동기를 유발시키는가에 초점을 둔 반면 과정이론은 어떻게 동기가 유발되는가에 초점을 두었다는 차이가 있다.

〈표 6-5〉 내용이론과 과정이론의 특성 비교

형태	특성	이론
내용이론	개인에게 동기를 부여하는 특별한 요인을 식별하는 데 관심	• 욕구계층이론 • 동기-위생이론 • 생존-관계-성장 이론
과정이론	동기를 유발하기 위하여 동기요인들이 상호작용하는 과정에 관심	• 기대이론 • 공정성 이론 • 목표설정 이론

1) 내용이론

내용이론을 대표하는 모형은 Maslow(1943)의 욕구계층이론, Alderfer(1972)의 E-R-G 이론, Herzberg(1968)의 동기-위생 이론 등이 있다.

Maslow는 인간의 욕구를 상하위로 구분한 계층적인 것으로 보고 자아실현의 욕구, 존경의 욕구, 사회적 욕구, 안전의 욕구, 생리적 욕구의 총 5단계로 구분하였다. 즉 인간의 욕구는 하위의 욕구부터 순차적으로 충족되어 상위의 욕구로 동기화된다는 욕구의 계층을 주장하였다. 그러나 이 이론은 인간의 욕구가 여러 단계가 동시에 발생할 수 있고 경우에 따라서는 하위의 욕구가 충족되지 않은 상태에서도 상위의 욕구가 나타나기도 한다는 점에서 한계가 있다.

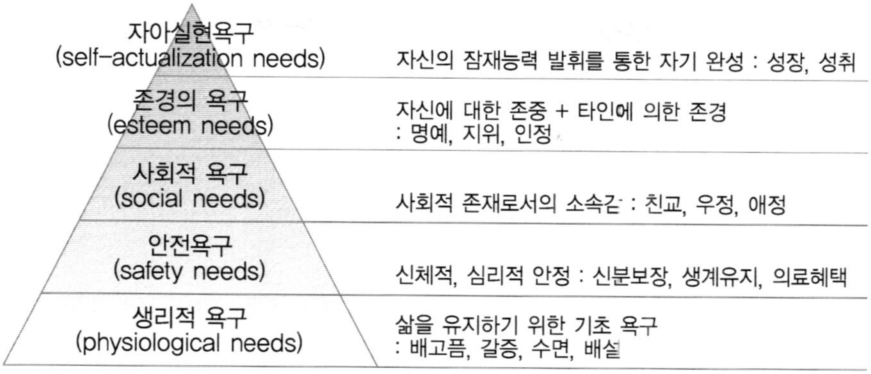

2. 조직관리

```
        자아실현욕구              자신의 잠재능력 발휘를 통한 자기 완성 : 성장, 성취
    (self-actualization needs)
       존경의 욕구              자신에 대한 존중 + 타인에 의한 존경
     (esteem needs)             : 명예, 지위, 인정
      사회적 욕구              사회적 존재로서의 소속감 : 친교, 우정, 애정
      (social needs)
       안전욕구              신체적, 심리적 안정 : 신분보장, 생계유지, 의료혜택
      (safety needs)
       생리적 욕구              삶을 유지하기 위한 기초 욕구
   (physiological needs)          : 배고픔, 갈증, 수면, 배설
```

[그림 6-10] Maslow의 욕구계층이론

Maslow의 욕구계층이론을 학교조직에 적용해 보면 다음과 같다. 그림에서와 같이 개별 교원의 욕구 수준에 따라 적절한 지원을 통해 동기를 높일 필요가 있다.

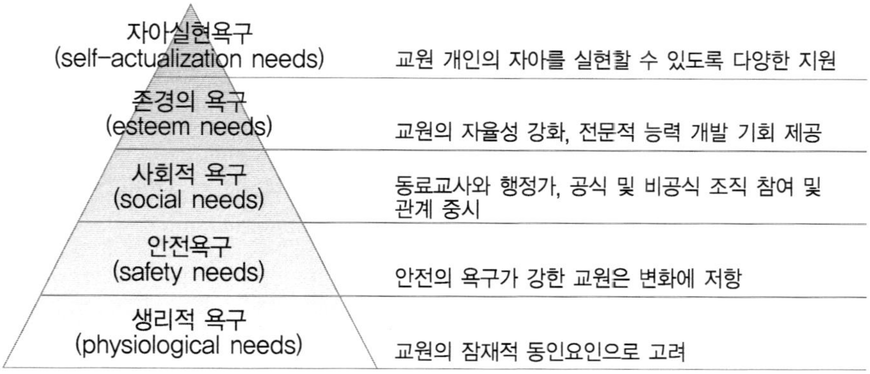

```
        자아실현욕구              교원 개인의 자아를 실현할 수 있도록 다양한 지원
    (self-actualization needs)
       존경의 욕구              교원의 자율성 강화, 전문적 능력 개발 기회 제공
     (esteem needs)
      사회적 욕구              동료교사와 행정가, 공식 및 비공식 조직 참여 및
      (social needs)           관계 중시
       안전욕구              안전의 욕구가 강한 교원은 변화에 저항
      (safety needs)
       생리적 욕구              교원의 잠재적 동인요인으로 고려
   (physiological needs)
```

[그림 6-11] 욕구계층이론의 학교조직 적용

Alderfer의 E-R-G 이론은 Maslow의 욕구계층이론에 기반을 두면서 인간의 욕구를 생존의 욕구, 관계의 욕구, 성장의 욕구로 설명된다. 생존의 욕구는 인간이 생존을 위해 필요로 하는 욕구로 음식, 물, 수면 등의 생리적 욕구와 음식, 의복, 주택 등의 물질적 욕구를 모두 의미한다. 관계의 욕구는 상사, 동료, 부하, 친구, 가족 등과 관계를 맺고자 하는 욕구와 소속감, 애정, 자존심 등이 포함된 욕구이다. 성장의 욕구는 성장, 발전, 잠재력 발휘 등을 의미한다. 이와 같이 Alderfer의 모형은 욕구의 단계별 속성에서 Maslow의 욕구계층이론과 유사한 측면이 있지만, 하위단계가 충족되어야 상위단계의 욕구가 생긴다는 Maslow와 달리 여러 욕구가 동시에 발생할 수도 있고, 하위 단계가 충족되지 않아도 상위욕구가 발생할 수 있으며, 어느 단계의 욕구가 충족되지 않으면 하위단계로 퇴행될 수도 있다고 주장하여 차이를 드러냈다.

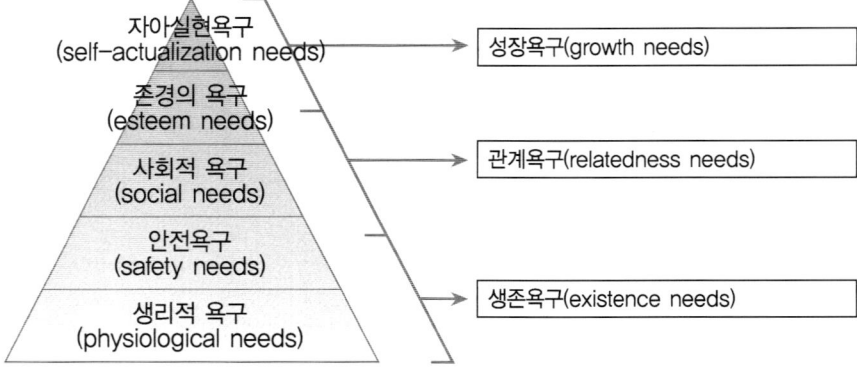

[그림 6-12] Alderfer의 E-R-G 이론

Herzberg는 피츠버그 지역의 11개 산업체에 근무하는 203명의 엔지니어와 회계사를 대상으로 면담을 실시하였다. 이 면담에서 사용한 질문은 '직무수행 과정 중에 가장 만족스럽고 불만족스러웠던 사건이 무엇이었는가?'였다. 분석 결과, 상호독립적인 두 종류의 서로 다른 욕구의 범주가 있다는 결론을 내리게 되었다. 즉 인간의 동기를 설명하는 두 가지 욕구는 불만족 요인인 위생요인과 만족요인인 동기요인이라는 것이다. 이는 일에 불만을 느끼게 되면 자신이 일하는 환경에 대한 관심을 더 갖게 되고, 일에 만족할 경우에는 직무자체에 더 관심을 둔다는 것이다. 그리고 만족요인과 불만족요인은 서로 독립적인 것으로 어느 한쪽을 충족시킨다고 해서 다른 한쪽과 관계를 맺는 것은 아니라고 주장했다.

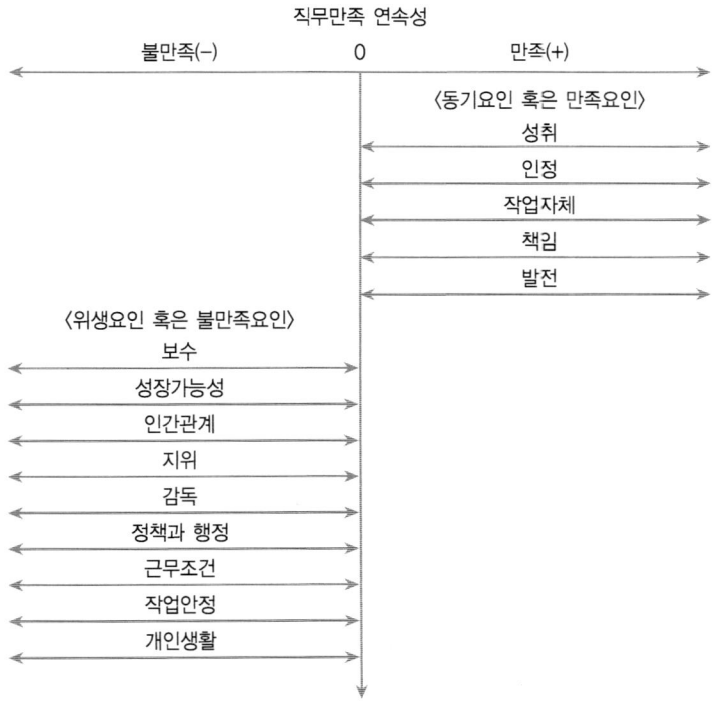

[그림 6-13] Herzberg의 동기-위생 이론

지금까지 살펴본 내용이론의 대표적인 세 가지 모형을 비교해 보면 다음과 같다.

Herzberg의 동기-위생이론	Maslow의 욕구위계론	Alderfer의 ERG이론
동기요인	자아실현 욕구	성장 욕구 (Growth)
동기요인	존경욕구	성장 욕구 (Growth)
위생요인	사회적 욕구	관계 욕구 (Relatedness)
위생요인	안전 욕구	생존 욕구 (Existence)
위생요인	생리적 욕구	생존 욕구 (Existence)

[그림 6-14] 내용이론 비교

2) 과정이론

과정이론을 대표하는 모형은 Vroom(1964)의 기대이론, Adams(1965)의 공정성 이론, Locke(1968)의 목표설정 이론 등이 있다.

Vroom의 기대이론은 유인가, 기대감, 수단성을 핵심 요인으로 제시되었다. 유인가는 어떤 대상에 대해 느끼는 매력의 정도 또는 배척의 정도를 의미한다. 기대감은 노력이 성공적으로 수행될 것이라는 신념으로 결과에 대한 기대를 의미하고, 수단성은 일차적 결과와 이차적 결과 간의 관련성을 지각하는 정도로서 일차적 결과가 이차적 결과를 얻게 하는 수단적 역할을 한다는 의미이다. 이 이론은 개인의 동기적 힘은 일차적으로 노력을 통해 얻게 될 수 있는 성과에 대한 기대와 이차적으로 성과로 얻게 되는 보상에 대한 기대로 발생되는데 이때 유인가에 의해서 조정된다고 설명한다.

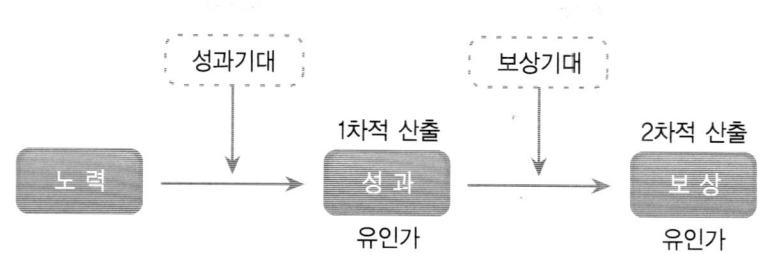

[그림 6-15] Vroom의 기대 이론

　Vroom은 개인의 동기가 자신의 능력에 비추어 스스로 달성할 수 있다는 기대의 일차적 성과와 일차적 성과로 인해 실제로 개인에게 인정, 칭찬, 승진 등을 가져올 수 있다는 이차적 성과에 대한 기대감의 복합적인 함수에 의해 결정된다고 주장하였다. 이 모형을 교사에게 적용해 보면, 교사는 교과지도, 생활지도, 사무업무 등 주어진 역할에 대한 노력을 통해 얻게 되는 자신감, 만족감, 자기 발전 등의 일차적 성과 그리고 일차적 성과에 따라 주어지는 인정, 우수한 평가, 높은 성과상여금, 승진 등 다양한 보상에 따라 동기가 발생한다.

　그러나 Vroom의 이론은 개인의 주관적 인지 과정을 지나치게 강조한 점, 유인가, 기대, 수단성을 기반으로 인간의 행위를 단순하게 설명한 점, 인간의 인지적 능력의 한계를 과대평가한 점 등의 한계를 보였다.

　Adams는 동기는 다른 사람과의 비교 과정을 통해 공정성에 대한 지각의 결과에 영향을 받는다고 주장하였다. 즉 개인은 자신이 과업을 수행하는데 투자한 투입과 이로부터 얻은 성과의 비율과 타인의 비율을 비교한다는 것이다. 투입은 성, 나이, 교육 정도, 사회적 지위, 조직내 지위, 자격 등 과업수행과 관련된 모든 것을 포함한다. 성과에는 보수, 승진, 정년 보장, 지위, 직무 등이 해당된다.

[자신(A)]　　　　　[타인(B)]

$$\frac{성과}{투입} \quad vs. \quad \frac{성과}{투입}$$

[그림 6-16] Adams의 공정성 이론

　이러한 비교 과정을 통해 만족, 불만, 불안을 느끼게 된다. 투입대비 성과의 비율이 다른 사람과 동등하다고 느끼는 경우에는 공정하다고 인식하여 만족을 느끼지만 불공정(A<B 또는 A>B)을 인식하게 되면 불만이나 불안이 나타난다. 불공정 인식은 개인의 동기를 감소시키게 되고 개인들은 이를 해소하기 위해 여러 가지 노력을 하게 된다. 즉 불공정한 상태를 공정한 상태로 바꾸기 위해서 다음과 같은 노력을 한다.
　첫째, 투입요인을 조정한다. 비교 대상보다 투입요인을 증가시키거나 감소시킨다. 둘째, 성과를 조정한다. 비교 대상보다 성과를 증가시키거나 감소시킨다. 셋째, 투입이나 성과를 인지적으로 왜곡한다. 비교대상의 투입요인 또는 성과 요인 또는 자신의 투입이나 성과 요인에 대해 더 가치를 부여한다. 넷째, 비교 대상을 변경한다. 다른 비교 대상을 찾는다. 다섯째, 비교대상의 투입과 성과에 영향력을 행사한다. 비교 대상의 투입 또는 성과를 낮추도록 영향력을 행사한다. 다섯째, 조직을 이탈한다. 근무 부처를 옮기거나 심한 경우 이직을 한다.
　학교의 경우, 교원성과상여금, 교원능력개발평가, 근무성적평정 등에 대해 교사의 공정성 지각여부에 따라 동기행동이 다르게 나타날 수 있다.
　Locke의 목표설정 이론은 목표를 달성하려는 강한 의욕이 작업행위에 영향을 미치는 동기를 유발한다는 것이다. [그림 6-17]과 같이 자신이 갖고 있는 가치와 판단기준을 바탕으로 욕망과 정서를 형성하고, 이를 토대로 의도 또는 목표가 정해지면 주의력을 집중하고, 노력을 동원하며, 전략을 개발하여 행동과 성과를 결정한다. 그 이유는 인간의 행위는 유목적적이고, 행동은 목표와 의도에 의해서 규제되고 유지되기 때문이다. 목표는 내용과 강도라는 두 가지 특성을 가지고 있다. 목표의 내용은 달성하려는 대상이나 결과이고, 강도는 목표를 달성하기 위해 요구되는 노력, 애착, 중요성, 헌신을 의미한다. 이 이론은 목표관리기법, 기획예산제도, 경영정보관리 등에 널리 적용되었다. 학교조직에서는 수업에서 행동적 목표설정 등과 관련이 있다.

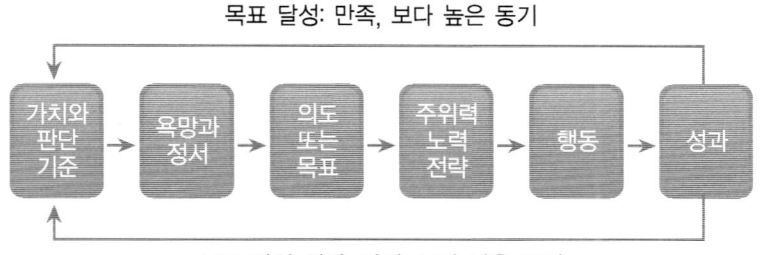

[그림 6-17] Locke의 목표설정 이론

이와 관련하여 Steers(1984)는 좋은 목표의 특징을 여섯 가지로 제시하였다. 첫째, 목표는 구체적이어야 한다. 추상적이고 막연한 목표보다 구체적인 목표가 성과를 높이는 동기를 불러일으킬 수 있다. 둘째, 목표는 다소 달성하기 곤란한 것이 좋다. 지나치게 쉬운 목표보다 다소 어려운 목표가 동기를 유발시킬 수 있다. 셋째, 목표 설정의 구성원을 참여가 필요하다. 구성원이 목표설정 과정에 참여함으로써 높은 성과를 예상할 수 있다. 넷째, 노력에 대한 피드백이 주어져야 한다. 노력에 대한 적절한 피드백은 성과 향상에 도움을 준다. 다섯째, 구성원 간 경쟁을 유도해야 한다. 지나치지 않은 선의의 경쟁은 성과를 높이는데 도움을 준다. 여섯째, 수용할 수 있는 목표를 설정해야 한다. 일방적으로 강요된 목표가 아닌 구성원이 자발적으로 수용하는 목표는 더 큰 동기를 유발시킬 수 있다. Steers가 제시한 좋은 목표는 교육행정가가 교사들에게 목표를 제시할 때 고려해야하는 것에 시사하는 바가 크다. 예를 들어, 목표의 구체성의 경우, 교사들에게 막연히 '학생들 학업성취도를 높이도록 하십시오'라고 하는 것보다 구체적인 교과, 목표치, 기간 등을 명확하게 제시하는 것이 필요하다. 또한 목표 설정에 있어서 교사를 참여시키고, 교사의 노력에 적절한 피드백을 주며, 수용가능한 목표를 제시함으로써 교사의 동기를 높일 수 있다.

생각해볼 문제

◆ 학교경영자 또는 학급경영자로서 갖추어야 할 교육지도성에 대해 생각해 봅시다.
◆ 학교구성원 간 효과적인 의사소통에 대해 논의해 봅시다.
◆ 학교조직에서 주로 발생하는 갈등의 유형과 갈등을 해결하기 위한 방안에 대해 생각해 봅시다.

참고문헌

노종희(1988). 학교행정가의 지도성행동의 개념화 및 측정에 관한 연구. **교육학연구**, 26, 1-12.
노종희(1992). **교육행정학: 이론과 연구**. 서울: 문음사.
노종희(1996). 학교행정가의 변혁지향적 리더십의 진단 및 육성방안 연구. **교육행정학연구**, 14(3), 265-284.
서정화 외(2003). **교장론**. 교육행정학전문서 18. 서울: 하우.
윤정일 외(2004). **교육리더십**. 서울: 교육과학사.
조동섭(1988). 교육의 의미에 비추어 본 교육지도성의 탐색. 석사학위논문. 서울대학교 대학원.
주현준 · 김민희 · 박상완(2014). **교육지도성**. 서울: 양서원.

Adams, J. S. (1965). Inequity in social exchange. In L. Berkowitz (Ed.), *Advances in experimental social psychology*. 2. 267-299. New York: Academic Press.

Alderfer, C. (1972). *Existence, Relatedness and Growth*. New York: The Free Press.

Bass, B. M. (1985). *Leadership and performance beyond expectation*. New York: Free Press.

Bass, B. M. (1996). *A new paradigm of leadership: An inquiry into transformational leadership*. Alexandria, VA: U.S. Army Research

Institute for the Behavioral and Social Sciences.

Bennis, W. G. (1989). *On becoming a leader*. MA: Addison-Wesley.

Bennis, W. G., & Nanus, B. (1985). *Leaders: The strategies for taking charge*. New York: Harper & Row.

Blake, R. R., & Mouton, J. S. (1964). *The managerial grid*. Houston: Gulf Publishing.

Bryman, A. (1992). *Charisma and leadership in organizations*. London: Sage.

Downton, J. V. (1973). *Rebel leadership: Commitment and charisma in a revolutionary process*. New York: Free Press.

Dubin, R. (1968). *Human relations in administration*. Englewood Cliffs: Prentice Hall.

Etzioni, A. (1961). *A comparative analysis of complex organizations*. New York: Free Press.

Evans, M. G. (1970). The effects of supervisory behavior on the path-goal relationship. *Organizational Behavior and Human Performance, 5*, 277-298.

Fiedler, F. E. (1964). A contingency model of leadership effectiveness. In Berkowitz, L. (Ed.). *Advances in experimental social psychology*. New York: Academic Press.

Fiedler, F. E. (1967). *A theory of leadership effectiveness*. New York: McGraw-Hill.

Goleman, D. (1995). *Emotional intelligence: Why it can matter more than IQ*. New York: Bantam Books.

Goleman, D. (1998). *Working with emotional intelligence*. New York: Bantam Books.

Graen, G., Alvares, K. M., Orris, J. B., & Martella, J. A. (1970). Contingency model of leadership effectiveness: Antecedent and evidential results. *Psychological Bulletin, 74*, 285-296.

Hersey, P. S., & Blanchard, K. H.,(1982). *Management of organizational behavior: utilizing human resources*. NJ: Prentice-Hall.

Hersey, P. S., & Stinson, J. E.(1983). *Perspectives in leader effectiveness*. Athens, Ohio: Ohio University Press.

Herzberg, F. (1968). One more time: how do you motivate employees?

Harvard Business Review, 46(1), 53-62.

House, R. J., & Dessler, G. (1974). The path-goal theory of leadership: Some post hoc and a priori tests. In Hunt, J., & Larson, L. (Eds.). *Contingency approaches to leadership*. Carbondale: Southern Illinois University Press. 29-55.

House, R. J., & Mitchell, T. R. (1974). Path-goal theory of leadership. *Contemporary Business, 3*(Fall), 81-98.

House, R. J., (1971). A path-goal theory of leader effectiveness. *Administrative Science Quarterly, 16*, 321-328.

House, R. J., Hanges, P. J., Ruiz-Quintanilla, S. A., Dorfman, P. W., Javidan, M., Dickson, M. W., & Gupta, V. (1999) 'Cultural influences on leadership and organizations: Project GLOBE', In Mobley, W. H., Gessner, M. J., & Arnold, V. (Eds.). *Advances in Global Leadership, 1*, 171-233. CT: JAI Press.

Hoy, W. K. & Miskel, C. G. (2011). *Educational administration: Theory, research, and practice*(5th ed.,) New York: McGraw-Hill.

Howell, J. M., & Avolio, B. J. (1993). The ethics of charismatic leadership: Submission or liberation?. *Academy of Management Excutive, 6*(2), 43-54.

Kouzes, J. M., & Posner, B. Z. (1987). *The leadership challenge: How to get extraordinary things done in organizations*. San Francisco: Jossey-Bass.

Kouzes, J. M., & Posoner, B. Z. (2002). *The leadership challenge*(3rd ed.). San Francisco: Jossey-Bass.

Leithwood, K. A, & Jantzi, D. (2000). The effects of transformational leadership on organizational conditions and student engagement with school [Electronic version]. *Journal of Educational Administration, 38*(2), 112-129.

Lewin, K., Lippitt, R., & White, R. K., (1938) Patterns of aggressive behavior in experimentally created 'Social Climate', *Journal of Social Psychology*, 10, 19-39.

Locke, E. A. (1968). Toward a theory of task motivation and incentives. *Organizational Behavior and Human Performance, 3*, 157-189.

Maslow, A. H. (1943). A theory of human motivation. *Psychological Review, 50*, 370-396.

McMahon, J. T. (1972). The contingency theory: Logic and method revisited. *Personnel Psychology, 25*, 697-711.

Northouse, P. G. (2010). *Leadership: Theory and practice*(5th ed.). California: Sage.

Peters, L. H., Hartke, D. D., & Pohlmann, J. T. (1985). Fiedler's contingency theory of leadership: An application of the meta-analysis procedures of Schmidt and Hunter. *Psychological Bulletin, 97*, 274-285.

Podsakoff, P. M., Mackenzie, S. B., Ahearne, M., & Bommer, W. H. (1995). Searching for a needle in a haystack: Trying to identify the illusive moderators of leadership behaviors. *Journal of Management, 21*, 423-470.

Reddin, W. (1970). *Managerial effectiveness*. New York: McGraw-Hill.

Steers R. M. (1984). *Introduction to Organizational Behavior*(2nd ed.,). New York: McGraw-Hill.

Stogdill, R. M. (1948). Personal factors associated with leadership: A survey of the literature. *Journal of Psychology, 25*, 35-71.

Stogdill, R. M. (1974). *Handbook of leadership: A survey theory and research*. New York: The Free Press.

Tejeda, M. J., Scandura, T. A., & Pillai, R. (2001). The MLQ revisited: Psychometric properties and recommendations. *Leadership Quarterly, 12*, 31-52.

Vecchio, R. P. (1983). Assessing the validity of Fiedler's contingency model of leadership effectiveness: A closer look at Strube and Garcia. *Psychological Bulletin, 93*, 404-408.

Vroom, V. H. (1964). *Work and motivation*. New York: Wiley

Wofford, J. C., & Liska, L. Z. (1993). Path-goal theories of leadership: A meta analysis. *Journal of Management, 19*, 858-876.

Yukl, G. (1994). *Leadership in organizations*(3rd ed.). NJ: Prentice Hall.

Yukl, G. (2002). *Leadership in organizations*(5th ed.). NJ: Prentice Hall.

M·E·M·O

CHAPTER 7 교육인사

교육인사행정의 범위는 교원 및 교육관련 직원의 신분에 관한 모든 것을 다루는 것으로 그 범위가 상당히 넓다. 그러나 이를 교원에 대한 인사 즉, 교원인사로 그 범위를 축소한다고 하더라도 그 내용이 간단하다고 할 수는 없을 정도로 세부 규정이 많다. 이 장에서는 교원에 대한 신분관계의 핵심인 교원자격제도가 어떻게 구성되어 있고, 교원이 되기 위한 직전 교육제도, 교원 선발 제도 및 신규 임용제도 등이 어떠한지에 대해 살펴본다. 또한 승진 및 전직·전보를 골자로 하는 인사이동과 징계 등에 대해서도 살펴본다. 교사는 교직에 입문 이후에도 전문성 계발을 위한 끊임없는 노력을 하는데, 이에 대한 구체적인 내용을 확인하고, 교원의 보수에 대해서도 살펴보기로 한다.

- 교원 양성 및 임용
- 교원 능력개발 및 사기

1. 교원 양성 및 임용

가. 교원 자격

1) 교직의 기초

(1) 교직관

교원의 직업 또는 교육에 종사하는 직업을 교직이라고 한다. 교직에 대해서는 성직자관, 노동자관, 전문직관 등 세 가지 관점이 있다(남정걸, 2009: 329-330).

성직자관은 교사를 세속적인 직업과는 달리 신부나 목사, 승려와 같은 성직자로 보는 관점이다. 교직은 성직과 같이 특별한 사명감이나 소명의식을 요구하는 직업이라는 것이다. 이 관점에서는 교사의 권위가 중요하고, 엄숙한 몸가짐과 태도, 사랑과 헌신, 희생과 봉사정신이 교사에게 요구된다. 우리나라의 경우 스승의 그림자는 밟지도 않는다든가, 군사부일체(君師父一體) 등의 표현이 성직자로서의 교직관과 맥을 같이한다고 볼 수 있다.

노동자관은 교원도 학교라는 직장에 고용되어 정신적 노력이나 육체적 노동을 제공한 대가로 생계를 유지할 수 있는 보수를 받는다는 점에서 노동자나 근로자로 볼 수 있다는 관점이다. 국공립학교는 국가나 지방자치단체가 사립학교는 사인이나 학교법인이 사용자이자 고용주이고 교원은 피고용인인 노동자로서 양자의 관계는 계약관계가 성립된다고 본다. 학교는 교육서비스기관이기 때문에 교원이 제공하는 서비스를 고객이자 소비자로서 학생이 공급받는다는 관점이다. 이 관점에서는 교원도 노동자이기 때문에 법에서 보장되어 있는 제반 권리를 다른 노동자와 대등하게 누릴 수 있어야 한다고 주장한다. 그리하여 1999년에 「교원의 노동조합설립 및 운영에 관한 법률」이 통과되면서 교원노동조합이 합법화되었다.

전문직관은 교직을 고도의 지식과 기술을 가지고 국가사회가 공인한 자격증을 소유한 전문가가 정신적 봉사활동을 위주로 하는 직업으로 간주한다. 이들은 전문가이기 때문에 업무 수행상의 자율성과 더불어 고도의 윤리성이 요구된다. 리버만(Lieberman)이 제시한 전문직의 요소는 다음과 같다(Lieberman, 1956; 남정길, 2009: 331 재인용).

- 독자적이고 분명하며 본질적인 사회적 봉사
- 봉사를 수행함에 있어서 지적 기술의 강조
- 장기간의 전문적 양성교육
- 개인 실무자로서나 전체 직업 집단으로서나 광범한 자율권
- 전문적 자율권의 범위 내에서 내린 판단이나 행동에 대한 책임의 수용
- 경제적 이익보다는 자기가 행한 봉사의 중요성
- 실무자들의 광범한 자치조직

교직은 대부분 이들 요소를 만족시키고 있으므로 전문직이라고 보아도 무방하다.

(2) 교육직원 분류

교육과 관련된 직원은 간단히 교육직원 또는 교직원이라고 부른다. 이들은 각급학교 교육활동에 직접 종사하는 교원, 교육활동을 지원하는 학교직원, 교육행정기관 및 교육연구 및 연수기관에 근무하고 있는 사람들을 포함한다. 교육직원은 크게 국공립계통 교육직원과 사립계통 교육직원으로 나눌 수 있다. 국공립계통 교육직원은 국공립학교, 교육행정기관(교육부,

시도교육청, 교육지원청), 교육연구 및 연수기관에서 교육·연구·연수활동 또는 교육행정활동에 종사하는 직원을 포함한다. 사립계통 교육직원은 사립교육기관에 근무하는 직원을 포함한다(진동섭 외, 2011: 184-185). 이처럼 교육직원은 매우 넓은 범위로 파악할 수 있지만 이하에서는 교원을 중심으로 논의하고자 한다.

(3) 교사의 역할

역할은 어떤 사회적 단위에서 그 집단구성원에게 기대되는 일련의 행동양식이다. 교사의 역할은 보통 학교에서 차지하는 지위를 통해 각 개인에게 부여되며, 보통 학교교육계획서 또는 업무 분장 등에 공식적으로 기술되어 있다(이윤식 외, 2008: 40). 교사의 역할은 필요에 따라 확대되거나 축소될 수 있다. 학교교육과 관련하여 새로운 과제가 등장하면 이에 따라 교사의 업무영역은 확장될 수 있고, 학부모나 지역사회와의 관계가 강조되면 그에 따른 교사의 활동범위가 넓어질 수 있다. 그러나 교사 본연의 교육전문성이 강조되면 교사의 역할은 수업의 내용이나 방법 등과 관련된 분야로 압축될 수 있다.

학교에서 교사의 역할은 학생을 교육하는 것이다. 학생을 교육하는 교사의 역할은 학급경영, 교과교육활동, 교과외 교육활동으로 구분될 수 있다. 첫째, 학급경영은 학급경영계획 수립, 학급 내 각종학생조직의 구성, 학생관리, 학급사무관리, 학급환경관리 등을 포함한다. 대부분의 교육활동은 학급을 단위로 이루어지므로 학급경영은 매우 중요하다. 성공적인 학급경영을 위해서는 학급경영 이론과 기법을 알고 적용할 수 있어야 하고, 학생 및 학생 문화를 이해할 수 있어야 한다(이윤식 외, 2008: 51). 둘째, 교과교육활동은 교사가 수행하는 가장 기본적인 역할로서 학교에서 교육과정을 실천하는 핵심활동으로 교과지식과 수업기술을 포함한다. 셋째, 교과외 교육활동에는 창의적 체험활동, 봉사활동, 수련활동 및 체험학습활동,

생활지도, 진로지도 또는 취업지도, 상담, 인성지도, 성교육, 학생자치회 활동 지도 등이 포함된다. 기존에는 이 영역에 대한 교사의 역할이 교과교육활동에 비해 경시되어 왔으나 현재는 전인교육이 강조되면서 그 중요성이 점차 강조되고 있다.

(4) 교사의 자질

한편 교사의 역할에 따라 요구되는 교사의 자질, 능력, 그리고 교사가 갖추어야 할 핵심 지식도 달라진다. 일반적으로 자질이라는 용어는 선천적으로 타고난 인성의 특성은 물론 교육과 훈련을 통하여 후천적으로 습득된 능력이나 성질을 포함하여 사람이 가지는 지적·정의적·운동적 특성과 능력 등을 총칭한다(김종철, 1985: 김이경 외, 2005: 18 재인용). 김혜숙 외(2001)은 교사의 자질이란, 타고난 개인적 특성을 바탕으로 교사가 되기 위한 교육과 훈련을 통하여 지니게 된 교직에 적합한 능력(competence)과 태도(attitude)로 규정하고 있다. 신현석(1998)은 교원의 자질을 인성적 자질과 전문적 자질로 구분하고 있는데, 인성적 자질에는 교육관, 가치관, 신념, 태도, 적성 등이 포함되며, 전문적 자질에는 직무 수행 능력과 소양 등이 포함된다고 지적한다. 이러한 교사 자질의 개념을 종합해보면, 교사의 자질은 교사의 능력과 태도, 소양 등을 포함하는 것으로 볼 수 있다. 또한 교사의 자질과 능력은 지속적으로 유지·성장·발전되어야 하는 것으로 저절로 습득되거나 한번 습득되었다고 하여 계속 유지되지는 않는다(김혜숙 외, 2001: 김이경 외. 2005: 19 재인용).

교사의 역할 자체가 사회, 환경, 기술 변화에 따라 계속적으로 변화되고 있고, 그에 따라 요구되는 교사의 직무 수행능력도 달라지고 있다. 예를 들어, 학교에서 ICT 활용 능력이 중시되고 업무포털(NEIS. Edufine)과 같은 새로운 교육행정정보시스템이 도입됨에 따라 이를 활용하고 관리할 수 있는 새로운 직무 능력이 교사들에게 요구된다. 사회 변화에 따라 새롭게

7. 교육인사

요구되는 교사의 역할 및 그에 따라 요구되는 교사의 자질, 능력은 달라진다. 지식사회, 정보화 사회 등 미래 사회에서 요구되는 교사의 자질, 능력은 OECD 보고서(1998, 2001)에 종합적으로 제시된 바 있다. 이를 요약하면 다음과 같다(김이경 외, 2005: 20-21 재인용).

- 전문적 능력(professional competence): **훌륭한** 교사가 갖추고 있는 전통적인 특성으로 교과내용과 가르치는 방법에 대한 전문적 지식을 말한다. 교사의 전문적 능력은 지식과 이해의 중요한 원천으로 직전교육보다는 계속적인 교육을 통해 갱신되어야 한다.
- 교수법상의 노하우(pedagogical know-how): 평생학습 맥락에서 교사들은 정보의 기억, 시험성적 등에 중점을 두기보다 학습동기화, 창의성, 협동을 포함한 고도의 기술을 전수하는 능력을 가져야 한다.
- 기술의 이해(understanding of technology): 교사 전문성의 새로운 핵심 특성으로 정보통신기술 등 새로운 기술의 교수법상 잠재력을 이해하고 각 프로그램을 학생들이 별개로 이용하도록 방치하기보다는 이를 교수전략으로 통합하는 능력이 필요하다.
- 조직에서의 능력과 협력(organizational competence and collaboration): 교사의 전문성은 개별적 능력으로 이해되어서는 안 되며, 학습조직의 일부로서 기능하도록 개인별 능력을 통합해야 한다. 교사 상호간의 학습의지와 학습능력이 가장 중요하다.
- 융통성(flexibility): 교사 전문성에 대한 전통적 개념과 가장 직접적으로 갈등을 보일 수 있는 속성으로, 교사에게 요구되는 전문적 능력은 계속적으로 변화될 수 있음을 수용하여야 한다. 교사의 전문성은 변화에 저항하는 변명으로 이해되어서는 안 된다.
- 이동성(mobility): 교사로서의 능력을 풍부하게 하기 위해 다른 직업경험을 할 수 있도록 교직이동을 유연하게 할 필요가 있다.

- 개방성(openness): 개방성은 교사가 학부모 또는 다른 성인과 함께 교사의 전문적 역할을 보완하는 방향으로 협동하는 속성이다. 이는 교사들이 학습해야 하는 가장 도전적 과제중 하나이다.

2) 교원 자격의 의미

자격은 어떤 직무를 수행하는 데 필요한 특정한 능력 및 자질을 제도적으로 규정한 것이다. 일반적으로 전문직의 경우 일정한 자격의 취득을 그 필수요건으로 규정한다. 전문직으로서의 교직도 자격증을 요구한다. 이는 교직의 전문성을 보장하고 사회적 공신력을 높이기 위한 제도적 장치다. 우리나라에서는 현재 교원의 법정 자격제도를 채택하고 있다. 일단 교사의 자격을 취득하면 그 효력은 종신토록 계속되는 것이 원칙이다. 교육전문직의 경우에는 자격기준만 명시하고 있다. 교원의 경우 자격제도를 채택하고 있는 것은 학생의 이익을 보호하고, 국가 사회의 안정성을 보장하고, 교사 자신의 신분과 사회적 지위를 보장하기 위해 필요한 것이다(진동섭 외, 2011: 185).

3) 교원자격 기준

교원자격의 기준은 「초중등교육법」 제21조에 상세히 규정되어 있다. 교장의 자격기준은 크게 교감자격증을 가지고 3년 이상의 교육경력과 소정의 재교육을 받은 자, 학식·덕망이 높은 자로서 대통령령이 정하는 기준에 해당한다고 교육부장관의 인정을 받은 자로 되어 있다.

교감의 자격기준은 대체로 1급 정교사 자격증을 가지고 3년 이상의 교육경력과 소정의 재교육을 받은 자로 규정되어 있다.

수석교사는 교사 자격증을 소지한 사람으로서 15년 이상의 교육경력을 가지고 교수·연구에 우수한 자질과 능력을 가진 사람 중에서 대통령령으

7. 교육인사

로 정하는 바에 따라 교육부장관이 정하는 연수 이수 결과를 바탕으로 검정·수여하는 자격증을 받은 사람이어야 한다.

교사는 정교사(1급·2급), 준교사, 전문상담교사(1급·2급), 사서교사(1급·2급), 실기교사, 보건교사(1급·2급) 및 영양교사(1급·2급)로 구분되며, 교육부장관이 검정·수여하는 자격증을 받은 자이어야 한다. 1급 정교사의 자격기준은 대체로 2급 정교사 자격증을 가진 자로서 3년 이상의 교육경력을 가지고 소정의 재교육을 받은 자를 원칙으로 하고 있다. 2급 정교사의 자격은 다양한 유형의 교사양성기관을 졸업한 자에게 주어지고 있다. 학교에는 교육과정운영상 필요한 경우에 정규 교원외에 산학겸임교사[1]·명예교사 또는 강사 등을 두어 학생의 교육을 담당하게 할 수 있다.

---

1) 초·중등교육법시행령 제34조 제6항, 제35조 제6항 및 제39조 제2항에 의거하여 특성화중학교, 특성화고등학교 및 고등기술학교의 장은 교사정원의 3분의 1이내의 수를 법 제22조의 규정에 의한 산학겸임교사 등으로 대치할 수 있다.

〈표 7-1〉 초·중등교사의 자격기준

자격 급별	정교사(2급)	정교사(1급)
중등 학교	1. 사범대학 졸업자 2. 교육대학원 또는 교육부장관이 지정하는 대학원 교육과에서 석사학위를 받은 자 3. 임시 교원양성기관을 수료한 자 4. 대학에 설치하는 교육과 졸업자 5. 대학·산업대학 졸업자로서 재학중 소정의 교직과 학점을 취득한 자 6. 중등학교 준교사자격증을 가진 자로서 2년 이상의 교육경력을 가지고 소정의 재교육을 받은 자 7. 초등학교의 준교사 이상의 자격증을 가지고 대학을 졸업한 자 8. 교육대학·전문대학의 조교수·전임강사로서 2년 이상의 교육경력이 있는 자	1. 중등학교의 정교사(2급)자격증을 가지고 교육대학원 또는 교육부장관이 지정하는 대학원 교육과에서 석사학위를 받은 자로서 1년 이상의 교육경력이 있는 자 2. 중등학교 정교사자격증을 가지지 아니하고 교육대학원 또는 교육부장관이 지정하는 대학원 교육과에서 석사학위를 받은 후 교육부장관으로부터 중등학교 정교사(2급)자격증을 수여받은 자로서 3년 이상의 교육경력이 있는 자 3. 중등학교의 정교사(2급)자격증을 가진 자로서 3년 이상의 교육경력을 가지고 소정의 재교육을 받은 자 4. 교육대학·전문대학의 교수·부교수로서 3년 이상의 교육경력이 있는 자
초등 학교	1. 교육대학 졸업자 2. 사범대학 졸업자로서 초등교육과정을 전공한 자 3. 교육대학원 또는 교육부장관이 지정하는 대학원의 교육과에서 초등교육과정을 전공하고 석사학위를 받은 자 4. 초등학교 준교사자격증을 가진 자로서 2년 이상의 교육경력을 가지고 소정의 재교육을 받은 자 5. 중등학교 교사자격증을 가진 자로서 필요한 보수교육을 받은 자 6. 전문대학 졸업자 또는 이와 동등 이상의 학력이 있다고 인정되는 자를 입소자격으로 하는 임시 교원양성기관을 수료한 자 7. 초등학교 준교사자격증 가진 자로서 교육경력이 2년 이상이고 방송통신대학 초등교육과를 졸업한 자	1. 초등학교 정교사(2급)자격증을 가진 자로서 3년 이상의 교육경력을 가지고 소정의 재교육을 받은 자 2. 초등학교 정교사(2급)자격증을 가진 자로서 교육경력이 3년 이상이고, 방송통신대학 초등교육과를 졸업한 자 3. 초등학교 정교사(2급)자격증을 가지고 교육대학원 또는 교육부장관이 지정하는 대학원의 교육과에서 초등교육과정을 전공하여 석사학위를 받은 자로서 1년 이상의 교육경력이 있는 자

출처: 「초중등교육법」 제21조 제2항 관련 [별표 2] 교사 자격 기준

7. 교육인사

〈표 7-2〉 초 · 중등학교 교장 · 교감의 자격기준

자격급별		자격 기준
교장	중등학교	1. 중등학교의 교감 자격증을 가지고 3년 이상의 교육경력과 소정의 재교육을 받은 자 2. 학식 · 덕망이 높은 자로서 대통령령이 정하는 기준에 해당한다고 교육부장관의 인정을 받은 자 3. 교육대학 · 전문대학의 학장으로 근무한 경력이 있는 자 4. 특수학교의 교장자격증을 가진 자
	초등학교	1. 초등학교의 교감자격증을 가지고 3년 이상의 교육경력과 소정의 재교육을 받은 자 2. 학식 · 덕망이 높은 자로서 대통령령이 정하는 기준에 해당한다고 교육부장관의 인정을 받은 자 3. 특수학교의 교장자격증을 가진 자
	특수학교	1. 특수학교의 교감자격증을 가지고 3년 이상의 교육경력이 있는 자로서 소정의 재교육을 받은 자 2. 초등학교 또는 중등학교의 교장자격증을 가지고 필요한 보수교육을 받은 자. 이 경우 특수학교의 교원자격증을 가졌거나 특수학교(특수학급을 포함한다)에서 교원으로 근무한 경력이 있는 때에는 보수교육을 면제한다. 3. 학식 · 덕망이 높은 자로서 대통령령이 정하는 기준에 해당한다고 교육부장관의 인정을 받은 자
교감	중등학교	1. 중등 정교사(1급)자격증을 가지고 3년 이상의 교육경력과 소정의 재교육을 받은 자 2. 중등 정교사(2급)자격증을 가지고 6년 이상의 교육경력과 소정의 재교육을 받은 자 3. 교육대학의 교수 · 부교수로서 6년 이상의 교육경력있는 자 4. 특수학교의 교감자격증을 가진 자
	초등학교	1. 초등 정교사(1급)자격증을 가지고 3년 이상의 교육경력과 소정의 재교육을 받은 자 2. 초등 정교사(2급)자격증을 가지고 6년 이상의 교육경력과 소정의 재교육을 받은 자 3. 특수학교의 교감자격증을 가진 자
	특수학교	1. 특수학교 정교사(1급)자격증을 가지고 3년 이상의 교육경력이 있는 자로서 소정의 재교육을 받은 자 2. 초등학교 또는 중등학교의 교감자격증을 가지고 필요한 보수교육을 받은 자. 이 경우 특수학교 교원자격증을 가졌거나 특수학교(특수학급을 포함한다)에서 교원으로 근무한 경력이 있는 때에는 보수교육을 면제한다.

출처: 「초중등교육법」 제21조 제1항 관련 [별표 1] 교장 · 교감 자격기준

4) 교원자격검정

교원자격검정의 종별, 자격증 표시과목 등에 관한 사항은 「교원자격검정령」과 「교원자격검정령시행규칙」에 규정되어 있다. 「교원자격검정령」에 의하면, 교원자격검정은 무시험검정과 시험검정으로 구분되어 있다. 무시험검정은 시험을 치루지 않고 법이 정한 자격 기준의 요건에 합당하면 서류 심사에 의하여 교사자격증을 수여하는 방법이다. 현재 교사 자격 취득자의 대부분이 무시험검정을 통해 자격증을 수여받고 있다. 교사자격검정은 원칙적으로 교육부 장관의 권한 사항이나 「행정권한의 위임 및 위탁에 관한 규정」에 의거하여 국·사립학교의 장과 교육감에게 위임·위탁되어 있다. 무시험검정의 대상은 「초중등교육법」[별표 1]에 의한 교장·교감·원장 및 원감의 자격검정과 [별표 2]에 의한 교사의 자격검정을 포함한다(진동섭 외, 2011: 188).

시험검정은 주로 초·중등학교 준교사의 일부에 대해 실시하며, 교육부 실장을 위원장으로 하는 교육부 내의 교원자격 검정위원회가 주관하도록 규정되어 있다. 일부 신규 교원의 자격증이 시험검정을 통해 발급된 적도 있으나, 최근 교원양성기관 졸업자 즉, 무시험 검정에 의한 자격증 소지자의 미발령 적체현상 심화로 시험검정은 거의 자취를 감추었다(송기창 외, 2009: 206)

나. 교원 양성

1) 교사양성 방식

전문직으로서의 교원은 그 직무를 수행함에 있어서 고도의 전문적 지식과 기술이 요구되기 때문에 직전교육으로서 질 높은 양성교육을 받아야 한다. 교사를 양성하기 위한 방식은 크게 목적형과 개방형으로 구분된다. 목적형은 전문적인 교사 양성기관을 중심으로 제한적 내지는 폐쇄적으로 교원을 양성하는 방식이고, 개방형은 교사양성을 위한 특정한 양성기관을 설치·운영할 필요 없이 모든 대학에서 교사를 양성하도록 하는 방식이다. 목적형의 경우 획일성과 통제성, 편협성의 단점이 있으며, 개방형은 교직 윤리의식의 결여, 교육 일반에 대한 소극적 태도, 전문적 기술체계성의 경시 등의 단점이 있다(윤정일 외, 2008: 304). 이러한 점을 고려하여 목적형과 개방형의 장점을 절충하려는 혼합형이 있다. 우리나라의 경우 초등교사는 목적형을, 중등교사는 혼합형을 채택하고 있다.

2) 교사양성 현황

초등교원은 국립의 교육대학교에서 양성되고 있다. 교육대학교 이외에도 한국교원대학교 초등교육과, 이화여자대학교 초등교육과에서 초등교원 양성이 이루어지고 있다. 중등교원양성기관은 크게 사범대학 과정과 비사범대학 과정으로 나눌 수 있다. 사범대학 과정에는 사범대학과 일반대학 교육과가 있으며, 비사범대학 과정에는 일반대학 교직과정과 교육대학원이 있다. 이 외에도 전문대학 졸업자로서 재학 중 대통령령으로 정하는 실과계의 기능을 이수한 자 등은 실기교사 자격증을, 대학·산업대학의 상담·심리학과 졸업자로서 재학 중 소정의 교직학점을 취득한 자 등(보건교사는 전문대학 간호학과 졸업자 포함)은 전문상담교사, 사서교사, 보건교사 및 영양교사 자격증을 수여한다.

다. 교원 선발 및 임용

1) 교원의 선발

교원의 선발은 모집을 통해 교직에 응모한 후보자들 중에서 교직에 가장

적합한 사람을 선택하는 **활동**이다. 효과적인 교육활동이 유지되고 더욱 향상되기 위해서는 교직에 가장 적합한 사람이 선발되어야 한다. 따라서 선발 방식과 절차는 엄격성이 요구된다. 교원의 선발은 이러한 엄격성을 확보하기 위한 수단으로 타당성, 신뢰성 및 객관성을 갖춘 선발시험과정을 준용하고 있다(이하 신현석·안선희 외, 2011: 316-317 참고).

선발시험의 타당성은 시험이 측정하려고 하는 내용을 제대로 측정하고 있느냐의 정도를 의미한다. 일정한 교직 직무수행능력을 측정하려고 입안한 시험이 그러한 능력을 정확하게 측정하였으면 타당성이 있는 것이다. 특히 교원의 선발시험은 현재의 교직 수행능력만이 아니라 교직 임용 후의 교육**활동**과 그 성과를 측정할 수 있어야 하고, 나아가 잠재적 교직수행능력의 발전가능성을 예측할 수 있어야 한다. 선발시험의 신뢰성은 선발시험이 능력 측정 도구로서 가지는 일관성, 즉 측정환경에 의해 영향을 받지 않는 정도를 의미한다. 즉, 동일한 응시자가 동일한 시험을 시간과 장소 등 조건 환경을 달리하여 반복 시행한 다음 시험 결과가 얼마나 유사하게 나타나는가 하는 것을 의미한다. 선발시험의 객관성은 시험성적을 채점하는 데에서 채점자 개인의 편견이나 응시자의 성별, 정치성향, 학연, 지연 등 시험 외적 요인에 좌우되지 않은 공정성을 의미한다. 선발시험은 타당성, 신뢰성, 객관성을 갖추기 위해 시험 방법을 다양화하고 개선하기 위해 끊임없이 노력해야 한다. 교원 중 공립학교 선발시험은 교육감이 실시하고 시도교육청별로 '교사 임용후보자 선정경쟁시험'을 실시하고 있다.

2) 교원의 임용

임용이란 일반적으로 국가 또는 공공단체의 임용권자가 관련 규정에 따라 특정인을 신규 채용·승진·전보·겸임·파견·강임·휴직·직위 해제·복직·면직·해임 및 파견을 시키는 행정 행위를 말한다. 여기에는 그 신분 관계를 설정하는 임명과 이미 신분을 취득한 자에게 일정한 직무를 부여하는 보직 행위가 포함된다. 교원의 임용도 마찬가지이다. 교육공무원법에 따르면, 교육공무원인 교원의 임용은 신규채용·승진·승급·전직·전보·겸임·파견·강임·휴직·직위 해제·정직·복직·면직·해임 및 파면을 포함하는 행위로 정의되어 있다. 교원의 임용에 있어서는 교원으로서의 자격을 갖추고 임용을 원하는 모든 자에 대하여 그 능력에 따라 균등한 임용의 기회가 보장되어야 한다는 점을 규정하고 있다. 따라서 교원의 신규 채용은 채용의 두 가지 방법, 즉 자격있는 모든 사람들에게 지원 기회를 부여하고 경쟁시험을 통해 임용 후보자를 선발하는 공개경쟁 채용과 경쟁을 제한하는 별도의 선발 절차를 거쳐 특정인을 채용하는 특별채용 중에서 공개경쟁 방식에 의해야 한다는 점을 규정하고 있는 것이다(서정화 외, 2011: 117-118, 124-127).

국가공무원인 교원의 신규 임용을 위해서는 국가가 교원 수급 계획을 수립하고 그에 따라 시·도교육청별로 필요한 인원을 배정·공고·모집하여 교원을 선발·임용하게 된다. 그러므로 실질적인 신규 임용은 교원후보자를 교육청별로 모집하여 시험 전형을 거쳐 적임자를 선발하는 과정으로 이루어진다.

(1) 국공립학교 교원의 신규 임용

현재 국공립학교 교원의 신규 임용은 교사임용후보자선정경쟁시험을 통해 이루어진다. 1991년 이전까지만 해도 교원의 신규 임용은 국공립 교육대학과 사범대학(사범계학과 포함) 졸업자를 우선적으로 임용하는 방식을 채택하여 왔다. 즉, 국공립의 교원양성기관 졸업자는 별도의 선발시험 없이 무시험으로 교사로 임용되고, 부족할 경우에만 사립 교원양성기관 졸업자와 교직과정 이수자 등을 경쟁시험을 통해 선발·임용하는 방식을 채택해 왔던 것이다. 그러나 이러한 국공립대학 졸업자 우선 임용제도는 1990년 10월 헌법상의 직업선택의 자유와 평등의 원칙에 위반된다는 헌법재판소의 위헌결정이 내려지자 1991년도부터 이를 폐지하고 공개경쟁시험을 통해 교원을 채용하는 제도로 전환하게 된 것이다.

현행 「교육공무원임용령」에 따르면, 교육공무원인 교원의 신규 임용은 공개 전형을 원칙으로 하되, 해당 교육감이 시행하도록 규정되어 있다. 교원의 임용과 관련하여 교육부장관은 임용권을 해당 교육감에게 위임하고 있기 때문이다. 국립학교의 경우에도 학교장이 그 전형을 당해 학교가 소재하는 교육감에게 위탁하여 실시할 수 있도록 하고 있다.

공개전형의 방법으로는 필기시험, 실기시험, 면접시험 등의 시험 방법에 의하도록 되어 있다. 시험의 실시에 대한 사항은 교육공무원임용후보자선정경쟁시험규칙으로 규정하여 시행하도록 하고 있고, 전형에 응시할 수 있는 자격은 교사자격증을 취득했거나 취득할 예정인 사람이어야 한다.

(2) 사립학교 교원의 신규 임용

사립학교 교원의 임용은 국공립학교와는 달리 국가시험에 의하지 않는다. 1974년부터 시행된 고교평준화 정책에 따라 교사들의 자질 향상과 평준화를 위해 순위고사를 실시하여 합격자 중에서 학교경영자가 교사를 임용할 수 있도록 하였으나, 사학의 자율성 훼손 등의 문제가 제기되어 1977년에는 다시 시도별로 사립학교 교원 희망자 학력평가를 실시하여 합격자 중에서 교원을 자유롭게 임용하는 방식으로 전환되었다. 이어 1980년대 이후에는 사학의 자율성을 보다 신장시키기 위해 한국사학법인연합회가 주관하여 채용고사를 실시하고 그 합격자 중에서 임용하는 방식을 채택하였다. 그러나 그에 대해 사립학교에서 자율성 훼손 문제를 끊임없이 제기하여 연합회에서 실시하는 채용고사를 폐지하고 그 임용의 권한을 전적으로 학교 경영자에게 부여하는 방식으로 전환되어 오늘에 이르고 있다. 현재 사립학교 교원의 신규 임용 방법은 추천이나 공개채용 방식, 교육청 위탁 등을 채택하고 있다(서정화 외, 2011: 127).

2. 교원 능력개발 및 사기

가. 교원 능력개발

1) 교원연수

아무리 유능한 인재를 확보하여 교사로 임용하였다 하더라도 현대와 같이 급격한 사회·문화의 변화에 신축성 있게 대응하지 못하면 무능한 교원으로 전락하기 쉽다. 따라서 교원이 더욱 전문적인 자질과 능력을 구비하여 주어진 업무를 효율적으로 수행할 수 있도록 하기 위해서는 교원에 대한 계속적인 능력 계발이 이루어져야 한다. 이하에서는 교원의 능력 계발 방법 중 하나인 현직교육에 대해 살펴본다(윤정일 외, 2008: 320-323).

그동안 교사교육은 양성교육(직전교육)을 중심으로 이루어져왔다. 그러나 전문직으로서 교직에 종사하는 교원의 자질은 대학 4년 과정을 통해 완벽하게 길러질 수 있다고 보기는 어렵고, 교직생활의 전 과정에 걸친 계속적인 연수과정에서 점진적으로 개발·육성된다고 볼 수 있다. 현직교육의 중요성은 다음과 같이 요약할 수 있다. 첫째, 현직교육은 직전교육의 미비 내지 결함을 보완한다는 점에서 중요하다. 현재 교원양성교육에 대해서는 많은 문제가 제기되고 있는데, 현직교육은 이를 보완하기 위한 것이다. 둘째, 현직교육은 새로운 지식과 기능, 태도를 습득한다는 측면에서 중요하다. 현대는 사회발전의 속도가 빠르고 이에 따라 새로운 지식과 기술이 폭발적으로 증가하고 있다. 교원은 이러한 급변하는 사회변화에 적응하고 첨단의 기술·정보를 습득하여 교육상황에 임해야 한다. 셋째, 교원에게는 교육전문가로서의 계속적인 정진이 요구된다. 교사는 풍부한 지식 및 교수기술과 함께 독창적인 방법을 **활용**하여 학생의 성장·발달을 돕는 능력을 가져야 한다. 이는 전문성 향상을 통한 자기발전과 교직의 공신력을 높이는 길이기도 하다.

「교원 등의 연수에 관한 규정」에 의하면, 유치원 교원, 초중등학교 교원, 특수학교 교원을 대상으로 하는 교원의 현직교육, 즉 연수는 직무연수와 자격연수, 특별연수로 구분된다. 우선 직무연수는 교육의 이론·방법 및 직무수행에 필요한 능력 배양을 위하여 실시되며, 직무연수의 연수 과정과 내용 및 기간은 당해 연수원장이 정한다. 둘째, 자격연수는 교원의 자격을 취득하기 위하여 실시된다. 2급 정교사 과정, 1급 정교사 과정, 1급 전문상담교사 과정, 1급 사서교사 과정, 1급 보건교사 과정, 1급 영양교사 과정, 원감 과정, 원장 과정, 교감 과정 및 교장 과정 등으로 구분된다. 끝으로 특별연수는 전문지식 습득을 위한 국내외 특별연수프로그램을 의미한다. 국내외의 교육기관 및 연수기관에서 일정한 기간 동안 실시되는 것이 보통이다. 현재 교원 현직교육기관, 즉 연수기관은 초등교육연수원, 중등교육연수원, 교육행정연수원, 종합교육연수원, 원격교원연수원과 각 시·도교육연수원 등이 있다.

2) 교원능력개발평가

교원능력개발평가는 학교교원의 지속적인 능력 신장을 목적으로 교원의 교육**활**동에 대해 교사, 학생, 학부모의 만족도 등을 조사하는 것이다. 현행 교원능력개발평가제도는 2005년부터 시범운영을 시행하고 2010년부터 시도교육규칙에 의해 전국 모든 학교로 확대 시행되었다. 「교원 등의 연수에 관한 규정」에 의하면 교육부장관과 교육감은 교원의 전문성 향상을 위하여 교원의 능력을 진단하는 교원능력개발평가**를** 매년 실시한다. 교원능력개발평가에는 동료교원·학생·학부모가 참여하고, 「초중등교육법」 제2조의 학교에 근무하는 교원을 대상으로 실시한다. 평가는 교원의 학교경영·학습지도·생활지도에 대하여 정량적 측정방법으로 평가하고, 참여자의 익명성을 보장한다. 평가 결과는 개인에게 통보하고, 연수대상자 선발 및 연수프로그램, 연수 지원 등 전문성 향상 자료로 활용한다. 평가를 위해 5~11인으로 평가관리위원회를 구성하여 시행계획수립 및 연수 지원에 관한 사항을 심의한다. 평가의 공정·신뢰·타당성 확보를 위한 기본 사항은 장관이, 그 외의 구체적 시행방법은 교육감 및 학교장이 정하도록 하고 있다.

〈표 7-3〉 교원능력개발 평가의 평가영역·요소·지표

구분	평가영역	평가 요소	평가지표
일반교사	학습지도	수업준비, 수업실행, 평가 및 활용 등	가정연계지도 등 6개 지표 (※ 특수·비교과교사는 별도)
	생활지도	개인생활지도, 사회생활지도 ※ 비교과교사의 경우, 담당직무를 평가영역('학생지원')으로 함	
수석교사	교수·연구 활동 지원	수업 지원, 연수·연구 활동 지원 ※ 학습지도 및 생활지도 영역은 일반교사의 요소와 지표 동일	
교장·교감	학교경영	학교교육계획, 교내장학, 교원인사, 시설 관리 및 예산운용 ※ 교감은 시설관리 및 예산운용 지표 제외	학교경영목표관리 등 8개 지표

교원능력개발평가는 동료교원평가, 학생만족도조사, 학부모만족도조사로 구성된다. 동료교원평가는 교장·교감 중 1인 이상, 수석교사 또는 부장교사 1인 이상, 동료교원 등을 포함한 5인 이상의 위원회에서 평가한다. 학생만족도조사는 지도를 받는(은) 학생들을 대상으로 개별교원에 대해 실시하고, 학부모만족도조사는 지도를 받는(은) 학생의 학부모를 대상으

로 개별교원에 대해 실시한다. 교장·담임교사 외 1인 이상(3인 필수)이며, 교감, 교과교사, 비교과교사에 대해서는 선택적 참여가 가능하다.

나. 교원 인사이동(승진 및 전직·전보) 및 징계

1) 승진

승진은 동일 직렬 내에서의 직위 상승을 의미한다. 승진에 따라 상위직급에 임용되면 책임과 권한이 증가되고, 임금 및 각종 근무여건이 개선된다. 교원의 경우 교사가 교감으로, 교감이 교장으로 임용되는 것을 예로 들 수 있다. 이러한 승진제도는 ① 구성원에게 보상수단 내지 욕구충족 수단을 제공하며, ② 인적 자원을 적절히 배치함으로써 조직의 목표를 효율적으로 달성할 수 있게 하며, ③ 조직구성원이 직무수행을 위해 필요한 지식과 능력을 향상시키는 등 능력계발의 수단이 된다(오석홍, 2013).

교원은 다른 직종과 달리 승진구조가 상대적으로 협소하며, 승진소요기간이 길다. 따라서 상대적으로 승진경쟁이 치열하며, 승진을 포기하는 경우가 흔하다. 2급 정교사 자격증을 가지고 교원으로 신규임용되어 3년이 지나면 1급 정교사 자격연수를 받을 수 있는 자격이 생긴다. 2급 정교사 교사발령을 받은 이후 3년이 지나 1급 정교사 자격연수를 받고 1급 정교사가 된 이후 교감으로 승진하지 않게 되면 30년이 넘는 기간동안 승진을 경험하지 못한 셈이다. 교사가 승진할 수 있는 길은 크게 두가지이다. 하나는 교원으로 계속 근무하면서 승진하는 것이고, 다른 하나는 장학사 또는 교육연구사의 전문직으로 전직하여 근무하다가 승진하는 것이다. 후자의 경우에는 상대적으로 승진소요기간이 짧은 편이다.

「교육공무원법」제13조에 의하면 교육공무원의 승진임용은 동종의 직무에 종사하는 바로 하위직에 있는 자 중에서 대통령령이 정하는 바에 의하여 경력평정, 재교육성적, 근무성적, 기타 능력의 실증에 의해 행한다고 규정하고 있다. 「교육공무원승진규정」에는 승진후보자 명부를 작성하기 위한 평정점으로 경력평정, 근무성적평정, 연수성적평정, 가산점평정의 4가지가 포함된다.

2) 전직과 전보

전직과 전보는 조직에서 직위의 위치를 변경시키는 인사 이동을 통해 구성원의 직무만족과 능력계발을 유도하고 조직목적의 효율적 달성을 도모하는 것이다. 승진이 수직적 이동이라면 전직과 전보는 수평적 이동이라 할 수 있다.

전직은 종별과 자격을 달리하는 임용, 즉 직급은 동일하나 직렬이 달라지는 횡적 이동을 말한다. 예컨대 교원이 장학사(관), 연구사(관) 등으로 이동하거나, 장학사(관), 연구사(관)가 교원으로 이동하는 경우, 학교급간(초등학교와 중등학교)에 교원이 이동하는 경우가 여기에 해당된다.

전보는 동일직위 및 자격 내에서 근무기관이나 부서를 달리하는 임용을 말한다. 예컨대 교장, 교감, 교사가 승진없이 근무학교를 이동하거나 장학관, 장학사가 행정기관간 이동하는 것이 여기에 해당된다. 전보제도는 조직의 입장에서 보면 부서간의 인원 수, 필요의 변동이나 조직기능의 변화로 인한 자질요건의 변화에 대응하기 위하여 부서의 기능과 업무의 양에 따라 적절한 사람을 배치하여 조직의 목적 달성을 높이는 한편, 개인적인 측면에서 보면 직무에 대한 구성원 개인의 흥미 변동, 주거지나 동료와의 인간관계 변화 등을 배려함으로써 생활안정과 직무만족을 도모할 수 있다(송기창 외, 2009).

(1) 전직

교육공무원의 전직은 교원의 학교급별 전직, 교원의 교육전문직공무원으로의 전직, 교육전문직공무원의 교원으로의 전직, 교육전문직공무원간

의 전직 등 4가지로 구분된다.

교원의 학교급별 전직은 시·도교육감이 교원수급상 필요한 경우에 교원이 희망하는 바에 따라 당해인이 소지하고 있는 교원자격증과 관련 있는 다른 학교급의 교원으로 이동하는 것이다. 초등학교 교원이 중등학교 교원자격증을 소지하거나 중등학교 교원이 초등학교 교원자격증을 소지하였을 때에는 본인이 희망하는 바에 따라 자격증과 관련이 있는 직위에 전직 임용할 수 있다.

교원의 교육전문직공무원으로의 전직임용 중 장학관·교육연구관으로의 전직임용에 관한 사항은 임용권자가 정하며, 장학사·교육연구사로의 전직임용은 교육기관·교육행정기관 또는 교육연구기관의 추천을 받아 공개전형을 거쳐 임용하되, 전형기준·전형방법 및 전형절차 등은 임용권자가 정한다. 교육부와 그 소속기관에 근무하는 장학사·교육연구사로의 전직임용은 정규교원으로서 실제 근무한 경력이 5년 이상인 자를 대상으로 공개경쟁시험에 의함을 원칙으로 하고, 공개경쟁시험은 소속기관 또는 전문기관에 위임·위탁할 수 있다(교육공무원인사관리규정 14조).

교육전문직공무원이 교원으로 전직할 때는 교원에서 교육전문직공무원으로 전직할 당시의 직위로 전직하여야 하나, 교사에서 교육전문직공무원으로 전직한 경우 5년 이상, 교감에서 교육전문직공무원으로 전직한 경우 2년 이상 근속한 자는 임용권자가 정하는 기준에 따라 교장 또는 교감으로 전직할 수 있고, 교육경력 10년 이상이고 교육전문직공무원으로 10년 이상 근속한 자는 전직될 직위에 제한을 받지 아니한다(교육공무원인사관리규정 15조).

교육전문직공무원간의 전직이란 장학관과 교육연구관 상호간 또는 장학사와 교육연구사 상호간에 전직임용하는 것을 말하며, 이들의 전직임용에 관한 사항은 임용권자가 정한다.

(2) 전보

임용권자 또는 임용제청권자는 소속 교육공무원의 동일직위 또는 지역에서의 장기근무로 인한 침체를 방지하고 능률적인 직무수행을 기할 수 있도록 인사교류계획을 수립하여 이를 실시하여야 한다. 임용권자 또는 임용제청권자는 인사교류계획을 수립 실시함에 있어서 「도서·벽지 교육진흥법」 제2조의 규정에 의해 도서·벽지에 계속하여 3년 이상 근무한 자에 대하여는 본인의 희망을 참작하여 도서·벽지 이외의 지역으로 전보하여야 하며, 전보희망자가 적은 지역에서 근무하는 교육공무원으로서 근무성적이 양호하고, 지역사회발전을 위하여 계속 근무하게 할 필요가 있다고 인정되는 때에는 본인의 희망에 따라 장기근무를 하게 할 수 있다.

임용권자가 매년 전보계획을 수립하여 교원 전보를 할 때는 교원의 생활근거지 근무 또는 희망근무지 배치를 최대한으로 보장하여 사기진작 및 생활안정을 도모하고 전보임용의 공정성을 확보하기 위하여 최대한 노력하여야 한다.

시·도교육감 또는 교육장이 교원전보계획을 수립할 때에는 관할지역내의 국립학교 소속 교원을 포함하여야 한다. 이 경우 국립학교의 장은 시·도교육감 또는 교육장의 인사원칙에 따라야 하며, 국립학교에서 공립학교로 전보될 자는 국립학교의 장이 선정하고, 공립학교에서 국립학교로 전보될 자는 시·도교육감 또는 교육장으로부터 임용예정인원의 3배수 범위내에서 추천을 받아 국립학교의 장이 선정한다.

임용권자는 전보를 함에 있어 거리·교통 등 지리적 요건과 문화시설의 보급 등을 고려하여 설정한 인사구역 및 인사구역별 근무기간 등을 정한 전보기준을 전보발령 3개월 이전에 공개하여야 한다.

교원의 학교간 전보는 임용권자가 정하는 기간 동안 동일직위에 근속한 자를 대상으로 정기적으로 실시한다. 다만, 교육상 특히 필요하다고 인정하는 때에는 소속 학교의 장의 요청(단, 본인이 동의하는 경우에 한함)에 따라 임용권자가 정하는 기간동안 전보를 유예할 수 있다. 교육부장관이 지정한 특성화고등학교(종합고등학교 포함)에 근무하는 교장·교감 및 전문교과 담당 교사에 대하여는 근속기간에 제한을 두지 아니할 수 있으며, 당해 학교장의 추천에 의하여 전보할 수 있다. 임용권자는 교육상 전보가 불가피하다고 인정할 때에는 동일직위 근속기간이 정기전보기간 이내라 하더라도 전보할 수 있다.

직위해제후 복직된 자, 감사결과 인사조치 지시된 자, 직무수행능력이 부족하거나 근무성적이 극히 불량한 자 또는 근무태도가 심히 불성실한 자, 신체·정신상의 장애로 장기요양을 요하는 자 등이거나, 교원수급상 부득이한 경우 또는 본인이 희망하는 경우를 제외하고는 생활근거지가 아닌 비경합지구에 속하는 학교에 전보할 수 없다. 다만, 생활근거지가 경합지역에 속하는 자는 그러하지 아니하다.

특수목적고등학교의 교장·교감중 1인은 당해 계열의 전공자를 배치함을 원칙으로 하며, 적격자가 없을 때에는 인사위원회에서 정한 기준에 따라 배치하여야 하고, 여자학교의 교장·교감중 1인은 가급적 여교원을 배치하여야 한다. 또한, 전보권자는 동일한 시·도내의 부부교원, 노부모·특수교육대상자 부양 교원 등에 대한 전보 특례 사항을 정할 수 있다.

3) 징계

교원의 법률적 책임은 행정상 책임, 형사상 책임, 민사상 책임으로 구분할 수 있으나 이 절에서는 조직의 내부질서를 유지하기 위하여 부과된 의무를 위반한 교원에 대해 책임을 묻는 부분인 행정상의 책임을 중심으로 살펴본다. 교원이 해당 지위에 부과된 의무를 위반한 경우 국·공립 교원의 경우에는 국가 또는 지방자치단체가, 사학교원의 경우에는 학교법인이 사용자로서의 지위에서 신분상의 이익의 일부나 전부를 박탈하는 제재를 받게 된다.

「국가공무원법」 제78조, 「사립학교법」 제61조에 의하면, 교원의 징계 사유는 관계법 및 법에 따른 명령 위반, 직무상의 의무 위반 또는 직무 태만, 교원으로서의 체면 또는 위신 손상 행위 등이다. 징계 사유에 해당하는 자가 있을 경우 국공립학교는 학교장이, 사립학교는 임면권자가 교원징계위원회에 징계의결을 요구하게 된다. 징계는 파면, 해임, 강등, 정직, 감봉, 견책으로 구분된다. 이 중 견책, 감봉은 경징계에 해당하고 정직, 강등, 해임, 파면은 중징계에 해당한다. 견책은 과오에 대해 훈계하고 회개하는 것을 말하고, 감봉은 1월 이상 3월 이하 기간 동안 보수의 1/3을 감하는 것을 의미한다. 정직은 신분은 유지하나 직무에 종사하지 못하는 것으로 1월 이상 3월 이하 기간 동안 보수의 2/3을 감한다. 강등은 동종의 직무 내에서 하위 직위에 임명하고, 신분은 유지하나 3개월 동안 직무에 종사하지 못하며 그 기간 중 보수의 2/3을 감하는 징계이다. 해임은 교원 관계가 소멸되지만, 금품 및 향응수수, 공금의 횡령 및 유용에 의한 해임이 아닌 경우 퇴직금여 등의 지급은 받는다. 반면, 파면은 징계 중에서 가장 중한 것으로 신분관계의 소멸 뿐만 아니라 퇴직급여 등도 제한 받는다.

다. 교원 보수

1) 보수

보수는 조직 구성원들이 근로 활동을 통하여 조직의 목적달성에 기여한 대가로 받는 금전적 보상을 의미한다. 「공무원보수규정」 제4조에 의거하면 보수는 '봉급과 그 밖의 각종 수당을 합산한 금액'을 의미한다. 보수의 일부인 봉급은 '직무의 곤란성과 책임의 정도에 따라 직책별로 지급되는 기본급여 또는 직무의 곤란성과 책임의 정도 및 재직기간 등에 따라 계급(직무등급 또는 직우를 포함)별, 호봉별로 지급되는 기본급여'를 의미하며, 수당은 '직무여건 및 생활여건 등에 따라 지급되는 부가급여'를 의미한다.

우리나라 교원의 보수체계는 교육공무원 보수체계로 운영된다. 교육공무원 보수체계는 1954년 이후 독자적인 교육공무원보수규정이 제정·운영되어 오다가 1982년 12월 공무원보수규정 개정 시 이에 통합되어 현재에 이르고 있고, 「공무원 보수규정」과 「공무원 수당 등에 관한 규정」에 의거하여 봉급과 수당을 근간으로 운영되고 있다. 교원보수의 기본급은 교원은 고도의 전문성을 갖는 직업이기 때문에 직위별로 직무와 능률이 다르다고 볼 수 없다는 관점에서 학력과 자격, 경력에 의한 보수지급을 원칙으로 하는 단일호봉제를 채택하고 있어 동일 학력·자격·경력이면 동일호봉에 의한 동일보수를 지급받는다.

봉급은 보수의 대종을 이루는 것으로서 호봉에 따라 지급하는 기본급이고, 봉급 이외의 부가급여인 각종 수당은 상여수당, 가계보전수당, 특수지근무수당, 특수근무수당, 초과근무수당 등이 있다. 이중 정근수당, 장기근속수당, 가족수당, 자녀학비보조수당, 특수지 근무수당은 전 공무원이 공통으로 받는 것이고, 교원만이 받는 수당은 특수업무 수당인 교직수당 및 원로교사가산금, 보직교사가산금, 교원특별가산금, 담임교사가산금, 실과교원가산금, 보건교사가산금, 보전수당, 영영당, 영영수교사가산금 등이 있다. 전체 교원을 대상으로 하는 공통수당인 정근수당, 관리업무수당, 정근수당가산금, 가족수당, 자녀학비보조수당, 육아휴직수당, 특수지근무수당, 시간외근무수당 중 정근수당과 관리업무수당은 봉급비례수당이고 나머지 수당들은 월정액수당으로 구분된다.

교원의 보수는 국가·사회적으로 타 직종보다 우대를 받도록 되어 있다. 이에 대한 근거는 「교육기본법」 제14조 1항의 '교원의 경제적·사회적 지위는 우대되고 그 신분은 보장되어야 한다.'는 규정과 「교육공무원법」 제34조의 '교육공무원의 보수는 우대되어야 한다.', 「교원지위향상을 위한 특별법」 제3조 1항 '국가와 지방자치단체는 교원의 보수를 특별히 우대하여야 한다.'는 규정에서 찾을 수 있다. 뿐만 아니라「헌법」제31조 6항 '학교교육 및 평생교육을 포함한 교육제도와 그 운영, 교육재정 및 교원의 지위에 관한 기본적인 사항은 법률로 정한다.'와「교육기본법」제14조 제6항의 '교원의 임용·복무·보수 및 연금 등에 관하여 필요한 사항은 따로 법률로 정한다.'는 규정에서도 국가적인 차원에서 교원의 보수가 안정적으로 고려되어야 한다는 점을 강조하고 있음을 확인할 수 있다.

교원의 보수는 근속 연한에 따라 보상을 받는 연공급 위주의 임금체계로 되어 있고, 기본급보다는 각종 수당 위주로 이루어져 있고 2006년 관련 조항 개정이후 기말수당과 각종 가산금이 기본급에 포함됨으로써 전체 보수에서 기본급이 차지하는 비율이 상당히 높아졌음에도 불구하고 여전히 수당의 상대적 비율이 높아서 불안정한 구조를 이루고 있다.

2) 성과급

교원성과급은 우수한 교원에 대한 보상을 통해 사기를 진작시키고 근무의욕을 고취시키는 등 교원을 동기부여하기 위한 목적으로 도입되었다.

현행 교원의 성과급은「공무원수당등에관한규정」제7조 2항의 '공무원 중 근무성적, 업무실적 등이 우수한 사람에게 예산의 범위 내에서 성과상여금을 지급한다.'는 규정에 근거하고 있다. 고등학교 이하 각급학교의 교장(원장), 교감(원감), 교사, 그리고 교육부 및 시도교육청 등에 근무하는 장학관, 교육연구관, 장학사, 교육연구사가 지급대상이다. 현재 교원의 성과급은 개인성과상여금과 학교성과상여금으로 구분하여 지급되고 있는데, 개인성과상여금은 상여금의 80%에 해당하는 금액으로 개인평가등급(S, A, B등급)에 따라 차등 지급한다. 학교성과상여금은 나머지 20%에 해당하는 금액으로 학교평가등급(S, A, B등급)에 따라 학교교원 전체가 동일한 금액을 받는다.

2. 교원 능력개발 및 사기

〈표 7-4〉 교사 성과 평가기준(예시)

분야	초등학교	중학교	고등학교
수업 지도	수업시간 수	수업시간 수	수업시간 수
	수업공개 횟수 등	수업공개 여부 및 횟수	수업공개 여부 및 횟수
		계발활동지도	계발활동지도
		자치적응활동지도	자치적응활동지도
		다학년지도 및 다교과지도 등	다학년지도 및 다교과지도
			야간자율학습지도 등
생활 지도	학부모 상담 실적	학부모 상담 실적	학부모 상담 실적
	선도·교통 지도 등	학생 상담 실적	학생 상담 실적
		교문지도 및 중식지도 등	교문지도 및 중식지도 등
담당 업무	담임 여부	담임 여부	담임 여부
	보직 곤란도	보직 곤란도	보직 곤란도
	업무곤란도(기피업무 담당) 여부	업무곤란도(기피업무 담당) 여부	업무곤란도(기피업무 담당) 여부
	지도 학생 수상 실적	지도 학생 수상 실적	지도 학생 수상 실적
	근무일수	근무일수	근무일수
	연구·시범학교 주무 및 운영 담당자 여부	연구·시범학교 주무 및 운영 담당자 여부	연구·시범학교 주무 및 운영 담당자 여부
	담임학년 곤란도	동아리활동 지도	동아리활동 지도
	통합학급 학생(특수아) 담임 여부 등	교과경시대회 지도	교과경시대회 지도
		교과 부장 여부 등	교과 부장 여부
			진학·취업 지도
			학교 특성화·자율학교 업무담당 등
전문성 개발	연수 이수 시간	연수 이수 시간	연수 이수 시간
	교육활동 관련 자격증 취득	교육활동 관련 자격증 취득	교육활동 관련 자격증 취득
	연구대회 입상 실적	연구대회 입상 실적	연구대회 입상 실적
	수업관련 장학 요원 (연구교사, 선도 교사)	수업관련 장학 요원 (연구교사, 선도 교사)	수업관련 장학 요원 (연구교사, 선도 교사)
	연구 개발 실적 (교과서 및 장학 자료 개발)	연구 개발 실적 (교과서 및 장학 자료 개발)	연구 개발 실적 (교과서 및 장학 자료 개발)
	포상 실적 등	포상 실적	포상 실적
		교과연구회 참여 실적 등	교과연구회 참여 실적 등

출처: 2011년 교육공무원 성과상여금 지급 지침

7. 교육인사

 생각해볼 문제

◆ 교사양성방식으로서의 개방형, 폐쇄형, 혼합형의 장·단점에 대해 논하고 합리적인 교사양성방식에 대한 자신의 의견을 제시하시오.

◆ 교원성과급제도의 도입 취지에 대해 동기이론을 적용하여 설명하시오.

 **참고문헌**

서정화 외(2011). **교육인사행정론**. 교육과학사.
송기창 외(2009). **중등교직실무**. 학지사.
오석홍(2013). **인사행정론**. 박영사.
조동섭 외(2009). **초등교직실무**. 학지사.

M·E·M·O

8 CHAPTER 교육행정 평가

> 교육 부문에서의 평가는 흔히 학업성취도 평가를 생각한다. 그러나 교육행정 부문에서의 평가도 교육의 질적 제고를 위해서 빠져서는 안 되는 부분이다. 교육기관에 대한 평가와 교육인사에 대한 평가, 그리고 교육정책에 대한 평가는 교육사업의 완성을 위해 반드시 필요한 부분이다.

- 교육기관평가
- 교육인사평가
- 교육정책평가

1. 교육기관평가

교육기관평가에는 학교평가를 비롯하여, 교육청평가 그리고 교육부평가 등이 있으며, 여기에서는 학교평가를 중심으로 교육기관평가의 성격을 살펴보고자 한다.

가. 학교평가의 필요성

학교평가는 각 학교들이 국가가 설정한 교육 표준을 어느 정도 달성했는지를 점검하기 위해서 필요하며, 또 각 학교들이 교육개선을 위하여 어느 정도 노력하고 있는지를 파악함으로써 국가가 구체적으로 어떤 부분을 지원하고 조언해 주어야 하는가를 판단하기 위한 자료를 얻기 위해서도 필요하다. 그리고 학교운영에 대한 공개를 통하여 교육 수요자가 알 권리를 충족시킴과 동시에 학교교육에 대한 신뢰를 구축하고, 이를 기초로 앞으로는 학생과 학부모들의 학교 선택을 올바르게 유도하기 위해서도 필요하다. 이에 학교평가가 필요한 까닭을 제시하면 다음과 같다.

첫째, 학교교육의 질 향상 장치로서의 필요성이다. 우리 교육은 교육 실천에 대한 평가와 점검 결과를 교육의 질을 향상시키기 위한 기초 자료로 삼는 제도적 장치를 발전시키지 못하였다. 교육의 질을 높이기 위해서는 교육의 투입, 과정, 산출에 이르는 전 단계를 진단하고, 이를 토대로 교육 구성원들의 실천을 자문을 통하여 확인·반성·개선하게 하는 일이 필요하다.

둘째, 교육정책 수립을 위한 정보수집 장치로서의 필요성이다. 학교 현장에서 수행되는 교육의 질과 학교현장의 요구, 필요에 관한 생생하고 객관적이며 구체적인 정보는 교육의 최 일선 조직인 학교에 대해 가장 효과적인 지원을 할 수 있는 국가 교육 정책을 수립하는 데 필수적이다. 이를 통하여 지역 또는 개별 학교 간 교육의 질을 비교해 볼 수 있고, 수집한 학교교육의 질과 현황에 대한 정보를 공개함으로써 학교교육에 대한 사회의 인식과 참여를 높일 수 있다. 또 학교현장에 직접적으로 도움을 줄 수 있는 바람직한 국가 교육정책을 기획, 집행할 수 있을 것이다.

셋째, 단위학교 교육의 책무성 제고 장치로서의 필요성이다. 지방교육자치, 학교단위의 책임경영 확대 등으로 단위학교의 교육 운영의 자율성과 창의성이 많이 신장되었다. 이에 따라 교육의 책무성도 함께 제고되어야 한다.

넷째, 학교공동체 구성원의 학교교육 참여에 필요한 자료 제공 장치로서의 필요성이다. 이제 교육은 정부의 일만이 아니라 극민 모두의 일이 되고 있으며, 많은 국민들이 교육에 대해 점점 높은 관심을 기울이고, 참여하는 태도도 높아지고 있다. 따라서 국가는 학부모 지역사회 인사 등 학교교육 관련 인사들에게 학교교육에 관한 정확하고 공신력 있는 정보를 제공하여, 이들이 바른 정보를 가지고 학교교육에 참여할 수 있도록 해야 한다. 학교평가는 학교교육에 관한 정확하고 공신력 있는 정보를 수집하여 제공할 수 있게 해 줄 것이다.

나. 학교평가 모형

학교평가의 접근방법은 평가의 목적·기간·재정·사용자에 따라서 다양하며, 경우에 따라서는 몇 가지가 활용될 수 있다. 평가의 접근방법은 학자에 따라서 다르게 분류하고 있으나, 학교평가와 관련하여 고려해 보아야 할 다섯 가지 접근모형에 대하여 설명하고자 한다.

⟨표 8-1⟩ 학교평가 접근모형

접근방법	관계집단	강조점	방법	산출	중요성
1. 체제분석 모형	경영자	목표, 원인과 효과, 양적변인	PPBS, 선형계획법, 계획된 변화, 비용-수익분석	효율성	• 기대된 효과는 성취되었는가? • 가장 효율적인 프로그램은 무엇인가?
2. 목표근거 모형	경영자 심리학자	세분된 목표, 양적산출변인	행동목표, 성취도 시험	생산성 책무성	• 프로그램은 목표를 성취하였는가? • 프로그램은 산출적인가?
3. 의사결정 모형	의사결정자 행정가	일반적 목표, 준거	조사방법, 질문지, 면담, 일반변화	효과성, 질통제	• 프로그램은 효과적인가? • 어떤 부분이 효과적인가?
4. 탈 목표 모형	소비자	결과준거	편파적인 통제, 이론적 분석, 처리방식	소비자선택 사회적 효용도	• 무엇이 모두를 위한 효과인가?
5. 평가인정 모형	전문가 공민	준거심사절차	자체분석 심사분석	전문가의 인정	• 전문가가 이 프로그램을 어떻게 평정하는가?

1) 체제 분석 접근

체제분석적 접근이란 교육에 관계된 시험점수나 지표의 변화에 대한 프로그램 혹은 정책에 관계되는 산출측정을 의미한다. 데이터는 양적인 것이고, 산출측정치는 상관관계분석 혹은 다른 통계적 기법에 의한 분석이다. 최근에는 실험적 설계가 사용되기도 하고, 프로그램의 계획된 변화가 자연적 변화보다 선호되는 경향이 있다.

2) 목표 근거 접근

목표근거 접근모형이란 대부분의 프로그램이 명시적인 목표를 가지고 있다는 점에 기인한다. 이 목표는 기준과 준거를 제시해 주며, 평가자는 이 준거에 어느 정도 성취하였는가를 측정하게 된다. 따라서 명시된 목표와 산출과의 차는 프로그램의 성공 여부를 나타내 주는 것이다. 이 모형의 효시는 Tyler(1950)에 의하여 학생들의 행동목표 도달도를 재는 것이다. 그러므로 프로그램 평가는 세분화된 학생행동의 산출과 목표를 규정하여야 한다. 이러한 평가개념은 오늘날에 와서는 능력평가르 발전되어 해당 학년에 마스터해야 할 최소 목표달성 여부를 측정해 보는 방향으로 발전하게 되었다. 이와 같이 미시적 개념의 목표근거평가는 조직경영에도 도입되어 목표관리기법(Management by Objectives)으로 활용되고 있는데 이는 조직과 개인이 도달 가능한 목표를 정하고 이에 도달하였는가를 평가하는 기법으로 발전되었다.

3) 의사 결정 접근

의사결정 접근모형은 모든 현대 평가방법은 누가 의사결정자이든, 어떻게 의사결정이 이루어지든 평가와 의사결정 사이의 연계작용이 필요하다는데 기인한다. 의사결정모형은 최고의사 결정자, 경영자 혹은 행정가에게 유용하도록 평가가 구조화되어야 한다.

Stufflebeam(1973)은 평가란 의사결정 대안을 판단하는데 유용한 정보를 설계하고, 수집하며, 제공하는 과정이라고 하였다. 따라서 평가설계는 의사결정의 수준을 규명하고, 의사결정 상황을 예측하며, 각 의사결정 상황에 따른 준거를 규정하고 평가자를 위한 정책이 규정되어져야 한다. 이 후에 필수적인 정보가 수집되고, 조직화되며, 분석되어지고 보고되어져야 한다. 반면에 Guttentag(1974)와 같은 학자는 효용성을 강조한다. 즉 의사결정자의 선호경향에 맞는 양적분석을 시도하는 것이며 의사결정자의 여러 가지 가치를 극대화하는 활동이나 프로그램을 규정하는 것이다. 효용성이란 의사결정자의 가치에 따른 활동의 결과이다. 이 접근은 가치의 관련분야를 규정하고 의사결정자가 이 가치척도에 의하여 어떤 주체를 평가하는 것이다. 이것은 어디까지나 의사결정자의 주관적인 판단에 의하여 이루어진다.

4) 탈 목표 접근

탈 목표 접근 모형은 그 동안 목표근거에 의하여 수행된 평가에 대한 반작용이라고 하겠다. 평가자는 학교경영의 목표에 의하여 평가하지 말아야 하며, 목표에 의한 편견을 갖지 않도록 학교경영의 목적이 무엇인가 인지하지 않아야 한다. 따라서 탈 목표 접근방법은 프로그램 개발자가 사전에 규명하였던 의도에 방해받지 않는다. 따라서 변화된 시대의 요구를 반영하여 평가할 수 있으며 명시된 효과 외에 잠재적 효과까지도 평가할 수 있는 장점이 있다.

탈 목표 접근방법은 독립적이고, 객관적이며, 과학적인 평가를 시도하려는 것이 그 목적이며 평가자는 그 독자성이 인정되어야 한다. 아울러 프로그램을 활용하는 집단 즉 대학의 경우는 학생, 학부모, 기업체 등이 무엇을 요구하는가를 염두에 두어야 한다.

5) 평가 인정 접근

평가인정 접근모형은 기본적으로 프로그램이 가치 있는 것인가를 인정하는 평가이다. 평가인정 모형은 몇 가지의 목적을 내포하고 있는데, 첫째, 교육의 질적 향상을 위한 최저수준을 인정하고 수준 미만의 학교에 질적 향상을 도모토록 지도 조언하고, 둘째, 교육기관의 자율적 개선을 촉진하도록 한다. 따라서 개별학교의 목표계획·운영·평가를 통하여 자체적인 개선을 유도한다. 셋째, 평가인정 모형은 정부의 육성책에 안주하는 일부 학교를 자극하여 전체 교육기관의 상향발전을 유도하고, 넷째, 인정평가는 학부모, 학생 및 기업인들로 하여금 교육의 질을 객관적으로 인식할 수 있도록 한다. 물론 업적평정제도는 부수적으로 평가에 따른 역기능도 야기한다. 자료수집에 따른 관련자들의 고유 업무 정체현상 유발, 막대한 평가비의 지출, 오도(誤導)된 방향의 평가목표가 학교의 자율적이고 특성화된 발전 저해 등 부작용도 있다. 그러나 이와 같은 부작용은 본래의 순기능을 달성하기 위하여 부득이한 것이다.

다. 학교평가제도의 과제

1) 평가 목적

학교평가의 목적을 크게 두 가지로 분류한다면 형성평가와 총괄평가로 구분해볼 수 있다. 형성평가가 개선의 정보를 제공해 주는데 목적을 두고 평가의 과정에 초점을 맞추는 것이라고 한다면, 총괄평가는 평가의 결과에 초점을 맞추어 그 결과를 활용하는 데에 목적을 두는 것이라고 말 할 수 있다. 물론 이들은 별개의 것이 아니고 서로 연관된 것이어서, 둘 중 하나만을 목적으로 하는 평가가 있는 것이 아니고 어느 것에 더 주안점을 두는가의 차이라고 볼 수 있다.

학교평가의 형성평가적 목적은 다시 '진단'과 '처방'으로, 그리고 총괄평가적 목적은 '보상'과 '책임추궁'으로 구분할 수 있다. 다시 말하면, 학교평가의 일차적 목적은 학교교육의 수준을 '진단'하는 것이며, 학교 진단의 결과는 여러 가지 방식으로 이용될 수 있는데, 가장 기본적으로는 진단 결과를 토대로 하여 학교 개선을 위한 '처방'을 제시해 주는 일이다. 이일을 자문 혹은 컨설팅이라 할 수 있다. 한편, 학교를 평가하는 목적 중의 하나가 학교들이 더욱 분발하게 하는데 있다면 그를 위한 좋은 방법 중의 하나는 우수학교를 발굴하여 인정해주고 '보상'해주는 것과, 미흡한 학교에 대하여 학교교육 관계자에게 학교교육의 수준에 대한 '책임을 추궁'하는 것이다.

이런 측면에서 볼 대, 우리나라의 학교평가는 획일적으로 실시할 것이 아니라 평가의 성격과 주체에 따라 다양한 평가모형을 적용하여 실시할 필요가 있다. 지금까지 우리의 교육정책이 실패한 주 원인을 살펴보면 학교의 특성이나 요구와 관계없이 교육당국이 일방적으로 획일화하여 제도를 실시한 것임을 감안할 때, 다양성을 통하여 스스로 비교·검토해보고, 반성하여 가장 적절한 학교평가의 모습을 찾아가는 모습이 요구된다고 하겠다. 특히 학교설립별, 지역별, 규모별, 계열별로 적절한 평가모형이 개발되어야 한다.

그리고 학교평가가 성공하기 위해서는 모형의 개발만으로는 충분하지가 않다. 이를 위해서는 학교평가제도를 지원하는 체제가 갖추어져야 하는데, 우선 단위학교 중심의 자율운영체제가 구축되어야 한다. 단위학교에 상당한 재량권이 보장되지 않은 상황에서 학교평가는 사실상 무의미한 것이다. 보통교육의 틀 속에서 단위학교에 교육과정, 교직원 인사, 재정운용 등에 관한 권한을 최대한 부여하고, 그 만큼의 책임을 단위학교가 지도록 해야 한다. 교직원 특히, 학교장의 순환근무 주기와 임기는 학교평가와 긴밀한 연계 속에 이루어질 수 있도록 해야 한다.

2) 평가 주체

평가의 목적에 따라 평가를 주관하는 주체가 달라 질 수 있다. 국가, 지방, 단위학교는 평가의 목적에 따라서 학교평가의 역할이 다르다. 학교평가의 역할을 분담하는 경우도 있고, 각기 평가를 독립적으로 수행하는 경우도 있으며, 평가자와 평가대상으로 그 역할이 엇갈리는 경우도 있다. 이에 따라 학교평가의 주요 권한이 국가에 독점되어 있는 경우, 국가, 지방, 학교에 분산되어 있는 경우, 전적으로 단위학교에 맡겨져 있는 경우도 있다.

그러므로 우리나라에서도 공교육의 책임을 지고 있는 교육당국이 단위학교에 대한 인정(Accreditation)평가체제를 갖출 필요가 있다. 현재의 학교설립 기준은 학교의 투입요인 중에서도 일부만을 제시하고 있어 학교의 표준으로 보기에는 매우 제한적이다. 따라서 학교 인가와는 별도로 학교의 표준을 설정하고, 학교다운 학교로 인정해주는 제도가 필요하다. 즉, 학교의 표준은 투입요인뿐만 아니라 과정 및 결과요인에서도 설정되어야 한다는 것이다.

또한 자체평가를 시행하는 단위학교와 외부평가를 시행하는 상급관청이 연계를 가지고 평가주체를 결합하는 방식이 모색되어야 한다. 학교 나름대로 시행하는 자체평가를 통해 학교의 교육활동이나 관리 및 경영활동에 대해 검토하고 반성하는 기회를 갖도록 하고, 필요하다고 인정되는 경우에 한해서 외부평가를 실시함으로 해서 인적·물적 자원을 효율적으로 활용하고 시간적인 여유를 가지고 평가를 준비할 수 있도록 하여야 한다. 우리나라 대부분의 학교에서는 매년 학교자체평가를 실시하고 있지만, 이 결과가 외부평가에 연계되지 못하고 있다.

3) 평가 내용

어떤 기준으로 평가할 것인가가 학교평가에서 가장 중요한 요소가 될 것임은 두말할 필요가 없다. 무엇이 평가기준으로 정해지느냐에 따라 평가자뿐만 아니라 해당 학교의 교장, 교사 그리고 교육청에 상이한 영향을 미치게 된다. 또한 평가 기준의 적절성 여부가 학교의 효과성을 제대로 평가할 수 있는지를 결정한다. 그리고 핵심영역이 교육의 여건, 과정, 결과 가운데 어디에 있는가에 따라 평가의 내용이 달라진다.

평가의 영역은 크게 교육활동과 교육지원활동(경영활동)으로 구분되며, 학생들의 학업성취를 중요하게 다루는 경우와 비켜 가는 경우에 평가의 초점이 달라진다. 이와 관련하여 평가의 핵심 영역이 교육의 결과에 있는 경우와 과정 또는 여건에 초점을 두는 경우로 구분할 수 있으며, 평가와 지도·조언이 분리된 경우와 통합된 경우로도 구분할 수 있다.

그러나 누가 뭐라고 해도 학생의 학업성취도가 학교교육의 질을 판단하는 데에 있어서 가장 중요한 자료임은 분명하다. 현재 우리나라에서 실시되고 있는 학업성취도평가는 관련 변인에 대한 체계적인 평가가 이루어지지 않고 있기 때문에 개별 학교의 평가 영역으로 포함되는데 있어서 많은 문제점을 야기하고 있지만, 장기적으로는 꼭 필요한 요소임에 틀림없다.

4) 평가 방법

평가방법은 주로 평가자료 수집방법, 평정방법, 평가단 구성, 평가대상 학교선정, 평가주기 등과 관련된다. 평가자료 수집을 위하여 각기 그 비중은 차이가 있지만 관찰, 기록물 분석, 설문조사, 면담 등 다양한 방법을 활용할 수 있으며, 양적 판단과 질적 판단을 병행할 수도 있다.

그러므로 우리나라의 학교평가에서도 양적 방법과 질적 방법을 함께 고려해야 한다. 양적 자료와 질적 자료를 통합하는 목적이 단순히 학교평가의 효율성을 기하고 학교평가로 인한 업무량을 줄이고자 하는 것이 아니라, 양적 자료와 질적 자료가 상호 부족한 점을 보완하여 평가의 신뢰도와 타당도, 그리고 평가의 질을 향상시키는데 있는 것이므로 양자 간의 통합이 절실히 요구된다.

동시에 평가하고자 하는 학교와 상황이 비슷한 학교의 자료들이 근거자료로 활용되어 비교되어야 한다. 획일적인 기준을 이용하여 서열화·점수화하는 것을 지양하고, 지난해보다 개선이 되었는지 혹은 최근의 몇 년 동안에 어떠한 추이를 보이고 있는지를 살펴보는 일이 필요하다. 그리고 비슷한 교육적 환경 하에 있는 다른 학교들의 현실을 감안하여 평가하여야 한다.

마지막으로, 장학으로서의 평가방법을 고려할 필요가 있다. 현재 장학담당업무의 과다로 인하여 장학의 본래적 기능인 교수학습의 개선보다는 교육시책의 점검에 대부분의 시간이 소모되고 있는 실정이다. 따라서 장학업무를 이원화하여 교수학습의 개선에 실질적 도움을 주는 평가담당 장학부서와 당국의 시책을 점검하는 학무담당 장학부서로 구분하고, 이를 활성화하는 방안도 고려해 볼 수 있을 것이다.

5) 평가결과 활용

현재의 교육체제는 열심히 노력한 학교와 그렇지 못한 학교를 구별하지 못하고 있으며, 이러한 체제에서는 학교가 스스로 개선하는 풍토를 조성하기가 곤란하다. 따라서 학교를 평가한 결과, 우수학교로 판정받은 학교를 널리 알리고 학교구성원이 자부심을 느끼도록 칭찬 해주는 일이 필요하다. 학부모들이 학교의 우수성을 분명하게 인식하게 되면 학교 일에 대한 협조가 잘 이루어질 수 있다. 학교와 지역사회가 공감대를 가지고 교육공동체를 구성하는 일은 학교자율경영을 위한 필수 요건이므로, 우수학교를 선정해주는 일은 그 의의가 매우 크다고 말할 수 있다.

학교를 평가한 결과, 일정 수준 이상이라고 판정받은 학교에 대하여 '자율학교'로 지정해주어 학교경영에 상당한 정도의 자율성을 갖도록 해주는 일도 필요하다. 자율적인 학교경영을 위해서는 인사와 재정, 그리고 교육과정의 운영에 재량권을 부여하는 일이 핵심요소가 되므로, 평가결과 일정 수준 이상이라고 판단되면, 이러한 세 가지 영역에 재량권을 부여해준다는 것이다. 즉, 교사와 교장을 초빙할 수 있는 권한을 확대하여 단위학교에서 원하는 인사로 학교인사를 구성할 수 있도록 해준다거나, 학교경비의 확보와 배분 및 사용에 융통성을 갖도록 해주고, 교육과정에서도 학교의 요구와 특색을 살려 운영할 수 있도록 허용해주는 일이 필요하다.

학교평가의 결과 일정 수준 이하라고 판정받은 학교에 대한 제재도 반드시 필요하다. 자율적 역량이 없는 학교에 자율을 주는 것은 방임에 지나지 않기 때문이다. 그리고 그러한 사례로 인하여 전체 학교의 역량이 의심받게 되기 때문이다. 그러나 일방적인 제재보다는 일정기간 동안 학교 스스로 재기할 기회를 제공해주는 일이 필요하며, 그렇게 해도 여전히 개선의 기미가 보이지 않을 경우에는, 엄한 책임추궁이 반드시 주어져야 한다. 우리나라에서 평가제도가 정착되지 못하는 근원적인 요인이 바로 온정주의며, 지금까지 엄한 책임추궁보다는 온정주의적 해결방식을 택해왔기 때문에 개선의 장애요인으로 작용해 왔다는 사실을 기억해야 한다.

2. 교육인사평가

교육인사평가에는 교원평가와 교육행정직원평가가 있으며, 이 중에서 교원에 대한 평가는 다시 교원근무성적평정제도와 교원능력개발평가제도로 구분되어 있다. 여기에서는 교원근무성적평정제도를 중심으로 교육인사평가의 성격을 살펴보고자 한다.

가. 교원평가의 필요성

왜 교원을 평가해야 하는가? 학생의 성취정도를 결정하는 가장 중요한 요소가 교사의 '질'이라는 데에는 이견이 없다. 최근에 수행된 연구들을 살펴보면 수준 높은 교사를 채용하고, 그들의 전문적 지식과 능력을 신장시키는데 투자되는 재원은 교육에서 그 외의 어떤 투자보다도 효과가 높다는 연구가 많이 있다.(Darling-Hammond, 1997) Sanders(1998)는 교사에 따라서 학생의 성취정도가 달라지는 모습을 보고, 학생의 성취도에 관한 12년간의 종단적 연구를 통하여 "학생의 학문적 성장에 미치는 단일요소 중 가장 큰 변인은 교사였으며, 교사변인과 비교할 때 다른 변인들은 비교가 되지 않을 정도였다"고 밝힌바 있다. Sava(1998)의 연구에서도 우수교사가 부진교사에 비해 최고 6배의 효과를 보였다고 밝혔다. 이러한 결과들은 교사가 교육의 성패를 결정하는 열쇠에 해당되며, 교사의 질을 관리하는 일이야말로 교육정책 중에서 최우선 순위를 두어야 한다는 이론적 근거를 제시해주고 있다.

학교를 변화시키는데 가장 직접적이고도 강력한 영향력을 발휘하는 요인이 교원 중에서도 학교의 전반적인 운영에 대해 책임을 지고 있는 교장이라는 주장에 대해서도 이견이 별로 없다. 최근에 학교의 효과성에 대한 관심이 높아지고, 학교의 사회에 대한 책무성을 제고함으로써 공교육을 개선하려는 정치적인 노력이 가해지면서 교장의 강력한 지도력이 학생의 학업성취를 증진시킨다는 가정 하에 교장의 책무가 강조되었다.(신상명, 1998) 즉 학부모의 질 높은 교육에 대한 욕구는 교육정책으로 하여금 학교장의 책무를 강조하는 방향으로 바뀌도록 만들었다. 이러한 학교행정의 재구조화 즉, 중앙집권적 통제로부터 다양한 지역사회의 요구를 중시하는 경향은 교장의 역할뿐만 아니라 그 효과성을 판정하는 평가방법도 재검토하게 만든 것이다.

일반적으로 평가의 목적은 형성평가(formative evaluation)와 총괄평가(summative evaluation)로 구분한다. 교원평가에 있어서 형성평가란 과정에 초점을 두고 개선의 정보를 제공해 주는데 목적이 있다면, 총괄평가는 결과에 초점을 두고 그 결과를 활용해서 인사 상에 근거자료로 활용하는데 목적을 두는 것을 말한다. 교원평가제도에 나타난 평가목적을 분류해 보면 (1)교원의 효과성을 개선하기 위한 것, (2)전문성을 신장하기 위한 것, 그리고 문제교원을 개선시키거나 추방하기 위한 것 등이 있다. 전자 두 가지는 교원의 개발과 관련된 것이라면, 즉 형성평가적 기능을 갖는다면, 후자는 교원능력에 대한 판단을 내리는 것, 즉 총괄평가적 기능과 관련된다.

교원평가는 조직 내에서 승진, 전보 및 면직 등과 같은 인사행정상의 결정을 위한 자료를 제공함과 동시에 교원 개인의 전문적 성장을 촉진시키며, 나아가 교수 활동의 개선과 교육조직의 효과성을 증진시키는 기능을 수행한다. 그 동안의 교원평가체제는 전통적 혹은 관습적 기능을 강조하였던 반면에, 사회‧경제적 여건의 변화와 더불어 제기된 교육에서의 책무성 강조와 교육조직의 효과성 증진을 위한 논의의 영향을 받아 교원평가체제는 점차 교원 개인의 전문적 성장을 통한 교수 활동의 개선과 교육 조직의 질 개선에 기여하는 것으로 계획되고 추진되는 추세에 있다.

교원평가를 위한 노력은 교수개선 방법과 관련하여 보다 나은 판단을 이끌기 위한 것이어야 한다고 주장한 연구는 많다. 특히 Hallinger와 Murphy(1987)는 '교육청에서는 평가가 교원의 책무성을 묻는 기능뿐만 아니라 전문성을 신장시키는 기능을 동시에 가져야 한다'고 주장한바 있고, Buser와 Banks(1984)의 조사연구에 따르면 가장 적절한 교원평가의 목적으로써 전문성 신장(98%), 교육지도성 개선(97%), 직무목표나 개선이 필요한 능력을 확인(93%), 직무수행 질 개선(92%), 인사결정의 근거자료로 활용(71%), 법적 요건의 충족(61%), 보수 수준 결정의 근거로 활용(38%)"의 결과가 나왔다고 한다. 이와 같이 많은 연구들의 대부분은 "평가의 목적은 교원의 전문성 향상에 두어야 하며, 평가의 결과를 인사상의 근거 등으로 활용하는 것에 지나치게 중점이 두어져서는 안 된다"고 결론짓고 있다.

나. 교원평가의 난점

Airasian과 Gullickson(1997)은 교사가 해야 할 일의 속성을 다음과 같이 제시한 바 있다. 첫째로 교사가 하는 일은 그 속성상 불확실성을 갖는다는 것이다. 의사결정에 필요한 분명하고도 명확한 가이드라인이 없을 뿐만 아니라 결정된 내용의 효과성을 측정할 마땅한 방법도 없다는 것이다. 두 번째 속성은 복합성이다. 교사가 하는 일은 다측면성, 상황우발성, 동시다발성의 성격을 지닌다. 셋째는 실제성이다. 교사가 하는 일은 이론이나 지식보다는 상식과 경험, 그리고 전문성에 기초를 두고 실제로 발생하는 상황을 해결하는 일이다. 마지막으로 개별성을 갖는다는 점이다. 교사는 교수학습에 대하여 주로 자신의 가치관이나 신념, 태도에 의존하여 판단한다.

이와 같은 속성을 보더라도 교원을 평가하기란 그리 간단치 않다. 무엇

보다도 평가받기를 좋아하는 사람이 없다는 점이 근원적인 난점에 속한다.(Scriven, 1983) 평가의 목적이 전문성과 능력을 신장시키는데 있다고는 하지만, 많은 사람들은 평가받기를 두려워한다. 이 두려움이 교원평가에서도 근본적인 저해요인이 된다. 이외에도 평가 방법을 구체적으로 궁리할 때, 다음과 같은 여러 문제점들과 부딪히게 된다.

첫째, 교원이 해야 할 일을 규정하기 곤란하다는 점이다.(Berry & Ginsberg, 1988) 즉, 교원이 해야 될 일을 표준화하기가 곤란할 뿐만 아니라, 해야 될 일에 대한 확실한 규정을 만들기란 쉬운 일이 아니다. 실제로 많은 교장과 교사들이 말하기를, 학교 일은 매일 매일 예기치 못한 일의 연속이라고 한다. 교원의 효과성을 논의한 문헌들을 살펴보면, 실제로 활용되기에 곤란한 수많은 기능들을 제시하고 있고, 전통적인 평가방법으로는 다뤄지기도 어렵다.

둘째, 교원이 해야 할 일이 매우 유동적이다. 지도성 이론에서는 조직이 우연성과 상황에 영향을 받는다고 한다.(Hoy & Miskel, 1987) 교원평가에서도 그러한 상황과 우연성이 존재한다. 그리고 더욱 어려운 것은, 평가에서는 그러한 상황과 우연성의 상이한 여건과 행태를 반드시 밝혀내어 평가 기준과 결부 지어야 한다는 점이다.

넷째, 교원에 대한 기대치가 매우 상이하고 다양하다.(Gorton & Schneider, 1991) 교원이 해야 될 일은 외부의 요구에 의해서 자주 바뀌게 된다. 예를 들면, 교원은 학생, 교사, 학부모들뿐만 아니라 상급관청, 지역사회 사이에서 수많은 요구를 받게 된다. 각기 다른 집단으로부터 수많은, 그리고 강력한 요구는 평가에 문제를 일으키게 된다.

다섯째, 평가도구의 문제다. 교원평가에서 부딪히는 방법론적 문제 중의 하나는 측정도구에서 발견된다. 많은 도구들이 실제 교원의 수행결과를 측정하기 곤란한 형태로 만들어져 있다. 예를 들면, 평가기준으로 설정된 요소가 해당 교원과 실질적인 관련이 없는 경우가 많이 있다.(Marcouldies, 1988)

따라서 교원평가의 성공적인 제도 정착을 위해서는, 기본적으로 관련 집단의 매우 상이하고 다양한 기대치를 수용하는 방향으로 추진되어야 하며, 동시에 주어진 상황에 부응하는 역할과 기능들을 그 준거로 삼아야 한다. 이를 위해 풍부한 자료를 수집할 수 있는 평가도구의 개발이 무엇보다도 시급히 요청된다고 하겠다.

다. 교원평가 모형

1) 수단지향적 접근

교사의 교수·학습 활동에 필요한 자질이나 태도와 같은 수단에 초점을 두는 '수단지향적 접근'은 교원평가의 발달과정 중 가장 초기에 시도되었던 것으로, 간단하고 용이하게 개발·실행할 수 있다는 이점 때문에 오늘날까지도 일반적으로 활용되어지고 있다. 이때의 평가체제는 인사행정의 효율적인 기능을 위한 수단적인 기제로 계획되어지는 것이 특징이다. 또한 이 접근법은 교수·학습활동에 필요한 수단의 준비를 강조하고, 인사행정에서의 순위결정을 위한 선별적 기능을 강조한다. 따라서 평가의 초점은 교원이 교수·학습활동에 필요한 특성이나 자질 및 태도의 소유 유무에 두게 된다.

평가방법으로는 일반적으로 평정척도법을 활용하고 학급방문에 의한 관찰방법과 서열법, 체크리스트 등도 활용한다. 이러한 도구를 활용하여 학급방문, 관찰, 결과판단 및 결정의 절차를 거쳐 평가가 이루어진다. 평가자로는 교사의 상급자인 교장, 장학사 등이 일반적이고, 상급자이기 때문에 관료적 권위가 영향을 미치는 점을 피할 수 없다. 평가의 목적이 수단적 기제로 활용하는데 있으므로 우수교사에게는 아무런 영향을 주지 않는 반면, 일부 무능한 교사에게는 큰 부담으로 작용한다. 시대적으로 볼 때 교원평가에 대한 이러한 접근은 1960년부터 시작되었으나, 아직도 그 영향이 강하게 미치고 있는 것이 사실이다.

2) 결과지향적 접근

'결과지향적 접근'은 교사의 근무 수행에 대하여 미리 설정해놓은 기준을 어느 정도 달성했는지를 알아보는 데에 초점을 둔다. 이 접근은 1970년대 후반에 여러 학자들에 의해 주장된 것으로, 오늘날 가장 보편적으로 활용되고 있다. 이 접근법 역시 조직의 책무성 강화를 위한 수단적 기제로 활용되며, 이때에 최저한의 교수능력의 유지를 확인하그 능력의 결핍 부분을 측정하기 위한 평가기능을 강조한다. 따라서 평가내용은 사전에 설정된 책무기준에 대한 성취정도를 대상으로 한다.

평가방법으로 목표에 의한 관리(MBO) 방법과 평가자와 피평가자의 사전협의를 통한 면담법, 평정척도법, 행위체크리스트 등을 활용하며, 평가전 단계, 평가단계, 평가후 단계로 평가절차가 이루어진다. 평가자로는 교사의 상급자인 교장이나 교감, 장학사뿐만 아니라 동료교사에 의한 평가, 자기자신에 의한 평가, 학생에 의한 평가 등이 활용될 수 있다. 따라서 수단지향적 접근에서 활용하는 관료적 권위와 동시에 동료나 자신의 전문적 권위가 활용되는 접근법이다. 그렇지만 책무성을 평가하기 위한 방법이므로 우수한 교사보다는 일부 무능한 교사가 주요 대상이 된다.

3) 발달지향적 접근

교원의 전문적 발달과 성장에 초점을 두는 '발달지향적 접근'은 교사 개개인의 개선을 향한 관심과 개인적 요구에 부응하는 관점을 취한다. 즉 교사의 전문적 발달이나 성장을 위한 것으로 계획되고 실시된다. 이 접근법은 장학적 기능을 강조하며, 평가기준이 외부에서 일방적으로 설정되는 것이 아니라 교사 개인의 발달요구에 따라 개별화된다. 이를 위한 평가방법으로는 자기반성법, 면담법, 자유기술법, 자기신고법 등이 활용되며, 평가의 절차도 획일적인 과정을 거치지 않고 교사 개인의 발달 정도에 따라 달리 수행된다.

　평가자로는 교사의 상급자인 교장이나 교감, 장학사도 참여하지만, 이때는 상급자로서가 아니라 교직 전문가로서 참여하게 된다. 그 외에 동료교사, 자신, 학생이 참여하며, 앞의 두 접근법과의 차이점은 전문성 개발을 위하여 외부 전문가가 참여한다는 점이다. 따라서 평가대상이 일부 무능한 교사만이 아니라 교사를 대상으로 하게 된다. 이러한 접근은 1980년대 후반부터 적용되기 시작하였으며, 오늘날 가장 많은 관심을 받고 있는 경향이기도 하다.

라. 교원평가 참여자

　최근 교원평가에 다면평가제도의 도입되면서 평가자에 대한 논의가 활발하게 이루어지고 있다. 교원평가에 관하여 참여자에 따른 장·단점을 정리해 보면 다음과 같다.

〈표 8-2〉 평가참여자에 따른 장·단점 비교

	장 점	단 점
상급자	• 전통적인 방법으로 익숙해져 있다. • 교사의 직무에 대하여 보다 넓은 안목을 가지고 있다. • 의사결정권자이므로 책임감을 가지고 교원평가에 임한다.	• 권위가 평가의 객관성을 저해할 우려가 있다. • 교사와 교사의 상급자는 직무와 관련하여 때때로 적대적 관계에 놓이는 경우가 많다. • 상급자가 부하인 하급자의 약점을 들춰내기가 곤란한 경우도 있다.
자기평가	• 타인보다 자신의 강점과 약점에 대해 가장 잘 안다. • 전문성을 인정하는 방법으로서 심리적으로 건전한 영향을 끼친다. • 조직이나 상급자의 요구를 교원 스스로 파악하는 계기가 된다.	• 긴장상태에서는 스스로의 약점을 인정하려 하지 않는다. • 스스로를 과대평가하거나 과소평가하는 경향이 생긴다. • 많은 사람들이 편견을 우려해 평가 결과를 믿으려 하지 않는다.
전문가	• 비교적 편견이 적다. • 전문성과 필요한 지식을 갖추고 있다. • 대안을 제시할 수 있는 능력을 가지고 있다.	• 비용이 많이 든다. • 지역의 특색을 잘 모른다. • 해당학교에 직접 관련이 없는 외부인으로만 간주된다.

	장 점	단 점
동료	• 교사의 업무수행에 필요한 요소를 잘 알고 있다. • 필요시에 구체적인 방법론을 제시할 수 있다. • 전문직에 적절한 방법이다.	• 동료끼리 승진과 보상에서 경쟁상대가 되므로 때때로 객관적인 평가가 어려운 경우도 있다. • 동료는 조직 전체의 요구를 파악하기 보다는 당면한 상황을 주로 본다.
학부모	• 세금과 재정지원을 통해 수요자의 권리를 갖고 있다. • 교사가 책무성을 많이 느낀다. • 종합적인 평가는 모든 관련 집단의 의견을 수렴해야 한다는 측면에서 의미가 있다.	• 평가자로서 전문성이 부족하며 특히 대안제시 능력이 부족하다. • 학부모로서 편안한 마음으로 평가하기 곤란하다. • 지역의 정치적 상황이 교사의 전문성 보다 우선시 될 가능성이 있다.
학생	• 직접 수요자로서의 권리를 갖고 있다. • 교사 또한 학생에게 가장 큰 책무성을 느낀다. • 교사를 가장 가까이서 접하고 있다.	• 제자의 스승에 대한 평가가 우리의 문화에 익숙치 않다. • 교사에 대한 학생의 개인적 경험이 영향을 줄 가능성이 있다. • 미성숙자로서의 한계를 가진다.

마. 교원평가제도의 과제

1) 평가목적

현재의 교원 근무성적평정제도의 문제점은 이 제도가 교원의 승진·전보·포상 등 인사결정을 위한 근거 자료로만 활용되고 있다는 점이다. 우수한 교원을 발굴·유지하거나 교원 개인의 자질을 계발하는 등 다른 용도로는 활용되지 못하고 있다. 이로 인하여 교원 근무성적평정제도가 교원의 능력과 자질 계발을 유도하여 교직사회의 위상을 높이거나 궁극적으로 학생에게 도움을 주는 데에는 기여하지 못하고 있다.

학교에서 인적자원의 관리는 구성원 모두가 대상이 되어야 한다. 따라서 인적자원을 효과적으로 관리하기 위해서는 교장평가, 교감평가, 교사평가가 모두 시행되어야 하나, 현행 교원의 근무성적평정은 교감용 및 교사용 근무성적평정표에 의하여 실시되고 있다. 물론 교장을 비롯한 전 교원에게 교원능력개발평가제도가 시행되고는 있으나, 정작 학교 인적자원관리에 중요한 역할을 하는 교원근무성적평정제도에는 교장이 빠져있다.

한편 교원의 능력중심인사제도의 기초가 되는 교원성과급제도는 교원들의 전문성 제고를 자극하고, 우수한 교원에게 상응할만한 보수를 제공하고, 우수한 교원을 유치하는데 도움이 된다. 그러나 교원의 능력·성취·업적을 객관적이고 공정하게 평가하기가 어렵고, 동료들 간의 지나친 경쟁을 자극하여 교육의 질과 교원들의 사기 및 협력을 저해할 수도 있다.

2) 평가내용

현행의 교원평가는 교원 개인에 대한 종합적인 평가가 이루어지지 못하고 있다. 교원의 업무성취에서 나타나는 효과성은 교원 개인의 인간적 특성 및 자질, 업무수행의 과정, 업무수행의 결과 등을 측정하여 평가될 수 있다. 그러나 교육활동의 결과는 측정되기가 어렵고, 그 결과 중요하고 복잡할수록 측정되기가 더 어렵다. 그리고 결과를 측정한다고 하더라도 그것이 전적으로 교원 개인의 노력에 의하여 야기된 것이라고 단정하기가 어렵다. 따라서 교원 개인에 대한 종합적인 평가는 결과뿐만 아니라 과정을 포함한 모든 영역에 관심을 가져야 하고, 교원 개인이 담당한 업무영역 전체를 대상으로 하여야 한다.

학교유형이나 지역에 따라 교원에게 요구하는 역할이나 기대가 다를 수 있다. 그리고 이러한 차이는 업무수행에 영향을 미치는 평가준거들 간의 상대적인 비중에서도 차이가 있을 수 있다. 현행 교원 근무성적평정에서는 모든 국·공립학교에 동일한 평가준거를 적용하고 있으며, 전국차원에서 획일적으로 고정된 평가내용을 적용함으로써 그러한 차이를 반영하지 못하는 문제점을 안고 있다. 물론 교언능력평가제도에서는 일부 기준을 학교 자체적으로 선택할 수 있지만 전체적인 틀이 획일화 되어 있어서 큰 차이를 보이지 못하고 있다.

또한 현행 교원 근무성적평정제도는 평가내용이 구체적이지 못하여 평가결과가 교원들로부터 불신을 받고 있다. 평가결과의 객관성 확보에 관련된 하나의 이슈는 '무엇을 평가할 것인가'의 문제이다. 가르치는 일은 질적인 과정이며, 이를 평가하는 방법 또한 질적인 방법이 요구된다. 그러나 질적인 평가항목의 가치판단은 평가자 개인의 주관적인 판단에 의해 이루어지기 때문에 객관성을 확보하기란 쉽지 않다.

평가결과의 객관성 확보와 관련된 이슈는 평가내용을 어느 정도 구체화 할 것인가'의 문제이다. 평가항목이 구체적이지 못하면 평가자의 안목에 따라 평가준거의 내용이 처음 의도한 것과는 달리 평가될 가능성이 크다. 이것은 결국 평가의 객관성에 의문이 제기되어 교원평가제도 자체가 실패할 수도 있다. 교원평가제도가 성공하기 위해서는 객관성 확보가 필수적 요소이다.

3) 평가방법

현행 교원평가 방법상의 문제점은 양적인 방법에 의거하여 강제적인 배분방법을 실시함으로써 평가 결과의 신뢰성과 객관성을 크게 저하시키는 요인으로 작용하고 있다는 점이다. 강제배분방식으로 되어 있어 교원수준의 차이나 학교규모 등을 적절히 반영하지 못하고 있고, 교원 스스로 자신의 절대적인 수준이나 가치를 확인하기가 어려울 뿐만 아니라, 자질의 개발을 위한 타당한 정보의 제공도 어렵다.

또한 평가준거별 평정에서 엄격한 상대기준이 적용되고 있다. 교원평가에 상대기준을 적용할 경우, 상대적으로 우수한 자는 계속 우수한 평정을 받고, 열등한 자는 계속 열등한 평정을 받는 경향이 있다. 특히 능력계발을 위한 교원평가에서는 상대기준을 적용하는 것이 바람직하지 않다. 상대기준을 적용할 때에는 대상이 대집단이고, 집단 구성원들의 업무가 유사해야 하는데 교원의 경우는 그렇지 못하다. 교원이 하는 일은 불확실성, 복합성, 실제성, 개별성을 속성으로 하기 때문이다.(Airasian & Gullickson, 1997)

현행 교원평점의 배분방식에 대하여 교원의 상당수가 불만을 가지고 있다고 한다. 이는 교원평가에 있어서 평가기준은 교원 개인이 갖고 있는 가치를 판단할 때 비교되는 근거가 되기 때문에 명료하게 제시되어야 한다는 것을 말해준다. 평가기준은 평가결과에 영향을 미친다. 특히 인사결정에 반영하기 위한 교원평가에서는 그 결과가 개인에게 많은 영향을 미칠 수 있기 때문에 평가결과의 객관성·타당성·신뢰성이 확보될 수 있도록 평가기준이 설정되어야 할 것이다.

4) 평가자

교원평가에 임하는 평가자들이 교원들을 평가할 수 있는 전문적인 자질과 능력을 갖고 있는가 하는 의문이 제기될 수 있다. 일반적으로 교원들은 교원평가에서 객관적이고 공정한 평가를 할 수 있는 체계적인 교육이나 훈련을 받지 않았을 뿐만 아니라, 평가 준거와 기준도 애매모호하여 평가결과에 평가자의 주관이 개입될 여지가 있다. 학부모나 학생의 경우는 더 말할 나위가 없다.

교원평가의 결과가 평가자의 정실이나 개인적인 주관에 영향을 받는 경향도 간과해서는 안 된다. 특히 교원근무성적평정의 결과는 객관성 및 신뢰성이 부족한 경향이 있다. 옛 관습에 따라 **혈**연·지연·학연 등에 얽매여 평가결과가 왜곡되는 경향이 있고, 교원 개인의 성취 등에 관계없이 승진하려는 자에게 우수한 평가결과를 주는 분위기가 학교 현장에 형성되어 있다.

교원평가에서 평가결과에 대한 평가자의 책임의식도 문제다. 교원평가를 실시하기 위해서는 평가자의 법적 책임과 윤리성 보장이 전제되어야 한다. 평가자는 자신이 수행한 교원평가의 결과에 대하여 윤리적·법적으로 책임을 가질 수 있어야 한다. 그러나 현행 교원 근무성적평정에서는 평가결과가 개인의 신상에 영향을 미치고 있지만 공개되지 않으면서 그 타당성이 확인되지 않고 있다. 그리고 평가자는 평가결과에 대한 책임의식을 갖지 않는다. 즉, 평가결과에 대해 누구도 책임을 지지 않는다는 것이다.

3. 교육정책평가

가. 정책평가의 목적

오늘날 교육정책결정자들이 자신의 정책이 평가되는 것을 회피하려는 경향이 있음에도 불구하고 정책평가의 중요성과 필요성은 날로 높아가고 있다. 그 이유는 첫째, 정책이 처음에 의도했던 대로 집행되지 않기 때문이고, 둘째는 정책과정의 전 단계에 걸쳐 많은 사람들이 참여하게 됨에 따라 정책과정의 양상이 매우 복잡해졌기 때문이다. 세째는 정부활동의 경제성과 효율성에 대한 강조 때문이고, 넷째는 정부활동의 관리적 책임성이 확보되어야 한다는 요구가 강력해지고 있기 때문이다.

Chelmisky(1977)는 정책평가의 목적을 크게 세 가지로 말하고 있는데 첫째, 지식의 관점으로서 정책평가는 정부가 가지고 있는 문제와 이 문제를 처리하기 위한 정부전략의 효과성에 관한 새로운 지식을 얻는데 필요한 증거자료를 얻기 위해 실시하는 것이고, 둘째, 관리의 관점으로서 정책평가는 정부의 시책이나 사업계획의 효과성과 능률성을 평가하고 대안의 선택과 개선, 운영상의 능률성을 증진시키기 위한 지원시스템으로서 봉사하기 위해 실시된다. 셋째는 책임성의 관점으로서 정책평가는 정책결정자나 사업계획의 관리자들로 하여금 효과성과 운영상의 질이라는 두 가지 측면에서 그들이 관할 하에 있는 프로그램들의 가치에 관해 책임지도록 함으로써 국민의 세금으로 이루어지는 정부자원을 최선의 방법으로 활용하도록 하기 위해 실시된다.

한편 Bigman(1955)은 정책평가의 목적을 몇 가지로 제시했는데 첫째, 정책평가는 설정된 정책목표가 수행되고 있는가를 밝혀주는데 기여한다는 것이다. 이는 집행중인 당초의 정책목표가 제대로 수행되고 있는가를 통해 알 수 있으며, 만일 제대로 수행되고 있지 않다고 확인되면 수정해야 한다는 의미를 담고 있다. 둘째, 정책평가는 정책 또는 사업을 성공 또는 실패로 이끄는 요인이 무엇인지 규정할 수 있게 해준다는 것이다. 셋째, 정책평가는 성공한 정책에 담겨있는 원리가 무엇인가를 발견할 수 있게 해준다는 것이다. 즉 성공요인이 인력, 예산, 추진방법, 기타요인 중 어느 요인인지를 밝혀준다. 넷째, 정책평가는 정책의 성공도를 높여주는 요닝을 통해 다음단계의 연구를 위한 기초적 정보를 확인할 수 있게 해준다.

나. 정책평가의 모형

Worthen과 Sanders(1987)는 평가모형들을 6가지로 분류하여 다음과 같이 제안하였다.

1) 목표지향 평가모형

평가분야에서 오래된 역사를 가지고 있는 목표지향접근 평가모형은 가장 널리 사용되고 있는 모형으로써 이것은 명확하게 규정된 구체성과 측정할 수 있는 목표를 필요로 한다. 이 접근모형은 총괄적 평가의 성격을 지니며, 사업이나 정책, 프로그램이 종료된 후에 실시된다. 목표지향평가는 목표나 기준의 설정을 필요로 하는데 이러한 목표들은 행동적 목표로서, 혹은 프로그램의 수행에 관여하는 집단에 의해 설정된 관리목표에 의해 규정된다. 대부분의 경우 계량적 자료가 수집되며, 프로그램의 운영이나 성취를 나타내는 데 유용한 정의적 정보라 할지라도 목표지향평가는 목표의 달성정도를 측정할 수 있는 용어로 구체화 되어야 한다.

2) 관리지향 평가모형

 관리지향 평가모형은 새로운 교육정책 개발이나 과정의 모든 단계에 정보를 제공해 주게된다. 이 평가모형은 교육정책 과정을 하나의 순환과정으로 파악하는데 교육정책의 성과에 대한 평가로부터 얻은 정보는 교육정책 집행의 계속성을 판단하는 자료로 활용된다. 따라서 관리지향 평가모형은 고도로 형성적이며, 교육정책 관련 집단의 요구와 목표를 구명하고 평가하는 데 초점을 둔다. 이 평가모형은 교육행정가로 하여금 진행되고 있는 교육정책의 집행을 감독하는데 초점을 두고 문제가 발견되었을 때 정책의 노선을 변경하는데 필요한 정보를 제공해 준다.

3) 소비자지향 평가모형

 소비자지향 평가모형은 어떤 교육정책이나 사업 프로그램을 수혜받는 고객이나 수혜집단들의 교육정책에 대한 영향을 사정(assessment)한다. 이러한 평가는 우선적으로 정책이나 프로그램에 의해서 제공받는 서비스의 충족성, 적합성, 접근가능성, 수용성에 초점을 두며, 프로그램에 의해 제공받는 서비스는 다른 유사한 프로그램에 의해 제공받는 서비스와 자주 비교된다. 그리고 결정과 판단은 정책이나 프로그램의 상대적인 질에 의해 좌우된다. 소비자지향 평가는 정책집행 중 관리에 대해서는 거의 정보를 제공해 주지 않지만, 정책집행자는 이런 평가결과에 관심이 많은데, 이는 다른 대안들과 비교할 수 있게 해줄 뿐만 아니라 정책의 장점을 확인하고 결정하는데 중요한 정보를 주기 때문이다.

4) 전문가 지향 평가모형

의사결정을 하는 데에는 전문가 집단이 필요하며 이 집단의 신뢰성은 과정에 있어 필수적이다. 전문가지향 평가는 공식검토 체제로부터 개인검토에 이르기까지 다양한데, 공식검토는 다수 전문가들의 견해를 활용하는데 반하여 개인검토는 담당자의 현지방문에서 이루어진다. 이 모형의 성공여부는 기록이나 양적 측정이 어려운 프로그램의 다양한 측면을 인지하고 보고하는 평가자의 능력에 달려있다. 따라서 평가자의 명성과 신뢰도는 필수적인데, 개인적인 선입견 즉 이해갈등, 피상적인 검토, 지나친 직관의 사용 등의 문제들이 제기되고 있다.

5) 상반접근 평가모형

상반되는 쟁점이 있을 때 소수집단의 견해를 적절하게 표출시키기란 어렵다. 이 모형은 논쟁이 되는 모든 쟁점의 모든 측면을 조사함으로써 균형된 입장을 취하게 된다. 이 평가모형은 일반적으로 청문회 또는 재판형태를 취하게 되며, 현재 주장과 반대되는 입장을 평가 과정에서 밝히도록 되어 있다. 이 모형은 갈등되는 주장 및 쟁점에 대한 세밀한 조사가 이루어짐으로써 갈등해결에 유용한 정보를 제공해주기도 하지만, 한편으로는 조직 내 갈등을 들추어냄으로써 구성원간의 적대성(hostility)을 증가시키는 경향도 가지고 있다고 한다.

6) 자연주의적 · 반응적 평가모형

자연주의적 평가모형은 실제 조직 내에서 현존하는 다양성과 복잡성을 유지하는데 초점을 둔다. 단일의 해답이나 단순화시키기 보다는 활동의 복잡성을 정확하게 묘사하려고 한다. 이러한 평가모형은 교육정책 집행과 관련된 많은 관련 집단의 정보요구에 대응하려는 시도이다. 한편 반응적 평가모형이란 다른 평가모형이 가지고 있는 **활동과 접근관점을 통합한 입장**이다. 여기에서는 평가대상 실체에 대한 이해를 높이기 위해 평가대상에 대한 모든 견해와 입장을 인식할 수 있어야 하며, 조직 내 모든 집단이 평가의 전 과정에 직접 참여하도록 해야 한다.

다. 정책평가의 유형

1) 평가단계에 따른 유형

정책평가는 정책의 형성단계에서, 정책의 집행단계에서, 정책을 집행한 후에 이루어질 수 있는데, 이들 단계에 따라 구분한 것이 사전평가, 과정평가, 사후평가이다.

사전평가는 정책의 형성과정에서 이루어지는 것으로 합리적 정책결정, 목표에 알맞은 정책내용 선정, 적절한 예산배정을 목적으로 행하여지는 평가이다. 이것의 초점은 결정된 목표를 효율적으로 달성할 수 있는 대안의 모색에 있으며 여러 대안 중 최적안을 선택하는 것이다.

과정평가는 정책집행과정에서 이루어지는 평가이다. 이는 정책집행전략의 효과성과 관리능률의 향상을 위해 이루어지는 것으로 프로젝트 모니터링(project monitoring)이라고 부르기도 한다. 과정평가는 집행방법의 타당성, 내용의 재검토 등에 초점을 두고 있으며 이런 것들이 목표에 맞게 선택되고, 적용되고 있는가를 평가하는 것이다. 잘못된 것이 발견되면 재편성·수정되어야 하는데, 이때의 수정은 정책결정 당시의 의도에서 벗어나지 말아야 한다.

사후평가는 집행 후에 나타난 변화, 즉 정책성과를 찾아내어 그것이 당초의 정책목표에 알맞게 이루어졌는가를 평가하는 것이다. 따라서 사후평가의 초점은 정책성과와 능률성에 두어야 한다. 사후평가는 차기 정책결정의 환류에 목적을 두기도 한다.

2) 평가내용에 따른 유형

정책내용은 크게 정책과정과 정책효과로 나눌 수 있는데 이 중 정책의 어느 부분을 평가하느냐, 정책의 평가대상이 무엇이냐에 따른 분류 방법으로서, 여기에는 과정평가와 효과평가의 두 가지 유형이 있다.

과정평가는 정책의 집행과정에 대한 평가를 뜻하지만 실제 평가할 때에는 정책의 형성 및 결정과정과 집행과정 모두를 포함한다. 이런 점에서 과정평가는 정책형성 및 결정과정에 대한 평가와 집행과정에 대한 평가로 구분된다. 이 때 정책목표의 타당성, 정책결정의 합리성 및 민주성 등이 평가의 대상으로 된다.

① 정책목표의 타당성이란 정책목표가 얼마나 합당한 것인가를 말한다. 타당성을 평가하기 위해서는 정책이 추구하는 목표가 당해 정책의 원인이 된 정책문제를 해결할 수 있도록 설정되었는가를 따져봐야 한다. 그러기 위해서는 당해 정책의 목표와 그 정책을 있게 해 준 문제상황을 비교해 봐야 할 것이다.

② 정책결정의 합리성이란 정책이 합리적 절차를 거쳐 결정되었느냐 하는 점이다. 합리성을 평가하기 위해서는 정책목표가 세분화되었는가, 정책 수단과 방법 등을 여러 개의 정책대안들 가운데 비교·검토하면서 선택되었는가 등을 따져 봐야 할 것이다.

③ 정책결정의 민주성이란 정책을 결정하는 과정에 관계집단과 전문가들이 폭넓게 참여하였는가 하는 문제이다. 정책은 사회문제를 해결하고 국민의 복리를 증진시키려는 것이기 때문에 그 결정과정이 소수의 독점물이 되어서는 안 된다. 보다 넓은 층의 여론을 청취하고 의견을 모으기 위해서는 이익집단 및 관계기관과의 합의와 절충을 거치고 전문가들의 의견을 구해야 한다. 따라서 정책결정과정의 민주성을 평가하기 위해서는 이런 과정이 얼마나 존중되었는가를 밝혀 봐야 할 것이다.

그리고 효과의 평가는 영향평가, 능률성평가, 프로그램 전략평가로 나누어진다.

① 영향평가는 정책이 그것을 적용한 집단의 환경을 어떻게 변화시켰는가 하는 것을 밝혀내는 평가이다. 영향평가를 하기 위해서는 실험적 방법, 준실험적 방법, 비실험적 방법 등을 이용한다.
② 능률성평가는 정책을 적용한 대상집단에서 나타난 환경적 변화가 정책집행에 투입된 비용과 비교해서 정당한 것인가를 밝혀보는 평가이다. 만일 정책을 집행한 결과, 변화는 있었다 해도 그것에 투입된 비용이 엄청난데 비해 효과가 미약하게 나타났다면, 또는 너무 많은 비용이 요청된다고 하면 그 정책은 문제가 있는 것이다.
③ 프로그램전략평가는 어떤 정책에 동원된 여러 개의 전략(정책수단) 가운데 어떤 것이 더 효과적인가를 밝혀내는 평가이다.

3) 평가자에 따른 유형

정책평가를 누가 하느냐에 따른 분류로서 학자에 다라 서로 다르게 분류된다. 즉, 자체평가, 내부평가, 외부평가로 나누기도 하고 내부평가와 외부평가로 나누기도 한다.

자체평가는 정책결정과정에서는 정책결정 당사자들이, 정책집행과정에서는 정책집행당사자들이 당해 정책을 평가하는 것을 말한다. 내부평가는 당해 정책 또는 프로그램의 행정조직내부의 인사에 의한 평가를 뜻한다. 이러한 평가는 정책당사자들의 위촉에 의해서 이루어진다. 외부평가는 당해 정책 또는 프로그램의 행정조직 외부의 인사에 의한 평가를 뜻한다. 외부평가는 정책당사자들의 위촉에 의해서 이루어지는 경우와 순수한 연구의 목적으로서 제3자의 입장에서 평가를 하게 되는 경우가 있다.

정책은 그것을 평가할 때 정책당사자도 평가되는 입장이기 때문에 내부에 평가를 위촉할 것인가 또는 외부평가 결과가 정책에 책임 있는 인사들에게 위험요소가 될 것으로 보일 때 고위정책결정자의 입장에서는 객관성이 보장될 수 있는 평가결과가 나오도록 외부인사에게 위촉하려고 할 것이다. 반면 하위정책관리자입장에서는 평가결과를 통제하기가 쉬운 내부인사를 선호하게 될 것이다.

라. 정책평가의 기준

정책평가의 기준은 정책의 어떤 측면에 중점을 두고 평가하려고 하느냐에 관한 문제이다. 정책평가의 기준을 어디에 두느냐 하는데 따라서 평가의 결과가 많은 영향을 받게 됨으로 중요한 문제가 된다. 이런 점과 관련하여 Nakamura와 Smallwood(1980)는 정책집행 노력이 성공했느냐 실패했느냐 하는 것은 많은 평가기준 가운데 어느 것을 사용하느냐에 따라 달라지기 때문에 정치적 판단(기준의 선택)은 극단적인 의미를 갖는다고 말한다. 그들은 는 정책평가의 기준으로 ① 정책목표의 달성 ② 능률성 ③ 주민의 만족 ④ 수혜자에 대한 대응성 ⑤ 체제유지 등을 제시하고 있다.

여기서 정책목표의 달성은 효과성을 측정하려는 것으로 정책집행 결과가 정책목표에 도달했는가를 밝히는 것이고, 능률성은 성과의 질을 비용에 비추어 측정하려는 것으로, 특히 조직의 성과를 측정하려고 할 때 효과성보다도 더 고려한다. 주민의 만족은 정책이 주민에게 어느 정도 만족감을 주느냐를 측정하는 것이고, 수혜자에 대한 대응성은 정책의 직접적 수혜자가 어떤 혜택을 받고 있으며 그 혜택자의 인지된 욕구에 제대로 대응하느냐 하는 것을 측정하는 것이며, 체제유지의 기준은 정책의 효과성을 체제유지에 관련시키는 것이다.

한편 Suchman(1980)은 정책평가의 기준을 ① 노력(산출을 고려하지 않는 투입과 에너지의 양) ② 성과(노력의 결과) ③ 적절성(전체성과가 전체 요구량에 적절한 정도) ④ 능률성(비용과 관련해서 본 대안의 평가) ⑤ 과정(사업 또는 정책이 왜, 어떻게 진행되고 있으며 진행되지 않느냐 하는 점) 등을 들고 있고, Dunn(1981)은 정책성과에 관한 정보를 얻기 위하여 효과성(effectiveness), 능률성(effi-ciency), 적정성(adequacy), 형평성(equity), 대응성(responsiveness) 등 6개의 기준을 제시하고 있다.

Dror(1968)는 정책평가의 기준을 1차 기준과 2차 기준으로 나누고 있다. 1차 기준은 순산출(net output)을 뜻하는 것으로서 과정의 실제 수준 및 질을 확인하는 데 쓰이며 산출에서 투입을 제외한 것이다. 2차 기준은 과정의 질을 확인하는 데 쓰인다. 이 기준은 산출의 성분, 과정의 형태 및 구조 또는 투입에 적용된다. Dror는 1차 및 2차 기준에 의해 확인된 질은 표준(standard)의 수단에 의해서 평가되어야 한다고 말했다. 그가 제시한 7가지 표준은 ① 성취한 질이 과거의 것과 비교해서 어떠한가? ② 성취한 질이 비슷한 기관에서 성취한 것과 비교해서 어떠한가? ③ 성취한 질이 주민의 요구를 충족시키는가? ④ 성취한 질이 통용되고 있는 전문적 표준을 충족시키는가? ⑤ 성취한 질이 계속 유지될 수 있는가? ⑥ 성취한 질이 당초의 계획만큼 충분한 것인가? ⑦ 성취한 질이 아주 바람직한 모델에 따를 수 있을 만큼 좋은 것인가? 등이다.

마. 정책평가의 절차

Nachmias(1979) 등 행정학자들은 정책의 평가과정이 다음 7단계를 거친다고 하였다. 즉 ① 정책목표의 확인, ② 인과모형의 작성, ③ 평가 설계, ④ 평가기준의 설정, ⑤ 측정, ⑥ 자료의 수집, ⑦ 자료의 분석과 해석 등이다. 이상과 같은 절차를 김종철(1990)은 교육정책의 평가과정에 적용하여 다음과 같이 설명하고 있다.

1) 정책 목표의 확인

교육정책의 평가에서는 먼저 교육정책의 목표를 확인하는 일부터 착수하는 것이 순서이다. 그와 같은 목표는 교육정책의 형성과정에서 명백히 제시되어 있는 경우도 있으나 그다지 명확히 제시되지 않고 있는 경우도 있다. 예컨대 대학졸업정원제의 경우처럼 교육정책의 목표가 불명확하거나 표면에 내세운 목표와 숨겨진 목표가 서로 다르기 때문에 간단히 식별하기 어려운 경우도 있다. 목표가 막연하여 구체적으로 파악하기 힘든 경우도 있다. 예컨대 면학분위기의 조성, 국가관의 정립 등인 경우 평가를 위해서는 정책결정자들이나 정책집행자들에게 그 진의를 물어보지 않고서는 평가에 착수하기 곤란하다.

2) 인과 모형의 작성

인과모형(impact model)이란 정책과정에 있어서의 인과관계를 단순화하여 파악할 수 있도록 변인간의 구조를 나타낸 것이다. 그것은 ① 연구의 대상이 되는 문제와 관련된 주요변수의 선정‥기술, ② 변수간의 중요한 관계를 설명, ③ 이러한 관계의 성격에 관한 명제의 설정 등의 단계를 거쳐 이루어진다. Nachmias(1979)가 정책평가의 과정에서 특히 강조한 인과모형의 일반적 형태를 예시하면 다음 그림과 같다.

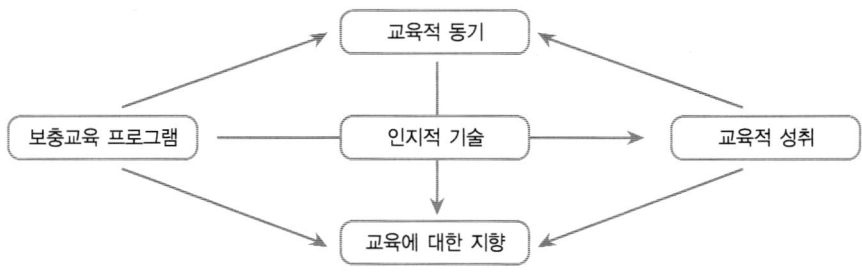

[그림 8-1] 보충교육프로그램 평가를 위한 인과 모형

3) 평가 기준의 설정

교육정책의 여러 평가기준을 모든 교육정책의 평가에서 다 적용하는 것은 아니다. 연구의 설계에 따라서 달라질 수 있으며, 특히 정책적으로 무엇이 중요한 의의를 가지고 있는가의 판단은 정책이 추구하는 가치와 이념이 무엇이냐에 따라서 형평성이 크게 부각될 수도 있고 국민의 여론에 대한 대응성이 좀 더 강조될 수도 있다. 교육재정정책의 경우 충족성의 문제가 더욱 절실하며 중요한 기준으로 부상될 수도 있다.

4) 측정

측정이란 계량화를 전제로 한 개념이나 현실적으로는 측정하기 어려운 것들이 있는 것도 사실이다. 그러나 정책을 평가하려면 측정이 가능한 것으로 전환하여 구체적으로 측정하는 절차를 거쳐야 한다. 예컨대, 주민들이나 수혜자로서의 학생들의 대응성을 그들의 교육정책에 대한 만족도로서 파악하고자 한다면 어떠한 척도를 만들어 조사를 한다거나 하는 식으로 그것을 계량화하여 측정할 필요가 있는 것이다. 개개인의 판단은 비록 주관적인 것이라 할지라도 계량화된 그들의 반응을 통하여 측정하게 된다.

5) 자료의 수집과 분석

정책평가를 위해서는 필요한 다양한 자료를 수집하게 된다. 면접, 관찰, 설문조사, 문헌과 통계 등을 통하여 관련된 자료를 수집하게 된다. 자료의 정통성과 신빙성을 중시하여야 함은 물론이다. 정책평가 설계에 따라서 자료의 종류나 수집의 방법이 달라질 수밖에 없음은 당연한 논리이다.

자료는 체계적으로 정리하여 분석과 종합의 방법에 의하여 의미를 부여하며 해석을 내려야 한다. 자료의 분석을 위해서는 여러 가지 통계적 방법을 적용할 수 있으며 자료의 해석을 위해서는 논리적인 검증과 더불어 다양한 기존 자료를 동원할 수도 있다.

바. 교육정책 평가의 현황과 과제

1) 평가 관점

정책평가는 정책결정자나 정책집행자가 자신의 입지를 강화하거나 유리하도록 정치적인 차원에서 평가에 임하는 입장과 전문적이고 기술적인 평가를 수해하는 입장으로 나누어 볼 수 있다. 정치적인 관점에서 평가할 때는 자신들에게 유리한 정보를 활용하거나 지지를 이끌어 내도록 노력하며, 정책성패에 따라 적절한 행동을 하게 된다. 예컨대 방어적인 관점을 유지하거나 비판적인 평가를 회피함으로써 자신의 권한이나 정책을 계속 유지하려고 한다. 이러한 상황에서는 그 어떤 집단도 객관적인 활동을 기대할 수 없다. 한국의 교육정책결정이나 집행상황에서 평가를 통해 도덕적이거나 실질적으로 책임을 지는 경우는 거의 없었다.(최희선, 2006)

정책평가가 유용성을 높이고, 정책결정자나 집행자에게 효과적으로 연계되기 위해서는 전문적, 기술적 정책평가가 정착되어야 하며, 이를 위해서는 평가과정에서 정치적 이해관계가 없어야 한다.

2) 평가 설계

정책의 영향을 평가하는데 진실험적 평가와 준실험적 평가, 그리고 비실험적 평가가 가능하다. 여기에서 진실험적 방법이란 정책의 영향을 받는 실험집단과 영향을 받지 않는 통제집단을 설정하고 양 집단의 변화를 비교한 다음 그 변화가 특정정책의 영향에 의한 것임을 입증하는 절차를 의미한다. 준실험적 방법은 실험집단과 통제집단이 비동질적 집단이 될 수밖에 없을 때, 엄격한 '실험'의 절차를 밟기 어려운 경우에 적용된다. 그리고 비실험적 평가는 실험 절차를 아예 적용하지 않는 것을 말한다.

그러나 우리나라에서 교육정책의 영향을 평가하는 데 진실험적 평가나 준실험적 평가의 방법을 적용하는 일은 별로 없었다. 이제까지 국내에서 시행된 교육정책의 평가는 비실험적 방법에 의한 것이었다.

3) 정책 종결

Delon(1978)은 지금까지 정책의 종결을 가져오기 어려운 이유를 ① 심리적 지향, ② 제도의 영속성, ③ 활발한 보수주의의 팽배, ④ 종결의 반대연합, ⑤ 법적 장애, ⑥ 고가의 착수비용(매몰비용) 등으로 밝힌바 있다. 우리나라의 교육정책은 시작은 있지만 끝이 없다는 말이 있다. 그 결과 학교현장에서는 누더기 옷처럼 정책이 가중되어 결국 정책추진에 따른 학교 업무만 늘어나고 있는 실정이다. 특히 새로운 정책이 정책입안자 및 담당자의 실적으로 여겨지는 공직 풍토가 존재하여 정책 인플레 현상이 일어나고 있으며, 동시에 특별한 성과 없이 정책이 종결되는 것은 정책의 실패로 간주되는 풍토 때문에 분명한 종결이 이루어지지 않고 있다. 실제로 학교현장에서는 더 이상 추진되지 않고 사장되어 있는 정책은 많으나 분명하게 종결된 정책은 거의 없는 실정이다.

생각해볼 문제

- 현재의 우리나라 학교평가제도는 어떠한 이론적 접근모형을 적용하고 있는지 말해보시오.
- 학교평가는 학교단위 자율경영(SBM)과 어떤 관련을 갖는지 찾아보시오.
- 교원평가에 학부모와 학생이 참여하는 방식이 갖는 순기능과 역기능을 찾아보시오.
- 교원평가가 갖는 근원적인 난점이 교원평가제도에 주는 시사점을 생각해보시오.
- 교육정책에 영향을 주는 요인을 추출해보고 인과관계를 찾아보시오.
- 현재의 교육정책에 비추어 정책평가가 필요한 현실적인 이유들을 찾아보시오.

참고문헌

노화준(1986). **정책평가**. 법문사.
신상명(2002). **학교단위책임경영론**. 교육과학사.
신상명(2009). **학교자율경영**. 원미사.
정태범(1998). **학교경영계획론**. 양서원.
진동섭(2003). **학교컨설팅**. 학지사.
최희선(2006). **교육정책의 탐구논리**. 교육과학사.

Airasian, P. W. & Gullickson, A. R.(1997). *Teacher self-evaluation tool kit*. Thousand Oaks, CA: Corwin.
Alkin, M. C.(1969). Evaluation theory development. Evaluation Comment, 2, 2-7.
Beerens, D. R.(2000). *Evaluating teachers for professional growth: creating a culture of motivation and learning*. Thousand Oaks, CA: Corwin.
Berry, B. & Ginsberg, R.(1988). Legitimizing subjectivity: Meritorious

performance and the professionalism of teacher and principal evaluation. *Journal of Personnel Evaluation in Education*, 18.

Bigman, S. K.(1955). The problem of evaluation, *International Social Science Bulletin*, 7(3), 346-352.

Chelmisky, E.(1977). An analysis of the proceedings of a symposium on the use of evaluation by federal agencies. *Symposium Report*, 2(77-89), Mitre corporation.

Darling-Hammond, L.(1997). Quality teaching: The critical key to learning. http://www.naesp.org/ comm/po997a.htm

Delon, P.(1978). pblic policy termination: An end and beginning, *Policy Analysis*, summer, pp35-40.

Dror, Y.(1968). *Public policy making reexmained*, Scanton: Chandler Pub. Co.

Dunn, W. N.(1981). *Public policy analysis: An introduction*, Eaglewood Cliffs, Prentice Hall

Gorton, R. A. & Schneider, G. T.(1991). *School-based leadership: Challenges and opportunities*. Dubuque, IA: Wm. C. Brown.

Guttentag, M. & K. Sanpper, "Plans, Evaluation and Decision," Evaluation, 2, (1974), pp. 58~74.

Hallinger, P. & Murphy, J. F.(1987). Assessing and developing principal's instructional leadership, *Educational Leadership*, 45(1).

Hoy, W. K. & Miskel, C. G.(1987). *Leadership in educational administration: Theory, research and practice*. New York: Rancom House.

Nachmias, D.(1979). *Public policy evaluation: Approaches and methods*, New York: St. Martin's Press.

Nakamura, R. T. & Small Wood(1980). *The politics of policy implementation*, New York: St Martin's Press.

Sanders, W. L.(1998). Value-added assessment. http://www.aasa.org/SchoolAdmin/dec9801.htm

Sava, S. G.(1998). The name of the game. http://www.naesp.org/comm/po998c.htm

Scriven, M.(1983). Evaluation Ideologies. In G. F. Madaus, M. Scriven, & D.

L. Stufflebeam (Eds.) *Educational models*(pp.229-260). Boston: Kluwer-Nijhoff.

Stufflebeam, D. L., "An Introduction to the PDK book," In B. Worthen and J. R. Sanders(eds.). *Educational Evaluation: Theory and Practice* (Washington, OH : Charles A. Jones, 1973), p. 129.

M·E·M·O

9 CHAPTER

장학과 컨설팅

> 장학(獎學)이라는 말은 교육에서 흔히 접하는 용어지만 실상 그 말이 무엇을 의미하는지를 설명하기를 요구하면 대답하기 쉽지 않은 말이기도 하다. 장학을 그 말이 들어있는 용어 즉, 장학사, 장학금 등으로 연결함으로써 유추를 통해 장학의 의미를 이해하고자 할 수도 있지만, 그 자체로 교사와의 연결고리를 찾기란 쉽지 않은 일이다.
> 이 장에서는 학교현장에서의 장학, 교육행정에서의 장학에 대해 살펴보고, 장학의 또 다른 형태로서의 학교컨설팅에 대해서도 살펴봄으로써 장학에 대한 이해를 돕고자 한다.

- 장학
- 학교컨설팅

1. 장학

가. 장학의 개념

장학(獎學)이라는 말은 권면하다(獎)와 배우다(學)가 결합된 용어로서 '배움을 돕는다' 라는 의미를 가지고 있다. 그러나 이 용어는 supervision이 번역된 것으로 원래 의미는 위에서(superior) 보다(vision) 즉, '상위 직위의 우월한 능력을 가진 자가 하위 직위인 자를 관찰하거나 감시한다.' 는 의미로 해석될 수 있다. 이러한 의미에 초점을 두면, 장학은 과학적 관리론 시대의 모습이었던 시학(視學)에 가까운 것으로 볼 수 있다. 그러나 교육행정학이 학문적으로 발달함에 따라, 장학 역시 교육행정학의 성격에 맞추어 그 의미와 성격이 변화되어 왔다.

장학은 학자에 따라 다양한 측면으로 정의되고 있는데, Wiles와 Bondi(1980)는 여러 학자들의 주장을 정리·분석하여, 장학에 대한 개념 정의를 5가지 정도로 정리한 바 있다. 첫째, 장학을 교육행정에 초점을 두어 정의하는 입장, 둘째, 장학을 교육과정에 초점을 두어 정리하는 입장, 셋째, 장학을 수업에 초점을 두어 정의하는 입장, 넷째, 장학을 인간관계에 초점을 두어 정의하는 입장, 다섯째, 장학을 경영에 초점을 두어 정의하는 입장, 장학을 지도성에 초점을 두어 정의하는 입장 등이다(이윤식, 1999). 김종철·이종재(1994)는 장학의 개념을 법규적 측면, 기능적 측면, 이념적 측면으로 구분하여 정의한 바 있는데, 법규적 측면에서는 장학을 계선조직의 행정활동에 대한 전문적·기술적 조언을 통한 참모활동 내지 막료활동으로 정의하였고, 기능적 측면에서는 장학을 교사의 전문적 성장, 교육운영의 합리화 및 학생의 학습환경 개선을 위한 전문적·기술적 보조활동으로 정의하였으며, 끝으로 이념적 측면에서는 장학을 학습지도의 개선을 위하여 제공되는 지도·조언으로 정의하였다. 주삼환(1995)은 장학의 궁극적 목적은 수업개선이며, 수업개선의 목적을 달성하기 위해서는 수업의 주요 요소인 교사, 교육과정, 학습환경과 교재, 학생에 변화를 주어야 한다고 주장한다. 이러한 관점에서 교사의 교수행위에 영향을 주고, 교육과정을 개발·수정·보완하고, 학습환경과 교육자료를 제공·개선해 주어, 학생의 학습행위에 변화를 주고, 학습성취를 향상시키기 위한 교육활동이 장학이라고 하였다.

이상에서 살펴본 바를 종합하면, 장학은 교육활동의 개선을 위하여 교원을 대상으로 이루어지는 지원활동이라고 볼 수 있다. 장학의 목적은 일차적으로 교육활동의 개선, 즉 교수·학습활동의 개선이고 이를 통해 설정된 교육목표를 효율적으로 달성함으로써 궁극적으로 학생의 지적, 정의적, 신체적 발달을 도모하는 데 있다고 할 수 있다.

나. 장학의 발달

1) 관리장학

1930년대 이전의 장학은 모습은 과학적 관리론의 특성인 권위주의적이고 강제적인 측면이 강조되었다. 과학적 관리론은 과학적 분석에 기초한 작업체제 내에서 노동자들을 훈련시키고 노동자들이 지시받은 대로 잘 따르는 지 확인·감독하는 것을 주요 내용으로 하는 것인데, 관리장학 역시 이러한 접근법과 크게 다르지 않았다. 당시 Bobbit은 일반 조직의 경영에 적용하는 과학적 원리를 학교에 적용하여 학교조직을 관료제의 틀 속에 넣어 통제중심의 장학을 강조하였는데, 이를 관리장학이라고 한다. 교사를 조직의 부속물로 여기며 과학적 관리의 명분하에 모든 교육활동들이 측정되고 평가되어 차등적으로 피드백 되었다. 이 시기의 장학은 전문적이라기보다는 관료적이며, 단위학교보다는 교육행정기관이 주도하는 조직발전을 위한 평가활동이었다고 볼 수 있다.

2) 협동장학

1930~1950년대 인간관계론의 등장으로 인간의 심리적·사회적 욕구를 충족시키고 의사결정에 참여할 기회를 주며 비공식적 조직을 인정함으로써 조직 생산성이 향상될 수 있음이 확인되었다. 이처럼 인간을 인간으로 대하고 관심을 표현하는 인간관계론은 인간을 대상으로 하는 교육현장에 적용되기에 적합한 것이었다. 장학사와의 원만한 인간관계를 통하여 교사가 학교에 만족감을 느끼게 하고 스스로 학교에 헌신하게 한다는 인간관계론 시대의 장학은 민주적 장학, 협동적 장학으로 불리며 큰 환영을 받았다. 특히 1930년대는 아동을 존중하는 진보주의 운동이 활발하던 시기였기 때문에 장학의 중심이 장학사에서 교사로 바뀌었다. 이에 따라 장학사는 종래의 권위주의적 모습에서 벗어나 교사와 편안한 인간관계를 맺고 그들이 만족감을 느낄 수 있도록 하는 것이 핵심의 역할이 되었다. 그러나 진보주의 운동이 방임 교육으로 비판받는 것처럼 협동적 장학이 어떻게 실천되어야 하는가에 대한 고민이 뒤따르지 못해 인간관계의 증진이 생산성 증가로 이어지지 못하였다. 이 시기의 장학은 많은 추종자가 있었음에도 불구하고 실질적 결과물은 없는 자유방임적 장학으로 비판받았다(신현석·안선회 외, 2011).

3) 수업장학

장학의 발달과정에서 1950~1970년대는 장학의 초점이 수업 및 교육과정에 맞춰졌던 시기이다. 1957년 소련의 스푸트니크호 발사는 미국교육은 큰 영향을 받았고 미국교육의 전반적 개선을 위해 교육과정의 개발이 요구되었으며 교육과정 개발자로서의 장학사의 역할이 중요시되었다. 이에 따라 교육과정 개발과 장학은 동일시되었고 장학 담당자는 각 과목의 전문가로서 교육과정을 편성하고 교사와 함께 새로운 교육 프로그램을 만드는 것이 주요 임무가 되었다. 또한 이 시기에는 임상장학, 현장연구 등의 장학기법이 등장하였다. 임상장학은 교사-장학담당자 간 사전에 협의된 내용을 서로 협력하여 진행한다는 점에서 보다 민주적인 장학으로 평가받았으며, 장학의 초점이 보다 수업에 맞추어짐으로써 비디오테이프의 사용, 교사-학생 간 상호작용 평가, 새로운 교수 방법을 위한 현장연구(action research)가 활발하게 진행되었다. 또한 이 시기에는 교육행정의 이론화 운동의 영향을 받아 과학적이고 객관적인 방법으로 장학연구가 행해졌고 장학연구의 과학화가 촉진되었다.

4) 발달장학

1970년대에는 교육행정학의 발달과정에서도 드러난 바와 같이 장학에서도 같은 맥락이 적용되어 과학적 관리론과 인간관계론을 절충하려는 노력이 이루어졌다. 과학적 관리론에 보다 중심을 맞춘 것이 신과학적 관리장학 혹은 수정주의 장학이라면, 인간관계론에 보다 중심을 맞춘 것은 인간자원 장학이다. 수정주의 장학은 협동장학에 대한 반발로 등장한 것으로 인간관계론보다는 과학적 관리의 통제와 효용을 보다 강조한 것이다. 따라서 교사 개인에 대한 관심보다는 학교경영에 관심을 보였고 그러한 맥락에서 교사의 직무수행 분석, 비용-효과성 분석 등이 강조되었다. 반면 인간자원 장학은 인간관계론의 영향을 받은 협동 장학과 같이 교사의 만족에 깊은 관심을 보였으나 인간에 대한 기본 관점에서 큰 차이를 보였다. 협동장학이 경영자의 입장에서 조직의 목표달성을 위해 인간에 대한 관심을 가졌다면, 인간자원 장학은 학교의 목표실현을 통해 교사의 만족을 추구한다. 즉, 인간자원 장학은 인간에 대한 관심을 관리수단으로서가 아니라 관리목적으로 삼은 것이다. 인간자원 장학에서 장학사는 교사와 함께 의사결정을 함으로써 학교의 효율성이 증대되고 이를 통해 교사의 만족도가 증가하여 성공적 학교로 변화할 수 있다고 본다.

다. 장학 유형

1) 임상장학

임상장학은 1950년대에 하버드 대학의 Cogan 교수와 그의 동료들에 의해 교사 지망생들의 수업방법 개선을 위한 하나의 방법으로 개발되었다가 후에 교사의 직전교육뿐만 아니라 현직교사의 수업기술 향상을 위한 장학방법으로 발전되었다. 임상장학은 교사의 수업기술 향상을 도모하는 체계적인 지도·조언 과정이라고 할 수 있다. 따라서 임상장학을 수업장학이라고 지칭하기도 한다. 임상장학의 주요 특징은 다음과 같다(김달효, 2011).

- 교사의 수업기술 향상이 주된 목적이다.
- 교사와 장학담당자 간의 일대일 관계와 상호작용을 중요시 한다.
- 교실 내에서 교사의 수업행동에 초점을 둔다.
- 일련의 체계적이고 집중적인 지도 및 조언 과정이다.

임상장학은 학자들에 따라 여러 단계로 구분하여 제시한다. 임상장학의 과정을 단계별로 간단히 나타내면 (1) 수업관찰 전 협의회, (2) 수업관찰 및 분석, (3) 수업관찰 후 협의회로 구분된다. 각 단계별 주요 내용은 아래와 같다.

(1) 수업관찰 전 협의회 단계

장학담당자와 교사가 공동으로 수행할 임상장학에 대한 세부적인 활동을 계획하는 단계이다. 이 단계에서는 교사와 장학담당자가 상호 신뢰할 만한 관계를 형성하고, 교사로 하여금 임상장학을 이해하고 긍정적으로 생각하도록 하며, 수업장학의 과제를 확정하고, 관찰할 수업에 대한 장학담당자의 이해를 높이며, 교사가 수업 예행연습을 하고 최종적으로 수정하고, 수업 관찰을 위하여 '언제', '무엇을', '어떻게' 할 것인지에 대해 협의하는 등의 일이 이루어진다. 이 중 이 단계에서 가장 중요한 것은 교사와 장학담당자 간에 상호 신뢰감을 갖는 일일 것이다.

(2) 수업관찰 및 분석 단계

이 단계는 수업관찰 전 협의회를 마친 후 장학담당자가 임상장학 대상 교사의 수업을 관찰하여 필요한 정보와 자료를 수집하고, 이를 의미있는 자료로 분석하는 단계이다. 수업관찰은 수업장면에서 일어나는 모든 것을 관찰할 수도 있고, 교사와 사전에 협의한 몇 가지 사항에 대해서만 관찰할 수도 있다. 이때, 전자를 무초점 관찰이라고 하고, 후자를 초점 관찰이라고 한다. 수업관찰의 내용은 교사와 학생의 언어행동(발문, 진술, 지시, 반응 등), 교사와 학생의 언어적·비언어적 상호작용, 학생이동 등이 된다. 장학담당자는 이러한 관찰 내용을 체크리스트, 녹음·녹화 등 다양한 관찰 방법을 사용하여 기록한다. 이 단계에서 중요한 것은 정확하고 객관적인 자료를 수집하는 일이다. 관찰행위가 교사와 학생의 수업활동을 방해하지 않도록 해야 한다. 그리고 자료 분석은 관찰자료를 정리·해석하고 의미를 파악하는 일이다. 자료분석은 수업형태분석, 수업내용분석, 수업활동분석, 질의·응답분석 등 여러 가지 측면에서 분석될 수 있다. 자료분석에서는 교사의 수업행동에서 어떠한 특징이나 패턴이 있는지를 도출하는 데 주안점을 둔다.

(3) 수업관찰 후 협의회 단계

수업관찰 후 협의회는 수업장학을 위한 협의가 본격적으로 이루어지는 단계이다. 이 단계에서 교사와 장학담당자는 수업을 관찰·분석한 자료를 토대로 문제점을 찾아내고, 실제 개선하고자 한 행동이 어떻게 얼마나 나타나고 있는지를 확인하고, 개선을 위한 구체적인 방법을 찾고, 수업장학 자체를 평가하고 차기 수업장학을 협의하는 **활동**을 한다. 이 단계는 교사에게 수업에 대하여 새로운 통찰을 할 수 있는 기회를 마련하고 수업방법의 개선을 위한 정보를 제공해 주는 등 피드백이 이루어지는 단계이다.

임상장학의 장점은 수업개선을 위해 좀 더 체계적인 장학을 할 수 있고, 수업개선을 위해 전문적인 지도를 받을 수 있다는 것이다. 반면, 임상장학의 단점으로는 무엇보다 임상장학 자체에 대한 부담 및 거부감이 크다는 것과 임상장학의 준비와 시행에 많은 노력이 요구된다는 것, 임상장학이 성공적으로 수행되기 위해서는 학교의 행·재정적인 지원이 요구된다는 점 등이다.

2) 동료장학

동료장학은 동료교사들이 그들의 교육활동의 개선을 위하여 공동으로 노력하는 과정이라고 할 수 있다. 동 학년 또는 동 교과 단위로 수업연구나 수업방법 개선을 위해 공동으로 협의하는 것이 전형적인 동료장학의 형태이나, 동료 상호 간에 정보·아이디어·도움 또는 충고·조언 등을 주고받는 공식적·비공식적 행위도 모두 동료장학에 포함된다. 동료장학의 주요 특징은 다음과 같다.

- 교사들의 자율성과 협동성에 기초한다.
- 교사들 간에 동료적인 관계 속에서 서로 가르치고 배우는 **활동**이다.
- 학교의 상황과 교사들의 필요와 요구에 기초하여 다양하고 융통성 있

게 운영된다.
- 교사들의 전문적 발달뿐 아니라 개인적 발달, 그리고 학교의 조직적 발달까지 도모할 수 있다.

동료적 관계에서 장학을 실행하려면 교사는 서로 도와줄 수 있는 자질과 기술을 가지고 있어야 한다. 동료에게 조력을 제공하고 교수방법의 개선을 돕기 위해서 교사는 기술적·인간적·비평적 자질을 보유하고 있어야 한다. 또한 관찰하고 자료를 분석하는 기술이 필요하고 문제를 발견하고 대안을 제시할 수 있어야 한다. 그리고 대화하고 래포를 형성하며 협의를 원활하게 수행할 수 있는 기술 역시 필요하며, 장학의 원리와 규칙에 대한 기초적 이해도 요구된다. 이러한 동료장학의 장점은 임상장학에 비해 상대적으로 교사들이 부담 및 거부감을 적게 갖는다는 점과 동료교사들 간에 인간관계가 돈독하고 장학에 대한 이해와 기술이 갖춰져 있을 경우에는 큰 비용을 들이지 않고서도 긍정적인 효과를 가져올 수 있다는 점, 동료교사의 수업관찰 및 비판을 통해 자신의 수업개선을 도모할 수 있다는 점 등이다. 반면 단점은 동료교사라 하더라도 쉽게 서로의 수업을 관찰하고 비판하기가 쉽지 않다는 점, 장학에 대한 기술과 이해가 뒷받침되지 않은 상태에서 시행하면 노력한 것에 비해 효과를 거두기가 어렵다는 점 등이다.

3) 자기장학

자기장학은 교사 개인이 장학계획을 스스로 세우고 실천하는 것을 원칙으로 하나, 장학과정에서 장학사나 교장 또는 경험이 많고 능력 있는 동료교사로부터 도움을 받는 것도 유효한 방법이다. 교사가 자신의 전문적 발달을 원한다면 자기장학은 다른 어떤 장학방법에 못지않게 효과가 있을 것이다. 교장을 비롯한 동료교사와 장학담당자는 자기장학을 선택한 교사를 위해 행·재정적 지원, 전문적 자문, 심리적 지원 등을 통해 여러 가지 도움을 제공해주어야 한다. 학교현장에서 **활용**할 수 있는 자기장학의 주요 방법은 다음과 같다.

- 자신의 수업을 녹음 또는 녹화하여 이를 스스로 분석·평가
- 자신의 수업이나 생활지도, 창의적 체험**활**동, 학급경영 등과 관련하여 학생들과의 만남이나 학생들을 대상으로 한 의견조사
- 교직·교양·전공과목과 관련된 서적, 연구논문 등 문헌연구와 다양한 정보자료 **활**용
- 대학원 과정 등의 수강을 통하여 전공교과 영역 또는 교육학 영역의 전문성 신장
- 교육연구기관, 교원연수기관, 교직전문단체, 학술단체 등 전문기관 또는 교육청 등을 방문하여 교육전문가나 교육행정가·장학담당자 등과의 면담을 통한 지도·조언과 정보 입수
- 각종 연수, 교과연구회, 학술발표회, 강연회, 연구·시범수업 공개회, 그리고 학교 상호방문 프로그램에 적극 참석 또는 참여

이러한 자기장학의 장점으로는 자신의 개성과 적성에 맞는 방법으로 자유롭게 수업개선을 도모할 수 있고 다른 장학에 비해 부담감이 덜하며 자기성취감과 자기만족을 가질 수 있다는 것 등이다. 반면 자기장학의 단점으로는 자신에게 장학을 맡겼다가 자칫 노력하지 않을 수도 있다는 것, 수업개선을 위한 다양한 방법을 잘 알지 못할 경우에는 실패할 수 있다는 것 등이 있다.

4) 약식장학

약식장학은 단위학교의 교장이나 교감이 간헐적으로 짧은 시간 동안에

학급순시나 수업참관을 통하여 교사들의 수업 및 학급경영 활동을 관찰하고 이에 대해 교사들에게 지도·조언을 제공하는 과정을 의미한다. 약식장학은 외부 장학담당자를 포함하는 경우가 있으나 일반적으로 교장이나 교감의 계획과 주도로 이루어지고, 다른 장학에 비해 보완적인 성격을 갖는다.

약식장학은 장학 담당자인 교장이나 교감에게도 의미있는 장학활동이다. 교장이나 교감은 약식장학을 통하여 교사들이 미리 준비한 수업활동이나 학급경영 활동이 아닌 평상시의 자연스러운 수업활동이나 학급경영활동을 관찰할 수 있을뿐만 아니라 학교교육, 학교경영, 학교풍토 등 전반적인 영역에 걸쳐 학교를 전체적으로 파악하는 데 필요한 정보를 수집할 수 있다. 그러나 교사들이 일방적으로 관찰되고 평가되는 것에 대해 부담감을 느낄 수 있기 때문에 약식장학이 효과적으로 이루어지기 위해서는 약식장학에 대한 교사들의 긍정적 인식과 협조가 전제될 필요가 있다.

약식장학의 장점은 장학을 하는 교장, 교감이 크게 부담을 갖지 않고 상대적으로 편안하게 장학을 시행할 수 있고 여러 학급을 단기간에 관찰하고 평가할 수 있다는 점 등이다. 그러나 대상 교사의 사전 동의를 받지 않고 무리하게 약식장학을 할 경우에는 반감을 살 수 있고, 짧은 시간 동안 학급을 관찰한다고 하지만 자칫 잘못하면 수업을 방해할 수도 있으며, 장학의 실효가 낮다는 점 등은 단점으로 볼 수 있다.

5) 선택적 장학

선택적 장학은 효과적인 장학활동이 정해져 있는 것이 아니라 교사의 상황과 특성에 따라 적절한 장학이 합리적으로 선택되어야 함을 강조한 것이다. 즉, 초임교사 혹은 경력교사 중에서 문제가 있는 교사의 경우에는 임상장학을, 경험있고 능숙하며, 자기분석 및 자기지도의 기술을 가지며, 혼자 일하기 좋아하는 교사의 경우에는 자기장학을, 모든 교사에게 해당되지만 임상장학이 필요치 않은 경험있고 능숙한 교사, 자기장학이나 동료장학 등의 방법을 원하지 않는 교사의 경우에는 약식장학이 효과적일 수 있는데 이러한 형태의 접근법이 선택적 장학이다. 이러한 선택적 장학은 최근 세 가지 유형으로 구분하여 제안되고 있는데 그 내용은 다음과 같다(진동섭 역, 2004).

(1) 집중적 개발

집중적 개발은 정년보장을 받지 않은 모든 교사들과 정년보장을 받았지만 심각한 문제를 경험하고 있는 모든 교사들에게 제공되는 임상장학의 특수한 형태이다. 임상장학과 집중적 개발은 다음과 같은 측면에서 차이가 있다. 첫째, 임상장학은 일반적으로 교수방법에 관심이 있지만, 집중적 개발은 학습 성과에 관심을 갖는다. 둘째, 임상장학은 모든 교사에게 제공되지만, 집중적 개발은 그것을 필요로 하는 교사에게만 제공된다. 셋째, 임상장학은 모든 교사를 대상으로 제공되기 때문에 피상적인 영향(1년에 1~2회 정도 관찰)을 주지만, 집중적 개발은 소규모 그룹의 교사들에게만 활용되기 때문에 여러 차례의 수업관찰과 함께 5회 이상의 주기로 이루어지는 것이 보통이다. 넷째, 임상장학은 분석과 협의회로 이어지는 한 가지 형태의 수업관찰에 의존하지만, 집중적 개발은 더 다양한 일련의 도구들로부터 자료를 추출한다. 그리고 집중적 개발은 다음과 같은 특징을 지닌다. 첫째, 집중적 개발은 교사의 성장에 관심이 있고 교사평가와는 거리가 멀다. 개발과정의 구체적인 내용들은 교사가 허락하지 않는 한, 교장과 공유해서는 안 된다. 개발과 평가 간의 견고한 장벽을 유지하는 것이 대단히 중요하다. 둘째, 만약 개발과 평가를 구분한다면, 평가를 담당하는 사람은 집중적 개발을 담당해서는 안 된다. 학교의 규모와 가용한 인적 자원에 따라 교육청 장학사, 평가의 책임을 맡고 있지 않은 행정가, 교과 부서의 부장, 팀 지도자, 멘토교사 중 한 사람이 집중적 개발을 책임질 수 있다. 셋째, 집중적 개발에서의 관계는 협동적 탐구의식으로 맺어져야 한다. 장학사는 모든 정답을 가지고 있는 것처럼 행동하기 보다는 탐구와 반성의 정신으로 교사와 함께 협력적으로 일해야 한다. 집중적 개발은 사전조사 회의 → 관찰 전 협의회 → 집단적 관찰 → 집단적 관찰의 분석 → 진단적 보고회 → 지도 모임 → 초점을 맞춘 관찰 → 초점을 맞춘 보고회 순으로 이루어진다.

(2) 협동적 전문성 개발

협동적 전문성 개발은 선택적 장학 체제에서 제공되는 방법들 중 하나로 동료들 간의 체계적인 협동을 통해 교사들의 발달을 촉진하는 과정을 의미한다. 이러한 협동적 전문성 개발은 본질적으로 교사들에 의해 운영되고 통제된다. 하지만 장학사는 자원을 확보하고 필요한 전문성을 제공하고 문제해결을 위해 그 집단과 함께 일을 함으로써 지원적 역할을 수행할 수도 있다. 협동적 전문성 개발은 교사들로 하여금 전문적인 문제들에 관해 상호작용을 하게 함으로써 소외감을 줄여주는 역할을 한다. 또한 교사들 간의 새로운 아이디어, 도움, 기여 등이 자유롭게 상호작용할 수 있도록 해 준다. 협동적 전문성 개발의 형태로는 동료지도, 전문적 대화, 교육과정 개발, 현장연구 등의 네 가지가 포함된다.

- 동료지도: 교사들이 서로를 관찰하고 회의를 하는 체제이다. 동료지도는 세 단계로 이루어지는 데, 첫째, 외적인 지식, 즉 전문가들이 개발한 정보를 강조한다. 장학지도자는 연구와 전문가들의 조언을 요약해서 선택된 연구가 편견이 없는 것임을 분명히 한다. 둘째, 교사들의 개인적 지식에 초점을 둔다. 교사들은 주제에 대한 자신들의 경험을 반성하고 공유한다. 셋째, 토론에서 나온 지식이 어떻게 계획과 교수에 영향을 줄 것인지를 예상하고 조사한다. 이 단계에서 각 교사로 하여금 전체를 종합하고 그 간의 대화를 앞으로의 의사결정에 연결시키게

한다.
- 전문적 대화: 교사들의 인지수준 향상을 위해 계획되고 전문적 문제들에 대한 구조화된 토론이다. 이러한 전문적 대화는 교사의 이론과 신념, 교사의 계획, 교수 중에 이루어지는 교사의 상호작용적 의사결정 등에 영향을 주기 위해 이루어진다. 또한 전문적 대화는 그 주제가 매우 중요하다.
- 교육과정 개발: 교사들은 서로 간에 협동적활동으로 다음과 같이 교육과정 개발에 활용할 수 있다. 첫째, 교육과정을 시행하기 위한 연간 계획을 수립한다. 둘째, 교육청의 교육과정 지침에 기초해서 수업의 단위들을 개발한다. 셋째, 교육청의 교육과정을 풍부하게 한다. 즉, 모든 학습자들에게 요구되는 내용의 범위와 깊이를 확대하는 수업 단위의 개발에 구체적인 관심과 지식을 확보한다. 넷째, 교정을 제공한다. 학생들의 특성에 따른 특수한 자료들을 준비한다.
- 현장연구: 이해의 심화와 실제적 개입을 위해 교육 문제들에 대해 실무자들이 종종 대학 교수들과의 협력하에 수행하는 체계적 탐구이다. 이러한 현장연구는 문서 분석, 면담, 질문지 조사 등과 같은 여러 가지 방법을 활용하여 이루어진다. 현장연구는 교사–학생 관계의 변화, 교사의 지식 발전, 교수의 향상, 교사의 반성 촉진, 협력의 촉진, 지식기반의 확대, 교사훈련을 위한 효과적인 수단 제공 등과 같은 긍정적 결과를 일반적으로 가져온다. 현장연구가 이러한 긍정적인 결과를 수반하기 위해서는 행동이 너무 많고 연구는 너무 적게 수행되어서는 안 된다.

(3) 자기주도적 개발

자기주도적 개발은 교사들이 자신들의 성장을 촉진하기 위해 독립적으로 노력하는 전문성 개발 과정을 의미한다. 또한 자기주도적 개발은 일반적으로 경험이 많고 유능한 교사들이 자신들의 전문성 개발을 위해 자발적으로 노력하는 것을 뜻한다. 이러한 자기주도적 개발은 다음과 같은 세 가지 원리를 따른다. 첫째, 자기주도적 개발은 자기 모니터링에 대한 책임을 의미하기 때문에 전문적 관점에서 형성되고 교사의 자율성을 강조한다. 둘째, 자기주도적 개발은 교사 경험의 분석과 반성을 강조하는 성인학습의 원리를 반영한다. 셋째, 자기주도적 개발은 모든 교사들에게 대단히 소중한 자원인 시간을 최소한으로 투자하도록 한다.

2. 학교컨설팅

가. 학교컨설팅의 개념

1) 학교컨설팅의 개념

국내에서 학교조직에 컨설팅이라는 개념을 도입하여 학교컨설팅을 연구하는 모임은 서울대학교를 중심으로 1999년부터 시작되었고, 이후 한국교육개발원에서 2000년부터 3개년 간 학교교육 개혁 지원을 위한 학교컨설팅 사업이 시작되면서부터 구체화되었으며 현재는 2010년 9월부터 지역교육청이 교육지원청으로 명칭이 변경되고 감독 위주의 담임 장학을 폐지하고 지원 중심의 컨설팅장학을 실시함으로써 학교조직에 컨설팅이라는 개념이 빈번하게 활용되고 있다.

컨설팅은 컨설턴트(consultant)와 의뢰인(client)를 상정하고, 의뢰인이 전문가인 컨설턴트로부터 자문을 구함으로써 어떤 문제나 욕구의 해결책을 구하고자 하는 것이다. 이들 간의 관계를 일방적 관계로 상정하기도 하지만, 파트너십에 입각하여 보기도 한다. 컨설팅은 컨설턴트가 의뢰인의 관심사를 효과적으로 찾아내고, 문제해결을 위한 변화를 선택하며 알고 싶어 하는 것을 지원해 주는 틀을 가짐으로써 도움을 주려는 것이다. 이에 의하면 컨설팅은 자발적으로 이루어져야 하고, 일방적 지시가 아닌 협동관계를 가져야 하며 감시나 감독의 성격을 지녀서는 안 된다는 것이다(Wagner, 2000; 구자억·박승재, 2012: 3 재인용).

최상근 외(2001)에 의하면, 학교컨설팅은 학교의 문제들을 진단하는 것

을 도와주고 학교가 그 목적을 달성할 수 있는 방향에서 문제를 해결할 수 있도록 해결책을 제안해 주며, 학교가 그 해결책의 실행에 대해 도움을 요청할 때 도와주는 전문적인 조언 활동이다.

김정원 외(2001)는 학교컨설팅을 학교의 요청으로 특별한 훈련을 통해 전문적 자격을 갖춘 사람들이 학교 운영 책임자와의 계약에 따라 독립적이고 객관적인 태도로 학교의 교육활동과 교육지원활동 상황을 진단하여 장점과 문제점을 확인·분석하고 문제에 대한 해결안을 추천해 주며, 해결안의 실행에 대한 도움이 요청될 때 도움을 제공하는 활동이라고 정의한 바 있다. 그러나 김정원(2002)에서는 학교컨설팅의 개념 정의에 있어서 '학교 내부자가 학교 개선 지원활동에 있어서 주체적인 역량을 발휘하는 것'을 강조하여 학교 외부자가 일방적으로 문제해결안을 추천해 주는 것이 아니라 내·외부자가 함께 문제해결안을 탐색하도록 하고 특히 문제해결안 탐색과정에서 내부 구성원이 주체적으로 활동하도록 유도하는 것을 강조하였다. 그 결과 학교컨설팅을 학교의 요청으로 특별한 훈련을 통해 전문적 자격을 갖춘 사람들이 학교 운영 책임자와의 계약에 따라 독립적이고 객관적인 태도로 학교의 교육활동과 교육지원활동을 진단하여 학교의 장점과 문제점을 확인·분석하고, 문제에 대한 해결안을 학교와 함께 모색해 보며, 해결안의 실행에 대한 도움이 요청될 때 도움을 제공하는 활동으로 정의하였다.

한편 진동섭 외(2008)는 학교컨설팅을 학교의 자생적 활력 함양과 학교교육의 질 향상을 위하여 단위학교와 학교체제 구성원들의 요청에 따라 전문성을 갖춘 교육체제 내외 전문가들이 문제와 과제의 해결을 도와주는 활동이라고 정의하였다. 주요 구성요소로 목표, 의뢰인, 학교컨설턴트, 학교컨설팅관리자, 의뢰영역, 과업 등을 제시하였다.

박효정 외(2010)는 학교컨설팅을 학교교육의 질과 학교구성원들의 전문적 역량 제고를 위해 학교체제 구성원(교사, 학교장, 교육청 및 교육과학기술부)의 요청에 따라 학교체제 구성원들이 당면한 과제들과 문제들을 스스로 해결할 수 있도록 전문성을 갖춘 학교체제 내·외 전문가들이 진단·대안탐색·실행 지원 등의 과업을 통해 돕는 **활동**이라고 정의하였다.

이상의 정의들을 종합하면, 학교컨설팅은 학교의 교육목표를 달성함에 있어서 학교와 교육청을 포함한 교육기관에서 자문을 요청할 경우, 학교가 당면한 내적·외적 과제들을 스스로 해결할 수 있도록 내·외부 전문가들과 함께 문제를 진단하여 새로운 계획을 수립하고 실행하도록 도와주는 자문**활**동이라 할 수 있다.

2) 학교컨설팅의 구성요소

학교컨설팅의 핵심요소는 의뢰인, 컨설턴트, 해결과제, 공동노력, 문제해결 등이다.

이를 모형화하면 다음과 같다.

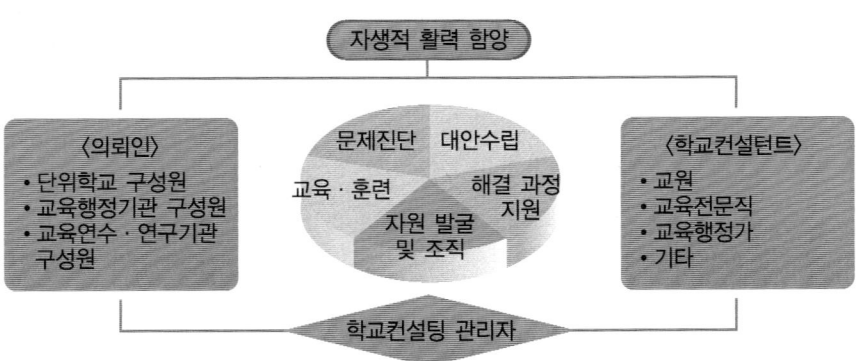

[그림 9-1] 학교컨설팅 모형

출처: 진동섭(2011).

모형에서 주요관련자로서의 의뢰인은 다른 사람에게 일을 맡긴 사람을 말한다. 학교컨설팅의 의뢰인은 학교와 학교 구성원으로서, 개인수준, 팀수준, 조직수준에서 모두 의뢰할 수 있다. 가장 대표적인 의뢰인은 단위학교의 교원이라고 할 수 있고, 의뢰인의 범위를 확대한다면, 교사 소집단, 학부모, 행정직원, 사립학교 재단관리자, 단위학교 전체, 지방교육행정기관, 중앙교육행정기관 등도 학교컨설팅의 의뢰인이 될 수 있다.

학교컨설턴트는 의뢰인의 과제를 해결하는데 필요한 지식, 기술 또는 경험을 갖춘 전문가를 말한다. 컨설턴트의 전문성은 내용적 전문성과 방법적 전문성으로 나누어 살펴볼 수 있다. 전자는 학교와 학교구성원들이 가지고 있는 문제 자체에 관한 지식, 기술, 경험을 의미하고, 후자는 문제 해결 과정, 절차, 도구에 관한 지식, 기술, 경험을 의미한다. 학교컨설턴트의 전문성은 의뢰된 과제를 해결할 수 있는 능력에서 나오기 때문에 교원, 교육전문직, 교육행정가 뿐만 아니라 학교에 실질적인 도움을 제공할 수 있는 교육이론가, 교육이외 분야 전문가등도 학교컨설턴트가 될 수 있다.

학교컨설팅 관리자는 학교컨설팅의 전반적인 과정을 관장하고 원활한 학교컨설팅 진행을 지원하는 전문가이다. 의뢰인은 학교컨설팅 관리자에게 학교컨설팅을 의뢰하고 학교컨설턴트는 학교컨설팅 관리자를 통해 의뢰인을 만난다. 의뢰인이 자신의 문제를 잘 해결해줄 수 있는 컨설턴트를 구할 수 있다면 가장 좋지만 그런 여건이 조성되어 있지 않기 때문에 단위학교, 소지구 혹은 대지구 내에서 학교컨설팅을 관장하고 총괄하는 역할이 필요하다. 학교컨설팅 관리자의 역할로는 학교컨설팅 여건 조성, 의뢰인과 학교컨설턴트 연결 및 지원 등을 들 수 있다(진동섭·김효정, 2007: 29-30).

진동섭(2003)은 학교컨설팅의 목적을 다음과 같이 제시하였다.

첫째, 학교와 학교구성원의 문제를 해결하는 것이다.
둘째, 학교의 내적 교육 역량을 강화하는 것이다.
셋째, 학습공동체 문화를 형성하는 것이다.
넷째, 사회 변화에 능동적인 학교를 구축하는 것이다.

이를 종합하면, 학교컨설팅의 목적은 단위학교가 가지고 있는 문제점을 내부자와 외부자의 공동의 시각에서 진단하여 상호 협동적 과정을 통해 종합적인 대책과 학교의 잠재력을 찾아내도록 하는 전문적 조언에 있다고 할 수 있다.

나. 학교컨설팅의 원리

학교컨설팅의 원리는 자발성의 원리, 전문성의 원리, 자문성의 원리, 한시성의 원리, 독립성의 원리, 학습성의 원리 등을 들 수 있다(진동섭·김효정, 2007: 36-44).

1) 자발성의 원리

자발성의 원리는 학교컨설팅의 시작이 의뢰인의 자발성에 기초해야한다는 원리이다. 학교컨설팅을 위한 최초의 접촉은 학교컨설턴트, 의뢰인, 그리고 학교컨설팅 관리자 어느쪽에서도 시작할 수 있는데, 최초 접촉 형태가 어떠하든지, 학교컨설팅은 의뢰인의 의뢰로부터 시작된다. 이 원리는 교원의 자발적인 참여가 학교개혁 성패의 관건이라는 학교컨설팅의 기본 신념을 생각할때(진동섭, 2003: 17), 학교컨설팅의 목적에 타당하게 부합된다.

2) 전문성의 원리

전문성의 원리는 학교컨설팅이 전문성을 갖춘 학교컨설턴트에 의해 이루어져야 한다는 원리이다. 진동섭(2003)은 학교컨설턴트의 전문성을 형식적 전문성과 실제적 전문성, 방법적 전문성과 내용적 전문성으로 구분하여 논의한 바 있다. 그동안 학교와 학교구성원에게 도움을 주고자하는 다양한 활동들이 실제 과제해결에는 크게 도움이 되지 않는다는 비판이 있었다. 이것은 학교컨설팅의 본질적인 문제의식의 하나였다. 따라서 전문성의 원리는 학교컨설팅의 원리로 타당한 것이다.

3) 자문성의 원리

자문성의 원리는 학교컨설턴트가 의뢰인을 대신하여 교육활동을 전개하거나 학교를 경영하지 않아야 하며, 결과에 대한 최종책임이 의뢰인에게 있다는 것을 의미한다. 자문성의 원리에서는 학교컨설팅의 궁극적인 책임이 의뢰인에게 있음을 강조한다. 학교개혁은 일차적으로 교원들을 포함한 학교구성원의 일이자, 책임이라는 학교컨설팅의 기본입장과 컨설팅을 선택함으로써 발생하는 모든 책임은 의뢰인에게 있다는 자문성의 원리는 타당하게 연결된다(진동섭, 2003: 18, 84).

4) 한시성의 원리

한시성의 원리는 학교컨설팅이 정해진 기간 동안 이루어지는 일시적 활동임을 규정하고, 과제가 해결되면 학교컨설팅 관계는 종료되어야 함을 강조하는 원리이다. 이는 '학교교육 주체들의 역량 강화'라는 학교컨설팅의 목적과 직접적으로 관련된다. 또한 기간을 정함으로써 의뢰인과 컨설턴트의 참여와 책임의식을 강조한다는 점에서도 타당하다. 진동섭(2003)은 컨설팅의 목적은 의뢰인이 컨설턴트의 도움을 더 이상 필요로 하지 않도록 만드는 것에 있다고 언급하면서, 일시성의 원리가 가지는 의의를 설명한 바 있다. 여기에서 '일시'는 '일회성'이 아닌, '한정된 시간'을 의미한다. 즉, 의뢰된 과제가 해결되면 학교컨설팅은 종료되어야하며, 궁극적으로 의뢰인이 학교컨설턴트의 도움을 필요로 하지 않게 되었을 때 학교컨설팅은 성공적으로 종료된 것이라고 볼 수 있다.

5) 독립성의 원리

독립성의 원리는 학교컨설팅과 관련해서 학교컨설턴트, 의뢰인, 학교컨설팅 관리자의 관계를 규정한 원리로서, 진동섭(2003)은 학교컨설턴트의 독립성에 초점을 두어 독립성을 설명하고 있다. 여기에서는 학교컨설턴트가 의뢰인과의 관계에서 독립성과 객관성을 유지해야 함과 동시에, 학교의 행정체계로부터 자유롭게 활동하면서 성과를 보여주어야 한다고 강조한다. 학교컨설팅 성과와의 관련성을 생각할 때 독립성의 원리는 타당성을 갖추고 있다.

6) 학습성의 원리

학습성 혹은 교육성의 원리는 학교컨설턴트와 의뢰인이 교육적 관계를 맺고 있다는 것인데, 여기에서는 의뢰인의 교육적 경험이 강조된다(진동섭, 2003: 86-87). 의뢰인은 컨설턴트의 의도적인 행동을 통해 컨설팅 내용과 컨설팅 방법에 관하여 학습하게 된다고 서술하고 있다. 학교컨설팅의 목적을 고려할 때, 교육성은 학습성으로 대체되는 것이 타당하다. 학교컨설팅의 목적은 학교구성원의 자발적이고 자조적(自助的)인 전문성 개발에 있다. 여기에서의 학교구성원은 의뢰인과 학교컨설턴트를 모두 포괄하는 말이다. 따라서 학교컨설팅 과정은 의뢰인에게 학습과정이 될 뿐만 아니라, 학교컨설턴트에게도 학습과정이 되어야한다. 특히, 학습이 상호교환적인 의미를 가진다는 것을 생각할 때, '교육' 측면보다는 '학습' 측면이 부각되는 것이 학교컨설팅의 목적에 비추어 볼 때 더 타당하다.

다. 학교컨설팅의 실제

학교컨설팅은 수업과 생활지도를 대상으로 하는 '교육활동 영역'과 이를 지원하기 위한 '학교경영 영역'으로 구분하여 그 실제를 살펴볼 수 있다. 이하에서는 학교컨설팅의 사례를 중심으로 학교컨설팅이 실제로 어떻게 이루어지고 있는지에 대해 살펴보도록 한다(홍창남·김정현·이재덕, 2009; 박효정 외, 2012).

1) 교육활동 영역 컨설팅 실제 사례

서울시교육청은 매년 수업지원단을 모집하여 서울지역 교사를 대상으로 컨설팅을 수행하고 있다. 수업지원단은 서울시교육청으로부터 지원금을 받고 컨설팅단을 운영하며, 이 조직에 소속된 컨설턴트들은 최종보고서의 결과에 따라 연구점수를 획득한다. 컨설팅을 의뢰한 교사들은 무료로 컨설팅을 받을 수 있다. 이하에서 소개하는 사례는 초등학교 음악과 수업컨설팅으로서 서울시교육청 수업지원단 홈페이지 게시판에 우수사례로 탑재된 내용을 발췌한 것이다(http://sooup.ssem.or.kr).

• 개요

본 사례에서 의뢰인은 초등학교 6학년 담임이면서 업무분장으로 합창단을 맡고 있다. 그러나 음악을 전공하지도 않았고 합창단 지도경험도 전혀 없는 교사이다. 그는 컨설턴트에게 합창곡 선곡, 발성 연습법, 호흡법, 파트별 연습방법에 대한 세부적이고 구체적인 도움을 요청하였다. 이 사례에서는 합창지도 전문교사 1명이 컨설턴트로 참여하였다. 의뢰인이 컨설팅단에 의뢰하는 경우에는 컨설팅단이 관리자가 되어 컨설턴트와 의뢰인을 연결해준다. 그러나 이 사례는 의뢰인이 컨설턴트에게 직접 연락하여 이루어졌다.

• 과정

이 사례는 컨설턴트가 대안을 제시하고 의뢰인이 대안을 실행하는 과정을 거쳤다. 첫 만남은 학교컨설턴트의 학교에서 이루어졌으며, 이 자리에서 컨설턴트는 의뢰인이 요구한 과제의 대안을 제시하였다. 두 번째 만남에서는 컨설턴트가 자신의 학교에서 합창지도 시범을 보였다. 세 번째 만남에서는 의뢰인의 학교에서 컨설턴트가 합창지도 시범을 보였다. 네 번째 만남에서는 의뢰인이 겪는 어려움을 전화로 상담하였다. 다섯 번째 만남에서는 지구합창대회 준비 마지막 단계에서 의뢰인이 지도한 합창단의 실력을 점검하고 피드백하였다.

• 내용

각 과정에서 구체적으로 제공된 컨설팅 내용은 다음과 같다. 먼저 첫 만남에서 컨설턴트는 합창곡으로 적당한 몇 곡을 준비하여 의뢰인에게 들려주고 그 가운데 선택하도록 하였다. 그리고 발성법, 호흡법, 합창곡 연습시키는 방법을 자세히 설명하였다. 끝으로 연습할 악보와 오디오 CD를 제공하였다. 두 번째 만남에서 컨설턴트는 합창수업을 의뢰인에게 공개하였다. 연습 전 워밍업, 발성 연습, 파트별 연습, 화음 맞추기 등 합창 지도하는 방법을 보여주었다. 그리고 지도방법에 관한 궁금한 사항을 질의응답 하면서 마무리하였다. 세 번째 만남에서 컨설턴트는 의뢰인이 학교에 방문하여 합창지도 시범을 보였다. 발성 연습, 호흡 연습, 악곡 전체를 여섯 부분으로 나누어 연습시키는 방법을 시범으로 보여주었다. 음색을 통일하는 문제는 한 명씩 시켜 보고 **좋**은 소리를 그대로 따라하게 하였고, 입모양과 표정은 시범을 보이며 어떻게 했을 때 좋은 소리가 나는지 학생들 스스로 구별하게 한 뒤 고치도록 하였다. 네 번째 만남은 전화상담의 형태로 이루어졌다. 의뢰인은 파트연습을 끝내고 3부 합창을 지도하는 도중에 화음이 이루어지지 않는다는 어려움을 호소하였다. 컨설턴트는 연습할 때 녹음을 하고 연습이 끝난 뒤 악보를 보면서 녹음한 것을 들어 보도록 조언하였다. 또한 잘 안 되는 부분을 기록하였다가 그 부분을 반복해서 연습하도록 안내하였다. 마지막 만남에서 컨설턴트는 의뢰인이 지도한 합창단의 실력을 점검하고 피드백을 하였다. 컨설턴트는 메조파트와 알토파트가 자기음정을 찾지 못하고 소프라노파트의 음정을 한 옥타브 낮춰서 부른다는 피드백을 하였다. 학생들 한명씩 점검하여 음정을 맞추지 못하는 학생들에게 소리를 작게 내거나 다른 사람의 소리와 피아노 소리를 잘 듣고 소리 내도록 지도하였다.

- 컨설팅 성과

의뢰인은 컨설팅을 받기 전에는 엄두도 내지 못했던 합창지도를 이젠 할 수 있다는 자신감을 갖게 되었다고 후기에서 밝히고 있다.

2) 학교경영 영역 컨설팅 사례

다음의 사례는 한국학교컨설팅연구회가 정식 계약을 통해 수행한 최초의 학교경영컨설팅 사례이다.

- 개요

의뢰학교는 교원이 39명, 학생이 약 145명인 사립학교이다. 최근 학생 수 감소로 고민을 하고 있으나 전국 제일의 특색 있는 학교를 만들고자 하는 의지가 충만한 학교이다. 이 학교에서는 일방적인 의사결정방식 때문에 불만이 발생하였는데, 교장·교감과 더불어 교사들은 이러한 교내문제를 해결하기 위해 컨설팅을 의뢰하였다. 다음은 구체적인 의뢰내용이다.

교사들이 일하는 방식은 오랫동안 교장의 역량에 의존한 top-down 방식에 익숙해져 있는 상태다. 그러다보니 어떤 교육활동은 모든 교사들의 충분한 의견수렴이나 방법에 대한 합의 없이 부장교사와 몇몇 교사에 의해 시행되면서 추진력과 성취동기를 상실하기도 한다(의뢰학교 교감).

이 사례는 학교조직의 의사소통과 조직문화를 진단하고 해결방안을 제안하는 컨설팅이다. 초등학교에 재직한 경험이 있고 교육행정을 전공한 교수 1인과 현직 교사이면서 대학원에서 교육행정을 전공하고 있는 석·박사과정 대학원생 3명이 컨설턴트로 참여하였다. 학교컨설팅 관리자 역할은 한국학교컨설팅연구회가 맡아서 수행하였다.

- 과정

이 컨설팅은 학교조직을 진단하고 그 결과에 따라 개선방안을 제시하는 과정을 거쳤다. 학교로부터 컨설팅 의뢰를 받고 학교컨설팅 관리자 2인이 의뢰학교를 방문하여 첫 만남을 가졌다. 첫 만남에서 의뢰내용을 명확히 하고 컨설팅의 목표를 합의하였다. 첫 만남결과를 바탕으로 한국학교컨설팅연구회는 선임 컨설턴트를 위촉하였고, 선임 컨설턴트는 3명의 컨설턴트를 모집하여 총 4명의 컨설팅 팀을 구상하였다. 의뢰한 학교는 학교컨설팅의 원리나 절차를 전혀 모르고 있었기 때문에 컨설턴트는 제안서 발표 이전에 학교컨설팅의 원리와 절차를 전 교직원 대상으로 강연하였다. 그 후 컨설팅 팀은 제안서를 발표하고 계약서를 작성하였다.

이후 조직진단을 위한 설문을 실시하여 분석을 완료하였고, 전 교직원을 대상으로 면담도 실시하였다. 이후 1박 2일에 걸쳐 팀빌딩 워크숍을 실시하였다. 팀빌딩에서는 부서별로 목표를 설정하고, 문제를 발견하고, 문제해결을 위한 실행계획을 세웠다. 이후 최종보고서를 제출하고 전 교직원을 대상으로 보고회를 가졌다.

- 내용

학교조직 진단은 '교사 간 갈등', '업무관리', '의사결정방식', '인간관계 네트워크' 영역으로 나누어 이루어졌다. 이 가운데 '의사결정방식' 영역에 대한 컨설팅 내용을 추출해 제시하면 다음과 같다. 설문조사에서 직원회의에 대한 불만과 각종협의회에 대한 불만이 다소 높게 나타났다. 직원회의에 대한 여교사의 불만이 남교사보다 높게 나타났다. 또한 기간제 및 행정실의 불만도 높게 나타났다. 협의회에 대한 여교사의 불만은 가장 높게 나타났으며, 부장교사와 기간제 교사 및 행정실의 불만도 높게 나타났다. 전교직원 면담과정에서 불만의 원인을 자세히 파악할 수 있었다. 사례학교에서는 협의하여 결정한 내용이 자주 번복되었고, 교사들의 의견이 반영되지 않는 경우가 많았다. 특히 사무분장 및 담임배정 시 교사들의 의견이 제대로 반영되지 않았다. 그 결과 협의회에서 의견을 표현하지 않는 풍조가 생겼고 협의회가 형식에 치우치고 있다는 불만이 고조되었다. 이러한 결과를 바탕으로 컨설턴트는 다음과 같은 처방을 내렸다. 원칙에 근거한 의사결정의 방안으로 첫째, 협의에 의해 의사결정원칙을 수립하고, 둘째, 모든 의사결정은 수립된 원칙에 의거하여 처리하며, 끝으로 학교장의 정치적 판단이 요구되는 경우, 사전에 교직원들에게 양해를 구하고, 형식적인 의사결정과정을 지양하도록 한다.

- 성과

본 컨설팅은 학교조직을 진단하고 해결방안을 구안하여 제시하는 단계까지만 이루어졌기 때문에 해결방안이 실행되고 있는 시점에서 컨설팅 성과를 측정할 수는 없었지만, 컨설팅 종료 후 의뢰한 학교구성원의 반응이 긍정적이었음을 볼 때 일정부분 성과가 있었다고 판단할 수 있다.

9. 장학과 컨설팅

 생각해볼 문제

- 자신이 교사라면, 선호할 것으로 생각되는 장학 유형을 선택하고 그 이유를 설명해 보시오.
- 학교컨설팅을 기존의 장학과 비교할 때, 유사한 점과 차이점이 무엇인지 설명해 보시오.

 **참고문헌**

김달효(2011). **교육행정 및 교육경영**. 학지사.
이윤식(1999). **장학론**. 교육과학사.
정태범(2002). **장학론**. 교육과학사.
진동섭 역(2005). **새로운 선택적 장학**. 교육과학사.
진동섭 외(2009). **학교경영컨설팅과 수업컨설팅**. 교육과학사.
신현석 외(2011). **학습사회의 교육행정 및 교육경영**. 학지사.
김종철·이종재(1994). **교육행정의 이론과 실제**. 교육과학사.
진동섭(2003). **학교컨설팅**. 학지사.

M·E·M·O

CHAPTER 10 교육재정

내가 초·중등학교를 다니면서 드는 교육비는 어느 정도일까? 이러한 비용은 누가 어떻게 부담하고 있는 것일까? 교육행정의 다양한 지원활동 중에서도 재정적 지원의 중요성은 아무리 강조해도 지나치지 않을 것이다. 그런데 재정은 활동을 지원하기도 하지만, 활동을 제약하는 수단으로 작동하기도 한다. 따라서 재정이 지니는 이러한 양면성을 염두에 두면서 교육재정의 개념과 주요 원리, 우리나라 교육재정의 구조와 학교회계제도 등에 대한 내용을 이해해야 한다.

- 교육재정 기초
- 지방교육재정
- 단위학교재정

1. 교육재정 기초

가. 교육재정의 개념

재정(public finance)이란 일반적으로 국가 및 공공단체가 공공욕구를 충족하기 위하여 필요한 수단을 조달하고 관리·사용하는 경제활동 또는 간단히 정부의 경제라고 정의할 수 있다(차병권, 1987). 현대국가는 국방과 치안의 유지, 교육사업의 운영, 국토개발 및 보존, 경제 질서의 유지와 경제성장의 촉진 등 여러 가지 기능을 수행하는데, 이를 위하여 정부는 민간경제와 같이 일정한 자원을 지배하고 사용하지 않으면 안 된다. 뿐만 아니라 국방과 치안, 교육서비스 등의 공공욕구들은 민간부문의 공급자에게 일임할 수 없는 공공재이며, 정부가 직접 생산하는 것이 사회복지 증진에 보다 유리하다. 따라서 정부는 소비자인 동시에 생산자이며 고용자이다(윤정일, 2004).

교육재정(educational finance)이란 국가 및 공공단체가 교육욕구를 충족하기 위하여 필요한 수단을 조달하고 관리·사용하는 경제활동이라고 정의할 수 있다. 즉, 교육재정이란 국가사회의 공익사업인 교육활동을 지원하기 위하여 국가나 공공단체가 필요한 재원을 확보·배분·지출·평가하는 일련의 경제활동을 말한다. 교육재정이 지원하는 공익사업으로서의 교육활동의 범위에는 국·공립학교의 교육활동 뿐만 아니라 사립학교의 교육활동, 사회교육활동을 지원하는 일까지 포함하게 된다.

교육재정의 개념에 비추어 볼 때, 교육재정의 주체는 중앙정부와 지방정

부, 기업, 민간단체 등을 포괄하는 국가와 공공단체가 되며, 교육재정의 성격은 교육활동 지원을 목적으로 하는 수단성과 공공성, 그리고 교육재정의 영역은 재원의 확보, 배분, 지출, 평가로 설정하고 있음을 알 수 있다. 그런데 교육재정의 기본적인 특성이 '경제활동'이므로 경제의 기본적인 속성인 효율성이 중시되며, 이는 교육의 목적과 재정적 수단이라는 관계에 있어 갈등상황이 빚어질 수도 있음을 염두에 두어야 한다.

나. 교육재정의 주요 원리

앞서 제시한 교육재정의 개념에는 다양한 교육재정 운용 주체들이 교육비의 수입·지출에 관한 예산, 예산의 집행과 회계, 결산과 감사에 이르는 포괄적 활동을 전개하고 있음이 내포되어 있다. 우리나라의 경우, 교육재원 확보 면에서는 단위 주체의 자구능력 보다는 그 절대 액을 중앙정부(교육부)에 의존하고 있으며, 주로 배분의 형태로 정부에서 단위학교까지 재원이 전달되고 있다(윤정일, 2004). 교육재정의 배분이란 학교, 지방, 중앙의 교육행정당국이 일정 기간 동안 수행해야 할 제반 교육행정활동과 필요한 사업을 추진하는데 소요되는 경비의 지출, 이를 조달하기 위한 수입을 각기 항목별로 추산, 정리, 확정하는 과정 및 그 과정을 통하여 최종적으로 얻게 되는 결과이다.

따라서 중앙집권적인 교육재정 배분구조를 가지고 있는 우리나라의 경우, 같은 재원이지만 해당 운용주체에 따라 상이한 확보, 집행, 평가의 양상을 보이게 되며, 이로 인해 주체별·단계별로 서로 다른 내용과 운영 원리를 지니게 된다.

1) 교육재정 확보 측면

교육재정 확보 측면에서는 충족성과 자구성의 원리가 강조된다. 충족성이란 교육활동을 운영하는데 있어서 최소한의 필요 재원은 충분히 마련되어야 한다는 것으로서, 적정교육재정 확보 원리라고 할 수 있다. 이는 정상적인 교육활동을 운영하고 교육발전을 도모하기 위해 매우 중요한 원리가 된다. 즉 원천적으로 교육재정의 총량규모가 적정한 수준에 이르지 못한다면 정상적인 교육활동이 이루어지기가 어렵기 때문에 충족성은 교육재정에서 가장 먼저 달성되어야 할 원리이다. 교육재정의 충족성 원리는 '표준교육비', 'GDP 5%' 확보 등의 노력에 반영되어 있다.

자구성의 원리는 지방자치단체 혹은 다른 교육재정 운용 주체들이 스스로 교육재정을 확보해야 한다는 의미를 지니고 있다. 중앙집권적으로 교육재정이 운용되는 우리나라의 경우, 지방자치단체들은 중앙으로부터 지원되는 기본 교육경비 외에 필요한 재원을 스스로 확보할 수 있도록 하는 재원확보 방안을 모색·활용해야 한다. 예컨대. 지방교육세 제도의 확대, 지역 재력가들에 의한 보조, 지방조세체계 개선 등을 들 수 있다. 단위학교 역시 학교발전기금의 조성이나 자체수입 확보방안 등의 노력을 통해 학교재정을 확충하기 위한 노력을 기울여야 한다.

2) 교육재정 배분 측면

확보된 재원을 배분하는 측면에서는 효율성과 공정성의 원리가 적용된다. 효율성이란 최소의 노력과 비용으로 최대의 효과를 거두려는 노력으로 정의되는데, 여기에는 정해진 목표를 산출하기 위해 가능한 한 최소의 노력과 경비를 투입하려는 측면과 일정하게 주어진 경비와 노력을 투입하여 가능한 한 최대의 효과를 가져 오려는 측면의 의미가 모두 포함되어 있다.

공정성은 일반적으로 재화, 서비스 또는 부담을 배분하는데 있어서의 정의로움, 공평함을 의미하는데, 교육재정에 있어서의 공정성은 어떠한 기준에 의해 재정규모, 재정배분 등에 있어서 차이가 나는 것이 정당하다고 보는 관점이 반영된 원리이다. 예컨대, 개인의 능력, 교육환경, 학교단계,

교육프로그램, 정책목표 우선순위 등에 따라 교육재정이 상이하게 달리 배분·운영되는 것이 정당하다는 것이다. 우리나라에서는 '교육비차이도' 개념에 근거하여 지방교육재정을 배분하면서 공정성의 원리를 실현하고자 노력한 바 있으며, 현재도 학교운영비의 공평한 배분 노력을 기울이고 있다.

교육재정 학자들에 의해 논의된 교육재정의 공정성 개념은 크게 세 가지로 구분된다. 첫째, 모든 학생들은 균등하기 때문에 균등한 교육투입, 과정, 결과를 얻어야 한다는 수평적 공정성, 둘째, 학생들이 지니고 있는 능력, 재능, 그리고 신체적 차이를 인정하고 그에 따라 교육자원을 보다 적극적으로 차등 지원해야 한다는 수직적 공정성, 셋째, 부모나 교육청의 재정능력에 따라 학생들에게 제공되는 교육서비스에 차이가 나서는 안 된다는 재정적 중립성 등으로 구분된다.

3) 교육재정 지출 측면

확보된 재원을 배분한 이후, 각 교육재정 운용주체들은 예산과 계획에 맞게 집행하는 지출 활동을 하게 된다. 이 단계에서 강조되는 원리는 자율성과 적정성이다. 교육재정 지출의 자율성이란 지방교육행정기관(교육청, 단위학교 등) 스스로가 외부적 통제나 규율이 없이 자주적인 결정, 내재적 힘에 의한 자발적 자기통제와 규율을 정립하고, 그것을 선택·결정·실천하려는 자유의지를 확립하려는 것을 의미한다. 즉 자율성은 지방교육자치와 관련성 속에서 이해해야 하는데, 중앙정부의 통제를 벗어나 지역적으로 교육재원 확보에 있어서 주어지는 신축성의 정도라고도 할 수 있다. 재정지출의 자율성을 위해 현재 우리나라에서는 학교회계 세출예산 시 학교별로 자율적 결정이 가능하도록 하고 있다.

적정성이란, 표준화된 성과를 완전하게 또는 충분히 충족시킬 수 있는 자원의 정도로서, 교육프로그램의 양과 질이 교육대상자의 필요를 충분하게 충족시킬 수 있도록 사용되어야 한다는 원리이다. 즉 특별한 목적을 위한 프로그램과 학습기회가 충분할 때 적정성의 원리가 달성된다. 그러므로 적정한 프로그램의 제공은 학생당 경비가 균등하게 배분되는 것이 아니라, 학생당 경비의 불균등한 지원을 요구하기 때문에 수직적 공평성의 개념에 가깝다.

4) 교육재정 평가 측면

평가란 특정 **활동**에 가치를 부여하는 과정이다. 교육재정 운영의 각 단계마다 평가의 개념이 적용되기는 하지만, 교육재정 평가 측면에서 강조되는 원리는 책무성과 효과성이다. 책무성은 효율성의 강조와 더불어 부각된 개념으로서, 교육에 추가적인 재정이 투입되면 당연히 그에 상응하는 산**출**이 있어야 하고, 사용된 경비에 대해 납득할 만한 명분을 제시하며 책임을 져야한다는 원리이다. 책무성이 강조되면서, 구체적인 교육의 목적을 정립하고, 그러한 목적에 도달하는 책임을 분명히 지우고, 그 목적에 도달했는지 여부를 정확히 측정하고, 그렇게 하는데 드는 비용을 계산하는 노력이 더욱 강하게 요구되고 있다. 지방교육재정에 대해서는 지방자치단체의 교육에 대한 관심과 책무성이 크게 증대되어야 한다.

교육재정 평가측면에서 효과성은 투입된 재원이 교육의 질적 향상을 가져오도록 해야 한다는 의미로서, 물질적이고 정신적인 효율을 모두 강조하는 의미를 지니고 있다. 교육프로그램에 대한 재정투자가 반드시 만족할만한 성과로 이어지는 것은 아니지만, 교사와 학생들의 소질과 요구에 부응할 수 있는 **좋**은 교육프로그램을 제공했는지 여부에 따라 만족과 효과는 달라진다. 따라서 교육재정의 **활**용은 다양한 방법으로 효과를 높이는데 사용되어야 할 것이다.

다. 법적 근거 : 「지방교육재정교부금법」

우리나라 「헌법」 제31조제6항에서는 교육재정에 관한 사항을 법률로 정한다고 규정하고 있다. 다양한 교육재정 관련 법 중에서도 「지방교육재정교부금법」은 17개 시·도의 초·중등교육에 소요되는 재정의 확보와 배분을 규정하고 있는 가장 포괄적인 법률에 해당한다. 「지방교육재정교부금법」의 제정 목적은 제1조에 제시된 바와 같이, '지방자치단체가 교육기관 및 교육행정기관(그 소속기관을 포함한다. 이하 같다)을 설치·경영함에 필요한 재원의 전부 또는 일부를 국가가 교부하여 교육의 균형있는 발전을 도모'하는데 있다. 「지방교육재정교부금법」의 명령으로 동법 시행령 및 시행규칙이 있다.

총13개 조항으로 구성된 「지방교육재정교부금법」 조항을 간략히 제시하면 다음과 같다: 제1조(목적), 제2조(정의) 기준재정 수요액, 기준재정수입액, 측정단위, 단위비용, 제3조(교부금의 종류와 재원), 제4조(교부율의 보정), 제5조(보통교부금의 교부), 제5조의 2(특별교부금의 교부), 제6조(기준재정 수요액), 제7조(기준재정수입액), 제8조(교부금의 조정 등), 제9조(예산 계상), 제10조(행정구역의 변경 등에 따른 조치), 제11조(지방자치단체의 부담), 제12조(보통교부금의 보고), 제13조(교부금액 등에 대한 이의신청), 부칙이 있다. 이 중에서도 지방교육재정의 확보와 배분에 관한 주요 조항은 제3조, 제5조, 제6조, 제7조 등이라고 할 수 있다.

라. 교육비

1) 구조

교육활동을 지원하는데 필요한 교육비는 분류 방식에 따라 여러 가지로 구분해 볼 수 있다(윤정일 외, 2011). 교육비의 투입과정에 따라 직접교육비와 간접교육비로 구분되며, 교육비 재원에 따라서는 공교육비와 사교육비로 구분된다. 교육비의 투입 목적에 따라서는 매년 소요되는 인건비 및 운영비와 장기적 투자인 시설비 등으로 구분할 수 있다. 일반적으로 교육비는 현재 **활동**에 대한 지출 뿐만 아니라 미래를 위한 지출까지 포함하므로 직접적 지출 외에 기회비용(opportunity cost)까지 포함하는 개념이다.

우리나라에서는 교육에 대해 지출되는 경비를 교육목적과의 관련성 정도에 따라 혹은 운영 형태 및 부담 원천에 따라 구분해 오고 있다. 즉 총교육비는 교육목적과의 관련성에 따라서는 직접교육비와 간접교육비, 경비의 운영형태에 따라서는 공교육비와 사교육비, 재원별로는 국가와 지방자치단체, 학교법인 등 공공기관이 부담하는 공부담교육비와 사부담교육비로 구분할 수 있다. 이를 도식화하여 나타내면 [그림 10-1]과 같다.

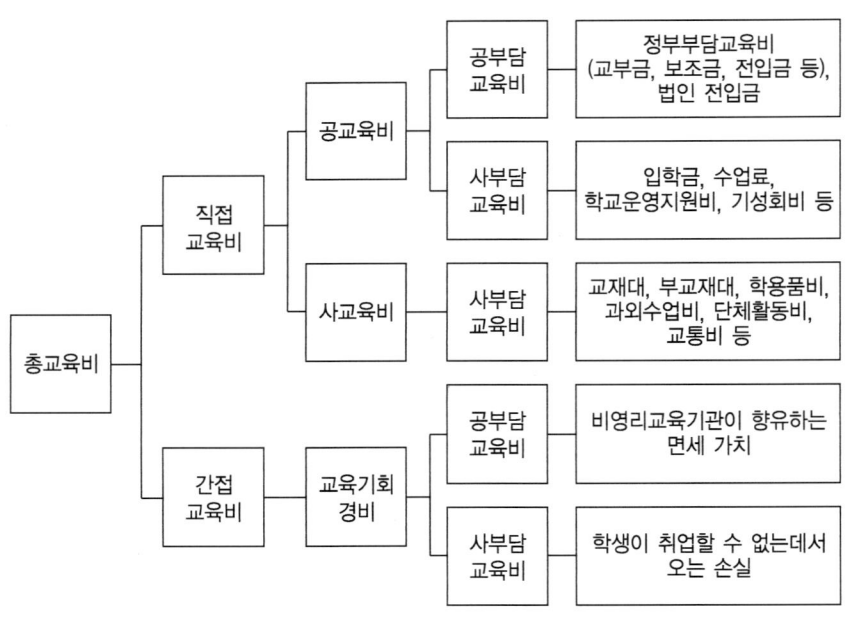

[그림 10-1] 총교육비 분류체계

1. 교육재정 기초

2) 지방교육재정의 구조

교육재정의 세입구조를 초·중등교육재정(지방교육재정)을 중심으로 구분해 보면 [그림 10-2]와 같다. 먼저 중앙부처 수준에서 확보한 지방교육재정교부금을 각 시·도로 배분한다. 지방교육재정교부금은 내국세분 교부금과 교육세 전액으로 확보되는 재원으로서, 중앙부처에서는 이를 17개 시·도의 초·중등교육에 지원하며 총액으로 배분한다.

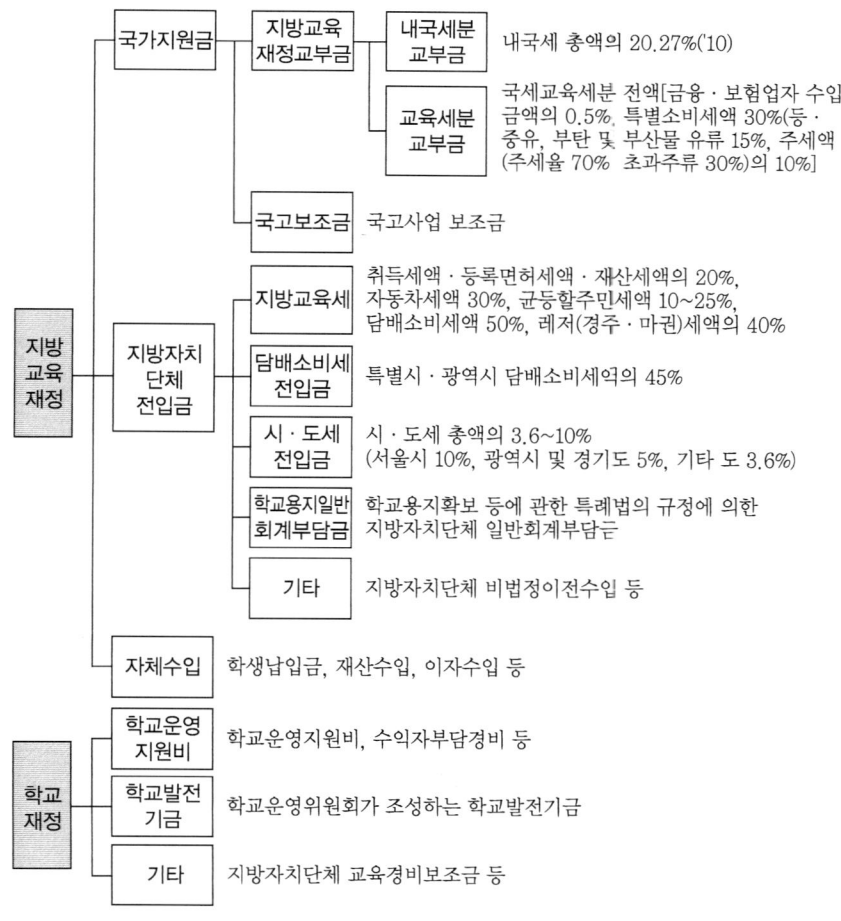

[그림 10-2] 교육재정의 세입구조(2014 기준)

지방교육을 관장하는 8개 특별·광역시와 9개 도 교육청의 예산인 지방교육재정은 '시·도교육비특별회계'로 되어 있다. 즉 지방자치단체는 시·도교육비특별회계를 통해 각 지역의 초·중등교육 운영에 소요되는 재원을 확보한다. 시·도교육비특별회계의 주요 재원은 중앙부처에서 배분하는 지방교육재정교부금이며, 이 외에도 국고보조금, 지방자치단체 일반회계 전입금, 자체수입, 기타 지원금 등이 있다. 시·도교육비특별회계 세출예산은 학교교육비, 평생교육비, 인건비, 교육행정비, 기타 경비 등으로 구분되는데 이 중에서 가장 큰 비중을 차지하는 것은 인건비와 학교교육비이다.

단위학교 재정은 '학교회계'로 운영되며, 시·도교육비특별회계로부터 배분받는 전입금, 학부모들이 부담하는 수익자부담경비, 학교발전기금전입금, 보조금 및 지원금, 자체수입, 기타 재원을 통해 재원을 확보하고 있다. 확보된 재원은 인건비, 학생복리비, 교수학습활동비, 일반운영비, 수익자부담경비, 예비비로 지출된다.

2. 지방교육재정

가. 지방교육재정 세입과 세출

여기서는 앞서 제시한 주요 교육재정의 확보와 관련된 주요 통계자료를 제시함으로서 교육재정의 실제에 대한 이해를 돕고자 한다. 먼저, 우리나라 교육예산을 연도별 정부예산에 대비하여 제시하면 아래 〈표 10-1〉과 같다. 전체 비중으로 보면 1990년도 이후 정부예산 대비 교육예산의 규모는 22% 이상을 차지했고 1996년도에는 24%까지 증가했으나, 1999년도 이후 19%, 2011년도와 2012년도에는 17% 규모를 유지하고 있다.

〈표 10-1〉 연도별 정부예산 대비 교육부 예산 변화

(단위 : 천원)

연 도	정부예산(A)	교육부 예산(B)	B/A
1990	22,689,432,968	5,062,431,258	22.3
1991	28,972,825,000	6,597,985,776	22.8
1992	36,223,971,000	8,206,330,228	22.7
1993	41,936,226,000	9,831,373,000	23.4
1994	47,593,865,794	10,879,429,577	22.9
1995	54,845,022,310	12,495,310,267	22.8
1996	64,926,817,730	15,565,216,500	24.0
1997	76,639,467,222	18,287,508,665	23.9
1998	77,737,582,000	18,127,337,527	23.3
1999	88,302,427,989	17,456,265,315	19.8

☞ 계속

연 도	정부예산(A)	교육부 예산(B)	B/A
2000	93,937,057,000	19,172,027,920	20.4
2001	102,528,518,000	20,034,364,710	19.5
2002	113,898,884,000	22,278,357,817	19.6
2003	120,477,623,000	24,404,401,310	20.3
2004	126,991,802,000	26,399,680,082	20.8
2005	134,370,378,000	27,982,002,000	20.8
2006	144,807,610,439	29,127,258,513	20.1
2007	156,517,719,000	31,044,747,984	19.8
2008	183,515,764,000	35,897,425,012	19.6
2009	214,563,409,000	38,696,405,000	18.0
2010	211,992,599,000	41,627,519,000	19.6
2011	264,092,862,000	45,116,643,669	17.1
2012	282,687,337,000	49,644,828,392	17.6

* 자료 : 한국교육개발원 교육통계서비스(cesi.kedi.re.kr)

　　교육부 소관 일반회계의 세출예산을 보면, 〈표 10-2〉와 같이 2012년 현재 49조원의 예산 중 지방교육재정교부금이 약 38조 정도로서 전체 예산의 약 80%를 차지하는 가장 큰 세출 항목으로 나타나고 있다.

2. 지방교육재정

〈표 10-2〉 2012년도 교육부 소관 일반회계 세출예산

(단위 : 천원)

구 분	FY 2012
총계	49,644,828,392
Ⅰ. 일반회계	48,781,395,392
교육부 본부	
1. 유아 및 초중등교육	38,804,797,542
2. 고등교육	5,830,820,672
3. 평생 직업교육	320,336,904
4. 교육일반	120,638,706
5. 기술개발	2,013,444,312
6. 과학기술연구지원	1,637,445,479
7. 과학기술 일반	53,911,777
Ⅱ. 특별회계	863,433,000
1. 광역지역발전 특별회계	676,060,000
2. 에너지 및 자원사업 특별회계	124,561,000
3. 혁신도시건설 특별회계	0
4. 책임운영기관 특별회계	62,812,000

＊자료 : 한국교육개발원 교육통계서비스(cesi.kedi.re.kr)

〈표 10-3〉에 제시된 연도별 시·도교육비특별회계 재원 내역을 보면, 전체 재원 중 국가부담이 약 76%이며 지방부담은 24% 정도로서 17개 시·도의 초·중등교육에 대한 국가의 교육비 부담이 훨씬 큰 것으로 나타나고 있다. 국가부담 재원 중에서는 지방교육재정교부금이 가장 큰 비중을 차지하고 있다. 지방부담은 자체수입과 지방자치단체 일관회계전입금으로 나누어볼 수 있는데, 2001년 이후 자체수입보다는 지방자치단체 일반회계전입금의 비중이 늘어나고 있다.

10. 교육재정

〈표 10-3〉 연도별 시·도교육비특별회계 재원 내역

(단위 : 천원)

연도	합계 (A+B)	국고부담			
		계(A)	지방교육재정 교부금	양여금 + 환경개선금	보조금
1990	5,023,489,832	3,797,098,513	3,792,743,525	-	4,354,988
1991	6,660,500,536	5,487,682,747	4,046,623,012	1,438,237,865	2,821,870
1992	7,977,919,041	6,787,858,173	5,001,605,063	1,770,384,000	15,869,110
1993	9,345,520,058	7,811,451,021	5,434,122,021	2,377,329,000	-
1994	10,675,190,216	8,861,019,331	6,285,277,516	2,566,118,999	9,622,816
1995	12,251,423,388	10,269,366,692	7,208,983,233	2,986,982,421	73,401,038
1996	15,302,019,989	12,698,519,989	8,480,085,860	4,113,634,129	104,800,000
1997	18,048,420,210	15,343,720,210	9,960,854,427	5,271,765,783	111,100,000
1998	18,122,054,309	15,416,309,132	9,024,048,030	5,518,625,358 700,000,000	173,635,744
1999	15,658,216,066	13,035,965,105	7,661,732,282	4,617,935,426 693,505,000	62,792,397
2000	19,318,097,198	14,513,793,675	8,571,416,070	5,161,800,000 700,000,000	80,577,605
2001	22,202,554,152	15,728,761,812	11,977,852,002	3,624,401,228 1	126,508,581
2002	23,416,160,415	16,620,918,852	12,762,224,223	3,718,400,000 1	140,294,628
2003	25,854,105,733	18,670,293,716	14,453,179,902	4,108,208,000	108,905,814
2004	29,057,839,229	21,252,184,661	16,868,323,584	4,238,600,000	145,261,077
2005	30,637,008,190	21,568,424,377	17,495,383,402	3,977,200,000	95,840,975
2006	31,148,429,551	23,445,497,107	23,285,938,712	-	159,558,395
2007	33,624,050,717	25,496,854,481	25,123,072,314	-	373,782,167
2008	37,852,416,704	28,964,453,579	28,957,122,239	-	7,331,340
2009	40,003,077,273	30,601,897,040	30,599,365,600	-	2,531,440
2010	41,095,371,629	29,140,193,890	29,131,539,173	-	8,654,717
2011	43,921,468,497	33,378,543,238	33,343,575,065	-	-
2012	47,703,415,424	36,713,392,593	36,701,509,364	-	-

연도	합계 (A+B)	지방부담		
		계(B)	자체수입	지방자치단체 일반회계 전입금
1990	5,023,489,832	1,226,391,319	891,107,498	335,283,821
1991	6,660,500,536	1,172,817,789	786,681,249	386,136,540
1992	7,977,919,041	1,190,060,868	769,568,786	420,492,082
1993	9,345,520,058	1,534,069,037	1,114,037,489	420,031,548
1994	10,675,190,216	1,814,170,885	1,188,690,010	625,480,875
1995	12,251,423,388	1,982,056,696	1,298,387,861	683,668,835
1996	15,302,019,989	2,603,500,000	1,541,700,000	1,061,800,000
1997	18,048,420,210	2,704,700,000	1,605,100,000	1,099,600,000
1998	18,122,054,309	2,705,745,177	1,512,314,864	1,193,430,313
1999	15,658,216,066	2,622,250,961	1,566,038,943	1,056,212,018
2000	19,318,097,198	4,804,303,523	3,691,122,458	1,113,181,065
2001	22,202,554,152	6,473,792,340	1,901,962,707	4,571,829,633
2002	23,416,160,415	6,795,241,563	1,941,255,624	4,853,985,939
2003	25,854,105,733	7,183,812,017	1,908,282,001	5,275,530,016
2004	29,057,839,229	7,805,654,568	1,702,786,771	6,102,867,797
2005	30,637,008,190	9,068,583,813	3,009,295,757	6,059,288,056
2006	31,148,429,551	7,702,932,444	1,818,971,434	5,883,961,010
2007	33,624,050,717	8,127,196,236	1,801,399,814	6,325,796,422
2008	37,852,416,704	8,887,963,125	1,800,420,814	7,087,542,311
2009	40,003,077,273	9,401,180,233	1,972,873,447	7,428,306,786
2010	41,095,371,629	11,955,177,739	4,367,816,465	7,587,361,274
2011	43,921,468,497	10,542,925,259	2,627,360,982	7,915,564,277
2012	47,703,415,424	10,990,022,831	2,606,551,345	8,383,471,486

* 자료: 한국교육개발원 교육통계서비스(cesi.kedi.re.kr)

시·도교육비특별회계의 세출예산을 성질별로 보면, 〈표 10-4〉와 같이 교원 및 지방공무원 등에게 지급되는 인건비가 전체의 약 46.7%를 차지하여 가장 많이 지출되는 경직성 경비 항목이며, 그 다음이 각급 학교로 전출되는 재원으로서 전체 세출예산의 32%정도를 차지하고 있다.

〈표 10-4〉 2012년도 교육비특별회계 세출예산 성질별 분류

(단위 : 천원)

구 분	금 액	비 중(%)
인 건 비	21,140,837,147	46.7
물 건 비	1,977,921,423	4.4
이전지출	3,834,067,490	8.5
자산취득	2,936,066,011	6.5
상황지출	746,118,600	1.6
각급학교 전출금 등	14,342,617,085	31.7
예비비 및 기타	313,042,459	0.7
총 계	45,290,670,214	100.0

* 자료 : 한국교육개발원 교육통계서비스(cesi.kedi.re.kr)

나. 지방교육재정교부금 교부 기준[1]

2012년 기준 지방교육재정교부금은 총38조4천억원 정도이다. 2012년 교부금 총액은 2011년도의 35조2천억원에 비해 약 9% 정도 증가한 것으로, 내국세분 33조6천억원 및 교육세분 4조7천억원을 합한 것이다.

〈표 10-5〉 2012년도 지방교육재정교부금 총액

(단위 : 억원)

구 분	'12년 예산	'11년 예산	증 감	비 고
지방교육재정교부금	384,473	352,831	31,642(9.0%)	
내국세분(내국세의 20.27%)	336,777	306,813	29,964(9.8%)	
교육세분	47,696	46,018	1,678(3.6%)	

---

1) 이 부분은 '교육과학기술부(2012). 보통교부금 교부 보고' 자료를 주로 활용하여 정리함

지방교육재정교부금은 보통교부금과 특별교부금으로 구분되는데, 각 시·도의 교육·학예활동에 총액으로 배분되는 보통교부금은 내국세 교부금의 96%와 교육세 교부금 전액으로 구성된다. 2012년도의 보통교부금은 37조1천억원 정도이다.

〈표 10-6〉 2012년도 보통교부금 재원

(단위 : 억원)

내국세분 교부금(내국세 20.27%)			교육세분 교부금 (B)	보통교부액 (A+B)
보통교부금(A)	특별교부금	계		
323,306	13,471	336,777	47,696	371,002

보통교부금은 기준재정수입액이 기준재정수요액을 미달하는 경우 그 미달액을 총액으로 교부(「지방교육재정교부금법」 제5조제1항)한다. 이 때 기준재정수요액은 교직원인건비, 학교·교육과정운영비, 교육행정비, 학교시설비, 유아교육비, 방과후학교사업비, 재정결함보전, 학교기본운영비 확대, 학교·학급 통폐합 지원, 학교신설 민관협력 확대, 자율형사립고 지정에 따른 공립 일반고등학교 지원, 경상적 경비 절감, 외부로부터의 교육투자 유치, 기초학력 미달학생 감소, 사교육비 절감, 고등학교 학업중단학생 감소, 고등학교 졸업생 취업 제고, 특성화고등학교 체제개편 지원으로 나누어 산정하게 된다.

기준재정수입액은 지방세를 재원으로 하는 전입금(지방교육세, 시·도세, 담배소비세) 100%, 수업료 및 입학금은 수입액의 85%(읍·면지역 및 도서벽지 학교와 전문계는 70%), 시·도의 일반회계에서 부담하도록 되어 있는 학교용지부담금 100%를 산정하여 산출한다. 그런데 제주특별자치도 교육청은 지방교육재정 보통교부금 총액의 1만분의 157을 산정(「제주특별자치도 설치 및 국제자유도시 조성을 위한 특별법」 제101조)하는 것으로 되

10. 교육재정

어 있다.

2012년 현재 배분된 보통교부금 교부 내역을 제시하면 아래 [그림 10-3]과 같다.

(단위: 억원)

제주특별자치도	기준재정 수요액		기준재정 수요액		보통교부액
	• 교직원인건비	293,457	• 지방세재원 전입금	65,751	
	• 학교·교육과정운영비	72,992	• 지방교육세 전입금	44,567	
	• 교육행정비	22,175	• 시·도세전입금	16,223	
	• 학교시설비	17,227	• 담배소비세전입금	4,961	
	• 유아교육비	20,608	• 수업료 및 입학금	18,382	
	• 방과후학교 사업비	6,248	• 학교용지 매입비용 일반회계 부담금	1,793	
	• 재정결함보전	6,804			
	• 학교기본운영비 확대	894			
	• 학교학급통폐합 지원	1,592			
	• 학교신설민관협력 확대	3			
	• 자사고 지정에 따른 공립 일반고 지원	510			
	• 경상적 경비 절감	349			
	• 외부로부터의 교육투자유치	174			
	• 기초학력 미달 학생 감소	2,708			
	• 사교육비절감	2,607			
	• 고등학교 학업중단학생 감소	525			
	• 고등학교 졸업생 취업제고	400			
	• 특성화고등학교 체제개편 지원	1,830			
5,825	계	451,103	계	85,926	371,002

[그림 10-3] 2012년도 보통교부금 교부 내역

다. 지방교육재정 운영 사례

지방교육재정 운영과 관련하여 재원별 세입·세출 결산 현황을 시·도별로 제시하면 〈표 10-7〉, 〈표10-8〉과 같다.

〈표 10-7〉 재원별 세입결산 현황

(단위: 억원, %)

재원별	전국		시지역		도지역	
	결산액	구성비	결산액	구성비	결산액	구성비
합계	51,702,989	100.0	20,394,011	100.0	31,308,978	100.0
중앙정부이전수입	36,309,217	70.2	13,245,060	64.9	23,064,157	73.7
지방교육재정교부금	36,139,000	69.9	13,164,028	64.5	22,974,972	73.4
국고보조금	170,217	0.3	81,032	0.4	89,185	0.3
지방자치단체이전수입	8,522,272	16.5	4,562,016	22.4	3,960,256	12.6
지방교육세전입금	5,202,232	10.1	2,351,088	11.5	2,851,144	9.1
담배소비세전입금	574,557	1.1	574,557	2.8	-	-
시도세전입금	1,661,771	3.2	1,210,304	5.9	451,467	1.4
학교용지일반회계 부담금	396,413	0.8	160,544	0.8	235,867	0.8
비법정이전수입	687,299	1.3	265,521	1.3	421,778	1.3
지방자치단체교육비 특별회계부담수입	6,753,869	13.1	2,503,536	12.3	4,250,333	13.6
교수-학습활동수입	1,134,911	2.2	500,425	2.5	634,486	2.0
행정활동수입	19,320	0.0	11,167	0.1	8,153	0.0
자산수입	103,652	0.2	18,134	0.1	85,518	0.3
이자수입	167,259	0.3	55,738	0.3	111,521	0.4
잡수입등	61,344	0.1	21,766	0.1	39,578	0.1
기타	5,267,382	10.2	1,896,306	9.3	3,371,076	10.8
지방교육채	-	-	-	-	-	-
교부금부담	-	-	-	-	-	-
자체부담	-	-	-	-	-	-
주민(기관등) 부담등 기타	117,631	0.2	98,399	0.4	34,232	0.1

* 출처 : 한국교육개발원(2012). 2012 지방교육재정분석 종합보고서. 기술보고 TR 2012-59.

10. 교육재정

<표 10-8> 성질별 세출결산 현황

(단위: 천원)

재원별	전국		시지역		도지역	
	결산액	구성비	결산액	구성비	결산액	구성비
합계	46,814,066	100.0	18,768,927	100.0	28,045,139	100.0
인건비	28,090,920	60.0	11,354,705	60.5	16,736,215	59.7
교원	17,173,990	36.7	6,878,798	36.6	10,295,192	36.7
행정직	2,546,856	5.4	873,899	4.7	1,672,957	6.0
기타직	1,149,543	2.5	432,654	2.3	716,889	2.6
복지후생지원	3,239,640	6.9	1,274,265	6.8	1,965,375	7.0
사립학교교직원	3,980,891	8.5	1,895,089	10.1	2,085,802	7.4
물건비	1,343,276	2.9	523,055	2.8	820,221	2.9
이전지출	411,200	0.9	186,178	1.0	225.022	0.8
자신취득	5,241,421	11.2	2,216,669	11.8	3,024,752	10.8
토지매입비	642,800	1.4	304,268	1.5	338,532	1.2
시설비	4,211,517	9.0	1,738,571	8.3	2,472,946	8.8
자산취득비	192,960	0.4	53,921	0.3	139,039	0.5
기타자산취득비	194,144	0.4	119,909	0.6	74,235	0.3
상황지출	1,559,265	3.3	579,186	3.1	980,079	3.5
지방교육채	838,542	1.8	317,473	1.7	521,069	1.9
민자사업지급금	720,723	1.5	261,713	1.4	456,010	1.6
학교지원	10,091,025	21.6	3,837,685	20.4	6,253,340	22.3
공립학교	7,874,116	16.8	2,835,478	15.1	5,038,638	18.0
사립학교	2,154,117	4.6	991,530	5.3	1,162,577	4.1
기타	62,792	0.1	10,677	0.1	52,115	0.2
예비비 및 기타	76,959	0.2	71,449	0.4	5,510	0.0

* 출처 : 한국교육개발원(2012). 2012 지방교육재정분석 종합보고서. 기술보고 TR 2012-59.

〈표 10-7〉에 제시된 재원별 세입결산 현황을 보면, 중앙정부이전수입의 전국 평균은 70.2%로 시지역은 64.9%, 도지역이 73.7%로 나타났다. 지방자치단체 이전수입의 전국 평균은 16.5%로, 시지역은 22.4%, 도지역은 12.6%로 나타났다. 즉 중앙정부이전수입 비중이 높으면 지방자치단체 이전수입 비중은 낮은 특징을 보이고 있다.

〈표 10-8〉에 제시된 성질별 세출결산 현황을 보면, 대부분의 지방교육재정은 인건비(전국 평균 60.0%)로 지출되고 있는데, 이 중에서 교원 인건비가 46.7%로 가장 많고 사립학교 교직원, 복지후생비 등에 대한 지출 비중이 높게 나타났다. 인건비 다음으로는 학교지원(21.6%), 자산취득(11.2%), 상황지출 및 물건비 등에 지출되고 있는 것으로 나타났다.

3. 단위학교재정

가. 학교회계제도 개요 및 주요 내용

　단위학교의 경영을 보다 효과적으로 하기 위하여 단위학교책임경영제(school-based management)가 강조되고 있다. 단위학교책임경영제는 단위학교에 권한 위임을 증대하여 교육을 향상시키도록 설계된 체제로서, 실제 교육활동이 이루어지고 있는 학교현장에서 각종 자원 활용에 대한 의사결정이 이루어짐으로써 단위학교 구성원이 책임을 지고 교육활동을 운영해나가는 것을 의미한다(윤정일, 2004). 그런데 단위학교책임경영제가 실질적인 효과를 나타내기 위해서는 교육과정·인사·재정에 대한 권한의 단위학교로의 이양과 자율적 결정이 필수적으로 마련되어야 한다. 즉, 단위학교예산제(school-based budgeting)가 뒷받침될 때, 단위학교책임경영도 제대로 이루어질 수 있다.

　단위학교예산제도는 교육청의 예산이 정해진 공식에 의해 학교로 배분되면 학교의 최고 결정자인 교장이 교사와 학부모들의 자문을 받아 학교교육비 배분기준 유형을 정하는 것이다. 2001년부터「초·중등교육법」에 근거하여 설치·운영되고 있는 우리나라의 학교회계제도는 이러한 단위학교예산제도를 실현하기 위한 노력의 일환이라고 할 수 있다.

나. 학교회계제도 도입 배경

학교회계제도가 도입되기 이전에는 국·공립 초·중등학교의 경우 학교를 운영하는데 소요되는 재정이 여러 가지 경비로 관리·운영되었다. 교직원 인건비와 교육부나 교육청이 지원하는 보조금은 일상경비로, 일반운영비는 도급경비로 배부되어, 각각 별도로 관리되었다. 중·고등학교에는 학부모회 규약에 근거하여 징수하는 학교운영지원비가 별도로 관리되고 있었으며, 학교발전기금은 학교운영위원회가 기금 조성과 운영을 주관하고 있었다. 이 외에도 자치구나 시·군에서 개별학교로 지원되는 교육경비 보조금도 별도로 운영되었다.

이들 재원은 별도로 관리될 뿐만 아니라 각 경비에 적용되는 법규가 서로 달라 학교현장에서 학교재정이 교육과정을 효과적으로 지원하는데 어려움이 많았다. 이에 따라 학교에서 재정을 효율적으로 운영할 수 있도록 「초·중등교육법」을 개정하고 국립및공립초중등학교회계규칙을 새로이 제정하여 학교운영에 적합한 학교예산회계제도를 도입하고자 한 것이다.

〈학교회계 설치 이전의 경비관리〉

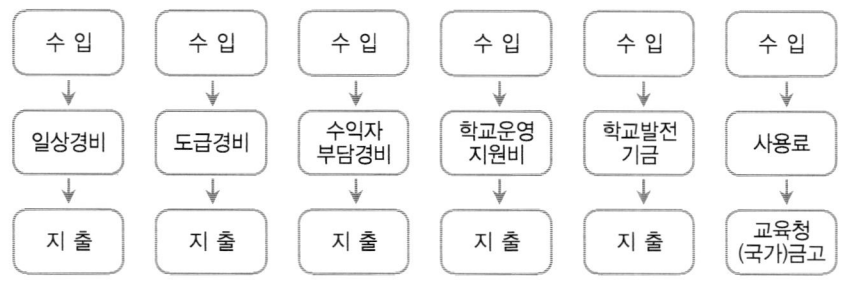

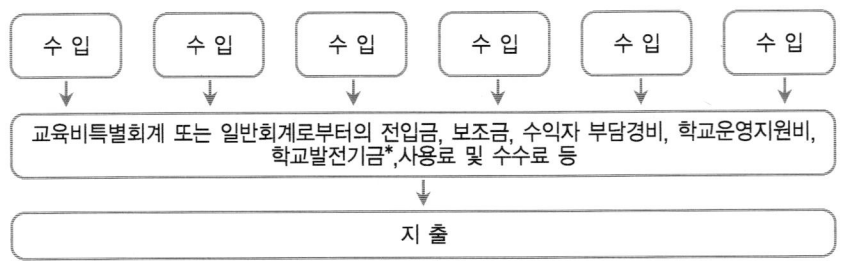

[그림 10-4] 학교회계 설치 전후 경비 관리

* 학교발전기금은 학교운영위원회의 동의를 거쳐 학교회계로 전출한 것에 한함
* 자료 : 한국교육개발원(2000). 학교회계길잡이.

다. 학교회계제도 주요 내용

1) 학교회계의 설치와 통합운영

학교회계제도의 시행과 함께 2001년부터 국·공립의 초·중·고등학교 및 특수학교에 학교회계가 설치됨에 따라 여러 회계로 나뉘어 관리되었던 경비가 통합되어 운영되었다. 국가의 일반회계 또는 지방자치단체의 교육비특별회계로부터의 전입금, 학교운영지원비, 학교발전기금으로부터의 전입금, 수업료 기타 납부금 및 학교운영지원비 외에 학교운영위원회의 심의를 거쳐 학부모가 부담하는 경비, 국가 또는 지방자치단체의 보조금 및 지원금, 사용료 및 수수료, 이월금, 기타 수입 즉 예금이자, 실습 물 매각대금, 불용물품매각대금 등이 학교회계의 세입이 되며, 학교운영 및 학교시설의 설치 등을 위하여 필요한 일체의 경비가 학교회계 세출이 된다.

2) 회계연도 및 예산과정

학교회계의 회계연도는 매년 3월 1일에 시작하여 다음 해 2월 말일에 종료한다. 학교의 장은 회계연도마다 학교회계세입세출예산안을 편성하여 회계연도 개시 30일 전까지 학교운영위원회에 제출하여야 한다. 학교운영위원회는 학교회계세입세출예산안을 회계연도 개시 5일전까지 심의하여야 한다. 학교의 장은 회계연도마다 결산서를 작성하여 회계연도 종료 후 2월 이내에 학교운영위원회에 제출하여야 한다.

3) 예산안이 확정되지 않은 경우의 예산집행

새로운 회계연도가 개시될 때까지 예산안이 확정되지 않은 경우에는 교직원 등의 인건비, 학교교육에 직접 사용되는 교육비, 학교시설의 유지관리비, 법령상 지급의무가 있는 경비, 이미 예산으로 확정된 경비에 대해서는 전년도 예산에 준하여 집행할 수 있다.

4) 사용료, 수수료 및 집행 잔액의 이월

학교시설 이용료 등의 사용료와 수수료 등을 학교 자체수입으로 처리하고, 집행 잔액은 자동적으로 이월할 수 있도록 하여 학교 재정 운영의 효율성을 높이게 되었다.

<표 10-9> 종래의 제도와 새로운 학교회계제도 비교

구 분	현행제도	새로운 학교회계제도
회계연도	• 교육비특별회계: 1.1 – 12.31 • 학교운영지원회계 : 3. 1 – 2월 말	• 3.1–2월 말일(학년도와 일치)
예산배부방식	• 일상경비와 도급경비로 구분하여 사용 목적을 정하여 배부	• 일상경비와 도급경비의 구분없이 표준교육비를 기준으로 총액 배부
예산배부시기	• 수시 배부	• 학교회계연도 개시 전에 일괄 배부
세출예산편성	• 세입재원별로 사용 목적에 따라 세출 예산편성	• 재원에 따른 사용 목적 구분없이 학교 실정에 따라 자율적으로 세출예산 편성(보조금 및 수익자부담 경비제외)
사용료·수수료 수입처리	• 학교시설 사용료·수수료 수입 등을 국고 및 교육비특별회계금고로 납입	• 학교시설 사용료·수수료 수입 등을 학교 자체수입으로 처리
회계장부관리	• 경비의 종류에 따라 서로 다른 회계지침을 적용하여 자금별로 별도의 회계 및 장부관리	• 통합 장부 사용
자금의 이월	• 일상경비의 경우 잔액 발생시 모두 반납	• 집행잔액은 자동적으로 이월

 2012년도의 학교회계 세입결산 현황을 학교급별로 보면 아래 <표 10-10>과 같다. 시·도교육비특별회계 이전수입이 가장 많은 비중을 차지하고 있으며, 선택적 교수학습활동수입을 의미하는 학부모 부담 수입이 그 다음을 차지하고 있다. 지방자치단체의 보조금과 지원금 또한 전체 학교회계 세입액에서 차지하는 비중이 크다.

〈표 10-10〉 2012년도 학교회계 세입·세출 결산

(단위 : 천원)

구 분	계
세입합계	48,331,603,551
이전수입	40,462,598,635
중앙정부이전수입	32,557,237,518
지방자치단체이전수입	7,825,690,119
기타이전수입	79,670,998
자체수입	1,512,076,526
교수-학습활동수입	1,104,432,590
행정활동수입	19,525,968
자산수입	167,675,855
이자수입	166,935,274
적립금수입	-
금융자산치수/잡수입	53,506,840
차입	1,040,233,690
지방교육채 및 학교채	1,040,233,690
기타	5,316,694,700
전년도 이월금	5,316,694,700
세출합계	43,651,827,305
유아 및 초중등 교육	41,394,576,569
인적자원운용	23,348,062,718
교수-학습활동지원	3,453,771,643
교육격차해소	1,737,789,738
보건/급식/체육활동	758,929,249
학교재정지원관리	7,326,721,998
학교교육여건개선시설	4,769,301,223
평생·직업교육	182,789,636
평생교육	130,007,822
직업교육	52,781,815
교육일반	2,074,461,099
교육행정일반	645,276,608
기관운영관리	646,335,866
지방채상환및리스료	821,372,707
예비비및기타	143,475,919

* 자료 : 한국교육개발원 교육통계서비스(cesi.kedi.re.kr)

라. 학교회계제도 운영 절차

학교회계는 예산과 결산의 과정을 거쳐 집행된다. 먼저, 학교회계 예산안 편성 절차를 보면 아래 [그림 10-5]와 같다. 시·도교육청으로부터 학교회계 예산편성 기본지침이 시달되면 교직원의 예산요구서 제출과 예산 조정작업을 거쳐 예산안을 확정하고, 학교장이 학교운영위원회에 예산안을 제출하여야 한다.

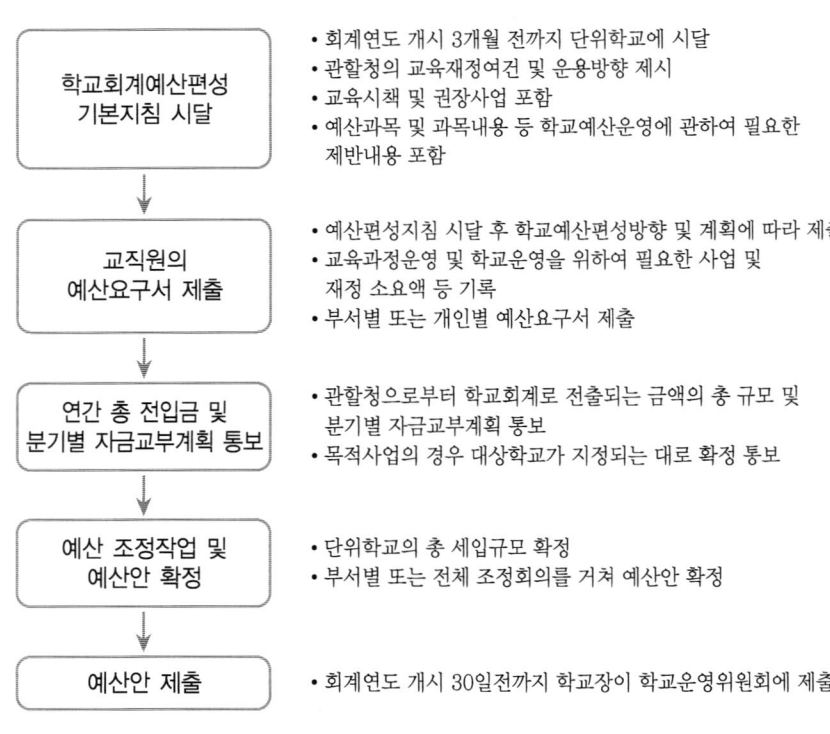

[그림 10-5] 학교회계 예산안 편성 절차

학교장이 학교운영위원회에 예산안을 제출하면, 학교운영위원회에서는 예산안 심의 과정을 거치게 된다. 학교운영위원회의 예산안 심의는 단위학교의 재정운영에 대한 학교구성원들의 의사를 반영할 수 있는 제도적 장치를 마련함으로써 학교재정 운영의 자율성 증대와 함께 책무성을 동시에 제고하기 위한 것이다.

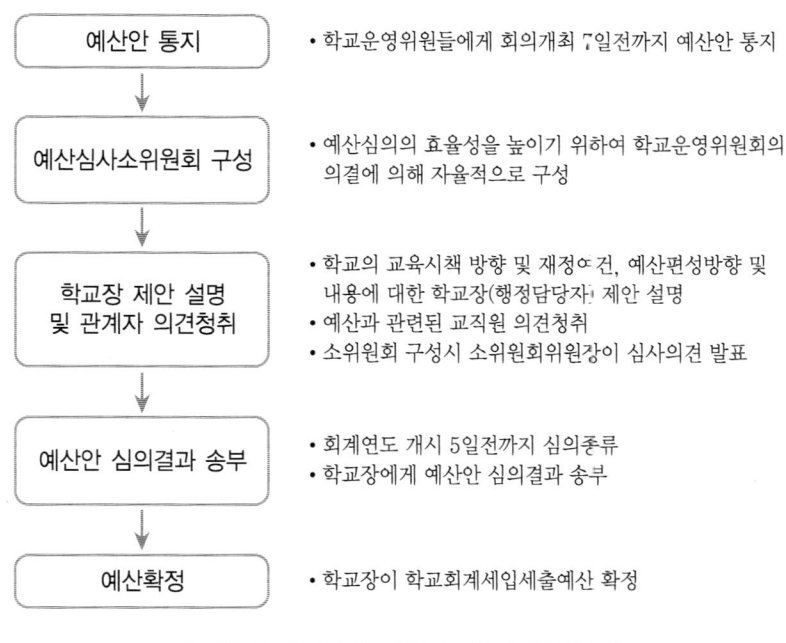

[그림 10-6] 예산안 심의 및 예산 확정 절차

학교회계세입·세출·결산은 매 회계연도가 종료하는 시점을 기준으로 한 회계연도에 있어서 단위학교의 재정활동에 전반에 대한 수입과 지출의 실적을 확정적 계수로 표시하는 행위를 의미한다. 결산의 주요 기능으로는 예산집행의 타당성 검토, 장래의 재정계획 수립 합리화, 단위학교 재정운영의 자율성 유도, 효율적 재원배분 유도, 단위학교 자치 확대 등을 들 수 있다.

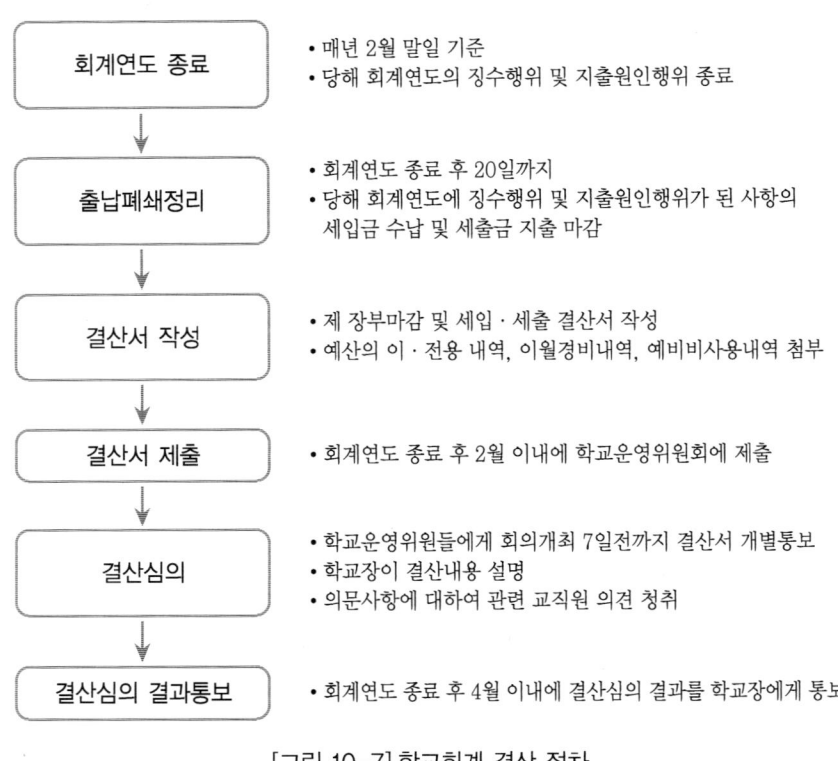

[그림 10-7] 학교회계 결산 절차

예산과 마찬가지로, 결산 과정에서도 학교장은 학교운영위원회에 작성된 결산서를 제출하고 학교운영위원회에서 결산을 최종 심의하는 과정을 거치게 된다. 필요한 경우 결산심의소위원회를 구성할 수 있으며, 의문사항에 대해 관련 교직원의 의견 청취가 가능하다.

마. 학교예산회계제도 도입의 기대 효과

1) 학교의 자율적 예산 운영

학교회계제도의 도입으로 종래 일상경비, 도급경비 등으로 분리하여 배분되던 경비가 총액으로 배부됨에 따라 개별 학교에서는 교육과정에 적합하게 학생, 교사들의 의견을 반영하여 각 학교의 실정에 따라 필요한 우선순위를 정하여 자율적으로 재정을 운영할 수 있게 되었다.

2) 학교재정 운영의 투명성

학교회계제도가 도입되기 전에는 학교예산을 심의하는 학교운영위원들뿐만 아니라 학교재정 운영의 실무자들 역시 학교재정의 구조와 흐름을 쉽게 이해하기 어려웠다. 하지만 학교회계제도의 시행과 함께 여러 가지 경비로 관리 운영되던 학교재정이 하나의 회계로 통합되어 복잡하던 학교재정을 쉽게 파악할 수 있게 되었다. 또한 학교의 예산과정과 결산이 모두 공개됨에 따라 학교재정이 어떻게 쓰이는지를 잘 알 수 있어 학교재정의 투명성을 확보하게 되었다. 국립및공립초·중등학교회계규칙으로 학교운영위원회의 심의를 거쳐 확정된 예산 및 결산을 인쇄물 혹은 학교 홈페이지 등록 등 기타 적당한 방법으로 학부모, 교직원에게 공개하도록 한 것도 학교재정 운영의 투명성을 확보하기 위한 것이다.

3) 학교재정운영의 효율성

학교예산을 통합하여 운영하게 됨에 따라 재정운영의 효율성을 높일 수 있게 되었으며, 학교회계연도(3.1~다음해 2.1)가 학년도와 일치하게 되어 학교의 교육활동을 효과적으로 지원할 수 있게 되었다. 또한 예산집행 잔액을 이월하여 사용할 수 있을 뿐 아니라, 사용료도 학교에서 사용할 수 있게 되었다. 뿐만 아니라 국가나 교육청으로부터 지원되는 경비 외에도 학교운영위원회의 심의를 거쳐 정하는 학교운영지원비, 학부모, 지역사회인사, 동창 등의 자발적 협찬경비 성격의 학교발전기금, 시·군·자치구에서 지원되는 교육경비보조금 등 학교의 세입이 다원화되어 학교구성원과 지역사회의 역할과 노력에 따라 학교재정의 추가적인 조성이 가능하게 되었다.

4) 회계업무의 간소화

종래 자금별로 장부를 별도로 작성하여 관리하던 것을 하나의 장부로 통합하여 운영할 수 있어 회계업무가 간소화되며, 경비의 종류에 따라 서로 다른 회계지침을 적용하여 오던 것을 단일한 회계규칙에 의하여 예산을 관리하게 됨으로써 회계업무를 쉽게 처리할 수 있게 되었으며, 학교예산회계업무가 전산화(EDUFINE)되어 업무가 보다 편리하고 과학적으로 이루어질 수 있게 되었다.

5) 학교예산 관련자들의 참여 증대

학교장의 교육철학과 방침에 따라 각 학교의 실정에 적합한 예산을 편성하고 학교를 자율적으로 운영할 수 있어 학교장의 교육리더십 발휘가 용이하게 되었다. 종래에는 학교재정 운영에 참여가 제한적이거나 형식적으로 이루어져 왔다. 그러나 학교예산회계제도가 도입된 이후로는 예산을 편성하는 단계에서 교직원 등으로부터 예산요구서를 제출받아 편성하도록 되어 있어 교육과정을 직접 담당하는 교사들의 의견을 충분히 수렴할 수 있게 되었다.

6) 평생학습센터로서의 학교

인구밀도가 높은 우리나라의 경우, 학교처럼 넓은 공간과 시설을 가지고 있는 공공기관은 흔하지 않다. 외국의 학교는 그 학교에 다니는 학생들뿐만 아니라 지역주민의 학습기관이나 체육시설로 이용되고 있다. 그러나 우리나라의 경우 학교시설을 지역주민에게 개방하는 것이 소극적으로 이루어져 왔다는 평가를 받아 왔다. 즉 학교시설의 사용을 허가하고 실비의 사용료를 받는 경우 학교에서 직접 사용하지 못하고 국고나 교육청 금고로 납부해야 하는 제도적인 문제점이 있었고, 이는 곧 학교시설을 폐쇄적으로 운영하게 한 원인이 되었다. 따라서 학교회계제도의 시행과 함께 사용료를 학교에서 직접 사용하게 함으로서 학교를 지역사회 주민들이 이용할 수 있는 틀을 제공하는 효과를 가져 올 수 있게 되었다.

바. 학교회계제도 운영 사례

서울에 소재한 ○○고등학교의 학교회계 세입·세출결산서 사례를 제시하면 〈표 10-11〉과 같다. ○○고의 경우 연간 총세입은 23억 5천만원 정도인데, 이 중에서 교육비특별회계 수입이 7억8천만원으로 가장 많고, 수익자가 부담하는 교수학습활동비가 14억원 정도이다. 이 외에 지방자치단체의 지원과 자체수입 등으로 세입을 충당하고 있다. 주요 세출항목을 보면, 급식관리비가 가장 많고, 기본적 교육활동 운영, 연구학교 운영, 시설장비유지 등에 많은 예산이 지출되고 있음을 알 수 있다.

서울 ○○고등학교 학교회계 세입세출결산서를 사례로 제시하면 아래 〈표 10-11〉과 같다. ○○고의 경우, 총 세입액은 23억원 정도로, 교육비특별회계를 통해 약 3억원 정도의 기본운영비와 4억8천만원 정도의 목적사업비, 지방자치단체 지원금 1억원을 세입으로 확보되고 있다. 그런데 ○○고의 경우 학부모(수익자)가 부담하는 교수학습활동비가 약 14억원 정도로 매우 높고 세입에서도 가장 많은 부분을 차지하고 있음을 알 수 있다.

　○○고 세출현황에서 정책사업별로 보면 학생복지/교육격차해소에 지출되는 비용이 가장 많은데, 이 중에서도 급식관리에 지출되는 비용이 약10억원으로 가장 많은 것으로 나타났다. 교육격차해소 및 학생복리서비스, 보건관리 등에 지출되는 비용도 높게 나타났다. 기본적 교육활동에서는 교과활동(약1억2천만원), 체험활동(6천7백만원) 등에 지출되고 있으며, 선택적교육활동에서는 방과후 및 기타 선택적 교육활동에 지출되는 비용이 높게 나타났다. 교육활동지원사업에서는 연구학교 운영(약3억원) 및 학습지원실 운영, 교무업무 운영비 등으로 지출되고 있고, 학교 일반 운영 중에서는 시설장비유지(약 2억5천만원)에 대한 지출이 높게 나타났다.

〈표 10-11〉 학교회계제도 세입·세출결산서 사례(2012)

(단위: 천원)

세 입					세 출			
구 분			금액	산출 기초	구 분		금액	산출 기초
장	관	항			정책사업	단위사업		
이전수입		중앙정부			인적자원 운용	교직원보수	43,234	
						교직원복지 및 역량강화	3,696	
		지방자치단체	108,200		학생복지/ 교육격차 해소	급식 관리	994,560	
	교육비 특별회계	기본운영 비전입금	299,266			기숙사 관리		
						보건 관리	21,065	
		목적사업 비전입금	484,213			교육격차 해소	93,492	
						학생 장학 지원	8,823	
						기타 학생복리 서비스	71,130	
	학교회계		900		기본적 교육활동	교과활동	123,515	
						특별활동	20,642	
	기타		8,823			재량활동		
						체험활동	67,452	
자체수입	교수학습 활동	기본	259,980		선택적 교육활동	방과후학교 운영	26,281	
						평생교육		
		선택	1,157,916			직업교육	10,724	
						국제교육		
	행정활동		20,600			교기육성		
	자산					기타 선택적 교육활동	27,250	
						병설유치원 운영		
	이자		5,100		교육활동 지원	교무업무 운영	36,068	
						연구학교 운영	299,200	
	적립금					학습지원실 운영	84,693	
						교육여건 개선	22,869	
	금융자산회수				학교 일반운영	부서 기본 운영	58,794	
						시설 장비 유지	246,245	
	잡수입		5,309			일반행정 관리	88,446	
						학교운영 협력	800	
	전년도 이월금		3,672			학부모 지원		
기타	보조금				학교시설확충	시설확충 및 개선		
					학교재무 활동	반환금		
	이월금					예비비	5,000	
총 계			2,353,979		총 계		2,353,979	

*출처: 서울 OO고(2012). 학교회계 세입세출예산서.

10. 교육재정

 생각해볼 문제

◆ 현행 지방교육재정에서 중앙정부이전수입 비중이 매우 높게 나타나고 있습니다. 지방교육재정에 대한 중앙정부와 지방정부(지방자치단체, 교육청, 학부모 등)의 역할에 대한 의견을 제시해 봅시다.

◆ 학교회계 세입·세출결산서 사례(초·중·일반고·특성화고)를 찾아 비교·분석해 봅시다.

 참고문헌

교육과학기술부(2012). 보통교부금 교부 보고.
서울 ○○고(2012). 학교회계 세입·세출결산서.
윤정일(2004). **교육재정학원론**. 세영사.
윤정일 외(2011). **교육행정학원론**. 학지사.
차병권(1987). **재정학**. 박영사.
한국교육개발원(2000). 학교회계길잡이.
한국교육개발원(2012). 2012 지방교육재정 종합보고서. 기술보고 TR2012-59.
한국교육개발원. 교육통계서비스(cesi.kedi.re.kr)

M·E·M·O

교육경영

CHAPTER 11

　학교경영이란 교육정책이 집행되는 최하위 행정기관인 단위학교에서 교육활동에 참여하는 구성원들이 교육목표를 효과적·효율적으로 달성하기 위해 학교장을 중심으로 학교를 운영·관리하면서 변화하는 환경에 맞게 이를 유지·발전시켜나가는 일련의 지원 활동을 의미한다. 1991년 이후 지방교육자치제가 실시되면서 단위학교의 중요성이 점차 강조되고 있고, 교육의 성패는 학교교육의 성패에 의해 좌우될 수 있기 때문에 학교경영은 교육행정에서 그 의미가 점차 커지고 있는 실정이다.

　학급경영이란 담임교사의 책임 하에 학급을 관리·운영하는 활동으로 정의될 수 있다. 학급은 교수-학습이 구현되는 교육과정 목표의 가장 기본적인 단위로, 학생들에게는 지식 및 사회성 습득의 현장이고, 교사들에게는 자신이 지니고 있는 지식 실천의 장이다. 학교경영과 마찬가지로 학급경영은 교사와 학생 간 교수-학습 및 생활지도가 원활히 이루어질 수 있도록 지원하는 활동인 것이다.

- 학교경영
- 학급경영

1. 학교경영

가. 학교경영의 개념

학교는 교육목표를 달성하기 위한 교육행정의 실천 기본 단위 기관이다. 교육목표를 달성하기 위해 학교 내 다양한 인적·물적 자원을 효과적이면서 효율적으로 관리·운영하는 활동이 요구되는 것이 학교경영의 핵심이다. 일각에서는 학교경영과 학교행정을 혼용해서 사용하기도 한다. 그러나 경영과 행정은 그 개념에서 차이가 있다고 할 수 있다. 행정은 지시와 통제의 개념이 강한 반면, 경영은 보다 동태적이고 능동적인 조직행위를 전제로 하고 있기 때문이다(윤정일 외, 2012: 372). 1991년 이후 지방교육 자치가 실시되고, 단위학교 책임경영제가 정착되면서 학교행정이라는 개념보다는 학교경영의 개념이 더 부합되는 용어로 사용되고 있다. 즉, '경영'이라는 개념을 학교에 도입한 배경에는 학교장을 중심으로 하는 교원집단의 능동적이고 주체적인 활동을 통해 단위학교의 특성을 살리는 가운데 교육목표를 효율적으로 달성하고자 하는 입장이 반영된 것이라 할 수 있다.

학교경영의 개념은 많은 학자들에 의해 다양하게 정의되고 있다.

김종철 외(1991: 27)는 학교경영이란 단위학교, 특히 초·중등학교에 있어서 교육목표를 설정하고 그것을 달성하기 위한 프로그램 및 인적·물적, 기타 지원조건을 정비·확립하며 목표달성을 위한 계획과 결정, 집행과 지도, 통제와 평가 등을 포함하는 일련의 봉사활동이라 지칭하며 학교조직

내에서의 집단적 협동 행위를 위하여 효과적으로 지원하는 것을 본질로 하는 작용이라고 정의하고 있다.

정태범(2002: 12)은 학교경영이란 학교가 교육목표를 수립하고, 수립된 목표를 달성하기 위하여 인적·물적 자원을 확보하고 이를 배분, 활용하여 교육성과를 극대화하기 위한 **활동**으로 보면서, 학교경영은 기획, 조직, 실천, 평가 등 일련의 **활동** 과정을 포함한다고 하였다.

주삼환 외(2013: 358)는 학교경영이란 단위학교에서 교장의 자율적·창의적 관점 하에 교육목표를 설정하고 그 목표달성을 위해 필요한 제반 조건을 정비·확립하여 목표달성을 위한 **활동**을 지도·감독하는 일련의 봉사활동으로 규정하고 있다.

이상의 학자들의 학교경영에 대한 견해를 종합하면, 학교경영이란 "교육정책이 집행되는 최하위 행정기관인 단위학교에서 학교장을 중심으로 주체적이고 자율적으로 그 목적을 수립하고, 수립된 목적을 달성하기 위하여 인적·물적·재정적 자원을 확보한 다음 이를 효과적이고 효율적으로 배분·활용·평가하는 일련의 과정 활동 및 지원 **활동**을 의미"한다고 할 수 있다.

나. 학교경영의 원리

학교를 경영함에 있어 나타날 수 있는 다양한 문제들을 해결하는데 필요한 지침이나 이념적 준거가 되는 원리는 반드시 필요하다(정태범, 2002: 20). 일반적으로 원리는 상당한 경험적 근거를 가진 보편타당한 진술로서 적용해야 할 합리적 기준을 의미한다(주삼환 외, 2013: 359). 학교경영의 원리로 김종철(1982: 56-62)은 기회균등의 원리, 자주성 존중의 원리, 적도집권의 원리를 제시하였고, 정태범(2002: 21-22)은 민주성의 원리, 타당성의 원리, 자율성의 원리, 효율성의 원리를 제시하였으며, 김창걸

(1991: 345-347)은 민주화의 원리, 합리화의 원리, 과학화의 원리, 조직화의 원리, 효율화의 원리, 지역화의 원리를 제시하였다. 이상의 학교경영의 원리를 종합하여 제시한 주삼환 외(2013: 359-362)의 의견을 재조직하여 기술하면 다음과 같다.

1) 타당성의 원리

학교경영은 바람직한 학교교육 목표를 설정하고 거기에 타당한 경영활동이 되어야 한다는 것을 의미하는 것이다. 학교경영은 학교가 설정한 교육목표를 효율적으로 달성하기 위한 제반 조건을 지원하는 봉사활동이라는 것이다. 타당성의 원리는 학교교육 목표에 부합되는 경영활동이 되어야 한다는 의미에서 합목적성의 원리라고도 한다.

2) 합법성의 원리

국가 교육행정기관으로서의 학교를 경영함에 있어 학교경영이 법에 의거하고 법이 정하는 범위 내에서 이루어지는 것은 당연할 것이다. 학교경영은 「헌법」 제31조, 「교육기본법」과 「초·중등교육법」 등 교육관련 법률과 명령, 조례, 규칙 등에 의거하여 집행되어야 한다. 이는 학교교육을 받는 국민의 교육 관련 권한을 보장함은 물론, 학교교육을 실행하는 교원의 수업 관련 권한 또한 함께 보장하기 위함이다.

> 〈참고〉「헌법」제 31조
> ① 모든 국민은 능력에 따라 균등하게 교육을 받을 권리를 가진다.
> ② 모든 국민은 그 보호하는 자녀에게 적어도 초등교육과 법률이 정하는 교육을 받게 할 의무를 진다.
> ③ 의무교육은 무상으로 한다.
> ④ 교육의 자주성·전문성·정치적 중립성 및 대학의 자율성은 법률이 정하는 바에 의하여 보장된다.
> ⑤ 국가는 평생교육을 진흥하여야 한다.
> ⑥ 학교교육 및 평생교육을 포함한 교육제도와 그 운영, 교육재정 및 교원의 지위에 관한 기본적인 사항은 법률로 정한다.

3) 민주성의 원리

학교교육의 목표설정과 경영계획 수립, 실천, 평가 등 학교경영의 제반 과정과 영역에 구성원이 적극 참여하여 공정한 의사를 반영하고 실천에 있어서도 관리자의 독단과 전횡을 막는 것을 의미한다. 학교경영은 학교장 혼자 할 수 있는 것이 아니고, 혼자 할 수도 없다. 학교에서 일어나는 모든 일에 학교 구성원의 적절한 참여는 학교경영의 성공을 담보할 수 있다. 다양한 구성원의 참여를 통해 학교경영을 위한 목표를 수립, 계획, 실천, 및 평가하는 것은 바로 민주성의 원리에 입각한 활동이라 할 수 있다.

4) 자율성의 원리

단위 교육기관인 학교가 효율적인 교육활동을 위해 상부나 외부조직의 지시나 간섭 없이 자주적으로 의사를 결정하고 조직을 운영하는 것을 의미한다. 단위학교 책임경영제가 활성화되면서 특히 자율성의 원리가 강조되고 있다. 학교가 처한 상황에 맞게 합법적인 테두리 안에서 민주성의 원리에 입각해 자율적으로 학교를 경영하는 것은 매우 중요하면서도 기본적인 원리인 것이다.

5) 능률성의 원리

학교경영에 있어서 최소한의 경비와 노력을 통해 최대한의 성과를 거두는 것을 의미하는 것이다. 능률성의 원리는 학교 내 인적·물적 자원을 효율적으로 활용할 때 달성할 수 있다. 최근 들어, 이전에 비해 학교에 다양한 인적·물적 자원이 투입되고 있고, 이로 인해 학교 구성원들의 일 또한 늘어나고 있다. 단순히 경제적 논리에서 자원의 최소 사용을 통한 최대 성과 확보라는 능률성의 원리를 추구하기보다는 인적·물적 자원의 적재적소 배치 및 적절한 지원을 통해 능률성의 원리를 극대화해야 할 것이다.

6) 과학성의 원리

학교경영이 합리적으로 계획되고 체계적인 운영체계를 갖추어 실현되며 과학적으로 평가되어야 함을 의미한다. 학교경영의 계획 수립, 실천 및 평가 등의 일련의 과정은 개인적 경험이나 시행착오 등의 비과학적 방법이 아닌 이론을 바탕으로 체계적인 행정적·경영적 기법 등을 활용하여 수행해야 한다.

7) 지역성의 원리

이제는 학교가 위치한 지역사회의 도움 없이 학교 스스로 발전할 수 없는 시대가 되었다. 학교장은 학교를 경영함에 있어 지역사회의 자원을 적극 활용하면서 지역사회의 특성을 반영할 때 학교 발전 또한 가능하다. 그렇게 함으로써 학교교육의 생활화, 학교의 사회화의 원리가 실현될 수 있을 것이다.

다. 학교경영의 영역

학교경영의 영역은 학교경영의 과업 또는 **활동내용**, 대상, 범위, 한계 등을 포괄하는 것이다. 학교경영의 영역을 구분하는 것은 쉽지 않으나, 경영계획의 수립을 위해, 권한 및 업무 분담을 위해, 그리고 문제 발생 시 소재 파악을 위해 구분하는 것은 필요하다는 것이 일반적인 견해이다(정태범, 2002: 23; 진동섭 외, 2011: 427).

Campbell 등(1968: 92)은 학교행정의 초점에서 학교경영을 학교와 지역사회와의 관계, 교육과정과 수업, 학생인사, 교원인사, 시설, 재정 및 사무관리로 구분하였고, Griffiths(1970: 82-87, 주삼환 외 2013: 362에서 재인용)는 수업과 교육과정 개발, 교직원인사, 학생인사, 재정과 사무관리, 학교시설 건물과 봉사, 학교와 지역사회 관계를 학교경영의 영역으로 제시하였다.

한편, 강길수 외(1973: 99-107)는 장학, 조직 및 운영, 인사관리, 시설관리, 재정관리, 사무관리, 지역사회와의 관계 등으로 학교경영을 구분하였고, 김종철(1985: 22-23)은 학교경영을 기획행정, 조직, 교육내용, 장학, 학생, 교직원인사, 재정, 시설, 사무관리, 연구·평가 및 홍보로 구분하기도 하였다.

이상의 학자들의 다양한 학교경영의 영역을 종합하면 ① 교육과정 관리·운영, ② 장학, ③ 학생관리, ④ 교직원인사, ⑤ 시설 및 재정관리, ⑥ 사무관리, ⑦ 지역사회관계 등 총 7개로 구분할 수 있고 구체적 내용은 다음과 같다.

1) 교육과정 관리·운영

학교교육목표는 교육과정으로 구현된다. 학교에서의 교육과정 관리·운영은 교육과정의 구성뿐만 아니라 교육과정을 가지고 진행되는 일련의 **활**

동뿐만 아니라 평가 활동까지 포함한다고 할 수 있다. 교육과정 관리는 교육목표 달성을 위한 교육과정의 시간 계획, 교과활동, 특별활동, 생활지도 등이 포함되며, 교육과정 운영에는 교육과정의 정상적 운영 여부, 구성의 적합성 및 다양성, 학생들의 학력 및 학습태도, 교육 평가 활동 등이 포함된다(정태범, 2002: 26).

2) 장학

장학에 대한 정의는 다양하나 일반적으로 학교교육에 있어 교사의 수업 기술을 신장시켜 학생의 학습을 촉진하려는 제반 교육활동으로 정의된다. 학교교육의 목적을 학생의 교육 내실화 내지는 강화라고 정의할 경우, 장학의 중요성은 매우 커질 수밖에 없다. 장학의 핵심은 수업 개선을 통한 학생의 교육 강화이고, 장학은 교사, 교육과정, 학습 환경 등에 직접적 영향을 미치고 이를 통해 학생의 학습 성과 향상에 간접적으로 영향을 미치기 때문이다. 그러므로 교원의 전문성을 신장시켜 학교교육목표를 효과적으로 달성하기 위한 장학의 역할은 학교경영에 있어 주요 핵심 영역이라 할 수 있다.

3) 학생관리

교육을 서비스라 주장할 때, 학교의 주 고객은 학생일 것이다. 그러므로 학교를 경영함에 있어 학생들의 입학, 재학, 특히 의무취학에 관한 제 문제, 학생들의 생활지도 등은 매우 중요한 영역이다. 최근 들어 학생들의 학교 내 관리뿐만 아니라 학교 밖에서 일어나는 일까지도 학교가 책임지고 관리해야 하는 것으로 인식되고 있는 상황에서 학생관리의 영역은 점차 확대되고 있는 상황이다.

4) 교직원인사

학교교육의 질은 교원의 질을 바탕으로 하고 있다. 학교 발전을 교직원의 발전과 동일시 할 때 학교조직의 발전은 쉽게 달성할 수 있는 것이다. 그러므로 학교 실정에 맞는 교직원의 채용은 기본이고, 그들의 능력을 발전시키는 것뿐만 아니라 그들이 자신들의 능력을 최대한 발휘할 수 있는 여건을 정비하고 사기를 증진시키는 것은 학교경영에 있어 필수 사항이다.

5) 시설 및 재정관리

학교가 보유하고 있는 땅, 건물, 운동장 등의 시설이나 교수-학습에 필요한 다양한 교재, 교구 등의 설비를 적시에 활용할 수 있도록 정비하는 것 또한 효과적으로 교육목표를 달성하기 위한 학교경영의 중요한 영역이다. 이와 함께 학교를 효율적으로 경영하기 위해 필요한 재원을 실정에 맞게 합리적으로 처리하는 재정관리도 매우 중요한 학교경영의 영역이다.

6) 사무관리

학교를 경영하는 과정에서 수반되는 다양한 기록과 장부의 작성, 이를 안전하게 보관하는 업무, 그리고 상부기관(교육부, 시·도교육청 및 교육지원청)이 요청하는 다양한 행정 업무 처리 등이 학교경영의 사무관리 영역에 포함된다. 학교의 역할이 복잡해지면서 처리해야 하는 일 또한 급속히 늘어나고 있고, 최근 들어 학교와 관련되는 정보 관리 또한 사무관리 영역에 포함되고 있는 추세이다.

7) 지역사회관계

학교는 특정 지역사회에 위치하고 있고, 학생들은 그 지역사회 안에서 살고 있으며, 학부모들은 지역사회 안에서 삶을 영위하고 있다. 이와 같이 학교는 지역사회 안에서 지역사회를 기반으로 운영되고 있다고 할 수 있다. 학교에 대한 지역사회의 역할은 점차 증대되고 있고, 지역사회는 학생 인성 형성의 장, 사회적 적응의 장, 교육계획의 실천의 장으로써 매우 중요하게 대두되고 있기 때문에(주삼환·신재흡, 2006: 353) 학교경영의 주요 영역으로 다루어져야 한다.

라. 학교경영의 과정

앞서 학교경영을 학교교육목표를 달성하기 위한 일련의 과정 **활동**이라 정의한 바 있다. 즉, 학교경영에서는 학교의 교육목표에 따라 교육과정을 어떻게 효율적으로 운영할 것인가를 고려하면서 학교경영을 위한 계획, 조직, 운영, 평가를 포함하는 일련의 순환적 과정을 다룬다(정태범, 2002: 142; 주삼환 외, 2013: 364).

학교경영의 과정은 교육행정의 과정과 유사한 성격을 지니고 있다. 즉, Fayol(1949: 139)은 계획(Planning), 조직(Organizing), 지휘(Commanding), 조정(Coordination), 통제(Controlling)로 이를 구분하였고, Caldwell & Spinks(1988: 37)는 목표설정 및 요구규명, 정책결정, 계획, 예산, 실행, 평가 등으로 학교경영의 과정을 설명하고 있다. 또한 김종철 외(1991: 33)는 기획, 결심, 조직, 교신, 지도, 조정, 통제, 평가를 학교경영의 과정으로 제시하였고, 진동섭 외(2011: 430)는 기획, 실천, 평가로 크게 학교경영의 과정을 구분하면서, 기획 단계를 상황 분석 및 문제 파악, 교육목표 설정, 경영목표 설정, 경영방침 설정, 조직·**활동**·평가 계획, 계획의 평가로 구체화하였다.

이상의 여러 학자들이 제시하고 있는 학교경영의 과정의 공통점을 추출한 주삼환 외(2013: 364-366)의 견해를 재정리하면 다음과 같다.

1) 계획(Planning)

조직의 목표 설정 및 목표 달성을 위한 최적의 수단, 방법, 절차 등을 상정하는 행위로, 앞으로의 행동을 예상하고 준비하는 일련의 과정을 말한다. 학교경영에서의 계획은 대개 1년, 즉, 한 학년도의 계획을 의미하나, 특정 학교의 학교교육발전이라는 장기적 계획과 함께 수립하는 것이 바람직할 것이다. 모든 일에 있어 '시작이 반'이라는 말이 있는 것과 같이 학교경영 계획은 과학적 원리를 바탕으로 조직 구성원들의 의견을 최대한 수렴하여 합리적이고 민주적인 절차를 거쳐 수립할 때 강력한 추진력을 얻는 동시에 설정한 목표의 효과적 달성에 한걸음 더 다가갈 수 있을 것이다.

2) 조직(Organizing)

계획을 통해 설정된 학교경영목표를 효율적이면서 효과적으로 달성하기 위해서는 인적 자원뿐만 아니라 물적 자원까지도 관리할 수 있는 체제를 구성하는 것을 필요하다. 학교조직은 전문적 관료제, 조직화된 무질서, 이완조직, 학습조직 등으로 묘사되고 있다. 특히, 학교조직은 전문성이 강조되는 수평적 조직(교육 조직)임과 동시에 교무분장에 따른 수직적 조직(학교경영 조직)임을 명심해야 한다. 이러한 학교조직의 특수성으로 인해 학교경영 과정에서의 조직은 구성원들의 학교 내 위치와 가지고 있는 전문성을 극대화할 수 있도록 적재적소의 배치가 매우 중요하다고 할 수 있다.

3) 지시(Directing)

지시는 지휘, 명령, 지도, 영향 등의 다른 말로 사용될 수 있다. 지시는 교육목표 달성을 위해 교사들로 하여금 교수-학습 지도, 생활지도, 학급경영 등의 업무를 자발적으로 실시하도록 하는 것이 매우 중요하다. 그러므로 관리자의 일방적인 지시나 권한의 행사보다는 구성원들이 함께하는 민주적 리더십의 발휘, 원활한 의사소통, 역동적 집단과정 등이 중시되어야 한다.

4) 조정(Coordinating)

조정은 조직 내에서 업무의 수행을 조절하고 조화로운 인간관계를 유지함으로써 협동의 효과를 최대한 거두려는 것을 의미한다. 학교 내 교직원의 역할과 노력, 각 부서의 활동과 다양한 자원을 학교교육목표의 달성을 위해 조화시키는 활동인 것이다. 학교 조직원들은 다양한 배경과 능력을 가지고 학교에서 그 역할을 수행하고 있다. 조직원들 간의 다양성으로 인해 학교 내 갈등이 야기될 수도 있지만 갈등이 또 다른 학교발전의 원동력이 되기도 한다. 그러므로 조정은 다양성을 통합하여 효과성을 극대화할 때 그 역할이 빛을 발한다고 할 수 있다.

5) 평가(Evaluating)

평가란 설정된 목표에 비추어 학교경영 업무의 수행과정 및 그 결과를 분석·검토하여 과정의 합리성과 결과의 효율성을 알아보는 행위로 과정평가와 산출평가로 구분된다. 학교경영의 자율성과 책무성이 강조되는 요즘, 학교경영 평가의 중요성은 점점 더 부각되고 있다. 학교경영을 일련의 과정으로 설명한 것과 같이, 평가 또한 학교경영을 위해 투입된 자원의 평가, 실천 과정의 평가, 결과로 산출된 성과 평가 등의 순환적 과정으로 구분될 수 있다(정태범, 2002: 164; 박병영·주철안, 2006: 314; 진동섭 외, 2011: 434-435).

마. 학교경영계획의 의의 및 수립 절차

1) 의의

학교경영에 있어 계획은 미래에 대한 예측과 분석된 학교 여건을 바탕으로 일정한 목표를 설정하고 이를 달성하는데 요구되는 합리적 행동을 예정하고 준비하는 과정을 의미한다(김윤태, 1986: 424). 계획은 목표와 목표 달성을 위한 수단 사이에 내적인 일관성을 가지게 하고, 목표를 구현하기 위한 관리기능의 기초로서 학교조직의 각 부서 및 활동 간에 조화와 균형을 갖도록 하는데 필수적인 요건이다. 또한 제반 경영 활동 간에 중복을 피하고, 비경제적인 노력을 배제하며, 비효율성을 제거하는 기초가 된다. 그러므로 학교경영의 계획은 학교경영 전반에 걸친 조정과 통제를 가능하게 하는 것이다(정태범, 2002: 149).

학교경영의 효과적 계획을 위한 모형에는 Kaufman(1972)의 모형, Banghart(1973)의 모형, 김신복(1983)의 모형, 김서기(1984)의 모형, 강영삼·신중식(1985)의 모형, 김윤태(1986)의 모형, 정태범(1988)의 모형 등이 있으나, 여기서는 위의 각 모형들이 제시하는 내용의 공통 내용을 중심으로 살펴보고자 한다.

2) 수립 절차

학교경영은 크게 계획단계, 실천단계, 평가단계로 구분된다. 이 중 학교경영계획단계는 다시 문제규명단계, 목표 및 방침 설정단계, 조직계획단계, 활동계획단계로 세분화할 수 있다.

(1) 문제규명단계

학교경영계획을 수립하는 첫 단계로, 국가교육의 요구가 무엇이고, 현재 학교의 여건에서 교육의 문제는 무엇이며, 학교가 처한 현재 상황이 어떠한지에 대한 철저한 분석이 이루어지는 단계이다. 국가교육의 요구 사항을 파악하기 위해서는 「헌법」, 「교육법」 등이 제시하는 상위 교육목표를 이해함과 동시에 교육부, 교육청 등의 교육정책 목표 및 방향에 대한 명확한 이해가 선행되어야 한다. 현재 학교의 교육 문제를 파악하기 위해 지역사회의 환경, 학부모의 사회·경제적 배경 등을 중심으로 지역사회가 요청하는 교육적 요구나 문제점을 분석한다. 그리고 학교의 현재 상황의 파악을 위해, 학생 및 교원 실태 파악, 물리적 교육환경 검토 등을 실시한다. 이와 함께 전년도 학교교육목표 달성 정도 또한 학교여건에 비추어 분석한다. 이상의 다양한 분석 및 검토 자료를 바탕으로 학교교육목표를 설정할 준비를 한다.

(2) 목표 및 방침 설정단계

학교교육목표는 장기적인 안목에서 학생이 궁극적으로 도달해야 할 인간상을 제시한 것이거나 그 행동 특성을 종합적으로 명시한 것이다(정태범, 2002: 155). 이것은 학교 내의 교육활동이 나아가야 할 방향을 제시해 주는 지향점이 되며 모든 의사결정의 적절성 내지는 타당성 여부를 판별해 주는 지표가 되기도 한다. 거시적인 교육목표는 「헌법」이나 「교육법」 등이 기초 자료로 사용될 수는 있으나, 학교 간에 강조하는 교육목표가 다를 수 있기 때문에 진술 상에서는 차이가 있을 수 있다. 그러나 학교교육목표는 각 학교의 실정에 맞게 주체적으로 설정되어야 하고, 국가적 당면과제나 사회적 요청에 부응하고, 지역적 특수성과 요청을 고려하여 설정되어야 하며, 구체적이면서도 포괄성 있게 행동적 용어로 진술되어 교육내용에 대한 예측이 가능하도록 명료하게 작성되어야 한다. 또한 모든 학습활동에 반영되고 동시에 평가의 기준을 암시하는 것이어야 하며, 연차목표, 학년목표, 학급목표 등으로 계열화되어야 한다(윤정일 외, 2012: 379).

(3) 조직계획단계

학교경영목표와 방침이 구체화되면 이를 실천하기 위해 적절한 부서를 마련하고 합당한 담당자를 배치하는 단계가 필요한데 이것이 조직계획단계이다. 학교는 학생, 교직원, 지역인사들이 참여하는 조직의 특성으로 인해 그들이 함께 조직의 목표달성에 참여할 수 있도록 교육지도조직, 사무분장조직, 운영조직 등을 만들어 협동체제로서 학교경영이 가능하도록 해야 할 것이다(정태범, 2002: 158).

(4) 활동계획단계

활동계획단계는 경영목표를 달성하고 경영방침을 조직계획단계에서 구성된 부서와 구성원들이 실천하기 위한 세부 운영 단계이다. 활동계획단계에는 교과지도, 특별활동, 생활지도를 중심으로 하는 교육과정 운영, 교원의 연수, 연구 활동 등을 통한 교원의 자질과 능력의 개발, 이러한 활동을 가능하게 하는 교육조건 관리 활동을 포함하고 있다(윤정일 외, 2012: 379). 이 단계에서는 교육과정 운영을 중핵으로 하여 지원·관리 기능이 유기적으로 상호 관련되게 학교경영의 전 영역을 포괄해야하며, 이것들은 부문별로 창출된 전략적 대안 중에서 비교·평가하여 선정되고 다시 세부계획화 한다(정태범, 2002: 158; 주삼환 외, 2013: 370).

(5) 평가계획단계

학교경영계획의 마지막 단계는 평가에 대한 계획을 수립하는 평가계획단계이다. 이 단계에서는 학교경영계획에서 설정된 목표들이 달성될 수 있도록 모든 체제의 하위요소가 적절하게 투입되고, 이들의 상호작용으로 그 산출을 극대화할 수 있는지를 면밀히 검토하는 것이다(주삼환 외, 2013: 375-376). 평가계획은 투입평가, 과정평가, 산출평가로 구분할 수 있다. 투입평가는 현재의 투입요소를 통해 설정된 교육목표가 실제로 달성될 수 있는 가를

[그림 11-1] 학교경영계획서 예시

확인하는 진단적 성격의 평가로 투입요소의 적절성을 평가하는 것이다. 과정평가는 학교경영의 실천 과정을 평가하는 것으로 일반적으로 학교경영 영역별 활동을 평가하는 것이다. 마지막으로 산출평가는 학교를 하나의 기관으로 보고 이의 성과를 평가하는 것으로, 교육목표가 얼마나 달성되었는지, 조직이 얼마나 효율적으로 그 기능을 다했는지, 교육과정은 계획대로 잘 진행되었는지, 교육여건으로서의 인사, 재정, 시설 등은 잘 갖추어졌는지를 평가하는 것이다.

바. 학교경영기법

모든 조직은 조직이 설정한 목표를 효과적이면서 효율적으로 달성하기 위해 경영의 합리화를 위한 다양한 노력을 지속적으로 전개하고 있다. 학교 또한 조직의 하나로 학교교육목표를 달성하기 위한 노력이 요구되고 있다. 특히, 현재와 같이 시대의 변화가 빠르고 학교를 둘러싼 다양한 환경 변화가 급격히 나타나고 있는 시점에서 학교 내 문제 해결 및 학교 밖 변화에 적응함과 동시에 학교교육목표 달성을 극대화하기 위한 효과적인 학교경영기법이 요구되고 있다. 이에 학교를 경영함에 있어 도움이 될 수 있는 과학적이고 합리적인 기법에 대해 알아보고자 한다.

1) 목표관리기법(MBO)

목표관리(Management by Objectives: MBO)란 조직의 목표달성 문제

를 주로 관리적 측면에서 중점적으로 다루려고 하는 관리기술이다. 목표관리는 Drucker(1954)에 의해 처음으로 제창되었고, 그 후 Ordiorne(1965)에 의해 체계화되어 1970년대 이후 경영계획의 효율적 달성을 위해 널리 퍼진 관리 기법이다. Ordiorne(1965: 55)는 목표관리를 상하 관리자들이 협조하여 그들의 공통적인 목표를 명확히 하고, 예상되는 결과의 측면에서 책임의 한계를 규정하여 이를 조직의 운영지침으로 활용하며, 이에 따라 구성원의 업적을 평가하는 과정으로 정의하고 있다.

목표관리기법은 다음과 같은 속성을 가지고 있다.
① 교육목표설정에의 교직원 공동 참여 : 목표관리제에서는 교장과 교사들이 합동을 통해 목표를 결정한다. 이러한 점에서 목표관리는 민주적 학교경영과 통하는 참여적 경영형태라 할 수 있다.
② 목표달성을 위한 각자의 역할 영역의 명료화와 합의 : 학교의 목표는 구성원들의 합의로 결정되어야 하며, 이를 통해 각자의 역할을 수행할 수 있도록 명료하게 진술되어야 한다.
③ 교직원 각자의 자기통제를 통한 목표의 도달 : 목표설정에 있어 모든 교직원이 참여하여 이를 명료화하는 과정을 통해 모든 교직원은 그 성과에 대한 책임감을 가지게 된다. 교직원들은 책임감을 다하기 위해 자기평가와 자기통제를 통해 목표를 적극적으로 달성하고자 노력한다.
④ 공동 작업에 의한 목표실현 노력과 성과의 평가 및 보상 : 목표관리에서는 공동의 노력을 통한 목표달성과 이에 대한 평가 및 보상을 중시한다.
⑤ 목표에 의한 예산 : 목표관리는 목표의 중요성을 강조하면서, 목표별로 또는 목표달성을 위한 관련 프로그램별로 예상되는 사업비용을 배분한다.

목표관리의 긍정적 효과는 다음과 같다.
① 교육의 효율성 제고 : 모든 학교교육 활동을 교육목표에 집중시킴으로써 교육의 효율성을 제고시킬 수 있다.
② 교직원의 참여의식 고양 : 교장, 교감, 학년 및 교과부장, 교사들이 함께 활동계획을 수립하고 이를 활용함으로써 교직원들의 참여의식을 높일 수 있다.
③ 의사소통의 활성화 : 참여를 통한 의사결정을 통해 교직원들 간의 의사소통을 활성화하고 상하간의 인화를 도모할 수 있다.
④ 역할 갈등의 해소 : 목표와 책임에 대한 명료한 설정으로 교직원들의 역할 갈등을 해소하고 학교관리의 문제나 장애를 조기에 발견·치유할 수 있다.
⑤ 학교의 관료화 방지 : 학교운영의 분권화와 참여관리를 통해 학교의 관료화를 방지하고 교직의 전문성을 살릴 수 있다.

이상의 긍정적 효과에도 불구하고 목표관리는 다음과 같은 한계와 난점을 지니고 있다.
① 장기적이고 전인적인 목표에의 부적합 : 목표에 대한 지나친 중시와 단기적이고 구체적인 목표에 대한 강조 때문에 장기적이고 전인적인 목표를 내세우는 학교에는 부적합한 면이 있다.
② 교원의 업무부담 가중 : 목표설정과 성과보고 등은 많은 노력과 시간을 필요로 하기 때문에 이러한 것들이 교직원들의 잡무부담 가중과 불만의 원인이 되기 쉽다.
③ 질적인 교육 저해 : 측정 가능하고 계량적인 교육목표를 설정하고자 하여 질적인 교육을 저해할 우려가 있다.

학교경영에서 목표관리는 교육목표에 의하여 인력과 재정을 기반으로

교육활동을 관리하여 소기의 목표를 달성함을 의미한다(정태범, 2002: 552). 학교경영을 위한 목표관리기법의 활용은 학교관리의 두 가지 핵심적 활동체제인 수업체제(교육목표 설정, 교수-학습을 통한 실현 등)와 관리체제(인사, 재무, 사무, 시설·설비, 학생, 연구, 환경 등의 관리)에 중점적으로 적용할 수 있다(윤정일 외, 2012: 390).

목표관리체제를 학교경영기법으로 적용하면 다음과 같은 절차를 통해 구현될 수 있을 것이다.

① 학교경영목표와 경영방침의 설정 → ② 조직의 정비, 과업과 책임 분담 → ③ 교직원의 구체적인 자기목표 설정 → ④ 세부목표의 점검 및 목표 달성을 위한 자기통제 → ⑤ 교육성과의 정리 및 평가 → ⑥ 성과 및 문제에 대한 자기반성 및 보고 → ⑦ 종합정리 및 평가, 환류 → ⑧ 목표 달성도에 따른 보상과 격려

2) 과업평가계획기법(PERT)

과업평가계획기법(Program Evaluation and Review Technique : PERT)은 학자에 따라 사업진도 평가기법, 운영관리기법, 과업평가 검토 기법 등으로 불리고 있다(주삼환·신재흡, 2006: 401). 과업평가계획기법이란 어떤 사업 수행에 필요한 세부과업들을 활동과 수행단계로 세분하고, 이들의 선후관계와 인과관계를 따져 과업추진공정을 수립하고 이를 도표화함으로써, 과업을 추진공정에 따라 순차적으로 수행하고 관리할 수 있도록 해주는 합리적인 관리기법이다.

과업평가계획기법의 특징은 첫째, 작업을 질서정연하게 관리할 수 있도록 해주고, 둘째, 과업을 추진공정에 따라 순차적으로 수행할 수 있도록 자원과 예산배분을 체계화해주고, 셋째, 관리자와 과업수행자가 과업의 진전 상황을 쉽게 파악할 수 있게 해주며, 넷째, 시간에 맞추어 과업을 완수할 수 있게 해준다.

과업평가계획기법의 절차는 다음과 같다.
① **활동과 단계의 구분** : 우선 과업을 수행하는데 필요한 구체적 작업인 '**활동**' 과 특정한 활동과 다른 활동을 구분해 주는 시점인 '단계' 로 구분한다.
② **플로차트의 작성** : 활동과 단계 간 관계를 도표화한 것이 과업공정도이고 일반적으로는 프로차트라 불린다. 과업을 완수하기 위해 수행하여야 할 **활동**과 단계를 선후-인과관계에 따라 연결하여 플로차트를 작성한다.
③ 각 작업 **활동**의 시간과 전체 과제수행시간 산출 : 플로차트를 작성한 후, 각 작업 **활동**의 시간과 전체 과제수행시간을 산출하여 그 플로차트에 체계적으로 기입하고 단계와 **활동**내용별로 시간을 **산출**한다.

과업평가계획기법을 도입·**활용**함으로써 어떤 사업의 추진 상황을 일목요연하게 파악할 수 있고, 예상되는 어려움을 파악하여 여기에 대처할 수 있도록 해주며, 조직구성원 모두가 참여하는 경영이 이루어질 수 있도록 함과 동시에 예산절감의 효과를 기대할 수 있다(서정화 외, 2002: 451). 과업평가계획기법을 **활용**함으로써 얻을 수 있는 구체적 이점은 다음과 같다.
① 구성원의 자발적인 참여와 협조 : 작업과정의 작성에 구성원 전원이 참여하게 되므로 의사소통과 자발적인 협조를 이끌어 낼 수 있다.
② 인적·물적 자원의 효과적 **활용** : 작업과정 전모의 파악을 통해, 어려운 작업과 쉬운 작업을 구별할 수 있으므로 인적·물적 자원을 효과적으로 **활용**할 수 있다.
③ 상황 변화에의 대처 : 작업과정에 대한 구체적인 계획과 정밀한 분석에 기초하여 작업계획을 수시로 수정할 수도 있어 상황의 변화에 쉽게 대처할 수 있다.
④ 계획의 체계적 수립 : 특정한 과업을 추진하기 위한 세부 작업 **활동**의

순서와 상호관계를 유기적으로 파악할 수 있기 때문에 계획을 보다 신중하고 체계적으로 수립할 수 있다.

학교경영에서 과업평가계획기법을 활용하여 여러 가지 과업계획을 과학적이고 합리적으로 수립할 수 있다. 즉, 학교교육을 계획함에 있어 과업평가계획기법을 활용하면 활동계획을 체계화할 수 있을 뿐만 아니라 인력, 시설, 재원 등 자원배분을 효율적으로 할 수 있는 효과를 얻을 수 있다(주삼환·신재흡, 2006: 406).

특히, 학교교육계획이나 학교행사계획을 수립하고 추진할 때 이 기법은 매우 효과적으로 활용될 수 있다. 즉, 특정 과업을 추진하기 위한 세부 작업 활동의 순서와 상호관계를 유기적으로 파악할 수 있기 때문에 계획을 보다 체계적으로 수립할 수 있고 계획에 대한 분석과 평가를 정확히 할 수 있다. 또한 작업과정의 전체적 구조를 한눈에 파악할 수 있기 때문에 작업 추진에 앞서 예상되는 어려움 등을 파악할 수 있고, 작업의 난이도에 따라 인적·물적 자원을 효과적으로 활용할 수 있으며, 상황에 따른 즉각적 대처가 가능해 진다. 아울러 작업과정의 작성에 학교조직 구성원 전원이 참여하게 되므로 의사소통과 정보교환이 보다 쉬워져 구성원들의 참여의식과 자발적인 협조를 이끌어 낼 수 있는 장점 또한 지니고 있다.

3) 총체적 질 관리 (TQM)

총체적 질 관리(Total Quality Management : TQM)는 1985년 경 미국 기업에서 발생한 새로운 품질개선 운동으로, 1950년대에 일본에서 활동한 Deming에 의해 소개되었던 총체적 품질관리(Total Quality Control : TQC)를 발전시킨 것이다(박병량·주철안, 2006: 523). TQC가 품질향상을 위한 프로그램인 반면에 TQM은 지속적인 품질관리를 위해 경영을 개선하려는 노력이었다. TQM은 고객, 공급자, 이해관계 집단, 구성원 등의 만족 수준을 높이고 생산과정을 지속으로 관리하여 제품의 높은 질을 유지하고자 하였다.

총체적 질 관리를 가능하게 하는 조건은 다음과 같다(강금식, 1996: 19-21).
① 지도성 : 조직의 새로운 비전을 창출하고 구성원들이 이에 헌신하게 하며, 그들의 직무를 새로운 관점에서 생각하도록 자극할 수 있는 지도성이 있어야 한다.
② 구성원의 참여 : 의사결정 과정에 구성원들이 직접 참여하도록 해야 한다.
③ 우수한 공정의 유지 : 고객이 만족할 수 있는 규격에 맞는 제품을 지속적으로 생산할 수 있도록 공정을 지속적으로 개선해야 한다.
④ 고객 중심 : 고객이 원하는 제품을 생산하기 위해 고객의 요구를 끊임없이 파악하고 이를 반영해야 한다.

학교경영기법으로 총체적 질 관리를 활용하기 위해서는 다음과 같은 조건이 충족되어 있어야 한다(Murgatroyd & Morgan, 1993: 65-66).
① 문화 : 학교조직을 결속시키는 내재적 규칙, 가정 및 가치가 있어야 한다.
② 헌신 : 모든 학교조직 구성원이 조직 목표에 대한 공유 의식이 크고, 그것을 달성하기 위하여 위험을 감행하며, 혁신과 발전 기회에 관하여 잘 아는 사람과 더불어 체계적으로 작업할 수 있어야 한다.
③ 의사소통 : 부서 내 또는 부서 간에 이루어지는 의사소통이 강력하고 단순하며 효과적이어야 한다.
④ 비전 : 학교조직 구성원들이 공유하고 헌신할 수 있는 비전이 존재해야 한다.

⑤ 개선을 위한 끊임없는 목적의 창조 : 학교는 교수-학습을 개선시키기 위해 끊임없이 새로운 목적을 창조해야 한다.
⑥ 검사와 평가에 의존하지 않음 : 교육의 질적인 향상에 영향을 주는 것은 교수활동의 질이므로 검사와 평가에 의존하기보다는 교사들의 계속적인 성장과 개발을 강조해야 한다.
⑦ 비용에 기초한 평가를 하지 않음 : 비용의 절감을 위한 노력은 교육의 질을 떨어뜨릴 수 있으므로 비용에만 기초하여 업무를 평가하지 않는다.
⑧ 조직 체제의 지속적인 개선 : 교육의 질적 향상을 위해 교육조직의 모든 체제를 지속적으로 개선해야 한다.
⑨ 직무에 대한 지속적인 연수 : 수업활동과 행정활동에 실질적인 도움을 제공하기 위해 교사와 행정가들에 대한 직무연수를 실시해야 한다.
⑩ 교육과 자기 개선에 관한 프로그램 도입 : 모든 조직에서 교육과 자기 개선에 관한 프로그램은 끊임없는 성장과 개발에 필수적이다.

4) 정보관리체제(MIS)

최근 우리를 둘러싼 환경은 보다 급속하게 또는 다양하게 변화하고 있다. 이로 인해 조직은 환경의 상황을 파악하고 이에 대응하기 위하여 동원가능한 자원을 조직화하고, 조정·통제하며, 불확실성을 극소화시키고 합리적인 의사결정을 위해 정보관리체제(Management Information System : MIS)를 필요로 하게 되었다. 정보관리체제의 확보는 불확실성을 극복하기 위한 수단이며, 동시에 이를 바탕으로 경쟁력을 제고할 수 있는 중요한 자원이라는 양면성을 가진다. 특히 MIS는 최근 조직의 경쟁력 확보 수단으로서 강조되는 경향이 있으며 조직전략의 중요 도구로서 위치를 굳히고 있다(신상명, 2005: 32-33).

조직의 목적을 달성하기 위하여 업무, 관리, 전략적 의사결정을 합리적으로 수행하는데 필요한 조직내외의 정보를 효율적으로 제공하기 위한 조직적 체계로 정의(신상명, 2005: 17)되는 정보관리체제는 다음과 같은 개념 및 기능을 지니고 있다(주삼환·신재흡, 2006: 393-394).

① 의사결정에 대한 정보의 제공 : 정보관리체제란 의사결정자가 합리적인 의사결정을 내릴 수 있도록 필요한 정보를 적시에 신속하고 정확하게 제공하는 체제를 말한다.
② 정보의 효율적 관리체제 : 정보관리체제는 사업 수행 시 야기되는 의사결정 필요에 직면하여 의사결정자가 대안들을 검토하여 합리적인 결정을 내릴 수 있도록 관련된 경영정보나 회계자료 등을 수집, 처리, 보관, 평가하였다가 적시에 효율적으로 제공하는 종합적인 정보관리의 체제이다.
③ 행정관리의 고도화에 요구되는 체제 : 정보관리체제는 사무량이 증대하고, 사무처리의 신속화가 요청되고, 행정관리의 고도화가 요구되기 때문에 발달된 개념으로, 컴퓨터의 발달로 스스로 의사결정자의 역할을 할 수 있는 정보체제로까지 확장되고 있다.

이상의 정보처리체제의 장점과 더불어 이를 실시함으로써 발생되는 문제점 또한 지적되고 있다(정태범, 2002: 556-557).

① 새로운 체제의 도입 및 발전이 행정 책임자의 지지를 얻지 못하고, 정보를 사용할 사람들이 어떤 정보가 그들에게 정확히 필요한지를 모를 수 있다.
② 구성원 간의 불협화음이나 주도권 다툼이 일어날 수 있다.
③ 실천할 수 있는 시간이 부족하거나 전문가 집단이 적당하지 않을 때 문제가 발생할 수 있다.
④ 장기적인 예산 지원이 없을 경우 문제가 야기된다.

정보처리의 효율화를 위한 정보처리체제는 단위학교 및 교육행정기관에서 다양하게 활용될 수 있다.

① 학교경영을 위한 교육활동 및 교육지원활동의 다양한 영역에 대해 자료를 관리할 수 있다. 대표적인 예가 현재 단위학교에서 사용하고 있는 교육행정정보시스템(National Education Information System: NEIS)이다. 다음 〈표 11-1〉은 학교경영 영역 및 영역의 세부 내용 중 시스템 상에서 관리 가능한 것을 제시한 것이다.

〈표 11-1〉 학교경영에서 정보관리 가능 대상 영역

교육활동	교수·학습 정보관리
	학생정보관리
	학적관리
	장학 및 연구 정보관리
교육지원활동	사무관리
	재무관리
	시설 및 매체관리
	교직원연수 및 인사관리
	대외관계 관리

* 출처: 이재덕(2002: 20)

② 예산과 경비의 내역, 학생관련 정보, 시설목록, 성적관리 등과 같은 자료를 정보화하면 학교관리를 보다 효과적으로 할 수 있다.

③ 이상의 자료를 토대로 경비분석, 교사부담 분석, 학생의 성향분석, 성적사정 등을 기초로 학교경영목표의 우선순위 결정, 인사관리, 진학사정, 사업별 재정 및 인력수요 판단 등에 대한 유용한 정보를 제공해 줄 수 있다(주삼환·신재흡, 2006: 400).

사. 학교장의 임무와 자질

21세기의 급변하고 있는 사회 속에서 학교장의 임무 수행에 관한 사람들의 관심이 커지고 있다. 단위 학교에서 학교장은 다양한 임무를 수행하고 있다. 학교장의 임무는 초·중등교육법 제20조(교직원의 의무) 제1항에 '교장은 교무를 통할(統轄)하고, 소속 교직원을 지도·감독하며, 학생을 교육한다.'라고 규정되어 있다. 이는 학교에서 벌어지는 모든 분야의 일들을 학교장이 관리·감독해야 한다는 것을 의미한다고 하겠다. 이러한 인식을 바탕으로 학교장의 임무를 학교기획, 교수·학습의 지원, 교직원 관리, 사무·재무·시설 관리, 대외 협력의 5가지 영역으로 나누어 다음과 같이 보다 구체적으로 살펴볼 수 있다(이차영, 2006: 234; 주삼환 외, 2015: 409 재인용).

① 학교기획: 학교 규칙을 제정하고 학교운영위원회를 설치하여 운영해야 한다.
② 교수·학습의 지원: 학생의 입학, 진급, 졸업을 관리하고 학생 평가 자료를 작성, 관리해야 한다. 또한 학생자치활동의 보장 및 지원을 하고 학생의 학습권을 보호해야 한다.
③ 교직원 관리: 사무분장 및 교직원의 조직을 관리하고 교직원의 능력 개발을 지원해야 한다.
④ 사무·재무·시설 관리: 학교 시설·설비, 학교 안전을 관리해야 하고 구성원의 안전 및 보건을 유지해야 한다.
⑤ 대외협력: 학부모 및 자원인사와 협력하고 학교를 적극적으로 홍보해야 한다.

한편, 학교장은 학교 내에서의 권위와 경험을 바탕으로 교사와 학생들에게 모범을 보여야 한다. 학교장의 자질은 학교문화 및 구성원들의 가치관 형성에 큰 영향을 미치며 이것은 교사와 학생들의 전반적인 학교생활의 모습에서 나타나게 된다. 학교장이 갖추어야 할 자질을 살펴본 주삼환·신재흡(2006: 272-273)은 학교장의 자질로서 9가지를 제시하고 있다.

① 도덕적 품성과 건전한 교육관을 가지고 사리를 정확하게 판단할 줄 알아야 한다.
② 심신이 건강하고 폭 넓은 교양과 올바른 예절로 우수한 지적능력과 고도의 창조성을 지녀야 한다.
③ 공정 무사하게 모든 일을 처리하는 능력을 지녀야 한다.
④ 교직원과 인간관계가 밀접하게 지내며 사적 생활까지도 관심을 가져야 한다.
⑤ 학교 경영계획을 입안할 때 일부 부장교사에게단 맡기지 말고 전교직원이 참여한 가운데 집단적 사고에 의하여 처리하도록 해야 한다.
⑥ 하달하는 모든 사항은 일관성을 유지해야 한다.
⑦ 교직원의 복지를 위해서 노력하고 인사 업무를 공정하게 처리해야 한다.
⑧ 교직원들의 인격을 존중하고 공식석상에서 특정교사를 지나치게 칭찬하거나 질책 또는 약점을 지적하지 않으며, 교직원들의 노력과 업적에 대하여 깊은 통찰력으로 높은 평가를 해 주어야 한다.
⑨ 교직원들의 건의사항이 교육적으로 부당하다고 생각되는 경우에는 그들이 이해할 수 있는 처리방안을 강구하여야 한다.

2. 학급경영

가. 학급경영의 개념

학급은 교육목표를 달성하기 위해 인위적·합리적·의도적으로 구성된 집단으로 학교교육은 학급을 기본 단위로 전개된다. 학급은 동일한 지역사회에서 성장하여 공통의 생활경험을 가지고 신체적으로나 정신적으로 발단 단계가 비슷한 동일 연령층의 아동을 대상으로 보다 효과적인 교수-학습을 위해 인위적이고 의도적으로 만든 학습집단이며 생활집단이다(윤정일 외, 2012: 455).

그러므로 학급경영이란 교육활동조직의 최종단계인 학급에서 담임교사가 교육목표의 달성을 위해 교육활동을 계획·조직·실행하는 제 활동을 의미하며, 그 궁극적인 목적은 학년별 교육과정 목표달성을 위한 교수-학습과 생활지도의 촉진이라고 할 수 있다(주삼환 외, 2013: 386). 이상의 개념에 따라 학급경영을 보는 여러 관점이 존재할 수 있는데, 주요 관점들은 다음과 같다(박병량, 2003: 19-22).

① 질서유지로서의 학급경영 : 학급경영을 학급활동의 질서를 유지하기 위해 교사가 학급에서 행하는 모든 활동으로 보는 관점이다. 학교나 학급에서 발생하는 문제행동을 다루는 훈육, 학생의 문제행동을 예방하고 선도하는 생활지도 등을 학급경영으로 보는 관점 등이 여기에 해당된다.

② 조건정비로서의 학급경영 : 학급경영을 수업을 위한 학습 환경을 조성하는 일로 보는 관점이다. 이 관점은 학급경영을 수업과 경영활동으로 분리하고 경영활동은 수업을 위한 조건정비와 유지활동으로 한정하는 입장을 취한다.

③ 교육경영으로서의 학급경영 : 학급경영을 경영학적 관점에서 교육조직을 경영한다는 차원으로 보는 입장으로, 경영을 목표성취에 필요한 조정과 협동 활동으로 보고 그러한 조직이 수행하는 교사의 활동을 학급경영으로 본다. 이러한 관점은 교육운영의 활동적이고 역동적인 측면을 기술할 수 있다는 점 때문에 최근의 주도적 입장이 되고 있다.

나. 학급경영의 영역

학급경영의 영역을 구분하는데 있어 학자 간 차이가 존재한다. 주삼환 외(2012: 387)는 교실 내 수업과 경영을 분리하여 학급경영을 파악하는 입장과 학급에서 이루어지는 모든 활동을 학급경영으로 파악하여 수업활동을 학급경영에 포함시키는 입장, 그리고 수업활동과 경영활동을 분리시키고 이들 두 활동 사이에서 중첩되는 경계영역 활동을 인정하는 입장 등 세 영역으로 구분하였다. 한편, 김명한 외(1988: 434-435), 박병량·주철안(2006: 426), 진동섭 외(2011: 458) 등은 학급경영을 수업활동과 경영활동으로 분리하여 수업활동을 제외한 모든 학급활동을 학급경영으로 파악하는 입장과 수업활동과 경영활동을 구분하지 않고 학급활동 전체를 학급경영의 영역으로 파악하는 등의 두 영역으로 구분하였다.

우리나라의 경우, 초등은 담임 중심의 수업 체제를, 중등은 교과 중심의 수업 체제를 유지하고 있기 때문에, 초등의 입장에서는 수업활동과 경영활동을 분리하지 않고 학급활동 전체를 학급경영의 영역으로 파악하는 것이 타당하다. 반면 교과전담제체를 유지하는 중등의 입장에서는 학급 담임교사의 수업활동이 제한적일 수밖에 없기 때문에 수업활동과 경영활동을 분리해서 학급경영의 영역을 파악하는 것이 보다 현실적이다.

구체적인 학급경영의 영역과 주요 활동을 정리하면 다음 〈표 11-2〉와 같다.

〈표 11-2〉 학급경영의 영역 및 주요 활동

학급경영의 영역	주요 활동
교수-학습 영역	교과지도, 특수아지도, 가정학습지도 등
특별활동지도 영역	자치활동지도, 클럽활동지도, 학교행사 등
생활지도 영역	학업 및 교우관계 문제지도, 진학 및 진로지도, 건강지도 등
시설·환경관리 영역	시설 및 비품관리, 게시물 관리, 청소관리, 물리적 환경관리 등
가정 및 지역사회 관계 관리 영역	학부모와의 관계 유지, 지역사회와의 유대관계 유지, 봉사활동 등
사무관리 영역	각종 장부정리, 학생기록물 관리, 각종 잡무처리 등

다. 학급경영의 원리

학급을 효과적이고 효율적으로 경영하기 위해서 담임교사가 반드시 지키고 따라야하는 기본적인 원칙들이 존재한다(김영돈, 1971: 369).

① 자유의 원리 : 학생의 인격을 존중하고 개성을 발전시키는 것이다. 즉, 학생발달에 대한 구속을 지양하고 자연적인 발달을 조장할 수 있는 여건을 제공한다.
② 협동의 원리 : 학급집단의 안전과 이익을 위하여 협동생활을 할 수 있도록 지도하는 것으로, 학업성적의 점수를 얻기 위해 필요 이상으로 경쟁을 조장해서는 안 된다.

③ 노작의 원리 : 노작(勞作)은 자기활동이고 자기표현이다. 그리고 정신적·육체적 활동을 통해 유형·무형의 창작물이 나온다. 따라서 학습활동, 특별활동 등에서 스스로 자기의 목표를 실현하도록 해야 한다.

④ 창조의 원리 : 창조는 광범하고 깊은 상상력의 발로이다. 따라서 학급생활에서 첫째, 과학하는 과정, 즉 자료의 수집과 분석, 종합, 정리, 활용하는 방법을 지도하고, 둘째, 관찰, 실험, 학습, 현장학습 등에서 과학하는 활동을 지도하고, 셋째, 간이기구의 제작을 비롯한 공작활동을 지도하고, 넷째, 지적 수준이 낮은 학생들에게 흥미본위의 자기활동을 하도록 동기를 유발한다.

⑤ 흥미의 원리 : 흥미는 활동의 원동력이므로 학생이 흥미를 갖도록 하기 위해서는 생활환경을 새롭게 마련하고 성공의 느낌을 가지도록 지도하며, 다음 학습에 대한 준비태세를 갖추도록 하여 자율적 활동을 적극적으로 권장한다.

⑥ 요구의 원리 : 이끌고 도와주는 교사의 입장과 이끌려 활동하는 학생의 입장을 동시에 고려하고, 학생의 요구, 가정의 요구, 지역사회의 요구, 국가의 목표를 충분하게 고려한다.

⑦ 접근의 원리 : 학급은 교사와 학생이 상호작용하는 장이다. 교사와 학생 또는 학생 상호 간의 의사소통과 인격적 접근으로 개인과 학급전체가 발전되는 것이다.

⑧ 발전의 원리 : 바람직한 발전을 위해 단원을 설정하고 자료를 수집하여 지도함으로써 학급생활에 계획된 변화를 가져오도록 한다.

그러나 학급경영은 실천적으로 이루어지는 교육활동이기에 위와 같이 학자들이 제시하는 학급경영의 원리를 그대로 따르기보다는 학자들의 견해에 대한 이해를 통해서 담임교사 자신이 스스로 실천해 나가는 과정에서 학급경영의 원리를 터득하고 체득하는 과정이 더 필요하고 중요하다.

라. 학급경영계획의 수립

학급경영계획 수립은 학교경영 및 학년경영계획을 바탕으로 학급의 교육목표를 효과적으로 달성하기 위한 준비 과정이다(진동섭 외, 2011: 460). 학급경영계획에 따라 교사는 일 년 동안 자신이 해야 하는 일에 대해 책임을 가지고 임할 수 있고, 학생과 학부모는 학급경영에 대해 예측하고 참여하고 협조할 수 있다. 학급경영계획 수립의 과정은 다음과 같다.

① 필요한 기초자료의 수집 : 학생 개개인의 능력, 소질, 취미, 학력수준을 알 수 있는 자료, 신체적 발달, 사회성, 정서적 경향을 알 수 있는 자료, 장래의 희망, 가정환경 등 학급경영에 필요한 자료를 수집한다. 기초자료는 가정환경조사서, 학생생활기록부, 건강기록부 등을 통해서 획득할 수 있으나, 학생 개개인에 대한 자세한 정보는 설문조사, 면담 등을 통해서 확보하는 것이 좋다.
② 학급경영목표 및 방침 결정 : 학급경영목표는 학교목표와 학년목표, 교육방침 등과의 일관성을 유지해야 하며, 학급의 교육적 수준과 학생실태 파악을 기초로 설정되어야 한다. 학급경영 방침은 교과지도, 생활지도, 환경정리, 학급사무, 학습평가 등 영역별 목표달성을 실천가능한 내용을 중심으로 결정한다.
③ 필요한 조직 구성 : 학급경영에 필요한 분단조직, 학급회조직, 특별활동조직, 봉사활동조직, 생활지도조직 등을 조직한다.
④ 학급환경 구성의 계획 : 학급환경은 학생들이 학급생활에 애착을 느낄 수 있도록, 즐겁고 명랑한 분위기로 조성하고, 학습동기를 자극할 수 있도록 구성한다.
⑤ 학생지도계획의 구체적 수립 : 학생지도계획에는 학급 학생지도를 통하여 학교 교육목적을 실현할 수 있는 구체적인 내용이 담겨 있어야

하므로 학습지도계획, 생활지도계획, 특별활동지도계획, 건강지도계획 등으로 나누어 수립하는 것이 좋다.

⑥ 학급경영의 평가계획 : 학급경영의 평가계획에서는 영역 혹은 활동별로 학급경영의 성과를 진단·평가할 수 있는 방법을 구체적으로 계획하되, 교사와 학급 학생이 공동으로 평가하는 방안을 포함시키는 것이 바람직하다.

⑦ 학급경영안 작성 : 학급경영계획의 마지막 단계는 앞의 구상과 조사 및 계획을 기초로 일정한 양식에 의거하여 학급경영안을 기록·작성하는 일이다.

마. 학급경영의 평가

학급경영에 대한 평가는 학급경영의 발전과 개선, 학급 담임교사의 성장을 위해 꼭 필요한 활동이다(윤정일 외, 2011. 475). 대개 학기말이나 학년말에 실시하는 것이 보통이나 월말에도 실시할 수 있고, 평가결과는 다음 달이나 다음 학기, 다음 학년의 계획을 수립하는 자료로 활용한다.

학급경영평가의 주체로 학급 담임교사 자신이 평가자가 되는 것이 일반적이나 경우에 따라서는 학교경영평가의 일부로서 학교장이 직접 평가하는 경우도 있다. 학교장이 평가하는 경우에는 학급 담임교사의 능력을 평가하고 지도·조언하기 위한 자료로 활용한다. 그러나 가장 중요한 것은 학급 담임교사가 자기 스스로를 평가하는 자기평가이다.

학급평가의 영역은 학급경영계획(학급경영목표 설정, 기초조사 및 활용, 교과지도계획, 생활지도계획 등), 학습지도(학습지도계획, 학습지도의 기술, 교구의 정비 활용, 학생의 실력 향상 등), 생활지도(학생의 용의 및 행동, 직업 및 진로지도, 자치활동지도, 여가선용지도, 건강 및 양호지도 등), 환경정비(교실환경 정비, 교구 및 자료 정비, 청소 미화 등), 교사활동(학생에 대한 태도, 교육연구활동, 자체연수, 복무, 건강상태, 학급사무관리, 가정 및 지역사회 관리 등)으로 구분할 수 있다.

바. 담임교사의 임무와 자질

학급 내 담임교사는 다양한 임무를 수행하고 있다. 초등의 경우 한 사람의 담임교사가 한 학급을 전담하여 수업지도 및 생활지도를 담당하는 학급 담임제를 채택하고 있고, 중등의 경우에도 비록 교과전담제를 실시하고는 있으나 한 명의 학급담임을 지명·배치하여 학급의 기본 업무를 담당하도록 하고 있다. 학교급에 관계없이 학급담임이 해야 할 임무는 다음과 같다 (주삼환 외, 2013: 393-394).

① 수업활동 : 수업활동은 학급 내 활동의 가장 큰 부분을 차지하며 교사와 학생의 입장에 따라 수업활동과 학습활동으로 구분된다. 이를 위해 교사는 수업활동 이전에 학생들에게 어떤 경험을 학습하게 할 것인가에 대한 방법을 계획하고 그 결과를 평가해야 한다.
② 생활지도 : 교사는 학생들로 하여금 자신의 문제를 해결하도록 지도하고 도와주어야 한다. 특히 관심학생을 조기에 발견하고 학부모와의 긴밀한 협조관계를 구축하여 개별적으로 특별지도를 해야 한다.
③ 특별활동 지도 : 담임교사는 학급 내에서 이루어지는 학급회를 포함한 학생자치활동, 소풍, 수학여행, 체육대회, 각종 수련회를 포함한 단체 활동, 그리고 학생봉사활동에 대한 이해를 통해서, 그러한 활동이 의도하는 교육적 효과를 거둘 수 있도록 해야 한다.
④ 학급의 교실환경 정비 : 잘 정비된 교실환경은 학급에서의 교수-학습을 안정적으로 진행하기 위한 필요조건이다. 그리고 교실의 물리적 환경 구성에는 담임교사의 학급에 대한 관심이 일차적으로 반영된다.

⑤ 학급 사무의 처리 : 담임교사는 학급운영과 관련 있는 각종 사무와 학교 내의 다른 부서에서 요구하는 다양한 사무를 처리해야 한다.
⑥ 학교운영에 대한 참여 : 담임교사는 주 업무인 수업지도와 생활지도 이외에 교무회의, 교과협의회, 학년회의, 인사자문위원회의 구성원이 되어 학교행정에 직접적으로 참여하여 바람직한 교육환경의 구성을 위해 노력해야 한다.

한편, 교사는 학생들에게 모범을 보여야 한다. 학생들이 가정에서 부모의 말투나 행동 등을 따라하듯이 학교에서 학생들은 담임교사의 모든 행동에 대해 관심을 갖고 이를 모방하려 노력한다. 특히 학교급이 낮고 가치관이 형성되기 이전의 학생이라면 모방 행동이 많이 나타날 수 있기 때문에 담임교사는 학생들에게 모범이 될 수 있는 자질과 품성을 갖추는 것이 매우 중요하다.

교사의 자질에 대한 몇 가지 조사를 통해 담임교사가 갖추어야 할 교사로서의 자질에 대해 살펴보고자 한다. 우선 이종재 외(1981)가 교사, 학부모, 학생을 대상으로 연구한 이상적인 교사의 자질에 대한 조사 결과, '교육자로서 신념을 지닌 교사', '학생에 대하여 깊은 관심과 사랑을 지닌 교사', 그리고 '인생에 대한 자세를 가르쳐 주는 교사'를 바람직한 교사상으로 보고 있었다. 그러나 집단 간에 이상적인 교사의 자질에 대한 차이 또한 조사 결과로 나타났다. 교사의 경우, 학생에 대한 관심 관련 항목을 교사의 주요 자질로 인식한 반면, 학부모는 생활지도 관련 항목을, 학생은 수업지도 관련 항목을 교사의 주요 자질로 인식하고 있어, 집단 간에 교사의 자질을 보는 시각의 차이가 있음을 알 수 있다.

미국에서 실시한 교육에 대한 갤럽(Gallup)의 여론조사에서는 바람직한 교사의 특성이 다음과 같은 순위로 나타났다(Brainard, 1977; 윤정일 외, 2012: 465-466에서 재인용).

① 이해와 의사소통의 가능성을 지닌 교사
② 어린이에게 공정한 원칙을 지닌 교사
③ 높은 도덕적 특성을 지닌 교사
④ 어린이에 대한 사랑과 관심을 지닌 교사
⑤ 헌신적인 교사
⑥ 친근하고 **좋**은 성품을 지닌 교사
⑦ 정결하고 깔끔한 외모를 지닌 교사

이상의 결과는 앞서 제시한 우리의 결과와는 사뭇 다른 것을 알 수 있다. 미국의 경우, 우리와 같이 수업지도와 관련된 교사의 자질보다는 학생들을 이해하고, 학생들을 공평하게 대우하며, 높은 도덕성을 지닌 교사를 바람직한 교사의 자질로 생각하고 있음을 알 수 있다.

2. 학급경영

 생각해볼 문제

- ◆ 학교경영의 개념과 원리를 설명해보시오.
- ◆ 학교경영의 절차를 구체적 사례를 가지고 적용해 보시오.
- ◆ 다양한 자료를 바탕으로 우수학교장이라고 추천받는 교장들은 학교경영 영역 중 어느 영역에서 강점을 보이고 있는지를 조사해보시오.
- ◆ 학교경영기법에 대해 설명하고, 각 학교경영기법이 학교경영에 미친 영향을 구체적으로 제시하시오.
- ◆ 학급경영의 영역에는 어떤 것들이 있고, 그 중 현재 학교 현장에서 가장 취약한 영역이 어떤 것인지 실제 사례를 바탕으로 설명하시오.

 참고문헌

강금식(1996). **품질경영**. 서울: 박영사.
강길수 외(1973). **교육행정**. 서울: 서울대학교 출판부.
강영삼·신중식(1985). **교육행정 및 교육경영**. 파주: 교육과학사.
김명환 외(1988). **교육행정 및 경영**. 서울: 형설출판사.
김세기(1984). **현대학교경영**. 서울: 정민사.
김신복(1983). **발전기획론**. 서울: 박영사.
김영돈(1971). **학교경영의 이론과 실제**. 파주: 교육과학사.
김윤태(1986). **교육행정·경영신론**. 서울: 배영사.
김종철·진동섭·허병기(1991). **학교·학급경영론**. 서울: 한국방송통신대학교 출판부.
김종철(1982, 1985). **교육행정의 이론과 실제**. 파주: 교육과학사.
김창걸(1991). **교육행정 및 교육경영**. 서울: 형설출판사.
박병량·주철안(2006). **학교·학급경영**. 서울: 학지사.
박병량(2003). **학급경영(개정판)**. 서울: 학지사.
서정화 외(2002). **교장학의 이론과 실제**. 파주: 교육과학사.
신상명(2005). **학교경영정보시스템**. 서울: 형설출판사.
윤정일·송기창·조동섭·김병주(2012). **교육행정학원론(5판)**. 서울: 학지사.

이재덕(2002). **학교단위자율경영을 위한 경영정보시스템의 활용 방안**. 석사학위논문. 서울교육대학교 교육대학원.

이종재 · 이차영 · 김용 · 송경오(2012). **한국교육행정론**. 파주: 교육과학사.

이종재 외(1981). **한국인의 교육관**. 서울: 한국교육개발원.

정태범(1988). **학교경영과 그 평가**. 87 교(원)장자격연수 보충교재.

정태범(2002). **학교경영론**. 파주: 교육과학사.

주삼환 · 신재흡(2006). **학교경영의 이론과 실제**. 서울: 학지사.

주삼환 외(2013). **교육행정 및 교육경영(4판)**. 서울: 학지사.

진동섭 · 이윤식 · 김재웅(2011). **교육행정 및 학교경영의 이해(제2판)**. 파주: 교육과학사.

이차영(2006). 직무명료화에 기초한 교장 평가제도의 설계. **교육행정학연구**, 24(2), 225-250.

주삼환 · 신재흡(2006). **학교경영의 이론과 실제**. 서울: 학지사.

주삼환 · 천세영 · 김택균 · 신봉섭 · 이석열 · 김용남 · 이미라 · 이선호 · 정일화 · 김미정 · 조성만(2015). **교육행정 및 교육경영**. 서울 학지사.

Banghart, P. W. (1973). *Educational Planning*. New York: The macmillan.

Caldwell, B. J. & Spinks, J. M. (1988). *The Self-Managing School*. London: the Farmer Press.

Campbell, R. F., Corbally, J. E. Jr., & Ramseyer, J. A. (1968). *Introduction to educational administration*. Boston: Allyn & Bacon, Inc.

Drucker, P. F. (1954). *The practice of management*. New York: Harper & Row.

Fayol, H. (1949). *General and industrial management*, translated by Constance Storrs. London: Sir Isaac Pitman & Sons.

Kaufman, R. A. (1972). *Educational System Planning*. New Jersey: Prentice-Hall.

Murgatroyd, S., & Morgan, C.(1993). *Total Quality Management and the School*. Buckingham: Open Univ.

Ordiorne, G. S. (1965). *Management by Objective*. New York: Pittman.

M·E·M·O

CHAPTER 12 교육행정의 변화와 전망

> 교육행정은 학교교육의 효과를 높이기 위한 지원활동을 의미하는데 이를 위하여 최근에 강조되고 있는 것이 교육의 자율성과 책무성을 높이는 것이라고 할 수 있다. 세계적으로 교육의 자율성과 책무성을 높이기 위한 정책이 추진되고 있는 상황이다. 자율성과 책무성은 별개로 존재하는 개념으로 보이지만 실제로는 자율성과 책무성이 연계되어 이루어짐을 알 수 있다. 특히 공공선택론의 관점에서는 '책무성을 위한 자율성(autonomy for accountability)'을 강조하고 있다는 점에서 두 개념의 연계를 살펴볼 수 있다.
> 이 장에서는 교육행정의 자율성과 책무성에 관련된 이론적 논의를 살펴보고, 실제 우리나라에서 적용되고 있는 자율화 정책과 책무성 정책에 대해 살펴보고자 한다. 책무성과 관련하여 학업 성취도 평가에 기반한 학교교육의 책무성 체제의 의의를 역사적 발전과정과 함께 고찰해 보고, 이러한 평가에 기반한 책무성 체제의 특징을 긍정적인 측면과 부정적인 측면으로 구분하여 살펴보고자 한다.

- 논의의 배경
- 교육행정의 자율성과 책무성
- 교육행정의 변화전망

1. 논의의 배경

교육행정과 학교교육의 자율성(autonomy)과 책무성(accountability)에 대한 논의는 이미 지난 20세기부터 세계적으로 교육행정 영역의 연구와 실제에서 모두 중요한 주제로 다루어지고 있다. 자율성과 책무성은 별개로 존재하는 개념으로 보이지만 실제로는 자율성과 책무성이 연계되어 이루어짐을 알 수 있다. 특히 공공선택론의 관점에서는 '책무성을 위한 자율성(autonomy for accountability)'을 강조하고 있다는 점에서 두 개념의 연계를 살펴볼 수 있다.

20세기 후반부터 학교개혁의 방향은 단위학교의 자율성 강화에 초점을 맞추고 있다(김성열 외, 2005). 미국, 영국, 호주, 캐나다 등에서 '학교 재구조화(school restructuring)'라는 용어를 단위학교 자율경영제(SBM: school based management)라는 용어와 동일한 것으로 사용하고 있는 것도 이러한 이유 때문이다(Poster, 1999). 오랜 기간동안 중앙집권적인 교육행정 체제를 유지해 온 우리나라에서는 자율화와 분권화가 학교교육의 중요한 과제로서 지속적으로 논의되고 왔고, 실제로 지방교육자치제도의 도입, 학교운영위원회 제도의 도입, 학교예산회계제도 등 다양하게 추진되었다.

학교교육에 관한 중요한 사항에 대해 시·도 교육청과 학교의 구성원들이 결정해야 한다는 것은 지방교육자치의 이념이고, 많은 사람들이 인정하는 것이다. 「지방교육자치에관한법률」 제2조에서도 '지방자치단체의 교육·과학·기술·체육 그 밖의 학예(이하 "교육·학예")에 관한 사무는 특별시·광역시 및 도(이하 "시·도")의 사무로 한다'고 분명히 명시하고 있다. 2007년에 실시된 제17대 대통령 선거에서도 '학교교육의 자율화'는 여러 후보의 주요 교육공약으로 채택되었다. 그리고 2008년 이명박 대통령 정부가 들어서면서 교육과학기술부는 학교 자율화 정책 기획과 추진을 위해 전담 조직과 인력을 신설하였고, 2008년 4월 '학교 자율화 추진계획'을 발표하면서 학교교육의 자율화를 중요한 정책과제로 추진하였다.

학교교육에 있어서 중앙정부의 간섭과 통제를 줄이고, 지역과 학교의 자율성을 높이는 것에 대해서는 교육정책 영역에서 거의 드물게 대다수의 사람들이 지지하는 정책 중의 하나이다. 그러나 심도 있는 논의를 진행하고 내용을 구체적으로 살펴보면 사람들마다 갖고 있는 학교교육의 자율화에 대한 방향과 내용이 다르다는 것을 알 수 있다. 정부 주도의 학교 자율화 추진계획에 대한 반응도 아주 다양하게 나타났는데, 적극적인 찬성 입장을 보이는 집단이 있는 반면, 교육학 전문가 집단을 비롯하여 교원노조와 학부모단체 등 일부 집단들이 학교 자율화 추진계획에 대해 전면적인 반대 입장을 표명하였다. 이러한 현상은 학교 자율화에 대해서 집단에 따라 인식의 차이가 존재한다는 것으로 해석해 볼 수 있다.

한편 학교교육의 책무성에 대한 요구가 높아지면서 다양한 평가 체제가 도입되고 있다. 우리나라에서는 학교교육의 책무성을 제고하기 위해 학생의 학업 성취도 평가, 교원 평가, 학교 평가, 교육청 평가 등 다양한 평가가 시행되고 있다. 영국에서는 1988년 「교육개혁법(Education Reform Act 1988)」 제정 이후 7세, 11세, 13세 전체 학생을 대상으로 국가수준 교육과정평가(National Curriculum Assessment: NCA)를 실시하고 있고, 일본에서도 2007년부터 소학교 6학년, 중학교 3학년 전체 학생을 대상으로 국어와 수학의 전국학력·학습상황 조사를 시행하고 있다(정은영 외, 2008). 미국의 경우, 지난 25년간 교육개혁의 핵심적인 키워드를 '국가적 표준(standard)의 설정, 학업 성취도 평가(assessment), 그리고 책무성

(accountability)'으로 요약할 수 있을 정도로 다양한 평가를 실시하고 있다(Laitsch, 2006). 미국에서 학업 성취도 평가에 기반한 책무성 평가는 논쟁의 중심에 있으면서도 정책 결정자들이 선호하는 정책 대안이 되고 있다(Linn, 1998). 정책 결정자들은 학업 성취도에 기반한 책무성 평가 체제를 다양한 학교교육의 문제를 해결할 수 있는 효과적인 기제로 보고 있기 때문이다(Kornhaber, 2004).

특히 NCLB(No Child Left Behind Act of 2002)가 시행된 이후, 미국 연방정부에서는 모든 주가 매년 표준화된 학업 성취도 평가를 실시할 것을 요구하고 있고, 모든 유·초·중등학교들은 학생의 학업 성취에 대한 책무성을 갖도록 하고 있다. 각급 학교는 정해진 기준을 충족시키지 못하는 경우에 보완책을 강구하여야 하며, 지속적으로 기준을 충족시키지 못하는 학교에 대해 연방 정부의 재정 지원을 감축할 수 있도록 하고 있다(Peterson & West, 2003; 정제영, 2008). 이로 인해 미국 내에서도 학업 성취도 평가에 기반한 책무성 평가에 대한 논쟁은 더욱 가열되고 있는 상황이다.

우리나라에서는 2008년 이명박 대통령 정부에서 100대 국정과제를 확정하면서, 학력을 높이고 교육격차를 줄이기 위해 2009년까지 기초학력 향상 지원 체제를 구축하고, 국가 수준의 학업 성취도 평가 시스템을 구축하는 것을 포함시켰다(김성열, 2009). 2007년까지 학업 성취도 평가는 일부 학생을 표집하여 평가하였으나, 2008년부터는 초등학교 3학년(기초학력 진단평가)과 초등학교 6학년, 중학교 3학년, 고등학교 1학년 전체 학생을 대상으로 실시하였다. 『교육관련기관의 정보공개에 관한 특례법 시행령』에서 2010년부터 학업 성취도 평가 결과를 학교 수준에서 공개하도록 하였는데, 이를 통해 책무성을 높이고자 하는 의도로 볼 수 있다. 교육계 일각에서는 국가 수준의 학업 성취도 평가 실시와 결과 공개를 강력하게 반대하고 있고, 일부 지역에서는 평가를 거부한 사례가 발생하였다. 학업 성취도 평가에 대해 찬반 입장이 명백하게 갈리고 있는 상황이며, 평가 결과를 책무성 평가의 기제로 삼는다면 더욱 거센 반발이 예상된다. 국가 수준의 학업 성취도 평가가 학생들에게 지나친 부담을 줄 경우에는 평가과정에서 결과의 왜곡이 심각하게 나타날 수 있다는 우려도 있다(김신영, 2008).

  이 장에서는 교육행정의 자율성과 책무성에 관련된 이론적 논의를 살펴보고, 실제 우리나라에서 적용되고 있는 자율화 정책과 책무성 정책에 대해 살펴보고자 한다. 책무성과 관련하여 학업 성취도 평가에 기반한 학교교육의 책무성 체제의 의의를 역사적 발전과정과 함께 고찰해 보고, 이러한 평가에 기반한 책무성 체제의 특징을 긍정적인 측면과 부정적인 측면으로 구분하여 살펴보고자 한다.

2. 교육행정의 자율성과 책무성

가. 교육행정의 자율성

학교교육 체제가 점차 확대되고, 교육재정의 소요가 점차 커지게 되면서 보다 효율적이고 효과적인 교육관리 체제 구축에 대한 요구가 증가하게 되었다(Friedman, 1955; Carnoy & Levin, 1985). 중앙집권적 관료체제, 거대한 학교 및 학급 규모, 표준화 등은 학교교육의 효율성과 책무성, 변화에 대한 적극적이고 능동적인 대응(responsiveness)을 가로막는 걸림돌이 되고 있다는 지적이 제기되었다(Chubb & Moe, 1990; Meier, 1995). 20세기 후반부터는 교육체제에서 단위학교가 행정, 재정, 책무성의 기본적인 단위가 되고 주체가 되어야 하기 때문에 교육행정의 지방 분권화, 지역의 참여 확대, 학교의 자율성을 높여야 한다는 교육개혁 정책들이 제안되어 왔다(이종재 외, 2003; Hill, Pierce, & Guthrie, 1997; Fiske, 1996). 학교 자율화의 두 가지 상반된 이론적 배경을 살펴보고, 정책 추진상의 방향을 우선 검토해 보고자 한다.

1) 학교 자율화를 추구하는 상반된 관점

학교가 교육의 운영 뿐 아니라 교육행정, 재정, 책무성의 중심이 되어야 한다는 학교 자율화 주장의 기저에는 아이러니컬하게도 두 가지 상반된 관점의 이론적 배경을 갖고 있다. 우파와 좌파, 보수와 진보 등 다양한 이름으로 불리며 상반된 정치·경제·사회적 관점을 갖고 있는 공공선택론과 공동체주의이다. 대립적인 이론적 배경을 갖고 있음에도 불구하고 학교 자율화는 양측 모두의 목적을 달성하기 위한 방법론으로 제시되고 있는 것이다.

첫 번째는 공공선택론, 주인-대리인 이론 등 경제학적 이론에 기반을 둔 것이다. 학생과 학부모는 학생의 교육과 관련된 모든 권한을 국가에 위임한 상황이고, 학교는 국가로부터 위임을 받아 업무를 수행하는 대리기관에 해당한다. 학교가 대리기관이라면 학교에 속해 공적인 일을 수행하는 모든 교원은 대리인이라고 할 수 있다. 결국 학생과 학부모, 교원의 관계는 '주인-대리인 관계'로 파악할 수 있다(정제영·오범호, 2007).

대리인이 주인이 아닌 본인의 이익을 극대화하려 한다면 이를 통제하기 어렵다는 것이 '주인-대리인 이론'의 핵심적인 부분이다. 위임 계약 체결 이후 대리인이 과업을 제대로 수행하고 있는지 파악하기 어려운 상황을 '정보의 비대칭성(information asymmetry)' 뜨는 '비대칭적 정보(asymmetric information)' 상황이라고 한다. 그리고 대리인이 자신의 이익을 극대화하려는 경향을 '기회주의(opportunism)'적 속성이라고 표현한다(정용덕 외, 1999: 83). 학부모와 학생의 최종적 대리인인 교원이 정보의 비대칭성을 악용하여 기회주의적 속성을 발휘하는 상황을 이론적으로 '도덕적 해이(moral hazard)'라고 할 수 있다.

학생의 학업성취에 대한 책임 소재가 불명확한 상황을 극복하기 위해서 단위학교에 자율성을 부여함으로써 학업 성취에 대한 책무성까지 명확하게 학교에 두자는 것이다(Hanushek & Raymond, 2002: 76). 우리나라에서는 신자유주의적 교육관이라는 것으로 널리 알려진 것으로 학교에 자율성을 줌으로써 학생들 간 경쟁체제를 완화하고 학교 간 경쟁체제를 구축해야 한다는 주장이 여기에 속한다고 할 수 있다.

결론적으로 공공선택론에서는 불필요한 규제와 간섭보다는 완전한 자율성을 대리인에게 부여하고, 성과에 대해 철저하게 상벌체계를 구축하는 것이 가장 효과적이라는 것이다. 따라서 학교에 대해서도 자율성을 최대한 보장하여, 학교간 경쟁을 유도하고, 교육의 성과에 대해서 학교가 책임지도록 하는 것이 모두에게 이익이 되는 합리적 선택이라는 것이다.

두 번째는 공동체주의(communitarianism)와 사회적 자본론(social capital theory)에 입각하여 학교교육에 대한 모든 결정은 학교를 구성하고 있는 교원과 학부모, 지역사회에 의해 자율적으로 이루어져야 한다는 것이다(Coleman & Hoffer, 1987; Furman, 2002). Sergiovani(1994)는 학교에 대한 비유가 조직(organization)에서 공동체(community)로 바뀌어야 한다고 제기하였다. Sergiovani는 '공동체의 구축은 학교 개선의 가장 핵심적인 부분이다(Sergiovani, 1994: xi)'라고 강하게 제기하였다.

Furman(2002)은 공동체로서 학교에 관한 이론들을 종합하여 [그림 12-1]과 같은 '생태적 학교 모형'을 만들었다.

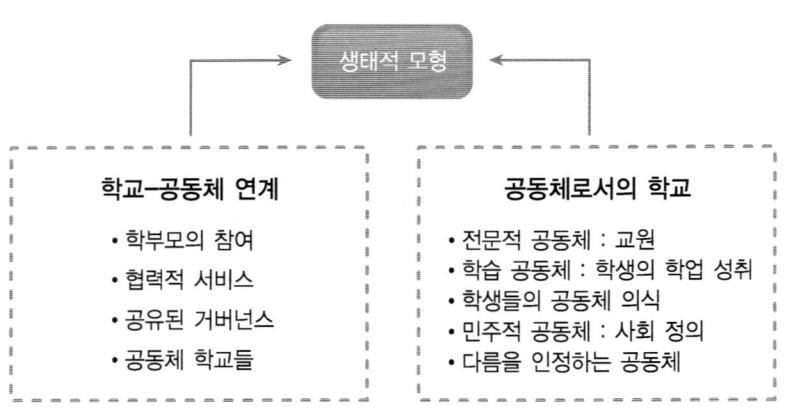

[그림 12-1] 공동체로서 학교의 생태적 모형

* 자료 : Furman, G. (2002). school as community: From promise to practice. p.9. 정제영(2008)에서 재인용.

생태적 모형은 학교-공동체 연계와 공동체로서의 학교 등 크게 두 가지로 나눌 수 있다. 첫 번째, 학교-공동체 연계에서는 학교를 여러 개 중 하나의 공동체로 보고 다른 공동체와의 연결 관계를 강조하였다. 특히 거버넌스의 공유를 통해서 동등한 공동체로서의 관계를 형성하는 것이 중요한 의미를 갖는다.

두 번째, 공동체로서의 학교는 내부 구성원들의 관계에 중점을 둔다. 전문적 공동체로서 교원, 학습공동체로서 학생의 학업성취도, 학생들의 공동체 의식, 민주적 공동체, 다른 것을 인정하고 받아들이는 마음 등이 공동체로서 학교가 갖는 특징이다. 공동체로서의 학교는 기본적으로 학교의 자율성을 전제로 하여 이루어진다. 공동체로서 학교는 다른 조직의 간섭과 통제에서 벗어나 학교의 운영과 교육이 이루어진다.

Furman(2002)은 공동체로서 학교가 갖는 핵심적인 개념 요소는 구성원의 소속감(belonging), 학생의 교육적 성과(achievement), 그리고 민주주의(democracy)가 중요하다고 지적하였다. 학교공동체는 어린 학생들뿐 아니라 학부모들에게도 소속감과 공동체의식을 증요한 학습 경험으로 제공해야 하고, 학교는 학습공동체로서 학생과 소속된 모든 구성원의 발달에 도움이 되는 교육 기회를 제공해야 한다는 것이다. 공동체로서 학교에서는 모든 활동이 민주적이어야 하고, 다른 사람과 더불어 살아갈 수 있는 민주적 사고방식과 행동양식을 학습할 수 있어야 한다는 것이다.

2) 학교 자율화 정책의 방향

그동안 외국의 정책 사례를 분석해 보면, 학교 자율화를 위해 추진하는 교육정책은 대부분 두 가지 정책방향을 지향하고 있다(Plank, 2006). 첫 번째는 정부가 갖고 있는 권한을 지방과 사적부문으로 분권화(decentralization)하는 다양한 정책수단을 추진하는 것이다(Osborne & Gaebler, 1992; World Bank, 1997). 즉 교육 정책을 결정하고, 운영하는 대부분의 권한을 교육부에서 교육청으로, 또 다시 교육청에서 학교로 부여하는 것을 의미한다. 즉 위에서 아래로 권한을 위임(empowerment) 하는 것으로 볼 수 있다.

두 번째 정책 방향은 학교의 특성화, 혁신, 그리고 다양화를 위하여 학교교육과 행정의 집행과정에서 중앙정부의 교육관련 규제를 철폐함으로써 학교가 자율적으로 교육력을 발휘할 수 있도록 하는 것이다(Nathan, 1996; DFES, 2001). 미국의 경우 최근 대표적인 교육개혁이라고 할 수 있는 George W. Bush 대통령의 'NCLB(No Child Left Behind Act)'의 경우 주어진 교육재정의 범위내에서 교육 운영의 자율성(freedom) 강화를 강조하고 있고, 미국 연방교육부에서 제시한 Charter School의 목표는 '개선을 위한 자율성(the freedom to be better)'이다(U.S. Department of Education, 2002).

우리나라의 상황에서 보면, 학교교육에 대한 결정권한이 비교적 상향 편중되어 있거나, 법령상 권한이 위임되었음에도 불구하고 현실적으로 실현되지 않고 있는 경우가 많다고 할 수 있다. 그러므로 우선적으로 교육 거버넌스를 재정립하는 것이 필요하고, 교육과 관련된 중앙집권적 규제를 폐지하여 학교의 다양한 상황에 맞추어 자율적으로 운영될 수 있도록 두 가지 방향을 동시에 추진하는 것이 바람직하다.

앞에서 살펴본 두 가지 관점을 바탕으로 학교자율화를 통해 학교교육의 효과성(effectiveness)을 높이고, 학교를 개선하려는 노력은 지난 40년 이상 지속되어 왔다(Plank & Smith, 2008). 서로 다른 이론에 기반하고 있다고 하더라도 권한의 이양과 규제를 철폐하는 정책방향은 학교 자율화를 위한 필요조건이라고 할 수 있다. 〈표 12-1〉은 관점의 차이에 따른 학교 자율화의 방향을 비교한 것이다. 우리나라에서 현재 추진되고 있는 학교 자율화는 다분히 공공선택론의 입장에 서 있다고 할 수 있다. 공동체주의에 기반을 둔 학교 자율화는 단위 학교별로 자율적으로 이루어져야 하는 것이기 때문에 다양한 형태로 추진되고 있는 대안학교 운동이 하나의 사례가 될 수 있다.

〈표 12-1〉 관점에 따른 학교 자율화 방향 비교

구 분	공공선택론	공동체주의
취 지	학교의 효과성과 효율성 제고를 위한 학교 자율화	학교교육에 대한 참여와 연계 강화를 위한 학교 자율화
내 용	자율성 부여와 교육의 결과에 대한 책무성 강화	구성원의 참여와 연계를 통해 교육의 적합성 및 만족도 제고
전 략	다양한 학업성취도, 교원, 학교 평가의 활용	구성원의 공동체 의식 함양
절 차	정부 주도의 자율화 방향 결정 및 추진	학교구성원의 자발적 참여를 통해 다양한 자율화 방향 정립 및 추진

나. 학교교육의 책무성 관련 이론

학생의 학업 성취도를 향상시키는 것은 학교교육의 목적 중에서 가장 중요한 부분이다. 따라서 학교교육의 책무성을 높인다는 것은 학생의 학업 성취도를 높인다는 것을 포함하는 것이라 할 수 있다. 다만 학교교육의 목적을 학생의 전인적 성장으로 본다면 학교교육을 평가하기 위해서는 일부 교과목의 학업 성취도 이외에도 인성과 덕성, 체력 등 학생의 전인적 발달 수준이 포함되어야 할 것이다. 하지만 전인적 평가의 어려움으로 인해 많은 나라에서 비교적 측정이 용이한 학업 성취도 평가를 주로 **활용**하고 있다. 학교교육의 책무성에 대한 논의를 우선 살펴보고, 학생의 학업 성취도에 기반한 책무성 평가와 관련된 주요 이론과 역사를 살펴본다.

1) 학교교육의 책무성 제고

학교교육의 책무성은 교육정책 논의에서 핵심적인 주제로 자리잡고 있다(Figlo & Ladd, 2008: 166; Perterson & West, 2003; Ladd & Hansen, 1999; 이종재 외, 2003). 학교교육의 책무성이란 학교의 설립 목적, 존재 이유에 맞도록 주어진 교육적 성과를 달성해야 하는 책임으로, 1차적으로 학생과 학부모에 대한 책임이며, 2차적으로 지역 공동체에 대한 책임이며, 마지막으로 사회에 대한 학교교육의 책임을 말한다. 학교교육의 성과를 높이기 위한 책무성은 1차적으로 학교장과 교사가 공동으로 주체가 되어야 하며, 나아가 학부모와 지역 공동체가 책임을 함께 지고 있다고 할 수 있다.

그동안 공공분야에 있어서는 민간분야와는 달리 성과 보다는 투입과 절차에 대한 통제를 통한 책무성을 강조해 왔다. 따라서 적법한 절차를 거친 행정에 대해서는 책임을 묻지 않아 왔다고 할 수 있다. 이에 따른 도덕적 해이(moral hazard)와 복지부동의 문제가 지속적으로 제기되어 왔다. 이에 대한 대응으로 공공행정 분야에서 자율성과 결과에 대한 책무성을 강조하는 '신공공관리(new public management)' 또는 '신국정관리(new governance)'가 1980년대부터 세계적으로 유행하게 되었다. 신공공관리는 주로 두 가지 기본적인 내용을 담고 있는데, 첫 번째는 시장주의적 경쟁 원리를 도입하는 것이고, 두 번째는 관리의 측면에서 자율성과 책무성을 강화하는 기업가적 정부를 지향한다는 점이다(Figlio & Ladd, 2008: 167; 정제영, 2008: 417; 정정길, 2000: 433-436).

우리나라도 1990년대 이후 산출과 결과에 대한 책무성을 강조하고 있으며, 학교교육의 영역에서도 학교의 자율화, 다양화와 함께 학생과 학부모의 학교 선택권을 확대하자는 주장이 지속적으로 정책화되고 있다. 특히, 2008년 새로운 정부가 출범한 이후, 4월에 '학교 자율화 추진계획'을 발표하였고, 학생의 학업 성취도 평가를 확대하고, 학교 정보 공개를 강화하는 등 학교교육의 자율성과 책무성을 높이는 것을 중요한 교육정책 목표로 설정하여 강도 높게 추진하고 있다.

하지만 교육계에는 이에 대한 반대 의견도 내재되어 있다. 조석희 등(2006)의 연구 결과에 의하면 학업성취도의 수준이나 향상 정도를 학교평가에 일정 비율을 차지하도록 하는 방안에 대해 설문한 결과, 학교평가 담당자, 학교평가위원, 학부모 등 다른 집단에서는 74.1%에서 82.2%로 대단히 높은 찬성 비율을 보인 반면, 교원들은 찬성 비율(33.6%)보다 반대 비율(66.4%)이 훨씬 높았다. 학업성취도 평가 결과의 활용에 있어서도 대다수의 교원(64.1%)은 평가 결과를 비공개하면서 '학교의 교육개선 자료로만 활용' 되기를 희망하였다. 학업성취도 공개 반대 이유로는 '창의력·인성교육 저해', '학업성취는 학교의 노력보다 가정배경의 차이이므로' 라고 반응한 빈도가 높았다. 김지하와 김소영(2008)의 교육생산함수 분석 결과, 학생수준에서는 학생자신의 노력과 부모의 학력이, 학교수준에서는 학교소재 지역 및 학교평균 학부모의 학력이 학업성취도에 일관되게 통계적으로 유의미한 영향을 주는 것으로 나타났다. 이러한 결과는 학업 성취도 평가결과만을 학교 평가의 척도로 삼는 것의 문제점을 드러내는 것이라 할 수 있다.

미국의 경우, 1983년에 연방교육부 주도하에 '교육의 수월성을 위한 국가위원회(The National Commission on Excellence in Education)'에서 작성한 'A Nation at Risk' 보고서가 발표되면서, 연방정부 수준에서 강도 높은 교육개혁이 추진되어야 한다는 주장이 대두되었다. 1989년 George H. W. Bush 대통령은 국가 수준의 교육기준 설정을 위하여 미국 최초로 주지사들을 소집한 '국가 교육 최고회의(National Education Summit)'를 개최하였다. 1999년 제3차 회의에서 국가 수준의 교육기준 설정 대신에 학교의 평가 결과를 공개하고, 학교교육에 대한 정보를 공개함으로써 교육에 대한 책무성을 강화하는 것으로 결론을 내렸다. 이러한 결론을 반영하여 2002년 1월 8일 NCLB를 양당 합의 하에 통과시켰다.

NCLB는 다음과 같은 4대 원리를 바탕으로 하고 있다. 첫째, 교육의 결과에 대한 책무성을 강화한다. K-12 수준의 모든 학교는 학생의 학업성취에 대한 책임이 있으며, 정해진 기준을 충족시키지 못하는 학교는 보완책을 강구하여야 하며, 지속적으로 기준을 충족시키지 못하는 학교에 대해 연방 정부의 재정 지원을 감축할 수 있다. 둘째, 교육 운영의 자율성(freedom)을 강화한다. 책무성의 기준을 충족시킨 학교는 연방정부의 재정을 학교교육을 위해 자율적으로 활용할 수 있다. 셋째, 학교의 교육과정에서 과학적 교육 방법(methods)을 확대한다. 모든 학교는 과학적으로 검증된 교육방법을 활용하여 교육 프로그램을 운영하여야 한다. 넷째, 학교 선택권(choice)의 확대이다. 2년 연속 학업성취기준을 충족시키지 못한 학교의 재학생들은 동일 학군 내 다른 학교로 전학할 수 있는 선택권을 갖도록 한다.

NCLB에서는 단위학교에 최대한의 자율을 주되 책무성을 강하게 요구하고 있다. 특히 7대 의무사항은 ① 학년별 주요 교과의 학업성취 기준 설정, ② 학생의 학업 성취도 평가 도입, ③ 인종, 장애 여부 등 10개 하위 집단의 학업 성취도 보고, ④ 지역의 학교와 학교구의 학업성취 수준, 교원의 질 등 '연간 학교교육 개선 계획(adequate yearly progress, 이하 'AYP')'의 수립 및 공개, ⑤ 동일 과목, 동일 학년의 교사들에게 적용되는 평가 기준 설정, ⑥ 2013~2014 회계 연도까지 모든 학생들의 학업 성취도 향상을 위한 구체적인 계획 수립, ⑦ AYP에 명시된 목표에 대한 보상과 제재 조치가 담긴 책무성 담보 방안 수립 등이다. 벌칙조항으로는 AYP의 목표에 이르지 못한 학교는 예산 삭감, 교원 교체, 학교 폐쇄 등 누적적인 제재 조치를 받도록 하고 있다.

1980년대부터 시작된 '높은 기준에 근거한 교육개혁(standard-based reform)'은 학교교육의 책무성을 강하게 요구하고 있다(O'Day & Smith,

1993). 특히 학교교육의 책무성에서 학생의 학업 성취도 평가는 가장 핵심적인 요인으로 활용되고 있다(Elmore, Abelmann, & Fuhrman, 1996; Hanushek & Raymond, 2003; Figlio & Ladd, 2008).

2) 학업 성취도에 기반한 책무성 평가의 역사적 변천

우리나라의 경우에는 국가 수준의 학업 성취도 평가가 실시되어 왔지만 교육 주체의 책무성 평가의 역할보다는 학생 개인의 선발과 분류를 주목적으로 하였다. 학업 성취도 평가 결과를 교사와 단위 학교, 교육청의 평가와 연결하려고 부분적으로 시도하였지만 아직까지 학교교육의 책무성을 평가하는 기제로 활용되지 못하고 있는 상황이다. 반면에 미국의 경우에는 학업 성취도에 기반한 책무성 평가 체제가 역사적으로 발전해 오고 있다.

Linn(1998)은 지난 50년간 미국에서 학업 성취도 평가가 중요한 교육개혁의 기제로 사용되어 왔다고 분석하고 있다. 시대별로 구분해 보면, 1950년대에는 '학생들의 분류와 선발(tracking and selection) 기능'이 중요시되었고, 1960년대에는 '교육 프로그램의 책무성(program accountability) 확보'의 기제로 활용되었고, 1970년대에는 '최소 역량 평가 프로그램(minimum competency testing programs)'으로 기능하였으며, 1980년대부터는 '학교와 학교구의 책무성(school and district accountability) 평가 체제'로, 1990년대에는 '표준화된 책무성 평가 체제(standards-based accountability systems)'로 발전하였으며, 2000년대에는 'NCLB의 시대'로 변화하였다. 종합적으로 본다면 학업 성취도 평가 결과를 개인 학생의 수준에서 활용하던 것을 학교와 학교구, 주, 국가의 수준에서 교육의 책무성을 평가하는 기제로 확대 발전해 왔다고 할 수 있다.

학업 성취도 평가를 중심으로 교육개혁의 변화를 살펴보면, 1950년대에는 Conant(1953)가 제안한 '학교급별 교육 목적(universal elementary education, comprehensive secondary education, and highly selective meritocratic higher education)'이 교육체제의 핵심적인 목표로 설정되었다(Linn, 1998). 특히 고등학교는 양질의 일반적인 교육과정을 제공해야 하는 책임과 다양한 직업 분야의 교육과정을 제공해야 하는 책임을 동시에 지고 있었다. 하지만 당시 학업 성취도 평가는 학교교육의 책무성을 평가하는 기제라기보다는 학생들을 선발하고 분류하는 기능에 치우쳐 있었다.

초등학교 1학년에서 시작된 학업 성취도의 차이는 학년이 올라갈수록 심화되는 경향을 보였는데, 이에 따라 1960년대 중반에는 학력 수준이 낮은 학생을 대상으로 하는 '보상교육(compensatory education)'에 관심이 집중되었다. 그 결과 1965년에는 연방정부에서 『초중등교육법(The Elementary and Secondary Education Act: 이하 ESEA)』이 제정되었다. ESEA의 Title I에 의해 제공된 예산의 책무성 평가를 위해 의회는 학업 성취도 평가를 요구했고, Title I Evaluation and Reporting System (TIERS)에 따라 상대평가가 널리 시행되었다.

1970년대와 1980년대 초반에는 '최소 역량 평가(minimum competency testing)' 운동이 여러 주에서 유행하였다. 최소 역량은 학업 성취 수준이 낮은 학생들이 최소한으로 학습해야 할 수준을 설정한 것으로, 학교교육의 가장 기본이 되는 내용들로 구성되었다. 1973년부터 1983년까지 10년 동안 최소 역량 평가를 실시하는 주는 2개 주에서 34개 주까지 증가하였다. 이후 여러 주에서 최소 역량 평가 결과를 고등학교의 졸업 요건으로 **활용**하고 있다.

최소 역량 평가의 실시와 함께, 1980년대 후반부터 1990년대에는 학교교육의 책무성을 평가하기 위한 목적으로 학업 성취도 결과를 사용하는 방향으로 발전하였다. 1980년대에는 일부 주에서는 주정부 나름의 학업 성취도 평가를 만들려는 노력을 했지만, 대부분 이미 만들어진 표준화 검사를 사용하는 경향이 있었다. 하지만 표준화 검사에서의 성적 향상과는 달리, 연방 정부 수준의 학업 성취도 평가(The National Assessment of Educational Progress: 이하 NAEP) 결과에서는 성적 향상이 현격하지는 않았다. 그리고 표준화 검사의 성적 향상의 일반화 가능성 및 평가의 엄정성에 의문이 제기되기 시작되었다. 1980년대에 책무성 평가에 이용된 평가 결과는 과장된 성적이며 일반화 가능성이 없음을 제기하는 학자들도 등장하였다(Koretz, 1988; Shepard, 1990).

　1983년의 '위기에 처한 국가' 보고서는 표준화된 학업 성취도 평가 결과가 낮은 평가 기준(standard)을 적용했기 때문에 성적이 과장되어 발표된다고 비판하였다. 보고서가 발표된 지 3년 만에, 35개 주에서는 더 높은 평가 기준을 채택하였고, 1990년대 초반부터 일부 주에서 '책무성을 부과하는 학업 성취도 평가(high-stake testing)'가 시행되기 시작하였다.

　기관과 개인에게 책무성을 부과하는 학업 성취도 평가를 요구하는 목소리는 NCLB로 법제화 되었다. NCLB는 2013~2014학년도까지 모든 학생들이 각주에서 정한 기준, 예를 들면 100%의 학생이 주요 과목(읽기, 쓰기, 수학 등)에서 일정한 수준 이상으로 시험성적을 올릴 것을 요구하고 있다(Kornhaber, 2004, Figlo & Ladd, 2008). 학업 성취도 평가 결과의 중요성은 학생뿐만 아니라 학교로 확대되었으며, 인터넷이나 신문을 통해 일반에게 공개되기에 이르렀다(Kornhaber, 2004). Nichols(2007)의 분석에 의하면, NCLB의 도입으로 책무성을 부과하는 평가가 전국적으로 급속하게 확산되었는데, 이처럼 전국 단위로 영향을 미친 이유는 첫째, 미국의 양당 정치가들이 모두 열정적으로 NCLB를 지지하였고, 둘째, 이러한 지지는 학업 성취도 평가를 통해서 학교장과 교사의 학교교육에 대한 책무성을 높여줄 수 있을 것이라는 기대 때문이었다.

3) 학업 성취도에 기반한 책무성 평가 체제의 해외 사례

(가) 워싱턴 D.C. 사례

워싱턴 D.C.(District of Columbia: 이하 DC)의 학교구는 1999년 이후 지속적으로 공립학교 재학생이 감소하고 있다. 부유한 계층은 DC 인근 버지니아와 메릴랜드 주에 사는 반면에 도심에는 주로 흑인 등 소수 인종의 저소득층이 거주하고 있으며, 그동안 미국의 대표적인 공교육 실패지역으로 간주되어 왔다. 2002~2006 학년도 사이에 공립학교 학생의 등록률이 초등학교 21%, 중학교 29%, 고등학교 14%씩 감소하였고, 학업성취 수준은 지속적으로 낮아지고 있다. 다른 대부분의 주보다 1인당 공교육비를 더 많이 지출하고 있음에도 불구하고 학업성취 수준이 낮은 워싱턴 DC의 교육 현실을 두고 언론들은 '공교육 실패를 만들어내는 실험실'이라고 비판하는 상황이었다.

공교육 위기를 극복하기 위한 노력의 일환으로 2007년 'the District of Columbia Public Education Reform Act'에 근거하여 '공교육의 질적 제고'를 기치로 워싱턴 DC 교육부(Department of Education)를 신설하였다. 또한 DC의 새로운 시장이 임명한 교육감과 교육 지도자들은 2007년 'DC Public School Master Education Plan(Renew, Reorganize, and Revitalize)'을 바탕으로 강력한 교육개혁을 시작하였다. 학교별로 철저한 평가(school by school analysis)를 실시하고, 그 결과 폐교 대상 학교를 선정하였으며, 학교 폐쇄와 함께 문제가 있는 것으로 드러난 교장과 교사를 해임하는 등 강력한 교육개혁을 추진하고 있다(D.C. DOE, 2007b).

DC 교육개혁의 목표는 'DC가 세계적 수준의 교육 체제를 운영하여, 학생들이 미국뿐만 아니라 세계적으로 경쟁력을 갖추도록 하는 것'이다. 이를 위하여 공교육 강화에 역점을 두고 운영함으로써, 학습기준을 설정하고 그에 부합하는 교육과정을 제공하여 학업 성취수준 향상에 주력하고 있다.

연방정부의 NCLB가 요구하는 수준에 부합하도록 교육정책을 설정하고 있다. 이를 위해 자료에 근거한 프로그램(evidence-based program)과 높은 수준의 책무성(standard based accountability)을 강조하고 있다(D.C. DOE, 2007a).

DC의 교육개혁은 공교육의 질적 제고를 위해 교원의 자질을 높이는 것에 역점을 두고 있다. DC의 모든 공립학교에 능력있는 교원의 수를 증가시키는 것을 목표로 설정하고, 핵심 교과의 경우 높은 자격 요건을 갖춘 교사의 비율을 2008년 57.8%에서 2009년 100%로 높이는 것을 목표로 하고 있다. 이를 위한 구체적인 전략은 첫째, DC 학교의 학습 기준과 졸업 요건을 강화하고, 지속적으로 모니터링 하는 것이다. 둘째, 높은 학습 기준과 관련하여 필요한 자원을 제공하고, 연수를 통해 전문성 신장의 기회를 제공한다. 셋째, 학업 성취도 평가 결과를 학교 책무성과 적극적으로 연계한다. 넷째, AYP 수립을 위해 교육청, 학교 및 학생의 학업능력 성장 모형을 고안하고 실행한다. 다섯째, 학업 성취 향상과 관련하여 교원들에게 차별화된 인센티브를 적용하는 것이다.

DC는 NCLB와 ESEA에 근거하여 고유한 학업 성취도 평가인 DC-CAS(the District of Columbia Comprehensive Assessment System)를 실시하고 있다. DC-CAS는 DC의 학업 성취도 평가 시스템으로서 읽기, 쓰기, 수학, 과학에 필요한 지식과 능력을 평가한다. DC-CAS는 DC가 채택한 학습기준에 따라 매년 4월 말경에 9일에 걸쳐 시행되고 있다. DC에 소재한 학교들의 교육목표는 DC-CAS를 기준으로 설정하고 있다. 구체적으로 DC-CAS 영어(English Language Arts) 평가에서 초등학생 성적 우수자의 비율을 2008년 45.5%, 2009년 60.5%, 2013년 86.9%로 향상시키고, 초등학교 수학(Math)도 2008% 40.7%에서 2013년 85.07%로 향상시키는 것이다. 중등학교 영어는 2008년드 42.1%에서 2013년 85.9%로, 수학은 40.9%에서 85.1%로 향상시키는 것이 목표이다. DC-

CAS 결과는 학교와 교육청의 AYP를 수립하는데 핵심적인 기준이기 때문에 학교의 책무성 평가의 핵심적인 근거라고 할 수 있다.

〈표 12-2〉 워싱턴 D.C. 책무성 평가 기제와 결과의 활용

평가기준	평가결과 범주	조치사항
AYP 달성 학교	Schools not placed in NCLB improvement status	• 지원금 지급 • 우수학교 모델 지정 • 전문성 신장 기회 증진
2년간 AYP 미달	School Improvement I	• AYP 달성 실패의 원인 규명을 위해 School Improvement Plan을 개발하고, research-based improvement 적용 • 학교가 improvement 상태에서 벗어날 때까지 재학생들에게 학교 선택의 기회 제공 • 학생들에게 보충적 교육 활동 제공
3년간 AYP 미달	School Improvement II	• School Improvement I 계속 적용 • School Improvement Plan 적용

4년간 AYP 미달	Corrective Action	• School Improvement Plan 수정하고 계속적용, School Improvement II 활동 계속
		• 다음과 같은 추천전략 중 최소 1개 실행
		  1) 새로운 교육과정 수립
		  2) 학교수업일 연장
		  3) 관련 교원 교체
		  4) 학교 운영 권한 대폭 감소
		  5) 학교 내부 조직 재구조화
		  6) 외부 전문가 1인 이상 초빙

5년간 AYP 미달	Restructuring	• Implement Corrective Action 활동 계속
		• 다음과 같은 대안적 거버넌스 구조를 실행할 계획 수립
		  1) Charter School로 전환
		  2) 외부 지원자와 협약
		  3) AYP 실패와 관련된 모든 학교 인사 교체
		  4) 학교간 인수·합병
		  5) 다른 주요 재구조화 노력 계속

* 자료 : Washington D.C. Public Schools(2007). Federally Mandated School Improvement in DCPS; 정제영·신인수·이희숙(2009)에서 재인용.

DC 교육 혁신의 대표적인 전략은 학생의 성적에 따라 담당교사의 업무 성취도를 평가하고 결과에 따라 대우를 달리하는 것으로 교사간 경쟁 체제를 도입한 것이다. '실력 없는 교사를 줄여야 공교육이 산다' 는 원칙에 입각하여 평가를 통해 무능력 교사를 퇴출하는 것이다. 미국의 일반 공립학교는 법규상 교장이 교사를 해임할 수 없지만, 재정은 교육청이 지원하고 운영은 민간기관에 맡기는 '자율학교'에서는 교장이 무능 교사를 해임할 수 있다. 결과적으로 2008년에 지역학교 전체의 15%에 해당하는 21개 학교가 폐쇄되었고, 36명의 교장과 270명의 교사, 그리고 100명의 교육청 직원이 퇴출되었으며, 관내 초중등학생들의 학업 성취도도 상당히 향상되는 성과를 이뤄냈다. '평가와 경쟁체제 도입'으로 학교 효과가 증대되고 있다는 평가를 받고 있다. 하지만 이에 대한 교원노조의 반발이 거세게 나타나고 있어서 교원노조와의 관계가 교육개혁을 위한 중요한 과제로 부각되고 있다.

(나) 플로리다 주(Florida State)의 사례

플로리다 주는 미국 내에서도 높은 수준의 학교교육의 책무성을 강조하고 있고, 학업 성취도 평가도 상대적으로 오랜 역사를 가지고 있다. 또한 NCLB 시행 이전부터 학생의 학업 성취도 평가 결과에 기반한 학교 평가와 책무성 계획을 수립하여 실시하고 있는 주이다. 플로리다 주는 연방정부의 NCLB가 시행되기 전인 1998년부터 이미 주정부에서 주관하는 학업 성취도 평가인 'The Florida Comprehensive Assessment Test(이하 'FCAT')'를 시행하고 있었고, 'the Sunshine State Standards'로 알려져 있는 높은 수준의 학교교육 기준을 마련하여 운영하고 있다(FDOE, 2007a).

현재 플로리다 주에서 운영하고 있는 학교의 책무성 체제는 기본적으로 1999년에 주에서 제정된 「A+ Plan」법률과 연방 정부에서 제정된 NCLB

에 근거하고 있다. 1999년 이전에는 1995년부터 '심각한 문제 학교(Critically Low Schools: 이하 CLS)'를 선정하여 집중 지원함으로써 문제를 해결하기 위한 시스템이 있었다. 1995년에 플로리다 주교육부는 학생들의 읽기, 쓰기, 수학 학업 성취도 평가 결과가 2년간 연속으로 기준에 미달한 158개 학교를 CLS로 지정하였다. 문제의 학교들은 주정부와 학교구로부터 개선을 위한 기술적인 지원과 추가적인 자원을 지원받았다.

1999년에 플로리다 주에서는 「Bush/Brogan A+ Plan(Section 1008.34, F.S.)」 법률을 통과시켰다. 이 법률은 공립학교의 책무성을 더욱 강화하기 위해 학교를 평가하여 'A'에서 'F'까지 등급을 부여하였다. 이 법률은 6가지 내용을 담고 있는데, 학생들의 학업 성취도 평가(FCAT) 실시, FCAT 결과에서 학생들의 학업 성취도 향상도(student gains) 평가, 학부모의 학교 선택, CLS에 대한 재정 지원, 개선과 성공적인 학교에 대한 재정 지원, 학생들을 위한 교육 프로그램 개선 등이다. 2001년 12월 플로리다 주의 교사, 학부모, 교육관련 단체 등 다양한 교육주체가 참여한 회의에서 이 법률의 시행에 대해 합의하였고, 2002년 처음으로 교육의 책무성을 높이기 위한 A+ Plan이 실시되었다.

A+ Plan에 의해 2002년에 실시된 학교 평가의 항목은 6개로 구성되었는데, 모두 학생의 학업 성취도 평가 결과를 활용한 것이다. 평가 항목은 원점수와 향상점수 등 2가지 범주로 구성되는데, 첫 번째는 과목별 학업 성취도 평가 결과가 기준에 부합하는지 여부이고, 두 번째는 하위 25% 학생의 학업 성취 수준의 향상 정도에 의한 것이다. 2007년에는 평가 항목을 2개 추가하여 기준을 더욱 강화하였다. 첫 번째는 FCAT의 과학 점수를 추가하였고, 두 번째는 하위 25% 학생의 수학 향상 점수를 추가하였다.

〈표 12-3〉 플로리다 주 A+ Plan의 학교 평가 항목

평가 범주	교 과 목 (배점)	기준
원점수 (400점)	읽기 (100점)	FCAT 〉 Level 3
	수학 (100점)	FCAT 〉 Level 3
	쓰기 (100점)	FCAT 〉 Level 3.5
	과학 (100점)	FCAT 〉 Level 3
향상점수 (400점)	읽기 (100점)	향상도 (learning gains)
	수학 (100점)	향상도 (learning gains)
	하위 25% 학생의 읽기 (100점)	향상도 (learning gains)
	하위 25% 학생의 수학 (100점)	향상도 (learning gains)

* 자료 : FDOE(2007a). p.50; 정제영 · 신인수 · 이희숙(2009)에서 재인용.

연방 정부에서 2001년에 통과된 NCLB에 의해 모든 공립학교의 모든 학생들의 학업 성취도 평가를 실시하도록 하고, AYP를 작성하고 있다. 플로리다에서는 FCAT을 학업 성취도 평가로 활용하고 있고, 기존의 A+ Plan을 NCLB와 조화롭게 적용하고 있다. 플로리다 주의 A+ Plan에 의해 'D'나 'F'를 받은 학교는 NCLB에 의한 AYP를 작성하지 않고 자체 기준을 넘기 위해 노력하고 있다. NCLB에 의해 주에서 설정한 AYP의 기준은 지속적으로 상향되고 있는데, 총 5가지 평가 기준을 활용하고 있다. 첫 번째, 학교의 95% 이상의 학생들을 대상으로 FCAT 또는 이와 유사한 표준화된 학업 성취도 평가를 실시해야 한다. 두 번째, 읽기 점수가 Level 3 이상인 학생의 비율이 목표에 도달해야 한다. 세 번째, 수학 점수가 Level 3 이상인 학생의 비율이 목표에 도달해야 한다. 네 번째, 학교의 90% 이상의 학생들이 FCAT 쓰기에서 Level 3 이상이 점수를 받거나 적어도 Level 3 이상의 학생 비율이 전년 대비 1% 이상 향상되어야 한다. 다섯 번째, 졸업률이 85% 이상이거나 적어도 전년 대비 1% 이상 향상되어야 한다. 주 정부에

서 설정한 AYP의 학업 성취 수준은 매우 높은 편이며, 심지어 2013~2014 학년도 까지는 모든 학생들이 읽기와 수학 과목의 학업 성취 수준이 Level 3 이상이 되어야 한다.

주의 A+ Plan에 의해 'D'나 'F'를 받아서 NCLB에 의한 AYP를 2년 연속으로 작성하지 못한 학교는 다음해부터 '개선 필요 학교(School In Need of Improvement Status: 이하 SINI)'로 선정되는데, SINI 1은 3년째이고, 최대 SINI 5는 7년째 기준에 미달하여 AYP를 작성하지 못한 학교를 의미한다. SINI 4에는 재구조화 계획을 작성하고, SINI 5에 해당하면 학교의 인적·물적 자원을 재구조화(restructuring)하게 된다(Rivers & Sattler, 2007).

플로리다 주의 강력한 책무성 평가 체제로 인해 학생들의 FCAT 읽기와 수학 과목에서 전 학년에 걸쳐 학업 성취 수준이 향상되고 있는 것으로 나타났다(FDOE, 2007b; FDOE, 2007c). 2001년과 2005년의 FCAT 성적을 비교하였을 때, 읽기의 경우 3학년 97점, 4학년 122점, 5학년 118점이 향상되었고, 수학의 경우 3학년 120점, 4학년 115점, 5학년 68점 등 초등학교 저학년의 경우 고학년에 비해 점수가 상대적으로 크게 향상된 것으로 나타났다.

플로리다 FCAT 결과와 관련하여 2006년도에는 전년도에 비해 3학년 학생의 점수가 높아졌으나, 2007년도의 경우 3학년 학생의 점수가 급격히 하락하자, 많은 지역 교육장들과 학부모들이 학생 유급제의 근거로 **활용되**는 FCAT의 신뢰성에 의문을 제기하였다. 이에 주정부에서는 외부 전문기관에 용역을 주어 평가의 개발 및 시행의 전 과정에 대해 조사(audit)를 실시 한 바 있다(Geisinger et al, 2007). 책무성의 근거로 **활용되는** 학업 성취도 평가는 다양한 이해관계자로부터 지속적인 문제 제기와 법적 분쟁이 이루어지고 있어서, 계획과 집행 과정에서 신중하게 추진되고 있다.

3. 교육행정의 변화 전망

가. 교육행정의 자율화 정책의 방향

1) 학교 자율화의 취지에 대한 공감대 형성

 기존의 학교 자율화 정책에서 문제로 제기되고 있는 것 중의 하나는 정책 결정과정에서 학교 자율화의 주체라고 할 수 있는 교원 등 학교현장의 의견 수렴이 부족했다는 것이다. 학교 자율화의 취지가 아무리 좋다고 하더라도 현장에서의 적극적인 호응이 없다면 목표가 달성되는 것은 어려운 일이다. 따라서 우선적으로 학교 자율화에 대한 정책적 비전과 목표에 대한 교육주체간의 합의가 필요하다. 특히 현장의 교원들이 참여하는 형태로 합의의 장을 마련하여 비전을 공유하는 것이 필요하다. 이러한 대화의 장은 교육부가 주도적으로 해 나가는 것은 바람직하지 않다. 교육부가 전국에 있는 모든 교원들의 학교 자율화에 대한 다양한 의견을 모두 수렴하여 구체적인 방안을 결정하는 것은 불가능하다. 그리고 그러한 정책결정은 다양화와는 거리가 먼 획일화, 표준화된 의사결정이 될 가능성이 크다. 따라서 학교별, 지역별, 시·도 교육청별로 의견을 모으고 구체적인 학교 자율화의 비전을 만들어야 한다.

 교육부는 학교 자율화의 목적과 다양한 성공 사례를 발굴하여 기본적인 취지와 비전에 대해 국민들의 공감대를 형성하는 역할로 충분하다. 구체적인 학교 자율화의 모습과 현안이 되고 있는 세부적인 내용들에 대해 논의가 지속된다면 학교 자율화의 시도조차 어려워 질 수 있기 때문이다.

학교 자율화의 기저에 있는 공공선택론과 공동체주의 간의 차이는 해소하기 어려운 것이다. 교육부가 전면에서 이를 조정하려는 시도는 무의미하다. 오히려 교원단체, 시민단체 등 이념적 성향이 다른 집단 간 갈등만을 확대시킬 가능성이 크다. 그렇지만 그러한 이념적, 철학적 차이로 인해 학교 자율화를 추진할 수 없는 것은 아니다. 학교, 지역별로 학교 자율화의 목표와 비전을 만들어 가는 과정에서 이러한 이념적 차이들을 해소해 나가는 것이 필요하다. 교원, 학부모, 지역사회가 모두 참여하여 대화와 조정의 과정을 통해 구체적인 학교 자율화의 방안들을 찾아내고, 만들어갈 수 있다.

대학진학을 위한 교육, 소위 입시에 대비한 교육을 할 것인가 하는 것은 학교 자율화를 추진하는 전제가 아니라 학교 자율화의 과정에서 해결해 나가야 할 여러 가지 과제 중의 하나라고 할 수 있다. 이에 대해서는 학교가 소재하고 있는 지역적 특성, 교육 환경, 학부모의 사회·경제적 지위 등 다양한 요인들이 복합적으로 작용하여 결론이 이루어질 것이다. 학교별로 조금씩 다른 해결 방법들을 만들어가는 모습으로 학교 자율화가 추진된다면 그것이 학교 다양화로 연결될 수 있을 것이다.

2) 새로운 교육 거버넌스 구축

학교 자율화가 소기의 성과를 거두기 위해서는 기존의 교육행정 패러다임의 변화가 필요하다. 해방이후 우리나라는 중앙집권적, 관료제적인 교육행정체제를 운영하여 왔다. 중앙집권적 교육행정은 무엇보다 표준화되고 단일화된 교육정책이 전국적으로 시행되어 왔다. 하지만 학교 자율화는 기본적으로 학교에서 중요한 의사결정이 이루어져야 함을 의미한다. 하향식(Top-down) 방식의 의사결정에서 상향식(Bottom-up) 방식으로의 전환은 매우 획기적인 변화를 필요로 한다.

교육부가 그동안 학교교육과 관련하여 추진한 정책들은 정부 스스로 정책의제를 개발한 경우도 있지만, 대부분의 정책들은 학교교육에 관한 문제가 사회적으로 크게 이슈화되어 정책의제가 된 경우 종합대책 등의 방식으로 기획되어 추진되어 왔다. 공교육 내실화 방안, 학교교육 정상화 방안, 사교육비 경감 대책 등이 여기에 해당한다고 할 수 있다. 「초·중등교육법」 제7조의 폐지로 인해 학교교육에 대한 포괄적 장학 권한을 위임한 후에 사회적으로 크게 이슈화된 교육정책 의제에 대한 교육부의 정책적 대응방식이 새롭게 구안되어야 한다. 대안적으로 상정해 볼 수 있는 정책추진의 방법은 세 가지로 나누어 볼 수 있다. 첫째는 미국 등 여러 나라에서 활용하는 방식인 입법에 의한 정책추진 방식이다. 중요한 교육적 이슈가 발생하거나 새로운 정책을 기획한 경우 이를 입법화하여 법적 근거를 갖고 정책을 추진하는 방식이다. 입법의 과정에서 예산의 확보도 이루어질 수 있다. 두 번째는 교육적 문제의 해결을 위해 시·도 교육청별로 정책기획을 유도하고, 이를 종합적으로 관리하는 방식이다. 그러나 이러한 방식은 정부의 직접적인 교육정책 추진으로 보기에는 한계를 갖는다고 할 수 있다. 세 번째는 학교교육과 관련하여 교육부가 정책 기획과 추진을 전혀 하지 않는 것이다. 이것은 그야말로 완전한 지방교육자치가 정착된 경우에 상정할 수 있는 방식이라고 할 수 있다. 결론적으로 학교교육에 대한 교육부의 역할과 기능을 다시 한 번 규정하여 그에 따라 정책추진과 관리 방식이 결정되어야 한다고 할 수 있다.

시·도 교육청의 역할은 기존의 교육부가 수행하던 교육정책·행정 기능을 대부분 수행하게 된다고 할 수 있다. 그렇지만 교육청의 역할을 규정할 때 한 가지 경계해야 할 것은 학교교육과 관련된 교육부의 권한과 기능을 교육청으로 위임하는 것만으로 자율화가 이루어지기를 기대하는 것이다. 학교현장에서 체감할 수 있는 권한의 변화가 있지 않다면 교육부를 17개로 나누어 만드는 것에 지나지 않는다. 따라서 시·도 교육청의 역할 규정에 있어서 단위학교의 자율적 운영이 가능할 수 있도록 제한적으로 접근해야 할 것이다.

3) 학교의 자율적 교육 역량 강화

학교의 역량을 강화하기 위해서는 환경의 변화에 능동적으로 대응하고, 이에 필요한 조직 구성원의 학습이 유기적으로 이루어지는 '학습하는 학교(Senge, 2000)'로서 '학교의 학습조직(learning organization)화'가 필요하다. Senge(1990)의 정의에 의하면, 학습조직은 '조직원들이 진실로 원하는 성과를 달성하도록 지속적으로 역량을 확대시키고, 새롭고 포용력 있는 사고능력을 함양하며, 조직 구성원들의 열정이 자유롭게 변화해 가고, 학습방법을 서로 공유하면서 지속적으로 배우며 성장하는 조직'이다. 우리나라 학교의 상황을 살펴보면, 교원들은 개인수준에서의 학습은 매우 잘 이루어지고 있는 것으로 나타나고 있다. 그렇지만 팀 수준의 학습 및 학교 조직 수준의 시스템적 학습은 잘 이루어지지 않는 것으로 나타나고 있다(윤정일 외, 2004). 학교의 학습조직화가 이루어지기 위한 핵심적인 요소인 팀 수준 및 조직 수준의 학습이 부족하다는 것이다. 학교의 지식을 인식론적 측면에서 보면 형식지 즉 '결과로서의 지식'과 암묵지 즉 '과정으로서의 지식'이 공존하고 있으며, 특히 많은 지식이 암묵지의 형태로 개인에게 체화(embedded)되어 존재하고 있는 특징을 갖는다(정제영, 2004). 한 명의 교사가 암묵지의 형태로 가지고 있는 지식이 다른 사람에게 공유되거나 팀 학습, 조직학습으로 지식의 공유가 되기 위해서는 다양한 형태의 노력이 필요하다.

학교 운영의 측면에서는 학교의 자율적 운영을 위해서 학교 구성원들의 참여와 지원이 더욱 강화되어야 할 것이다. 이를 위해서는 학교의 교원 뿐 아니라, 학부모 및 지역사회의 다양한 지원이 확대되어야 한다. 실질적으로 학교장은 학교교육에 대한 장학의 측면보다는 학교 경영자로서의 역할이 강화되어야 하며, 학교 자율화를 위한 리더십이 뒷받침 되어야 한다.

4) 학교 자율화를 위한 법적 · 제도적 개선

향후 학교 자율화와 지방교육자치의 올바른 정착을 위해서는 법적, 제도적 개선이 뒷받침해야 할 것이다. 교육부가 갖고 있는 학교교육과 관련된 권한은 매우 다양하고 복잡하게 이루어져 있다. 예를 들어 고등학교 설립의 경우 대부분 교육청에서 권한을 갖고 있으나, 특수목적고등학교 중 과학고와 외국어고 등은 아직 교육부의 협의 사항으로 실질적으로 허가에 해당하는 것이라 할 수 있다. 이것은 고등학교의 유형이 매우 복잡하게 구분되고 있는 것에 기인한 것이다. 제도와 법적인 규제를 복잡하게 하면 그에 따른 국가적 통제도 많아질 수밖에 없다. 복잡한 법령은 다양한 규제의 원인이라고 할 수 있다.

학교교육과 관련된 정부의 규제가 될 수 있는 법령은 최대한으로 단순화시켜서, 기존에 교육부에서 관리하고 있던 학교교육에 관한 권한을 교육청과 학교에서 자율적으로 결정할 수 있도록 제도적 틀을 만들어야 한다. 학교제도 뿐 아니라, 교원에 대한 인사권, 교육과정, 재정 등 학교교육에 관련된 모든 분야를 살펴보고 가장 근본적이고 핵심적인 부분만을 법령에서 규정하고, 교육청과 학교에서 세분화하고 구체화 할 수 있는 부분에 대해서는 자율권을 부여해 주는 것이 필요하다.

학교 자율화의 추진 과정을 지켜보고 교육주체들의 합의를 통해 교육부와 교육청, 그리고 학교의 역할을 명확히 한 결과를 제도화 시키고, 법제화 하는 일이 필요하다. 학교 자율화는 정태적으로 한 단면을 갖고 있는 것이 아니라 향후 지속적으로 변화하고 진화해 갈 것으로 예상된다. 따라서 일정한 기간을 설정하여 각 주체별 권한과 책임에 대한 합리적 기준을 설정하고 이를 제도화 하는 것이 필요하다. 제도화 되지 않은 채 방치한다면 또 다시 학교 자율화가 폐지되고 원상 복귀할 가능성도 배제할 수 없다.

미국 연방 교육부의 역할은 1979년 교육부가 만들어질 당시에 의회에서 명확하게 하였다. 즉, '미국의 연방 교육부는 교육기관, 학교, 학교제도와 관련하여 교육과정과 수업에 관한 어떤 지시·장학·통제, 행정권, 인사권을 행사하지 못한다.'고 규정하였다. 이러한 교육부의 규정으로 인해 연방 교육부의 역할은 매우 제한적으로 이루어져 있다. 학교교육에 대한 대부분의 권한을 주정부에서 갖도록 하고 있다. 다만 이러한 교육 거버넌스는 일시에 형성된 것이 아니라 역사적·경험적으로 형성되어 온 것이므로 벤치마킹의 대상이 된다고는 할 수 없다. 다만 예시적으로 우리나라 상황에 맞도록 참고할 수 있을 것이다.

나. 교육행정의 책무성 제고 정책의 방향

1) 학업 성취도에 기반한 책무성 평가 체제에 대한 논의

학업 성취도에 기반한 책무성 평가 체제는 여러 가지 장점을 가지고 있다. 우선 학업 성취도 평가 자체로 학교교육의 주체들에게 여러 가지 긍정적인 영향을 줄 수 있다(Abu-alhija, 2007; Hanushek & Raymond, 2003). 우선 학생들에게는 평가를 통해 학습의 동기를 높여줄 수 있다. 학습에 있어서 적정한 수준의 긴장감은 학습에 긍정적인 효과를 미칠 수 있다고 볼 수 있는데, 특히 학교 외부에서 시행되는 객관적인 평가를 통해 본인의 학업 성취 수준을 평가 받음으로써 학습의 동기를 높일 수 있다. 학부모에게는 학교에 대한 다양한 정보를 제공할 수 있다. 공립학교 중에서 자녀가 다녀야 할 학교를 선택할 수 있는 상황에서 자녀가 다니고 있거나 다녀야 할 학교의 수준을 파악하여 학교를 선택할 때 중요한 판단의 근거로 삼을 수 있다. 학교장과 교사의 입장에서는 본인의 학교와 학생들의 수준을 객관적으로 판단함으로써 학생들의 교수와 학습의 과정을 개선할 수 있는 기회를 제공해 준다. 특히 교사들의 경우 담당하고 있는 학생들의 학업 성취 결과를 공개하는 것 자체로, 더욱 열심히 가르치도록 하는 외적 동기유발 효과가 크다고 할 수 있다. 또한 학교장에게는 교사의 교수 활동에 대

한 평가로 **활**용할 수 있는 정보를 제공해 준다. 지역의 교육행정가 또는 정부의 정책 결정자들에게는 학교교육 정책의 방향 설정을 위한 정보를 제공해 줄 수 있다.

학교교육의 책무성 평가의 요인으로 학업 성취도 평가는 여러 가지 긍정적 역할을 할 수 있다(Nichols, 2007; Kornhaber, 2004; Linn, 1998). 첫째, 타당성의 측면에서 장점을 갖고 있다. 학교교육의 목표 중에서 학생의 학업 성취도 제고는 책무성의 가장 중요한 결과 중의 하나이기 때문이다. 둘째, 학업 성취도 평가는 평가의 신뢰성이 높다. 매년 시행되는 학업 성취도 평가는 다른 어떤 책무성 평가보다 신뢰로운 결과를 제공해 줄 수 있다는 장점이 있다. 셋째, 외부에서 주관하는 학업 성취도 평가는 학교의 다양한 평가 요소 중에서 객관성이 높은 자료이다. 평가자의 주관이 거의 배제될 수 있으며, 따라서 피 평가자들의 공정성에 대한 불만을 **줄여줄** 수 있다. 넷째, 경제적인 평가 방법이다. 학교교육의 책무성을 평가하기 위한 다양한 대안 중에서 학업 성취도 평가는 모든 학교를 주기적으로 평가하면서도 비용을 최소화 할 수 있다는 장점을 갖고 있다. 다섯째, 학교교육의 책무성 평가가 상대적으로 용이하다. 가장 짧은 시간에 시행되고, 그 결과에 대한 분석도 비교적 빠른 시간 내에 이루어지며, 그에 대한 피드백도 빠르게 시행될 수 있다는 것이 큰 장점이라고 할 수 있다. 여섯째, 학교간, 지역간 학교교육의 수준에 대한 상대적 비교가 가능하다는 점이다. 질적인 평가 기제는 해당 학교에 대해 여러 가지 정보를 제공해 줄 수 있는 반면에, 학교간, 지역간의 상대적인 비교가 쉽지 않다. 학생들의 학업 성취도 평가 결과는 학교간, 지역간 교육의 결과를 수치로 용이하게 비교할 수 있다.

학업 성취도 평가 결과**를** 활용한 책무성 평가가 여러 가지 장점을 갖고 있음에도 불구하고, 이를 반대하는 입장에서 보면 여러 가지 비판의 논거가 존재한다. 우선 교육의 주체들에게 부정적인 영향을 미칠 수 있다. 학생

의 입장에서는 학습을 위한 학습이 아니라 평가를 위한 학습을 하게 될 가능성이 있다. 또한 학업 성취 수준이 낮거나 교과에 대한 흥미나 적성이 낮은 학생에게는 높은 부담을 주는 평가는 학습에 대한 흥미를 더욱 떨어뜨려서 오히려 악영향을 미칠 수 있다. 학부모의 입장에서는 학교의 선택에 있어서 다양한 교육적 효과보다는 학업 성취도 평가 결과에만 의존하게 되는 문제가 발생할 수 있다. 학교장과 교사도 평가 결과에만 의존하면 학교교육의 과정보다 평가 결과에만 관심을 갖게 된다. 따라서 교사의 교수 방법이나 목적도 평가 결과를 개선하기 위한 암기 위주나 시험 대비 교육으로 흐를 위험성이 높다. 학교나 교사의 경우 학생의 학업 성취도 평가 결과에 미치는 다양한 요인을 고려하지 않은 상황에서 평가 결과에 의해 평가받는 문제가 발생할 수 있다. 지역사회의 경우 저소득층 밀집 지역에 소재한 학교의 경우 학업 성취 수준이 낮을 가능성이 높고, 이에 따라 학생과 학부모들이 기피하는 학교로 전락할 경우 그 지역사회는 더욱 황폐하게 될 가능성이 높아지게 된다. 정책 결정자에게는 학업 성취도 평가 결과가 학교를 관리할 수 있는 손쉬운 자료이기 때문에 학교교육에 대한 관료적 통제가 강화될 가능성이 있고, 학교의 자율적 교육 활동이 침해될 가능성이 높아질 수 있다.

학교교육의 책무성 평가의 요인으로 활용되는 학업 성취도 평가는 여러 가지 부정적 역할을 할 수 있다(Figlio & Ladd, 2008; Nichols, 2007; Kornhaber, 2004; Linn, 1998). 첫째, 타당성의 측면에서 문제를 제기할 수 있다. 학교교육의 다양한 목표와 활동 중에서 학업 성취 수준의 향상은 유일한 목적이 될 수 없다. 따라서 학교교육과정을 시험 성적만으로 평가하여 책임을 묻게 하는 것은 평가의 타당성에 한계를 갖는다. 둘째, 학업 성취도 평가의 신뢰성의 문제이다. 평가 결과는 학습 과정과 무관하게 달라질 수 있다. 미국 텍사스 주의 경우에는 학업 성취도 평가 결과가 매우 빠르게 향상된 것으로 나타났지만 많은 학생들이 유급하거나 중도 탈락하는 것으로도 유명하다. 특히 주정부에서 주관하는 평가 결과가 기존의 평가, 즉 AP(Advanced Placement), SAT(Scholastic Aptitude Test), ACT(American College Test), NAEP(National Assessment of Educational Progress)의 성적과 무관하게 상승하고 있다는 연구 결과들은 주정부에서 실시하고 있는 평가의 신뢰성을 더욱 떨어뜨리는 것이라 할 수 있다(Kornhaber, 2004). 셋째, 평가 문항에 대한 친숙도의 문제이다. 예를 들어 50% 정도의 문제가 매년 반복되어 출제된다면 기출문제를 반복하여 학습함으로써 성취도 수준이 높아질 수 있다. 학생들이 주정부의 학업 성취도 평가에 친숙해지는 것에 집중하여 학교에서 교육시키는 것은 교육적으로 바람직한 방향이라 할 수 없다. 넷째, 미국의 각 주에서 실시하는 학업 성취도 평가 결과는 실제보다 부풀려져 있다는 지적이다(Nichols, 2007; Haney, 2000; Camilli, 2000). 미국의 일부 주정부에서 발표하고 있는 학업 성취도 평가 결과의 지속적인 향상은 정치적으로 활용하기 위한 것일 수 있다는 지적이 제기되고 있다. 실제 매년 평가 수준을 일정하게 유지하기 위한 동등화의 과정에서 전체 평균 점수가 높아질 수 있도록 하는 것은 어렵지 않기 때문이다. 시카고에서는 학업 성취도 평가 결과를 활용하여 교사들의 재배치와 해고하는 정책을 펼쳤고, 학업 성취 수준이 향상된 것으로 발표하였지만, Jacob(2002)의 평가 문항 분석 결과, 수학의 경우 단순 계산이나 수개념 같은 기초적인 부분에서 성적이 향상 되었으나, 문제 해결이나 데이터 해석과 같은 고차원적인 사고 능력 부분에서는 성적 향상이 이루어지지 않은 것으로 나타났다.

2) 정책 추진의 방향

미국 등 외국에서 추진되고 있는 학업 성취도 평가에 기반한 책무성 평가의 사례는 우리나라 교육정책에 여러 가지 시사점을 주고 있다. 학교교육의 결과를 평가하기 위한 다양한 방법 중에서 학생의 학업 성취 수준은 가장 중요하면서도 **활용**하기에 여러 가지 편리함이 있다. 그럼에도 불구하고 이를 올바르게 적용하기 위해서는 몇 가지 사항에 대해 고려해야 한다.

첫째, 학교교육의 책무성을 평가하기 위한 체제에 대한 종합적인 계획이 필요하다. 현재 교육청 평가, 학교 평가, 교원 평가 등이 산발적으로 이루어지고 있는데, 학교교육의 결과에 대한 종합적인 평가는 매우 중요한 과제이다. 특히 우리나라 정부에서는 2008년부터 학교교육의 자율화를 추진하고 있는데, 학교교육의 자율성과 책무성을 모두 신장시키기 위해 현재 추진 중인 평가 기제들을 종합적으로 관리하는 체제의 구축이 필요하다. 학생의 학업 성취도 평가는 이 중에서 가장 핵심적인 내용이 될 필요가 있다. 학교교육의 책무성 평가 종합 인덱스를 개발하여 **활용**하는 것이 대안이 될 수 있다.

둘째, 학업 성취도 평가의 목적을 올바르게 설정할 필요가 있다. 학업 성취도 평가의 목적은 국가적 수준에서 학교교육의 성과를 올바르게 평가하기 위한 것도 있지만 가장 기본적이며 중요한 목적은 학생의 교육적 성장의 정도를 올바르게 측정하는 것이다. 학교교육의 책무성을 높이는 것은 바로 개개인의 학생들이 교육적 성취를 높이는 것이기 때문에 다른 것보다 우선적으로 학생들의 교육적 성장과 발달에 도움이 되어야 한다. 어떤 것이 가장 중요한 목적이고 소중한 가치인지에 대한 판단이 중요하며, 학업 성취도 평가가 다른 목적을 위해 중요한 역할을 하더라도 학생들의 교육적 성장에 도움이 되지 않는다면 교육 평가로서 의미가 없을 것이다.

셋째, 학업 성취도 평가의 내용을 올바르게 구성해야 한다. 학업 성취도 평가에 대한 여러 가지 우려 중에서 가장 심각한 것은 수단과 목적이 뒤바뀌는 것이라고 할 수 있다. 즉 학업 성취도 평가가 학교교육의 목적과 내용의 중요한 부분을 훼손하게 되는 경우인데, 예를 들면 교사의 교육내용이 평가를 잘 받기 위해 암기 위주나 단순한 문제를 푸는 기술을 가르치게 되는 경우라고 할 수 있다. 이러한 경향은 우리나라 뿐 아니라 미국에서도 심각한 평가의 후유증으로 부각되고 있다. 지식기반 사회에 필요한 핵심역량(core competence)을 제대로 기르고 있는지에 대한 참된 평가(authentic evaluation)가 될 수 있도록 평가 내용이 구성되어야 한다(이종재·송경오, 2007; 송경오, 2007).

넷째, 학업 성취도 평가를 학교교육의 책무성 평가에 **활용**하기 위해서는 과정과 방법에 대한 교육 주체들의 합의를 도**출**하는 것이 필요하다. 특히 학업 성취도 평가가 학교교육의 책무성을 높이기 위한 평가의 중요한 요소가 된다면 평가의 당사자인 교원들과 교육 행정가들의 동의와 적극적 참여가 선결 조건이라고 할 수 있다. 미국 워싱턴 D.C.의 사례에서 볼 수 있듯이 책무성 확보 정책의 추진 과정에서 교원단체들의 반발이 생기기 쉬우며, 우리나라도 예외라고 할 수 없다. 따라서 교원을 비롯하여 학부모, 지역사회가 함께 책무성을 높이기 위한 평가체제를 만들기 위한 관심과 참여를 확보하는 노력이 필요하다.

다섯째, 학업 성취도 평가와 함께 교육의 책무성을 관리하는 체제를 법제화할 필요가 있다. 미국에서는 '책무성을 부과하는 학업 성취도 평가(high-stake testing)'와 관련된 소송이 제기되는 경우가 많이 있다. 주별로 시행되는 학업 성취도 평가에 대해서는 연방정부와 주정부에서 관련 법**률**을 제정하고 있음에도 불구하고, 학부모와 교원들이 평가와 관련된 소송을 제기하고 있는 것이다. 우리나라에서도 관련된 법제를 정교하게 만들 필요가 있다. 기관과 개인에게 책무성을 부과하기 위해서는 명확한 법적 근거가 마련되어야 한다. 또한 평가의 기준과 내용, 방법 등 시행 과정에서의 시행착오와 자의적인 판단을 **줄**이고 객관성과 공정성을 높이기 위해 표준화된 절차**를** 마련해야 할 것이다.

생각해 볼 문제

◆ 교육행정의 자율성에 대한 두 가지 관점에서 대해 요약해 보고 본인의 입장을 정하여 정당화해 보시오.
◆ 교육의 책무성을 위해 학생의 학업성취도 평가 결과를 활용하는 것과 관련하여 장점과 문제점에 대해 살펴보고, 본인의 관점에서 정책적 방향에 대해 설명해 보시오.
◆ 교육의 자율성을 높이는 것과 책무성을 높이는 것이 어떻게 연계될 수 있을지 구체적인 사례를 통해 설명해 보시오.

 참고문헌

교육과학기술부(2008a). 학교 자율화 추진계획: 불합리하고 비효율적인 규제 즉시 혁파.
교육과학기술부(2008b). 학교 자율화 추진계획 발표 보도자료.
교육과학기술부(2009). 2008년도 학업성취도 평가결과 및 기초학력 미달학생 해소 방안.
교육인적자원부(2007). 수월성 제고를 위한 고등학교 운영 개선 및 체제 개편방안.
김성열 외(2005). 학교운영 자율성·다양성 제고 방안 모색 및 제도화 지원에 관한 연구. 경기도 교육청.
김성열(2009). 국가 경쟁력 제고를 위한 국가수준 학업성취도 평가의 발전 방향. 일자리창출과 녹색성장 전략 추진을 위한 대토론회 자료집.
김신영(2008). 국가수준의 학업성취도 평가의 문제와 전망. 국가수준 학업성취도 평가체제 개선을 위한 세미나 자료집. 서울: 한국교육과정평가원.
김지하·김소영(2008). 학교책무성 강화를 위한 학교성적공개: 교육생산함수와 다층모형분석으로 산출한 학교효과 연구. **한국교육**, 35(3), 217-241.
송경오(2007). 역량기반 교육개혁의 특징과 적용가능성 탐색. **한국교육**, 34(4), 155-182.
윤정일·정제영(2003). 초·중등학교에서의 지식경영에 관한 연구, **한국교육** 30(2).

한국교육개발원.
윤정일·정제영(2004). 초·중등학교의 지식경영 수준 분석, **한국교육** 31(1). 한국교육개발원.
이종재 외(1990). **고등학교 교육체제와 운영의 개선에 관한 연구**. 교육부.
이종재 외(2003). 학습하는 사회, 함께하는 교육: 교육공동체 형성과 지식기반사회 교육체제 구축(차기정부 교육정책 방향과 과제에 관한 제안서). 한국교육개발원.
이종재(2008). 이명박 정부 교육정책 100일의 성과와 과제, 교육정책포럼. 한국교육개발원.
이종재·송경오(2007). 핵심역량 개발과 마음의 계발: 중용의 관점. **아시아교육연구**, 8(4), 137-159.
정수현(2008). 교원의 전문성과 책무성에 근거한 교원평가제도의 타당성 평가. **초등교육연구**, 21(2), 409-434.
정용덕 외(1999). **합리적 선택과 신제도주의**. 서울: 대명출판사.
정은영·김명화·상경아·김지아(2008). 국가수준 학업성취도 평가체제 개선 연구(Ⅰ). 서울: 한국교육과정평가원.
정정길(2000). **행정학의 새로운 이해**. 서울: 대명출판사.
정제영(2004). 초·중등학교의 지식경영 수준과 유형 분석. 서울대학교 박사학위 논문.
정제영(2008). 학교 자율화의 쟁점과 주요 과제. **교육행정학연구**, 26(2), 415-435.
정제영·신인수·이희숙(2009). 학업 성취도에 기반한 교육의 책무성 평가에 관한 연구 - 미국의 사례를 중심으로. **한국교원교육연구**, 26(1), 241-260.
정제영·오범호(2007). 교원자격 관리체계 개선방안 연구. **한국교원교육연구**, 24(2), 41-60.
조석희·김홍원·김경성·김규태·김주아(2006). **학교책무성 강화를 위한 학교평가체제 개발연구**. 서울: 한국교육개발원.

Abu-alhija, F. N. (2007). Large-scale testing: benefits and pitfalls. *Studies in Educational Evaluations*, 33, 50-68.
Archer, M. (1979). *Social origins of educational system*. London: Sage.
Bruns, B. (2003). Achieving universal primary education by 2015: A chance for every child. Washington DC: The World Bank.
Camilli, G. (2000). Texas gains on NAEP: Points of light? *Educational Policy Analysis Archives*, 8(42).

Carnoy, M., & Levin, H. M. (1985). *Schooling and work in the democratic state*. Palo Alto: Stanford University.

Chubb, J. E., & Moe, T. (1990). Governance and instruction: The promise of decentralization and choice; The theory of choice and control in American education. Philadelphia: Falmer Press.

Coleman, J. S., & Hoffer, S. (1987). *Public and private high schools: The impacts of communities*. New York: Basic Books.

Collinson, V., & Cook, R. F. (2008). *Organizational Learning*. Thousand Oaks: Sage.

Conant, J. B. (1953). Education and Liberty: The Role of Schools in Modern Democracy. Cambridge, MA. Harvard University Press.

Department for Education and Skills. (2001). *Schools achieving success*. London: DFES.

Edmunds, R. (1979). Effective schools for the urban poor. *Educational Leadership*, 37, 15-24.

Elmore, R., Abelmann, C. H., & Fuhrman, S. H. (1996). The new accountability in state education reform: From Process to Performance. In Holding schools accountability: Performance-based reform in education. Washington D.C.: The Brookings Institution Press.

Figlio, D. N., & Ladd, H. F. (2008). School Accountability and Student Achievement. *In Handbook of Research in Education Finance and Policy*. New York: Routledge.

Fiske, E. B. (1996). *Decentralization of education: Politics and consensus*. Washington DC: The World Bank.

Florida Department of Education. (2007a). Assesment and Accountability Briefing Book: FCAT, School Accountability, Teacher Certification Test.

Florida Department of Education.(2007b). FCAT Mathematics Lessons Learned.

Florida Department of Education. (2007c). FCAT Reading Lessons Learned.

Friedman, M. (1955). The role of government in education. *Economics and the public interest*. New Brunswick: Rutgers.

Furman, G. (2002). *School as community: From promise to practice*. Albany: State University of New York Press.

Geisinger, K. F., Foley, B. P., Wells, G. S., Norman, R., Dwyer, A. C., McCormick, C. M., Rohild, A. (2007). Report on the 2006 and 2007 Florida Comprehensive Assessment Test Grade 3 Reading Scores. Tallahassee: FDOE.

Haney, W. (2000). The myth of the Texas miracle in education. *Education Policy Analysis Archives*, 8(41). Retrieved February 5, 2005.

Hanushek, E. A., & Raymond, M. E. (2002). Sorting out accountability systems. *School Accountability*, 75-104. Stanford: Hoover Institute.

Hanushek, E. A., & Raymond, M. E. (2003). Lessons about the Design of State Accountability System. In No Child Left Behind? The politics and practice of school accountability. Washington D.C.: The Brookings Institution Press.

Hill, P. T., Pierce, L. C., & Guthrie, J. W. (1997). *Reinventing public education: How contracting can transform America's schools*. Chicago: University of Chicago Press.

Jacob, B. (2002). Accountability, incentives and behavior: The impact of high stakes testing in the Chicago public schools. (National Bureau of Economic Research Working Paper No. W8968).

Katz, M. B. (1975). *Class, bureaucracy and schools: The illusion of educational change in America*. New York: Praeger.

Koretz, D. (1988). Arriving in Lake Wobegon: Are standardized test sex aggerating achievement and distorting instruction? *American Educator*, 12(2), 8-15, 46-52.

Kornhaber, M. L. (2004). Appropriate and inappropriate forms of testing, assessment, and accountability. *Educational Policy*, 18, 45-70.

Ladd, H. F., & Hansen, J. (1999). *Making money matter: Financing America's schools*. Washington, D.C.: National Academy Press.

Laitsch, D. (2006). Assessment, high-stakes, and alternative visions: Appropriate use of the right tools to leverage improvement. The Great Lakes Center for Education Research & Practice.

Linn, R. L. (1998). Assessment and accountability. CRESST/University of Colorado at Boulder.

Meier, D. (1995). *The power of their ideas: Lessons for America from a small school in Harlem.* Boston: Beacon Press.

Nathan, J. (1996). *Charter schools: Creating hope and opportunity for American education.* San Francisco: Jossey-Bass.

Nichols, S. L. (2007). High-stakes testing: Does it increase achievement? *Journal of Applied School Psychology, 23*(2), 47-64.

O'Day, J. A., & Smith, M. S. (1993). *Systematic reform and educational opportunity. In Designing coherent education policy: Improving the system.* San Francisco: Jossey Bass.

Osborne, D., & Gaebler, T. (1992). *Reinventing Government: How the entrepreneurial spirit is transforming the public sector.* Reading: Addison-Wesley.

Peterson, P. E., & West, M. R. (2003). *No Child Left Behind? The politics and practices of school accountability.* Washington D.C.: The Brookings Institution Press.

Plank, D. N., & Smith, B.(2008). *Autonomous school: theory, evidence and policy; Handbook of research in educational finance and policy.* New York: Routledge.

Plank, D. N., (2006). Unsettling the State: How 'demand' challenges the educational systems in the US. *Europian Educational Journal of Education, 41*(1), 13-28.

Poster, C., & Poster, D.(1999). *Teacher appraisal: Training and implementation and education.* London: Loutledge.

Rivers, A., & Sattler, C. (2007). School Improvement and Restructuring under NCLB.

Senge, P. (1990). *The Fifth Discipline: The Art and Practice of the Learning Organization.* New York: Random House.

Senge, P. (2000). *Schools that learn.* New York; Doubleday.

Sergiovanni, T. (1994). *Building community in schools.* San Francisco: Jossey-Bass.

Shepard, L. A. (1990). Inflated test score gains: Is the problem old norms or teaching the test? *Educational Measurement. Issuesand Practices*, 9(3), 15-22.

Teddlie, C., & Stringfield, S. (1993). *Schools do make a difference: Lessons learned from a ten year study of school effects*. New York: Teachers College Press, Columbia University.

U.S. Department of Education (2002). The charter school experience.

Washington, D.C. DOE(2007a). Organization of the Department of Education.

Washington, D.C. DOE(2007b). Reorganizing DCPS Schools to Support Comprehensive Educational Programs and Services.

Washington, D.C. Gov(2008). The District of Columbia State-Level Education; Strategic Plan Fiscal Years 2009-2013.

Washington, D.C. Public Schools(2007). Federally Mandated School Improvement in DCPS.

World Bank (1997). World development report: The state in a changing world. Washington DC: The World Bank.

저·자·약·력

신상명
- 학 력　피츠버그대학교 철학박사(교육행정)
- 경 력　한국교육개발원(KEDI) 연구위원
- 현소속　경북대학교 사범대학 교육학과 교수
- 연락처　smshin@knu.ac.kr

김민희
- 학 력　서울대학교 교육학박사(교육행정)
- 경 력　충북대학교 학술연구교수
　　　　 중부대학교 원격대학원 전임강사
- 현소속　대구대학교 교육대학원 교육학과 교수
- 연락처　minhee1016@daegu.ac.kr

김갑성
- 학 력　미시간주립대학교 철학박사(교육행정)
- 경 력　한국교육개발원 교원정책연구실장
　　　　 국가교육과학기술자문회의 전문위원
- 현소속　한국교원대학교 교육학과 교수
- 연락처　kaoskks@knue.ac.kr

주현준
- 학 력　서울대학교 교육학박사(교육행정)
- 경 력　서울대학교 입학관리본부 전문위원
　　　　 중부대학교 원격대학원 전임강사
- 현소속　대구교육대학교 교육학과 교수
- 연락처　joohyunj@dnue.ac.kr

정제영
- 학 력　서울대학교 교육학박사(교육행정)
- 경 력　교육과학기술부 서기관
　　　　한국교육개발원 전문연구원
- 현소속　이화여자대학교 교육학과 교수
- 연락처　jychung@ewha.ac.kr

이희숙
- 학 력　서울대학교 교육학박사(교육행정)
- 경 력　경남대학교 교육학과 교수
　　　　Florida State University 박사후 연구원
- 현소속　강남대학교 교육학과 교수
- 연락처　hslee@kangnam.ac.kr

정성수
- 학 력　서울대학교 교육학박사(교육행정)
- 경 력　교육인적자원부 연구원
　　　　인제대학교 교육대학원 교수
- 현소속　대구교육대학교 교육학과 교수
- 연락처　ssjung@dnue.ac.kr

교육과 행정

2014년 8월 11일 1판 1쇄발행
2018년 8월 30일 2판 2쇄발행
2020년 7월 24일 2판 3쇄발행

지은이   신상명·김민희·김갑성·주현준
            정제영·이희숙·정성수
펴낸이   김원태
펴낸곳   **가 람 문 화 사**
            08838 서울시관악구신림로130, 2층(신림동)
            대표전화 02)873-2362   **팩스** 02)888-9824
            등록   1999년 4월 6일 제15-401호

ISBN   978-89-92435-56-7 93370

정가 20,000원

잘못된 책은 구입처에서 교환하여 드립니다.